Ferencz Toldy

Geschichte der ungrischen Dichtung

von den ältesten Zeiten bis auf Alex. Kisfaludy

Ferencz Toldy

Geschichte der ungrischen Dichtung
von den ältesten Zeiten bis auf Alex. Kisfaludy

ISBN/EAN: 9783743497238

Hergestellt in Europa, USA, Kanada, Australien, Japan

Cover: Foto ©ninafisch / pixelio.de

Weitere Bücher finden Sie auf **www.hansebooks.com**

Geschichte

der

Ungrischen Dichtung

von den

ältesten Zeiten bis auf Alex. Kisfaludy

von

DR. FRANZ TOLDY,

königl. Ungr. Rathe, ord. Mitglied der Ungr. Akademie der Wiss., Präfect der kön. Ungr.
Universitäts-Bibliothek, Prof. der Ungr. Literatur, corr. Mitglied der kais. Akademie der
Wiss u. vieler in- und ausl. gelehrten Gesellschaften.

Aus dem Ungrischen übersetzt

von

GUSTAV STEINACKER.

Mit dem Bildniss des Verfassers.

Pest.

Verlag von Gustav Heckenast.

—

1 8 6 3.

Vorwort

des Uebersetzers.

— ·✳✳·✳✳ —

So wie der Uebersetzer vorliegenden Werkes schon
vor mehr als fünfundzwanzig Jahren durch seine damals
erschienenen Jugendarbeiten *) nach Kräften bemüht war,
das deutsche Lesepublicum mit den neuern Erzeugnissen
der, damals eben im raschen Aufblühen begriffenen, dem
Auslande beinahe noch gänzlich fremden, ungrischen Literatur, als einer der Ersten, die diese spätere Bekanntschaft
mit vermitteln halfen, in nähere Berührung zu bringen:

---

*) Abafi von Nicolaus Jósika. Aus dem Ungrischen übersetzt
und mit Anmerkungen versehen von G. Treumund. 1838. Leipzig.
Scheld & Comp.

Pannonia. Blumenlese auf dem Felde der neuern magyarischen
Lyrik in metrischen Uebersetzungen von Gustav Steinacker.
1840. Leipzig. Wilh. Einhorn.

Zrinyi der Dichter. Romantische Chronik aus dem XVII.
Jahrhundert von Nicolaus Jósika. Aus dem Ungrischen übersetzt
von G. Treumund. 1844. Pest. G. Heckenast.

A*

gereicht es ihm zur besondern Freude, nach längerer
Zwischenzeit, die ihn diesem Gebiete, wie seinem theuern
Vaterlande überhaupt, ferner rückte, auf den ausdrück-
lichen Wunsch seines geehrten Freundes, des Verfassers
gegenwärtiger Schrift, zu der Uebertragung derselben
veranlasst worden zu sein.

So wenig diese akademischen Vorträge auch als gewöhnliche Unterhaltungslectüre gelten wollen, und darum
voraussichtlich auf einen verhältnissmässig engeren Kreis
von Lesern beschränkt bleiben dürften : so ist doch in
unsern Tagen das Interesse an der Geschichte der Literatur, nicht nur der einheimischen, sondern auch der
fremden, ein so reges und allgemein verbreitetes, dass
eine Arbeit, wie die vorliegende, gewiss allen wissenschaft-
lich gebildeten Literaturfreunden höchst willkommen und
dankenswerth erscheinen dürfte. Eröffnet sie doch dem
Blicke ein ganz neues, fremdes Gebiet, indem sie in fest-
gegliederter, wenn auch kurz zusammenfassender und
übersichtlicher, Darstellung, die gewiss Vielen unerwarte-
ten und überraschenden Entwicklungen und Resultate der
ungrischen Poesie, von ihren ersten Anfängen bis zum
Ende des achtzehnten Jahrhunderts, vor Augen stellt.
Widerlegt sie doch auf das Schlagendste den Irrthum
Derjenigen, welche sich das, in neuerer Zeit vielgenannte,
durch seine Leiden und Kämpfe, seine Kraft und Ausdauer, so wie durch seine eigenthümliche Stellung zu
manchen brennenden politischen Zeitfragen, das allgemeine
Interesse in Anspruch nehmende Volk der Magyaren (lies:
Madjáren, nicht, wie in Deutschland fast durchgängig,
aber irrthümlich: Madscharen), zwar als ein stolzes und
tapferes, aber mehr oder weniger rohes, uncultivirtes, in
Kunst und Wissenschaft weit zurückgebliebenes denken.

Zu dieser widerlegenden, den Genius der ungrischen Poesie verklärenden Darstellung war aber Keiner mehr berufen und befähigt, als der Mann, der sich durch seine rastlosen, mühevollen und aufopfernden Forschungen, so wie durch seine unermüdete, bewundernswürdige Thätigkeit die grössten Verdienste um die ungrische Literaturgeschichte erworben, ja dieselbe, als Wissenschaft, unter seinen Landsleuten recht eigentlich erst begründet hat. Dieser würdige Gelehrte, der in der Achtung und Liebe seiner Nation eine so hohe Stelle einnimmt, und auf die dankbare Anerkennung der Nachwelt den begründetsten Anspruch hat, verdient wohl auch in Deutschland näher gekannt und gewürdigt zu werden. Deshalb sei es uns gestattet an diesem Orte eine kurze Andeutung über sein Leben und Wirken, wie über seine literarischen Leistungen, einzuschalten.

Franz Toldy, der Sohn eines königl. Beamten. geb. zu Ofen 1805, studirte zu Czegléd, Kaschau und Pest, ward 1829 Doctor der Medicin, 1830 ord. Mitglied der Ungrischen Akademie der Wissenschaften, 1831 deren Actuar, 1833 ausserordentlicher Professor der Diätetik an der Pester Universität, 1835 beständiger Secretär der Akademie, 1843 Präfect der Universitätsbibliothek. Er schied hierauf von seiner Lehrkanzel, wirkte aber seit Einführung des neuen Lehrsystems 1850 als Docent der Aesthetik und gesammten Literaturgeschichte, bis er 1861 zum ordentlichen Professor der ungrischen Sprachwissenschaft und Literaturgeschichte ernannt ward. In Folge dessen legte er das Secretariat der Akademie nieder, und wurde darauf „aus Rücksicht seiner Verdienste als Lehrer und Bibliothekar, besonders aber als Secretär der Akademie und thätiger Beförderer der ungrischen Literatur" zum königlich ungrischen Rathe erhoben.

Als Schriftsteller trat er 1821 auf. Seine ersten jugendlichen Versuche waren Gedichte, Uebersetzungen (Isokrates, Schiller's Räuber), kritische, und schon 1822 literarhistorische Arbeiten in mehreren damals bestandenen ungrischen und deutschen Zeitschriften des Landes. Seine erste Schrift, die grössere Aufmerksamkeit erregte, waren seine „Aesthetikai Levelek" (Aesthetische Briefe über Vörösmarty's epische Gedichte) 1826. Dieser folgte sein, auch in Deutschland wohlbekanntes „Handbuch der ungrischen Poesie" (Wien und Pest 1828. 2 Bände) und die „Magyar költői Régiségek" (Alterthümer der ungrischen Poesie). — In den beiden folgenden Jahren bereiste Toldy Deutschland, England, Frankreich, die Schweiz und Ober-Italien, gründete nach seiner Rückkehr mit Prof. Bugát die erste ungrische medicinische Monatsschrift („Orvosi Tár"), nahm zugleich an den ersten sprachwissenschaftlichen Arbeiten der Akademie wesentlichen Antheil; gab gleich nach seines Freundes Karl Kisfaludy's Tode dessen Werke in zehn Bänden heraus (1831 u. 1832); betheiligte sich stark an Bajza's Kritischen Blättern („Kritikai Lapok"); ward von der Akademie mit der Herausgabe von deren Zeitschrift „Wissenschaftliches Magazin" („Tudománytár") betraut, und übte besonders seit 1835 in seiner neuen Stellung als beständiger Secretär bedeutenden Einfluss auf die Richtung dieses Instituts und die Förderung der heimischen Wissenschaft. Von 1837 bis 1843 ferner gab er mit Bajza und Vörösmarty das „Athenaeum", ein Organ für Kunst und Wissenschaft, heraus, das in ausgezeichneter, höchst verdienstvoller Weise, wenn auch hier und da mit etwas zu exclusiv magyarischer Tendenz, wirkte, und die besten geistigen Kräfte des Landes in sich vereinigte. Noch im Jahre 1836 hatte sich die „Kisfaludy-Társaság" (Kisfaludy-Gesellschaft) gebildet, zum grossen Theil auf Toldy's Antrieb. Dieser Verein setzte zu bestimmten Zeiten Preise für dichterische Werke aus, wirkte aufmunternd und fördernd auf jüngere Talente ein, und besorgte die Herausgabe der preisgekrönten, und auch anderer, als vorzüglich erkannter Dichterwerke, so wie Uebersetzungen griechischer und römischer Classiker. Toldy war von 1841 bis 1860 Director, von da an Vicepräsident der Gesellschaft.

Seine grössten Verdienste erwarb sich T. aber als Literarhistoriker. Seine diesfälligen bedeutenderen Werke sind: „A magyar nemzeti irodalom története" (Geschichte der ungrischen Nationalliteratur der ältern und mittlern Zeit. 2 Bände. 1850. Dritte Ausgabe 1862); „A magyar költészet története" (Geschichte der ungrischen Dichtung. 2 Bände 1854. Zweite Ausgabe unter der Presse); „A magyar nyelv és irodalom kézikönyve" (Handbuch der ungrischen Sprache und Literatur. 2 Bände. 1855—7); „Irodalmi Arczképek és Beszédek" (Literarische Portraits und Reden. 2 Bände 1847—56); „Kazinczy és Kora" (Kazinczy und sein Zeitalter. 1859—60). Als correspond. Mitglied der kais. Akademie der Wissenschaften in Wien lieferte er in deren Sitzungsberichten : Culturzustände der Ungern vor deren Annahme des Christenthums (1850) und : Die historische Dichtung der Ungern vor Zrínyi (Denkschr. 1850).

Nach Beendigung der ungrischen Revolution eröffnete Toldy die, während derselben eingegangene, ungrische wissenschaftliche Zeitschriften-Literatur mit seiner

Monatsschrift: „Új Magyar Muzeum" (Neues Ungrisches
Museum), das er von 1850 bis 1860 fortführte, und darin
vielfach anregend, besonders für Literaturgeschichte,
wirkte. — Seit mehr als zwanzig Jahren ist T. für Bekannt-
machung und Verbreitung älterer und neuerer classischer
Schriftsteller der Ungern, und für die mittelalterliche
ungrische Literatur, durch Besorgung kritischer Ausgaben
thätig. In seinem „Nemzeti Könyvtár" (National-Bibliothek 1842—54) gab er die Dichter und Prosaiker: Z r í n y i,
E s z t e r h á z y, F a l u d i, C s o k o n a i, K á r m á n, Alexander und Karl K i s f a l u d y, V ö r ö s m a r t y heraus; selbstständig schon früher : D a y k a (1833), K a z i n c z y (1836
u. f.), C z u c z o r (1836), später B a j z a's (1857) und B e r-
z s e n y i's (1859) poetische Werke, und gegenwärtig
Heckenast's „Classiker der Ungern" (seit 1859. 30 Bände;
M i k e s, K i s f a l u d y, K ö l c s e y, B a j z a complet; V i r á g's
poetische und historische Schriften) u. s. w., überall
Handschriften und Originalausgaben kritisch benützend,
viel Ungedrucktes an's Licht fördernd, mit ausführlichen
Biographieen eingeleitet. Für die Kenntniss älterer ungrischer Literatur sind bedeutend: seine Katharinenlegenden
1855, Marienpredigten 1855, Passionstexte 1856, Nádor-
Codex 1857, Elisabethenlegende 1857, eine grössere Legen-
densammlung (bis jetzt 2 Bände 1858—63), Legenden
ungrischer Heiligen 1859, Prosaiker des XVI. Jahrhunderts 1858, mit literarischen Einleitungen, Anmerkungen
und Glossarien. Im Auftrag der Akademie besorgt er deren
„Altungrische Sprachdenkmäler" und „Corpus Grammati-
corum linguae hungaricae veterum". Gegenwärtig bereitet
er eine grosse Sammlung ungrischer Dichter des XVI.
Jahrhunderts und die Liederdichter des XVII. Jahrhunderts zum Drucke vor. Manches leistete Toldy auch für

Geschichte, wie z. B. durch Herausgabe des „Chronicon Hung. Posoniense ineditum" 1852, seine „Chronisten des XVI. Jahrhunderts", Analecta Monumentorum Hung. Historica"; ferner : „Bruti rerum ung. Libri XIII" (dies im Auftrage der Akademie unter der Presse). Nebenbei besorgt er, als Actuar der historischen Commission der Akademie, deren Publicationen, insbesondere deren „Historisches Magazin" (bis jetzt 12 Bände).

Was nun die hier dargebotenen Vorträge Toldy's über die Geschichte der ungrischen Dichtung betrifft, so besagt über deren Veranlassung das Vorwort des Verfassers das Nöthige. Hier sei nur noch bemerkt, dass der Uebersetzer sich möglichste Treue, hier und da vielleicht selbst auf Kosten des gefälligern Ausdrucks, zur Pflicht gemacht hat, um den Charakter des Originals möglichst ursprünglich und unverwischt wiederzugeben. An einzelnen Stellen weicht die Uebersetzung etwas vom Originaltexte ab, weil dem Uebersetzer die willkommene Gelegenheit geboten ward, die Randnoten des Verfassers mitzubenützen, welche Manches änderten und einschalteten.

Wir schliessen mit dem Wunsche, dass es dem hoch-verdienten und vorzugsweise dazu berufenen Herrn Ver-fasser gefallen und vergönnt sein möge, recht bald auch das, jedenfalls noch weit allgemeineres Interesse erre-gende, goldene Zeitalter der ungrischen Dichtung im XIX. Jahrhundert, als die neueste Geschichte derselben, in ähnlicher Weise abzuhandeln, wie dies z. B. hinsichtlich der deutschen Dichtung in zahlreichen neuern literatur-geschichtlichen Werken von Prutz, Gottschall, Jul. Schmidt, Hettner u. A. (ganz abgesehen von Gervi-

nus grösserem, umfassendem Werke) geschehen ist. —
Möchte aber auch derjenige Theil des deutschen Publicums, für welchen die vorliegende Uebertragung zunächst
bestimmt ist, dieselbe mit Nachsicht aufnehmen, und, wenn
auch nur einen geringen Theil jenes Genusses und jener
Belehrung daraus schöpfen, welcher dem Uebersetzer bei
seiner ziemlich schwierigen und mühevollen Arbeit und
der damit verknüpften liebevollen Erinnerung an die ferne
Heimat, das Land seiner Jugend und seines Glückes, so
reichlich zu Theil wurde. Gott segne Ungern und sein
edles, thatkräftiges, freiheitliebendes Volk!

Buttelstedt bei Weimar, Ostern 1863.

Gustav Steinacker.

Vorwort

des Verfassers.

—◦◦◦—

Die hier folgenden Vorträge wurden im Jahre 185³/₄ an der Pester Universität gehalten, und auf Aufforderung des wackern Hauptredacteurs des „Pesti Napló", Herrn Johann Török, für jenes Blatt niedergeschrieben; theils sogleich, nachdem sie gehalten worden waren, theils, wenn dies meine vielfachen Geschäfte und Abhaltungen verhinderten, etwas später: aber im Ganzen, ja meist bis auf den Ausdruck, treu. Blos einige, bei dem mündlichen Vortrag zuweilen unerlässlich nothwendige Wiederholungen, vorgelesene Probestücke und daran geknüpfte ästhetische und sprachhistorische kurze Erklärungen und Bemerkungen habe ich beseitigt, um den betreffenden Raum des Blattes, für das sie bestimmt waren, nicht zu überschreiten. Doch geschah es wohl auch, dass eine oder die andere mündlich vorgebrachte Bemerkung oder Angabe vergessen wurde, oder, auf der andern Seite, dass einige Angaben, welche auf dem Lehrstuhl im Feuer der Rede zufällig ausblieben, beim Niederschreiben nachgetragen wurden, oder endlich dass ich aus meinen, in der Zwischenzeit mir zu Händen gekommenen, ältern oder

neuern Aufzeichnungen Einiges dazu that, als ich jene
Vorlesungen für diese besondere Ausgabe ordnete.

Es sind Skizzen — gleich meiner Literaturgeschichte
— nicht sowohl hinsichtlich der Angaben, welche in hin-
länglicher Vollständigkeit beigebracht oder wenigstens
erwähnt wurden, als vielmehr hinsichtlich der historischen
und ästhetischen Auseinandersetzung, in Folge der Kürze
der Zeit, welche dem lebendigen Worte durch die Umstände gestattet war. Doch wenn Gott meinem Leben
günstig, so hoffe ich Alles dies in einem so ausführlichen
und auf allseitigen Untersuchungen begründeten Werke
nachtragen zu können, wie es der Gegenstand, in Folge
seiner nationalen Wichtigkeit und als wesentlicher Theil
unserer Culturgeschichte, verdient, ja gegenwärtig bereits
erfordert. Die Geschichte auf ihrem heutigen Standpunkte
beschränkt sich nicht mehr auf die Kenntniss der Kriegsthaten und politischen Kämpfe und Wirren, sondern sie
verwendet die gleiche Aufmerksamkeit auf den Geist, der
in Kirche und Gesetzgebung, wie im geselligen Leben
sich offenbart, so wie auf die Entwicklungen der Religion,
Philosophie, Poesie und Wissenschaft, der Kunst und
Industrie, welche stets weit eigenthümlichere Besitz-
thümer der Völker, als ihre Schlachten und Reichsbege-
benheiten. Kriege zeigen unter gewissen Conjuncturen
mehr oder minder überall dieselben Erscheinungen, die
Politik bildet sich unter dem überwiegenden Einflusse der
herrschenden Geschlechter aus. Da, wo nicht äussere, sondern geistige Mächte die Hauptrolle spielen, erscheint
jedes Volk, wie das einzelne Individuum, in seiner ganz
eigenen Wesenheit. Dies ist das Gebiet, welches in Folge
seines rein menschlichen und höhern geistigen Interesse's
in die erste Reihe der historischen Untersuchungen getre-

ten ist, und darnach suchen die Völker nicht sowohl in ihrer
äussern, als in ihrer innern Geschichte den würdigsten
Titel ihres Stolzes und ihres Ruhmes.

Bei uns begannen bisher nur einzelne Theile dieser
inneren Geschichte, und man kann sagen nur in den letzten Jahren, tüchtig in Angriff genommen zu werden. Von
unserm Rechtsleben, unsern religiösen und kirchlichen
Phasen, unserer Bildung und Literatur, unsern künstlerischen und industriellen Bestrebungen sprechen noch
keine umfassenden und tief eindringenden Geschichts-
werke, aber es werden die Materialien gesammelt, die
Angaben geprüft, es werden hier und da kritische Blicke
auf die Erscheinungen geworfen, und man fängt an dieselben in ihrem inneren Zusammenhange zu behandeln.
Die Preisaufgaben der Akademie, die Anregungen der
Kisfaludy-Gesellschaft haben Preisschriften, Sammlungen
von Volksliedern, Märchen, Sagen, Sprichwörtern ins
Leben gerufen, die ungrische Mythologie ist mit dem
grossen, bedeutenden Werke Ipolyi's mit einem Sprung
in die Reihe der Wissenschaften getreten; die auch in
anderer Beziehung wichtige Geschichte von Ladislaus
Szalay wirft tiefere Blicke auf die Entwickelung der
Rechtsverhältnisse; das durchaus grossartige geschichts-
forschende Werk des Grafen Joseph Teleki behandelt in
seinen spätern Bänden die Gesammtentwicklung des Volkes bis zum häuslichen Leben und den Würfeln des
Spieltisches : der Verfasser dieser Blätter aber ist bemüht
die Literaturgeschichte, deren Namen bisher blosse Auf-
zählungen von Schriftstellern und Büchertiteln sich an-
massten, wenigstens bis zu der Linie zu erheben, auf
welcher sie den Namen Geschichte verdient. Von der
Empfänglichkeit und Theilnahme des Publicums wird es

XIV

abhängen, die Bestrebungen der Schriftstellerwelt in dem
Maasse zu unterstützen, dass diese innere Geschichte mit
der Zeit auf jene Stufe erhoben werde, auf welcher dieselbe
auch die Aufmerksamkeit und Würdigung der grossen
Völker sich zu erringen im Stande sein wird*).

Zu dieser ersehnten Zukunft wünscht der Verf. durch
die vorliegende, wenngleich skizzenhafte und improvisirte,
aber grösstentheils auf vieljährigen Studien beruhende,
Arbeit etwas beizutragen. Wenn dieselbe zur Vermehrung
des Publicums der Literaturgeschichte, zur Theilnahme
unserer Frauen an derselben, und zur Würdigung unserer
Literatur vom rechten Standpunkte aus — welcher einzig
der historische sein kann — auch nur einigermassen mit-
wirkt, so werden meine Bemühungen reich belohnt sein,
und ich werde mich ermuthigt fühlen, die Geschichte
unserer Dichtung auch des gegenwärtigen Jahrhunderts
erscheinen zu lassen.

Pest im December 1854.

Franz Toldy.

---

*) Würde der Hr. Verf. dieses Vorwort heute schreiben, hätte
er einer neuen Errungenschaft ungrischer Wissenschaft : der höchst
bedeutenden Leistungen der Archäologischen Commission der Ungr.
Akademie der Wissenschaften, erwähnen können, welche auf dem
Wege sind, eine ungeahnt reiche mittelalterliche Kunstgeschichte
Ungerns zu schaffen. Die Verdienste Ipolyi's und Henszelmann's
stehen hier in erster Reihe — Anmerk. des Uebers.

Inhalt.

~~~~

Seite

Vorwort des Uebersetzers . . . . III—X

Vorwort des Verfassers . . . . XI—XIV

I.

Die ungrische Dichtung bis Zrinyi.

Widmung an Gräfin Virginie Dessewffy . . . . XXV—XXVIII

Erste Vorlesung. Begriff der Literaturgeschichte. Nothwendigkeit ihrer Kenntniss. Ihre Blüthe im Auslande und unser Zurückbleiben darin. Uebergang zur Nothwendigkeit der Betreibung der ungrischen Literaturgeschichte. Ein Zweig derselben die Geschichte der ungrischen Dichtung. — Eintheilung. — **Die alte Zeit.** — Die alten Wohnsitze und das historische Auftreten und Weltleben der Ungern in den ältesten Zeiten. — Cultur, Religion, Sprache, Schrift . . . . 3—16

Zweite Vorlesung. Die Poesie der Hunen: epische, Siegesgesänge; die Posse. — Wie die Hunensage auf die Ungern überging. — Die ungrische Poesie der alten Zeit. — Lautenspieler. — Geschichtliche Gesänge . . . . 17—30

Dritte Vorlesung. Die Hunensage der alten Ungern, deren erhaltene Ueberreste bei heimischen und ausländischen Schriftstellern, und ihr Verhältniss zu den ausländischen Etele-Sagen . . . . 31—48

Seite

Vierte Vorlesung. Die alte ungrische Heldensage.
— Die fahrenden Sänger. — Die Schriftsteller, bei denen
sie sich erhielt. — Die beiden Haupttheile derselben.
— Der Almus-Sagenkreis. Dessen Theile und
mythische Bedeutung . . . . 49—60

Fünfte Vorlesung. Der Árpád- oder Hetumoger-
Sagenkreis. Seine Quellen. Seine zwölf Glieder. —
Bruchstücke der Heldensage des zehnten Jahrhunderts 61—72

Sechste Vorlesung. Rückblick auf die alte Zeit. Gyéza's
Reformen. — **Das ungrische Mittelalter.** — Nationaldichtung : Altreligiöse Gesänge. Volksdichtung.
Historische Dichtung. Die fortdauernde Blüthe der fahrenden Sänger. Königliche Sänger. Gegenstände der geschichtlichen Gesänge der Hegedős. Spuren davon bei
den Chronisten . . . . 73—82

Siebente Vorlesung. Die Ueberreste der historischen
Kunstpoesie des Mittelalters. Romantische Erzählungen. Die Toldi-Sage. Der Riese Lóránt. — Didaktische Poesie. Straflied des Franz Apáti — Kirchliche Poesie, früh durch die Ueberwachung der Synode
beschränkt. — Brevirgesänge. — Das religiöse Epos.
Die grosse Legende von der heiligen Katharina.—Volkspoesie. Wandernde Schauspieler . . . . 83—96

Achte Vorlesung. Die neue Zeit. — Charakterisirung
ihrer drei Perioden. — Die erste : das Zeitalter des Aufblühens der volksthümlich erzählenden und der kirchlichen Poesie . . . . 97—102

Neunte Vorlesung. Die poetischen Erzählungen
des sechzehnten Jahrhunderts. Die Gesta Romanorum und
das Decameron als deren theilweise Quellen. Erzählungen von vaterländischem oder zweifelhaftem Ursprunge :
„Toldi Miklós" von Peter Ilosvai. „Vitéz Francisco"
von Casper Vasfai. „Szilágyi und Hajmási" des Szendróer Ungenannten. „Der Königssohn Argirus" von
Albert Görgei . . . . 103—109

Zehnte Vorlesung. Märchen aus den grossen Sagenkreisen des europäischen Mittelalters. — „Alboin", von Andreas Valkai, aus der longobardischen
Sage. „Die schöne Magellone" des Wenzel Tessényi,
aus dem Kreise der Karl-Sage. Den Gestis Romanorum entnommene Stoffe: „Fortunatus" von Casper Hel-
tai(?); „Jovenianus" von Stephan Póli"; „Kaiser Rustán"
von dem Ungenannten an der Drau. — „Boccaccio'sche
Novellen" von Paul Istvánfi, Georg Enyedi und Casper
Veres . . . . 110—118

Ellfte Vorlesung. Uebergang zum antiken Sagen-
kreise. Chronik des Königssohnes Apollonius. —
Der classische Sagenkreis : die trojanische Sage. Paris
und Helena. Troja's Untergang von Johann Dálnoki.
Ajax und Ulysses von Matthias Csáktornyai. — Eine
Aeneide von Peter Huszti. Einige verloren gegangene
Stücke. — Der Alexander-Sagenkreis : Peter Idari . . 119—126

Zwölfte Vorlesung. Anfänge des Romans in Ungern.
Euryalus und Lucretia. Die Historie des Poncianus.
Salomon und Markalf . . . . 127—135

Dreizehnte Vorlesung. Historische Gesänge : Matthias Gosárvári's Hunen-Chronik. Csáti's Bruchstück
der Eroberung Ungerns. Bánkbán von Andreas Valkai.
Der Tartarenzug von Johann Temesvári. Die Sigmunds-
Chronik des Tinódi. Die Hunyadi-Chronik von Matthias
Nagy. Die Schlacht bei Kenyérmező von dem Nikolsburger Ungenannten; eine andere von Stephan Temesvári. Die Matthias-Chronik von Ambrosius Görcsöni,
fortgesetzt von Niklas Bogáti. Die Königs-Chronik des
Andreas Valkai . . . . 136—142

Vierzehnte Vorlesung. Sebastian Tinódi, der letzte
ungrische fahrende Sänger. Sein Leben. Seine, gleichzeitige Begebenheiten behandelnden. Reimchroniken.
Deren Charakter. Tinódi als historische Quelle . . . . 143—153

Toldy. Gesch. d. ung. Dichtung.   B

Seite

Fünfzehnte Vorlesung. Andere, gleichzeitige Begeben-
heiten aufzeichnende, Reimchronisten: Sziget's Fall. Das
Leben König Johann II. von Demetrius Csanády. Georg
Túri's Tod. Der Sieg bei Nádudvar von Georg Salánki.
Der Ungenannte des Ihász. Die Besiegung Szinán
Pascha's von Stephan Szőllősi. — Die Aufzeichner aus-
ländischer gleichzeitiger Ereignisse : Tinódi, Tőke, Val-
kai. — Bearbeiter älterer ausländischer Begebenheiten:
Mádai, Csegéri, Bogáti, Cserényi . . . . 154—162

Sechzehnte Vorlesung. Die biblische Epik, als Uebergangsglied zur didaktischen Poesie. Deren protestantischer Charakter. Ihre Literatur im sechzehnten Jahrhundert. — Moralische Erzählungen. — Didaktische Poesie. Religiöse und religiös-moralische.
Dogmatische. Allgemein moralische. — Mahn- und
Strafgedichte: Andreas Horvát und Andere . . . . 163—175

Siebzehnte Vorlesung. Der Apolog. Gabriel Pesti's
Aesopus. Casper Heltai's Fabeln. — Die lyrische
Poesie: Das Kirchenlied. Katholische Chorbücher. Pro-
testantische Gesangbücher. Unitarische. Sabbatarische.
Würdigung der kirchlichen Poesie des sechzehnten Jahr-
hunderts . . . . 176—186

Achtzehnte Vorlesung. Die selbstständige Lyrik.
Elegische Dichter. Das individuelle religiöse uud weltliche Lied. Valentin Balassa. — Die Gelegenheitspoesie : Oden. — Die ersten Versuche zur Einführung
antiker Versmaasse . . . . 187—192

Neunzehnte Vorlesung. Schauspiel und Schauspieldichtung. „Melchior Balassa", das erste bekannte
Stück. — Die „Moralitäten" von wandernden Cythersängern dargestellt. „Komiko-Tragödie". — Das Schul-
Drama. Biblischen Inhalts : Lorenz Szegedi's Theophanie. Classischen Inhalts : Peter Bornemisza's Klytämnestra . . . . 193—205

Zwanzigste Vorlesung. Dichterische Zustände in der ersten Hälfte des siebzehnten Jahrhunderts. Erzählende Poesie. — Didaktische Poesie. Matthias Vörös v. Nyék, Szentmártoni und Kolosi. — Lyrische Poesie: Rimai, Beniczky, Emrich Péczeli. Der Kirchengesang bei den Protestanten: Albert Molnár; das grosse Graduale. Bei den Katholiken. Schluss . . . . 206—214

II.

Die ungrische Dichtung von Zrínyi bis Alexander Kisfaludy. 1651—1808.

Widmung an Frau Antonie Bohus-Szógyényi . . . . 217—220

Einundzwanzigste Vorlesung. Poetische Zustände im siebzehnten Jahrhundert, und Niklas Zrínyi. Die Zrinyiade. Ihr erster Theil (I—IV. Gesang) . . . . . . 221—233

Zweiundzwanzigste Vorlesung. Analyse des weitern Inhalts (V—XIII. Gesang) der Zrinyiade . . . . 234—246

Dreiundzwanzigste Vorlesung. Ende der Zrinyiade (XIV. u. XV. Gesang). Ihre Anlage. Episoden. Zrínyi als Charakterzeichner. Das Wunderbare in der Zrinyiade. Darstellung, Versification, Sprache . . . . 247—264

Vierundzwanzigste Vorlesung. Zrínyi als lyrischer Dichter. — Ladislaus Liszti und „die Niederlage bei Mohács". Analyse und Kritik dieses Epos. Liszti's kleinere Gedichte . . . . 265—275

Fünfundzwanzigste Vorlesung. Der versificirte Roman. Stephan Gyöngyösi: „Die Murányer Venus." „Johann

B*

Seite

Kemény." Chariklia. Rosenkranz. Cupido. Palinodia
Hungariae. Gyöngyösi's Zeitgenossen als Fortsetzer der
Reimchron sten des sechzehnten Jahrhunderts. Gyön-
gyösi's Bedeutung . . . . 276—292

Sechsundzwanzigste Vorlesung. Uebergang zur didaktischen Poesie. Die „dreifache Historie" von
Johann Haller. Graf Stephan Kohári. Wissenschaftliche
Lehrgedichte. — Die Gelegenheitspoesie. — Die
lyrische Poesie : Freiherr Valentin Balassa II. Graf
Peter Zichy. Kirchenlieder. — Theater und Theaterdichtung . . . . 293—304

Siebenundzwanzigste Vorlesung. Zeitalter des lite-
rarischen Verfalls. Seine Ursachen. Zustand der
Poesie. Erzählende Poesie : Graf Johann Lázár.
Graf Ladislaus Haller's Telemach. — Didaktische
Poesie. — Liederpoesie : Baron Ladislaus Amade,
Franz Faludi. Kirchliche Lyrik : Paul Rádai, Ben-
jamin Szőnyi. — Theaterdichtung. Das Schuldrama:
Faludi, Kunics, Illei. „Moralitäten." — Die Vorzeichen
einer neuen Zukunft . . . . 305—320

Achtundzwanzigste Vorlesung. — **Die neueste Zeit.**
Ihr Charakter im Gegensatze zu den vergangenen; ihre
Epochen. Ihr Anfang oder das Zeitalter der Wiedergeburt : Literarisches Auftreten der adeligen Leibgarde. Allgemeine Bewegung und deren Mittel . . . . 321—329

Neunundzwanzigste Vorlesung. Der Begründer der
neuesten Literatur Georg Bessenyei. Uebersicht
seiner weit verzweigten Thätigkeit. Bessenyei als dramatischer Dichter. Als Didaktiker. Sein Einfluss auf die
Poesie, und überhaupt auf die Literatur. Sein Zurücktreten, und seine nachgelassenen Werke . . . . 330—340

Dreissigste Vorlesung. Die übrigen Schriftsteller der
französischen Schule. Orczy. Barcsai. Ányos, unser

ausgezeichnetster elegischer Dichter. Joseph Teleki.
Péczeli. Uebersetzungen französischer und englischer
Werke : Dramen, Epopöen, Romane. Alexander Bá-
róczy, der Schöpfer der ungrischen schönen Prosa.
Lehrgedichte. Lyrische Gedichte . . . . 341—356

Einunddreissigste Vorlesung. Die classische Schule;
deren Prämissen. Ihre Begründer : David Szabó von
Barót, Niklas Révai, Joseph Rájnis. Virgil in ungri-
scher Sprache. Prosodische Federkriege. — Zweites
Stadium : die classische Richtung gelangt zu allgemeiner
Geltung. Fruchtlose Versuche hinsichtlich hellenischer
Dichter. Die Schule in ihrer Selbstständigkeit : Bene-
dikt Virág. Horaz in ungrischer Sprache . . . . 357—374

Zweiunddreissigste Vorlesung. Die volksthümliche
Schule. — Dugonics. Dessen historische Romane und
Dramen. Das volksthümliche Epos : die neue Zrinyiade
von Kónyi; die Hunniade von Adam Horváth; „Ungerns
Fall" von Etédi; Nagy v. Vály, Stephan Gáthi u. A. . . . 375—392

Dreiunddreissigste Vorlesung. Fortsetzung der volks-
thümlichen Schule. Der Roman in Versen : Poocs,
Etédi, Perecsenyi, Graf Joseph Gvadányi : die Tri-
logie des Dorfnotars. „Rontó Pál." — Didaktische
Dichtung. — Lyrische Dichtung : Adam Horváth's
volksthümliche Lieder. — Die Leoninisten. — Der
Debreziner Kreis. Földi. Fazekas : „Ludas Matyi".
Joseph Kovács der Jüngere . . . . 393—406

Vierunddreissigste Vorlesung. Die Anfänge der neuen
Schule. Die ästhetische Richtung. Neuerungen in
Sprache und Technik. Graf Gedeon Ráday und
die Ráday'sche Versart. Verseghy. Bacsányi. Die
lyrische Trias : Kazinczy, Szentjóbi, Dayka . . . . 407—414

Fünfunddreissigste Vorlesung. Die Selbstständigen.
Die Idee der literarischen Centralisation und Kármán.
Die „Urania". Fanny's Nachlass. Kármán's literari-

Seite

scher Charakter. — Michael Vitéz von Csokona.
Sein dichterischer Charakter und der ungünstige Einfluss
seiner Erziehung auf seine Bildung. Seine Rettung gegen
Kölcsey . . . . 415—428

Sechsunddreissigste Vorlesung. Alexander Kisfaludy. Einheit seines Lebens und seiner Dichtung.
„Himfy's Liebeslieder". Kisfaludy und Petrarca. Die
poetische Sprache erhebt sich bei ihm zuerst zur höheren
nationalen Schönheit. Seine Sagen aus Ungerns Vorzeit 429—440

Siebenunddreissigste Vorlesung. Rückblick auf die
verschiedenen literarischen Gruppen. — Roman in
Prosa. Ignaz Mészáros und seine „Kártigám". — Das
Drama. Das Wiedererwachen des Theaters. Dessen
unmittelbare Vorläufer : Georg Fejér und das Pressburger Seminar. Die erste Schauspielergesellschaft
zu Pest. Theilnahme des Landes. Die Siebenbürger.
Theaterdichtung. — Aesthetische Bewegun-
gen. — Schluss . . . . 441—460

I.

Die ungrische Dichtung

von den ältesten Zeiten bis Zrínyi.

—1651.

WIDMUNG

an

Gräfin Virginie Dessewffy.

O tritt herein, denn hier auch wohnen Götter.

Glaub' nicht, dies Volk, dem in die neue Heimat

Die Bilder einer fern entrückten Zeit

Und Prophezeihung leitend vorgeleuchtet,

Als Feuersäul' in der Verheissung Land,

Es sei als eine rohe Horde, ohne

Religion und Weisheit und Gesang

Hereingebrochen durch die Flut des Dons.

Glaub' nicht, thierhaut-umgürtet, wären wilde,

Blutschlürfende Unmenschen es gewesen,

Die kamen, siegten, und an den vier Flüssen

Aus Stämmen, die durch Bruderband s i e einten,
Die Gründer eines neuen schönern Reichs
Und Volkes wurden, das durch ein Jahrtausend
In Stürmen blühte, die es rings umtost.
O Anderes berichtet uns die Schaar
Von huldigenden Völkern, die, im Schatten
Der milden Kraft, beschützt und sicher ruhend,
Zu neuem Leben still herangereift;
Und Anderes die Sprache, die so süss
Und mächtig von der Väter Lippen quoll;
Das Opfer, das nur Einem Gott geraucht;
Des Magiers und Priesters frommes Lied.

Verstummt ist längst des Volk's uralt Gebet,
Und grauer Vorzeit wildes Sturmgebraus,
Es hat hinweggerafft der Helden Lied.
Doch frag die Schatten der vergangnen Zeiten:
Und ihre Geisterlippen öffnen wieder
Sich, flüstern zu dir längst zerbrochner Harfen
Getön, und wieder hörst du Árpád's Sänger.
Das Lied, das einst des Hunenkönigs Siege
Und Álmos Zug in das verheissne Land,
Der Heimatgründer Kriege, blanke Waffen,
Das Schlachtenhorn besang und weh'nde Banner:
Es zittert durch der Seele Saiten dir;
Du hörst den Siegessang auf Cserhalom,
Salamons Lied und Záhens blut'ge Rache,

Des wackern Toldi's mächtig sausend Schwert,
Der zweiunddreissig Edlen düstern Fluch,
Und jenen Kriegssturm, dessen Donner auf
Mahomeds Antlitz bleiche Sorge bannt.
Du hörst den Sang in Königshallen auch,
D'ran sich begeistert Hunyad's grosser Sohn.

Auf Mohács' Feld verströmet Ludwig's Blut,
Doch nicht verstummt der Harfe Trauerton.
Des Cytherspielers ernste Mahnung hört
Der stolze Burgherr, doch er rächt sich nicht:
Den Sänger schützt die allgemeine Achtung;
Der Held lauscht seinen Kriegen, und am Heerd
Das müde Volk der Liebe Zaubermähren,
Und was die Schrift gebeut, die Tugend heischt,
Vernimmt's mit regem Geist und theilnahmsvoll.
Es preist inbrünst'ger Sang den Herrn des Himmels,
Im Hymnus wehrt der Dulder seinem Gram,
Verwundet singt Balass' sein letztes Lied.

Sieh', solche Dinge webet meine Muse,
Die vaterländ'sche Klio, wenn die Nacht,
Der ernsten Forschung Amme, uns umflicht.
Der Erste war ich, der an ihrer Hand
Die ganze Liederheimat meines Volkes,
Des nicht, und falsch gekannten, ich durchwandert;

Die Spuren seines geist'gen Lebens, lang
Vom Moos der Zeit verdeckt, erschloss ich neu,
Und deren Lied den Unger einst beseelte,
Uns tönt nun wieder ihrer Namen Klang.

Von langer Reise bietet diese Frucht
Dein Freund Dir, dessen heiliges Erglüh'n
Für dieses Volkes Namen Du gepflegt
Mit zarter Sorge, theilend seinen Drang;
Dir, geistbeseelte Tochter unsers Landes,
Und Ungerns edlen Frauen all', durch Dich.
Wenn Euer Beifall nur das Opfer ehrt,
Fand auch der treue Opfrer seinen Lohn.

Geschichte

der

ungrischen Dichtung.

Toldy, Gesch. d. ung. Dichtung.

Erste Vorlesung.

Begriff der Literaturgeschichte. — Nothwendigkeit ihrer Kenntniss. — Ihre Blüthe im Auslande und unser Zurückbleiben darin. — Uebergang zur Nothwendigkeit der Betreibung der ungrischen Literaturgeschichte. — Ein Zweig derselben, die Geschichte der Dichtung. — Eintheilung. — Die alte Zeit. — Die alten Wohnsitze und das historische Auftreten und Weltleben der Ungern in den ältesten Zeiten. — Cultur, Religion, Sprache, Schrift.

Meine Herren!

Diejenige Wissenschaft, welche den Gegenstand unserer wöchentlichen Zusammenkünfte bildet, ist in nationaler Beziehung eine der wichtigsten und fruchtbarsten. Die Geschichte der National-Literatur nämlich, von welcher die Geschichte der Poesie einen Hauptbestandtheil ausmacht, spiegelt die, sich in ihrer Sprache und in ihren schriftstellerischen Erzeugnissen kund gebende geistige Thätigkeit einer Nation in ihren Anfängen, in ihrer Entwicklung, in ihrem zeitweiligen Zurückbleiben und Fortschreiten wieder; sie weist, wenn sie anders pragmatisch sein will, alle jene äussern und innern Factoren und Einwirkungen nach, welche dieselbe angeregt, entwickelt und bestimmt haben. Zu jenen äussern Einwirkungen rechnen wir die politischen, religiösen und Culturzustände, ferner die auf die Literatur unmittelbaren Einfluss übenden Mittel und Anstalten, wie die Schulen, Vereine,

1*

Sammlungen, die Gesetzgebung, den Handel und die Presse; innere Factoren sind uns der Zustand der Wissenschaften, die Theilnahme dafür, die Verbreitung fremder Literaturen; ja die vaterländischen Literaturerscheinungen und hervorragenderen Geister selbst werden in Beziehung auf andere wieder zu Factoren, und so fesselt der ganze grosse Kreis der Intelligenz in einer fortlaufenden Kette von Ursachen und Wirkungen unsere Aufmerksamkeit.

Wenn Intelligenz in der That der edelste Vorzug des Menschen, wenn in der heutigen gebildeten Welt nicht die rohe Kraft, sondern die höhere Stufe geistiger Entwicklung, welche ein Volk einnimmt, dasselbe achtungswerth macht, müssen da nicht auch wir Alles aufbieten, den ganzen Kreis unserer literarischen Intelligenz zu erforschen, um sowohl uns selbst darüber gehörig zu orientiren, als auch Andern in möglichst weiten Kreisen zu deren Kenntniss zu verhelfen, um auf diesem Wege der Welt zu beweisen, dass wir nicht unwürdige Glieder der gebildeten Menschheit seien?

Aber wir müssen mit unserer Literatur bekannt und vertraut sein, um sie wahrhaft geniessen, nützen und lieben zu können. Zu einzelnen guten Büchern mögen wir, wenn Gelegenheit und Zufall uns günstig sind, auch ohne genauere literaturgeschichtliche Orientirung gelangen und dieselben zu unserem Nutzen gebrauchen, aber die Literatur selbst, d. h. die Gesammtheit der nationalen Geisteswerke, Alles was darin interessant, schön und im Zusammenhange mit dem Nationalleben erscheint, können wir nicht geniessen; den Gehalt, Umfang und das Wirken des Nationalgeistes nicht kennen, einen der edelsten Bestandtheile der Nationalgeschichte, denjenigen ¸nämlich, welcher die Thaten des productiven Geistes ins Auge fasst, können wir ohne Literaturgeschichte nie erschöpfend würdigen. Aber nicht einmal gehörig zu benützen vermögen wir die Literatur ohne jene historische zusammenhängende Kenntniss, denn wenn wir den ganzen Umfang derselben nicht übersehen, können wir auch unter den geeigneten Mitteln zur Ausbildung nicht die rechte Wahl treffen, und manche der tüchtigsten bleiben unbenützt. Endlich können wir dieselbe auch nicht so lieben, wie jeder gebildete Mensch, der das Herz am rechten Flecke hat, die Geisteswerke seiner Nation lieben soll, denn : ignoti nulla cupido.

So fasst das Ausland die Bedeutsamkeit der Literaturgeschichte auf, und obgleich dieselbe von jedem gebildeten Volke längst gepflegt wird, und zahlreiche werthvolle Werke dieser Art ans Tageslicht traten, so nahm diese Wissenschaft doch niemals einen so hohen Aufschwung, erfreute sich niemals einer so weiten Verbreitung, als in dem letzten Viertel dieses Jahrhunderts.

In demselben Verhältnisse nämlich, in welchem die Realwissenschaften in dem öffentlichen Unterricht stets mehr und mehr Raum gewannen, wurden auch die Nationalsprachen und deren Literatur mit in jenen Kreis gezogen. Denn die gebildeten Völker haben es wohl gefühlt, dass, nachdem auf Kosten der sogenannten Gelehrtenschulen, die den Interessen des materiellen Lebens dienenden Realschulen vermehrt wurden, auch für die geistige Ausbildung der, den verschiedenen Zweigen der Landwirthschaft, der Industrie, des Fabrikswesens, der Technik, des Handels obliegenden Jünglinge gesorgt werden müsse. Man hat gefühlt, dass die Naturwissenschaften allerdings in dieser Richtung einen bildenden Einfluss ausüben, aber dass nur eine möglichst gleichmässige Entwicklung und Pflege aller Seelenkräfte vor schroffer Einseitigkeit zu be-

wahren vermag. Zu diesem Zwecke wurde denn der wissenschaftliche Unterricht der betreffenden Nationalsprachen,
die historische und ästhetische Kenntniss der betreffenden
National-Literatur nebst der Lectüre und Erklärung ausgezeichneter Stücke eingeführt; und nachdem die Erfahrung von dem ausserordentlich bildenden Einflusse Zeugniss abgelegt, welchen dieser Unterricht ausübt, ward derselbe in allen Erziehungsanstalten, selbst Töchterschulen
eingeführt, so wie andererseits auch die gelehrten Schulen,
die Gymnasien und Universitäten denselben mit gleicher
Liebe erfassten, so dass es im Auslande kaum irgend eine
Schule gibt, in welcher die betreffende Muttersprache
nicht sorgfältig gelehrt und zur Grundlage jedes andern,
selbst des classischen Sprachunterrichtes gemacht, worin
die vaterländische Literatur nicht erklärt würde. Daher
gibt es auch zur Zeit keinen Zweig der Geschichte, der
lebhafter betrieben und cultivirt würde, als die Literaturgeschichte, und das Meer der Literatur wird durch die
Canäle zahlreicher Chrestomathien in die millionenfachen
Adern der Nation verbreitet.

Wir Ungern sind hinter dieser Richtung der civilisirten
Welt weit zurückgeblieben. Wir haben eine Literatur, viel
älter, als dies selbst so mancher Gelehrte träumt, und haben
in unserer Literatur zahlreiche Werke, welche der Erhaltung, Bekanntwerdung und Lectüre in mehr als einer Beziehung werth erscheinen. Und wenn Manches unter ihnen
als Kunstwerk auch geringere Aufmerksamkeit verdient,
aber als treuer Ausdruck des Nationalgeistes und der
Richtung einer bestimmten Zeit, also als Denkmal, ist es
eben so würdig gekannt zu werden, als irgend ein historisches Factum, worin zwar durchaus nichts Ausserordentliches, das aber als charakteristischer Zug des Volkslebens

lehrreich, anziehend, ja wichtig sein kann. Sie dürfen daher, meine Herren, bei jenen Schriftstellern, von welchen wir jetzt handeln, mit denen wir geistig verkehren werden, nicht fragen : ob es durchaus lauter ausgezeichnete Schriftsteller waren, eben so wenig hinsichtlich der aufzuzählenden Werke: ob sie von bleibendem Werthe ? — Jeder Schriftsteller, der zu seiner Zeit entweder für sich auf das geistige Leben der Nation bestimmend, oder der an solchem Streben einen bemerkenswerthen Antheil nahm, so wie jedes Werk, welches einst allgemein oder doch von Vielen gelesen, geliebt und gelobt worden : selbst der geistlose Schriftsteller und das geistlose Werk, welches, aus was immer für einem Grunde, von Einfluss war, sind historische Thatsachen in der Welt des Geistes, und können aus unsern Vorträgen nicht wegbleiben.

Wenn wir die Literaturgeschichte so auffassen, so hat selbst die der ärmsten Literatur in Beziehung auf die Geschichte der Menschheit grosses Interesse : um wie viel mehr in Beziehung auf das betreffende Volk, bei dem, die Geschichte seiner Literatur nicht zu kennen zugleich ein Mangel und eine Schmach, sie nicht mit Vorliebe zu betreiben, und diejenigen, welche einst unsere Väter aufklärten, nicht der Vergessenheit zu entreissen, Undank! Sehr schön, und nicht nur schön, sondern auch wahr, sagt Schiller :

Wer
Den Besten seiner Zeit genug gethan
Der hat gelebt für alle Zeiten.

Es ist Zeit, dass wir uns jener Undankbarkeit entledigen, aber es ist auch Zeit, dass wir durch nähere Bekanntschaft mit unserer eigenen Literatur dieselbe achten und lieben lernen, um, indem wir sie unter uns wieder in Umlauf bringen, unsere verlorenen Schätze uns von

Neuem erwerben. Eine schönere Zukunft eröffnet sich unserer Literatur in dieser Hinsicht durch diejenige Anordnung der Regierung, wonach die Geschichte der ungrischen Literatur an jedem ungrischen Gymnasium als obligater Unterrichtsgegenstand eingeführt wurde, wofür wir auch nicht umhin können, hier unsern Dank auszudrücken.

Doch das höhere Studium der Literaturgeschichte gehört in den Kreis der Universität. Von Herzen sollte es mich freuen, wenn manche von diesem Orte mit richtigeren Ansichten über unsere Literatur hinweggingen, dieselbe lieb gewinnen und zum Gegenstand ihrer Aufmerksamkeit machen wollten. Freuen sollte es mich, wenn die Stunden, welche wir diesem Gegenstande weihen können, in uns Allen jene Pietät vermehren, die wir insbesondere dem Andenken der ungrischen Schriftsteller schuldig sind, die so lange ohne Lohn, ja sogar ohne rechte Würdigung, blos im Gefühl ihrer patriotischen Pflicht, ihre Opfer auf dem Altar der Nation dargebracht haben.

In Anbetracht der Reichhaltigkeit unserer Nationalliteratur nehme ich für diesmal nur einen Zweig derselben : Die Geschichte der ungrischen Dichtung als Gegenstand unserer Beschäftigung auf, und gedenke denselben wo möglich bis auf die neueste Zeit herab fortzusetzen.

Wenn wir das Gesammtgebiet unserer Dichtung nach ihrem Entwicklungsgange ins Auge fassen, so machen sich vier Haupt-Abschnitte in demselben bemerkbar, die wir die alte, die mittlere, die neue und die neueste Zeit nennen.

Unter der alten Zeit verstehe ich jene vor der Annahme des Christenthums durch unser Volk (also bis zum J. 1000);

unter der mittleren Zeit, die Zeit von der Annahme

des Christenthums bis zur Niederlage bei Mohács, die mit dem Beginn der Reformation zusammenfällt (1000—1526);

unter der neuen Zeit, die Zeit von der Niederlage bei Mohács bis zum Verfall des Nationallebens, oder die Zeit bis über die Mitte des vorigen Jahrhunderts (1526 —1772);

unter der neuesten Zeit endlich die von der Mitte des vorigen Jahrhunderts bis zur letzten Revolution (1772—1848).

Die Geschichte der alten Zeit, welche wir richtig als die der selbstständigen Nationalität charakterisiren, umfasst die dem Christenthume vorangehende Zeit, und erstreckt sich am Faden der Geschichtsforschung zurück bis nach Asien. Sie sucht unsere Vorfahren als Hunen und Magyaren nicht nur in den Gegenden am schwarzen Meer und den nördlichen Theilen des Kaukasus, so wie in den südlichen Ländern des Urals zwischen den Gewässern der Wolga und des Jajk, sondern auch in den südlichen Theilen des Kaukasus, zwischen Armenien und Persien, wohin geschichtliche Spuren deuten; besonders aber weist dahin die Sprachforschung, welche unwidersprechlich darthut, dass unsere Sprache, die übrigens ihrem ganzen Bau und Stoffe, d. h. ihren Stammwurzeln nach, zu dem scythischen oder ural-altaischen Sprachstamme gehört, in uralter Zeit, wohin die Geschichte nicht hinanreicht, in theils unmittelbarer, theils mittelbarer Berührung mit mehreren Sprachen des andern grossen, des indoeuropäischen, Sprachstammes lebte.

Es finden sich nämlich in der ungrischen Sprache nicht nur zahlreiche Wörter, sondern selbst Formative, welche ihr mit einer oder der andern der indoeuropäischen Sprachen gemeinsam sind, und zwar nicht etwa in neuerer

Zeit ihnen entnommen wurden, sondern zu den ersten Bedürfnissen der Sprache gehören, und bei uns noch in einfa-
cherer Gestalt als dort vorkommen. Wenn die Deutschen
ohne irgend einen historischen Faden ihre alten Wohn-
stätten in die Gegenden des südlichen Asiens zurückverle-
gen, indem sie blos auf dem Wege der vergleichenden
Sprachforschung unfehlbar beweisen, dass ihre Sprache
nicht nur mit der slavischen, griechischen, lateinischen,
sondern auch mit der persischen und mit dem Sanskrit
verwandt sei, und dass sie darum von der Wiege jener
Sprachen, den südlichen Gegenden des fernen Asiens aus-
gegangen sein müsse : so ist es auch uns erlaubt, jene
auffallende, überraschende, aber anders gar nicht zu erklä-
rende, überdies auch auf historische Spuren sich stü-
tzende Behauptung aufzustellen, wonach der Stamm
der Hunen und Magyaren in den ältesten Zeiten zwischen den Völkern von Armenien, Mesopotamien, Persien
sass und theils mit ihnen verschmolz, theils von dort durch
die Engpässe des Kaukasus weiter hinaufgedrängt, seine
Sprache zwischen den scythischen Völkern weiter ausbildete, in Folge dessen dieselbe rücksichtlich ihres Baues
mit den Sprachen dieser Völker in enger Verwandtschaft
steht. Diese Sprachenklasse, die ich die scythische nenne,
zählt sechs Sprachfamilien : Das Mandschu, die mongo-
lische, türkisch-tatarische, samojedische, finnische und ungrische. Die letzte ist das südwestlichste Glied dieser
Klasse, und steht den türkischen und finnischen Sprachen
am nächsten, besonders den uralischen Zweigen der letzteren, dem vogulischen und ostjakischen, wie dieses die
Untersuchungen unsers tüchtigen nordischen Reisenden
Reguly begründen. Trotz mannigfacher Analogie im
Baue dieser Sprachfamilien und dem der ungrischen,

und trotz des in Vielem gemeinschaftlichen Wort-
schatzes, bietet die ungrische Sprache dennoch das
Bild eines durchaus selbstständigen Organismus dar.
Sie bildet nämlich ein so vollständiges, zusammen-
stimmendes und in seinem Wesen aus sich selbst verständ-
liches System, ihre Wurzeln sind so einfach, die Suffixe,
Fürwörter und Nebenwörter so leicht und glücklich auf
ihre ersten Elemente zurückführbar und guten Theils aus
dem Ungrischen selbst erklärbar: dass wir unsere Sprache in allen diesen Beziehungen, mit andern verglichen,
als eine ursprüngliche, selbstständige, jedenfalls aber als
eine uralte anerkennen müssen.

Wo unser Volk ursprünglich gesessen, wie lange es
sich in den verschiedenen Theilen Vorderasiens aufhielt,
lässt sich genau nicht bestimmen. Nach Europa drangen
unsere Vorfahren gegen das Ende des neunten Jahrhunderts ein; hier nahmen sie das heutige Ungern sieg-
reich in Besitz, und dehnten ihre Grenzen gegen Westen
bis an den Ensfluss aus, wo, namentlich in Melk,
der Grossfürst Zsolt seine Residenz aufschlug. Von hier
aus beunruhigten sie während des ganzen zehnten Jahrhunderts Mittel- und Südeuropa, durchritten es Beute
holend fast alljährlich: das griechische Reich, Deutschland, Italien, Frankreich seufzten unter ihren Schlä-
gen, und der Litaney wurde ein neuer Vers eingeschaltet: A sagittis hungarorum libera nos Domine! Dieser Zustand ward für Europa nahezu unerträglich, und
nothwendigerweise hätte sich dieser Welttheil gegen sie
verbünden müssen, wenn nach Taksony nicht Gyéza auf
dem grossfürstlichen Stuhle gesessen wäre, ein Mann von
seltener Geistes- und Willenskraft, der nicht nur die europäischen Verhältnisse klar auffasste, sondern auch die

wilde Kraft seines Volkes mit fester Hand zu zügeln wusste, und, indem er dasselbe dem Christenthume zuführte, es zugleich neuen, heilbringenden Richtungen zuwandte. Seine Regierung schliesst die alte Zeit ab, welche man vorzugsweise das ungrische Heldenzeitalter nennen mag.

Und nun lassen Sie uns vom Standpunkte des staatlichen Lebens und der Cultur einen Blick auf diese Zeit werfen. Wenn wir die Culturzustände des ungrischen Volkes vor Annahme des Christenthums näher ins Auge fassen, so dürfen wir uns nicht durch jene fremden Chronisten des Mittelalters irre führen lassen, welche unsere Vorfahren als Ungeheuer der Natur und wahre Menschenfresser schildern. Sie sahen aus ihren Zellen voll Schrecken auf jene furchtbaren orientalischen Reiter, welche ihr Vaterland verwüsteten, und ihre Feder führten Hass und Aberglaube. Dass übrigens der Unger, wie er sich im neunten und zehnten Jahrhunderte Europa zeigte, kriegerisch und wild war, ist gewiss, denn lange Kämpfe hatten das in ihren früheren Wohnsitzen ein patriarchalisches Leben führende Volk bedeutend umgeschaffen. Dass sie aber nicht einfältige Hirten und Jäger waren, als sie in dieses Land kamen, sondern die Erinnerung eines früheren geordneten socialen Lebens ihre öffentlichen Sitten regelte, beweist unwiderleglich jene Verfassung, welche sie sch auf ihrer grossen Volksversammlung bei Puszta-Szer gaben, wo sie die Grundzüge der ungrischen beschränkten Erbmonarchie in einfacher aber entschiedener und für tausend Jahre nachwirkender Weise festsetzten. Aber nicht nur diese staatsordnende Fähigkeit gibt einen glänzenden Beweis von ihrer schon damaligen politischen Reife, sondern zugleich jene Klugheit und Mässigung, womit sie die von ihnen unterjochten Völker — nicht nach Art anderer Erobe-

rer zu Sklaven, sondern — zu gleichberechtigten Volksgenos-
sen machten, und dadurch jeder Empörung glücklich zu-
vorkamen. Nur so konnten sie es wagen, beinahe während
des Verlaufs des ganzen zehnten Jahrhunderts, ihre besten
Kräfte im Auslande beschäftigen zu lassen, ohne dass sie
daheim Aufruhr und die Wiederherstellung früherer Zustände zu befürchten hatten. Ein kluger, gerechter Sinn
und unbestreitbare, moralische Ueberlegenheit, selbst bei
rauhem Aeussern, erhielt, was ihre Waffen errungen hatten.

Ausser dieser politischen Reife ist es ihre Religion, welche von ihrer tüchtigen geistigen Befähigung und alter Civilisation Zeugenschaft ablegt. Ihre Religion war nämlich Monotheismus, deren Mittelpunkt ein Nationalgott : Isten, a
Magyarok Istene: der Gott der Ungern, dem sie unter
dem Symbol der befruchtenden Sonne, dem Feuer, opfer-
ten, den sie in der Luft und im Wasser verehrten, und
dessen Schöpfung, die Erde, sie in Hymnen feierten. Der
Gegensatz dieses erhaltenden Gottes, somit der Urgrund
alles Bösen, war ihnen „Ördög" (der Teufel), der ob nun
schon eins und dasselbe mit dem persischen Ahriman oder
nicht, gleichwohl durch seinen nationalen Namen, wie dies
auch vom Namen Gottes (Isten) gilt, seine nationale Ur-
sprünglichkeit hinlänglich verbürgt. Ueber diesen übte
ihrer Ansicht nach noch eine Schaar von guten und bösen
Geistern, Tündér, Einfluss auf das menschliche Schicksal aus, worüber uns Ipolyi, der Grimm unserer ungrischen Mythologie, so viel Lehrreiches mittheilte, und woraus hervorgeht, dass unsere Voreltern in der Ausbildung
einer in die Menschheit hineinragenden Geisterwelt um
nichts unfruchtbarer waren, als irgend welches andere
Volk. Demgemäss bekannten sie sich auch zur Lehre von
der Unsterblichkeit der Seele, auf welcher Ansicht

zugleich die Verehrung ihrer Todten beruhte, deren Andenken sie in Liedern feierten. Endlich liefert jene Achtung, womit sie ihre Frauen behandelten, welche im Hause
die „Hälften" ihrer Männer waren und in ihrer Sprache auch
so genannt wurden (Feleség), wie sie denn nicht minder
als Witwen in die Rechte ihrer Männer eintraten, den deut-
lichsten Beweis, dass die Ungern ein Volk waren, welches aus der ursprünglichen Rohheit längst herausgetre-
ten und seine gesellschaftlichen Zustände nach milderen
und höheren Grundsätzen regelte.

Aber auch die Sprache der, nach den vielen Widerwärtigkeiten einer langen Wanderschaft sich hier niederlas-
senden Ungern verräth keinen geringen Grad geistiger Entwicklung. Wir besitzen zwar aus der vorchristlichen Zeit
kein Sprachdenkmal in zusammenhängender Rede, aber
wenn wir die in den ältesten Urkunden und Chroniken in
reicher Anzahl verstreuten ungrischen Namen und Wörter, so wie die aus dem Árpádischen und Anjouischen Zeitalter auf uns gekommenen ungrischen Sprachdenkmäler
mit philosophischem Geiste näher prüfen, und aus dem
Gange der Sprachentwicklung in den uns bekannten Zeiten, mit der Fackel der vorsichtigsten Kritik rückwärts in
die denselben vorangegangenen Jahrhunderte hineinleuch-
ten, werden wir uns überzeugen, dass unsere Sprache in
unsere gegenwärtige Heimat bereits ganz fertig und verhältnissmässig mit einem nicht geringen Grade der Ausbildung gelangte, dass sie hier keine neuen grammati-
schen Formen mehr entwickelte, keine neuen Formative
mehr erzeugte, wohl aber manche fallen liess, dass sie
keine neuen Wurzeln mehr schuf und nur durch Aufnahme
fremder Wörter, durch neue, den alten Fundamentalgesetzen
ungrischer Wortbildung entsprechende Ableitungen und

durch, ihrem Ursprunge nach wahrscheinlich europäische,
aber dem Geiste unserer Sprache keineswegs widersprechende
Zusammensetzungen, ihren Umfang erweiterte. Nur die
Wortfügung nahm neben den alten eigenthümlichen und
markigen Formen viele neue an, wodurch die Sprache bedeutend verändert ward, aber an Reichthum und Leichtigkeit der Wendungen nicht wenig gewann. Wenn wir so
dasjenige, was in Bau und Stoff unserer Sprache mit
Wahrscheinlichkeit als europäischen Ursprungs angenommen werden kann, davon trennen, und dasjenige, was darin
unzweifelhaft voreuropäisch, in ein vollständiges Bild zu-
sammenfassen : so ersteht vor unserem Geiste die Sprache
Árpád's in ihrer Gesammtheit, und wir überzeugen uns,
dass dieselbe ihrem Wesen nach nicht weniger edel
war, als unsere heutige Sprache, und dass aller Unterschied
einerseits in der Armuth an Wörtern und Wendungen der
Wortfügung, andererseits in dem Reichthume an Formen
und in deren Colorit bestand, welch letzteres eine gewisse
Mannigfaltigkeit des Klanges bezeichnet (die übrigens
theilweise in einem und dem andern unserer Dialekte bis
auf den heutigen Tag ihre Spuren zurückliess), und in mehr
Weichheit : da in der Folge die bei weitem meisten Aus-
laute sich abstreiften. Wir überzeugen uns ferner, dass unsere Nation einen so reichen Fond von Wurzelwörtern,
selbst von rein geistigen und abstracten Begriffen mit sich
brachte, und damit eine so lebhafte Bildungsfähigkeit verband, dass wir einem Volke, welches im Stande war sich
eine solche Sprache zu schaffen, unter was immer für
einem Namen nothwendigerweise eine bedeutsame Vergangenheit, keine gewöhnlichen geistigen Bedürfnisse, ja
ein längst untergegangenes Culturzeitalter zuer-
kennen müssen, wenn gleich die Wechselfälle eines das-

selbe unterbrechenden langen Wanderlebens, besonders
aber die religiösen, theilweise gewaltsamen Veränderungen
selbst die Erinnerung daran verwischten.

Wenn wir zu alle dem noch die nicht zweifelhafte
Thatsache hinzufügen, wonach die alten Ungern schon
in Asien ihre eigene Schrift hatten, nachdem Menander
Protector (VI. Jahrhundert) mit Bestimmtheit erzählt, dass
sie an Justinus II. eine mit scythischen Buchstaben geschriebenen Brief gerichtet, dass ferner die Szekler im XIII.
Jahrhundert und später sich einer besondern eingekerbten
Schrift (der Szekler Runen) bedienten, deren senkrechte
Richtung auf Mittelasien zurückweist : so können wir
kühn die Behauptung aufstellen, dass unsere Voreltern in
der alten Zeit wohl auch einige religiöse und historische
Schriften besassen, welche aber das christianisirende X.
und XI. Jahrhundert eben so leicht, ja noch leichter zer-
stören konnte, als es die Götterbilder der alten heidnischen
Ungern zerstörte, die es Götzen nannte, und welche im
Árpádischen Zeitalter häufig zu Grenzsteinen gebraucht
wurden, wie uns zahlreiche Spuren in alten Urkunden
beweisen.

Nach diesen vorausgesandten Erläuterungen, welche
Sie, meine Herren, wohl überzeugt haben werden, dass
der Unger, selbst zu seiner heidnischen Zeit, keineswegs
eine, aller geistigen Bildung, Civilisation und Kunst entbehrende Horde war, sondern vielmehr ein zwar kriegeri-
sches, aber ritterliches Volk, von klarem Verstande, gesun-
den religiösen und socialen Grundsätzen, und im Besitze
einer eigenen Poesie, gedenke ich in der nächsten Stunde
zur näheren Betrachtung der Poesie jener Zeit überzugehen.

Zweite Vorlesung.

Die Poesie der Hunen, epische, Siegesgesänge, die Posse. — Wie
die Hunensage auf die Ungern überging. — Die ungrische Poesie
der alten Zeit. — Lautenspieler. — Geschichtliche Gesänge.

Meine Herren!

Nach dem, was ich neulich über den Culturzustand
unserer Vorfahren vorgetragen habe, wird es Sie nicht
überraschen, wenn ich nun die Poesie der heidnischen Ungern zur Sprache bringe. Sind doch auch die sogenannten
halbwilden Völker nicht ganz ohne jenen Himmelsfunken
und wissen wir doch, dass auch sie Lieder besitzen, so
dürftig sie auch seien und meist nur Aufmunterung zum
Kampf, die Jagd, den Fischfang, seltener die Liebe und
ein gewisses religiöses Gefühl zum Inhalte haben. Aber
Sagendichtung ist nur das Eigenthum von Völkern, welche
in gewissem geselligen Verbande leben, denn nur diese
besitzen eine Geschichte. Sie bildet denn auch den
hauptsächlichsten und wichtigsten Theil der Poesie unserer alten Ungern; um aber bis zu ihrem Ursprung zurückgehen zu können, ist es nöthig von ihren Stammeltern, den
Hunen, etwas zu erwähnen.

Ich lasse mich hier nicht darauf ein, das Ungerthum
der Hunen zu untersuchen und zu beweisen. Dies ist
eine historische Frage, auf welche die ungrische Tradi-

tion und die gesammte Geschichtschreibung des Mittelalters längst bejahend geantwortet hat. Es gibt zwar historische Sätze, welche die Kritik zerlegt und auflöst, wie die
Chemie organische Theile : aber ist in den Traditionen
der Völker keine Wahrheit, weil jene, die Kritik, darin
nicht das punctum saliens der urkundlich erhärteten Gewissheit, so wie diese, die Chemie, das Lebensprincip nicht
auffindet? Indessen können wir hier um so ruhiger die
verneinende Superklugheit mancher Ausländer unberücksichtigt lassen, da wir uns nicht zunächst mit Geschichte beschäftigen, und da wir aus dem Zusammenhange der
Volkssagen wahrscheinlich eine genügende Antwort auf
diese Frage gewinnen werden. Ich spreche daher jetzt zunächst einleitend von der Poesie der Hunen.

Dass die Hunen wirklich eine Poesie besassen, davon legt Priscus, der byzantinische Rhetor, welcher an der
im Jahre 448 von dem griechischen Kaiser Theodosius II.
an Etele abgeordneten Gesandtschaft Theil nahm, und somit selbst am Hofe des Hunenkönigs verweilte, ein
glaubwürdiges Zeugniss ab. Hören wir die hierher gehörigen gewichtigen Stellen nach Karl Szabós treuer ungrischer Uebersetzung :

„Und nachdem wir über einige Flüsse gesetzt hatten, kamen wir in ein sehr grosses Dorf, wo, wie es hiess,
unter den an den verschiedensten Orten befindlichen Woh-
nungen Attelas die glänzendste stand, aus schön gearbei-
tetem Balkenwerk gefügt und mit einer hölzernen Umfriedung eingefasst, welche nicht auf die Festigkeit, sondern auf den Schmuck berechnet war. Nach der Wohnung
des Königs war die des Onegesios die hervorstechendste,
welche gleichfalls eine Umfriedung hatte, die aber nicht
so wie die Attelas mit Thürmen verziert war. Nicht weit von

jener Umfriedung befand sich ein Bad, welches der bei
den Scythen nach Attelas vermögendste Onegesios aus
Steinen aufbauen liess, die aus Paionien herbeigeschafft
worden waren. Denn in den von jenen Barbaren bewohn-
ten Gegenden gibt es weder Baum noch Stein, sondern sie
gebrauchen Holz, welches von anderwärts herbeigebracht
wird. Der Baumeister des Bades, der aus Sirmion als Ge-
fangener hierher kam, und der für seinen Plan die Freiheit zu gewinnen hoffte, bedachte nicht, dass er noch in
ein grösseres Uebel gerieth, als die Knechtschaft bei den
Scythen. Onegesios machte ihn zu seinem Badewärter, und
er musste mit seinen Genossen während des Badens
Dienste leisten. Als Attelas sich jenem Dorfe näherte, kamen ihm Mädchen entgegen, reihenweise hintereinander
unter Schleiern von weissem Linnen einhergehend,
welche sich so lange ausbreiteten, dass unter jedem einzelnen Schleier, den von beiden Seiten Frauen über sie
hielten (es war aber eine lange Reihe solcher schleierhalten-
den Frauen), sieben oder auch mehr Mädchen einherschritten,
scythische Lieder singend. Als er in die Nähe von Onegesios Wohnung kam (denn durch dieselbe führte der Weg
nach dem fürstlichen Hofe), trat ihm dessen Gemahlin mit
vielen ihrer dienenden Mägden, von denen Einige Speisen,
Andere Wein trugen (was bei den Scythen die grösste
Ehrenbezeugung), entgegen, begrüsste ihn und bat ihn von
den Speisen zu geniessen, die sie, um ihn zu ehren, gebracht habe. Er aber, um der Gemahlin seines Günstlings
willen, ass zu Pferde, während dessen die ihn begleitenden
Barbaren den Tisch (der von Silber war) hoch empor hielten. Nachdem er hierauf auch den für ihn gebrachten Becher
gekostet hatte, kehrte er in seine fürstliche Wohnung,
welche höher war als die übrigen und auf einem erhöhten

2*

Orte lag, zurück." — „Als wir in das Zelt zurückkehrten, kam der Vater des Orestes und meldete, dass Attelas uns Beide zum Gastmahle berief, welches um die neunte Stunde des Tages stattfinden würde. Als nun pünktlich zur bestimmten Zeit sowohl wir als die gleichfalls zum Mahle geladenen Gesandten der abendländischen Römer erschienen, blieben wir an der Schwelle, Attelas gegenüber, stehen. Hier gaben uns die Mundschenken, nach vaterländischer Sitte, einen Humpen in die Hand, um vor unserm Niedersetzen einen Gruss zu trinken."

„Nachdem wir dies gethan und aus dem Humpen gekostet hatten, gingen wir zu den Schämeln, auf welchen sitzend wir zu speisen hatten. Die Sitze standen von beiden Seiten an den Wänden des Gemaches, und in der Mitte sass auf einem Divan Attelas. Hinter ihm stand ein anderer Divan. Dann führten einige Stufen zu einem Ruhebett, welches zur Verzierung mit Decken und gestickten Vorhängen versehen war, wie die Hellenen und die Römer sie für ihre Hochzeiten bereiten. Für den ersten Platz wurde der Attelas zur Rechten, für den zweiten der zu seiner Linken gehalten, wo wir sassen. Vor uns sass jedoch Berikhos, ein Scythe von vornehmer Geburt. Onegesios aber sass gleichfalls auf einem Sitze zur Rechten des Divans; auf dem Onegesios gegenüber befindlichen Sitze aber sassen zwei von Attelas Söhnen, denn der ältere sass auf dem Divan, nicht nahe, sondern so ziemlich von seinem Vater entfernt, und schlug voll Scham die Augen zu Boden. Als wir sämmtlich geordnet waren, trat der Mundschenk hervor und gab die Weinhumpen in Attelas Hand, der, dieselbe ergreifend, den der Reihe nach Ersten durch einen Trunk begrüsste. Dieser durch solchen Gruss Geehrte stand auf und durfte sich nicht früher setzen, bis

der Humpen gekostet oder ausgetrunken dem Mundschenk zurückgegeben wurde. Nachdem sich Attelas gesetzt, grüssten in gleicher Weise die Anwesenden ihn, den
Humpen ergreifend und nach dem Grusse kostend. Jeder
hatte einen Mundschenk, die der Reihe nach hereintreten
mussten, nachdem Attelas Mundschenk herausging."

„Nachdem auf solche Art der Zweite und die Uebrigen begrüsst worden waren, begrüsste Attelas auch uns
nach der Ordnung der Sitze. Und nachdem wir Alle mit
solchem Gruss beehrt worden waren, gingen die Mund-
schenke hinaus und stellten, nach dem des Attelas, Tische
vor uns, für drei bis vier Männer einen, und so konnte Jeder ohne die Reihe der Sitze zu verwirren, von den auf
den Teller gelegten Speisen nehmen. Zuerst trat Attelas
Diener ein mit einer Schüssel voll Fleisch, sodann die Andern, die uns bedienten, indem sie Brot und Speisen auf
die Tische trugen. Es waren aber für uns und die übrigen
Barbaren viele Speisen bereitet, und wurden auf silbernen
Tellern aufgetragen, dem Attelas aber, ausser Fleisch auf
einem hölzernen Teller, sonst nichts. Er zeigte sich auch in
allem Andern sehr mässig. Den Gästen wurden silberne und
goldene Kannen vorgesetzt, Attelas aber trank aus einem
hölzernen Becher. Auch sein Anzug war sehr einfach und
unterschied sich von dem der Uebrigen durch nichts, als durch
seine Reinlichkeit; auch war weder sein Schwertgehänge
noch der Riemen seiner Schuhe nach der Sitte der Barbaren, noch der Zaum seines Pferdes, wie bei den übrigen
Barbaren, mit Gold, Edelsteinen und anderen Kostbar-
keiten geschmückt. Nachdem die in den ersten Schüsseln
aufgetragenen Speisen alle verzehrt waren, standen wir
Alle auf, und wer aufgestanden war, durfte sich nicht früher auf seinen Sitz niederlassen, bis nach der frühern

Reihenfolge Jeder die ihm dargereichte Weinkanne auf
das Wohl Attelas ausgetrunken hatte. Nachdem wir ihn
auf diese Art begrüsst hatten, setzten wir uns nieder, und
auf jeden Tisch wurde wieder die zweite Tracht Schüs-
teln mit andern Speisen aufgetragen. Und nachdem wir
auch davon Alle gegessen hatten, leerten wir auf dieselbe
Weise aufstehend wieder unsere Kannen und setzten
uns dann nieder. Als der Abend hereinbrach, wurden
Fackeln gebracht, und zwei Barbaren traten ein, stellten sich Attelas gegenüber und besangen dessen Siege
und kriegerischen Tugenden in selbst verfertigten Liedern·
Die Gäste hefteten ihre Augen auf sie; Einige erfreuten
sich an der Dichtung, Andere versanken, in Erinnerung
ihrer Schlachten, in Gedanken, Anderen, deren Körper die
Zeit geschwächt und ihren Kampfesmuth zur Ruhe ver-
urtheilt hatte, netzten Thränen die Augen. Nach beende-
ten Gesängen trat ein scythischer Narr ein, der durch
allerlei wunderliche und unsinnige Spässe ein allgemeines Gelüchter erregte. Hierauf schlich sich der Mau-
rus'os Zerkón herein. Edekon hatte ihn überredet, zu
Attelas zu gehen, um durch dessen Vermittlung seine
Gattin zurückzuerhalten, welche er als ein Günstling des
Bledas im Reiche der Barbaren erhalten, aber, nachdem
er durch Attelas dem Actios zum Geschenk gemacht worden war, in Scythien zurückgelassen hatte. Doch er
täuschte sich in seiner Hoffnung. Attelas ward sehr zor-
nig, dass er es wagte sein Reich zu betreten. Als dieser
nun deshalb bei Gelegenheit des Gastmahls eintrat.
machte seine Gestalt, seine Kleidung, seine Stimme und
seine verworrene Rede, worin er in die ausonische Sprache
(h)unische und gothische Wörter mengte, auf uns Alle
einen so komischen Eindruck, dass wir in ein nicht enden

wollendes Gelächter ausbrachen; Attelas ausgenommen,
welcher unbewegt, und sein Antlitz unverändert blieb.
Man konnte auch nicht wahrnehmen, dass er irgend etwas mit Lächeln gesprochen oder gethan hätte, ausgenommen, dass er seinen jüngsten Sohn Namens Ernas, der
hereinkommend zu ihm trat, in die Wangen kniff und ihn
freundlich anblickte. Als ich meine Verwunderung äusserte, dass er seine übrigen Söhne gar nicht ansah, und
seine Seele gerade nur an diesen gekettet schien, erwie-
derte ein neben mir sitzender Scythe, der die ausonische
Sprache verstand und mir im Voraus das Versprechen abgenommen hatte, von dem, was er sprechen würde, nichts
zu verrathen, dass die Wahrsager dem Attelas prophezeit
hätten, sein Geschlecht werde untergehen, aber in diesem
Kinde erhebe es sich wieder."

„Da sich das Gastmahl in die Nacht hinein erstreckte,
entfernten wir uns, da wir uns dem Trunke nicht zu sehr
ergeben wollten." —

Diese Stellen werfen ein helles Licht auf die Sitten
Etele's, welche sich uns im Gegensatze zu der Pracht-
liebe seiner Grossen als einfach und erhaben darstellen;
aber sie enthalten auch, wie wir gesehen haben, über die
Gattungen, den Inhalt und den Eindruck der hunischen
Poesie höchst schätzenswerthe Angaben. Den heimkehrenden Etele grüsste ein Chor scythischer Mädchen mit
Absingen von Liedern, welche ohne Zweifel Lobeshymnen
waren; bei dem Gastmahle preisen zwei hunische Sänger
die Siege und kriegerischen Tugenden Etele's in selbstver-
fassten Gesängen, welche die hunischen Gäste mit gespannter Aufmerksamkeit und freudigem Wohlgefallen,
die Alten in trauernde Gedanken vertieft, anhören. Hierin
erblicken wir epische Gesänge. Auch die Posse fehlte

nicht, denn jener Hune, den der griechische Ohrenzeuge
halbverrückt nennt, und der nach ihm „durch allerlei wunderliche und unsinnige Spässe ein allgemeines Gelächter erregte", was ist er anders als ein Spassmacher
ex officio, und seine Recitation ein spasshaftes Monodram?
Welchen Schatz hätte Priscus der Culturgeschichte und
unserer ältesten Poesie bewahren können, wenn er sich
jene begrüssenden, heroischen und spasshaften Gesänge und
Reden von dem hunischen, aber auch der griechischen
Sprache kundigen Onegesios hätte verdolmetschen lassen,
und sie seinem Geschichtsbuche einverleibt hätte!

Ein Theil der Hunensage ist uns aber doch erhalten — zwar nicht in der Originalsprache und in Ge-
sangesform, aber doch bei unsern ältesten Chronisten, ja
theilweise selbst bei unserm Volke bis auf die neuesten
Zeiten herab. Es darf uns dieses nicht Wunder nehmen:
Die Schicksale und Gesänge eines halbcivilisirten Volkes
pflegen als eine von Mund zu Mund gehende Tradition durch
Jahrhunderte bewahrt zu bleiben, und es bedarf grosser
Veränderungen, Wanderungen, einer neuen Religion und
einer langen Reihe neuer, bedeutender Thaten, um sie aus
der Erinnerung gänzlich zu verwischen. Lebten doch die
Gesänge des längst untergegangenen gaëlischen Volkes
noch im vergangenen Jahrhundert in Bruchstücken unter
dem Volke des schottischen Hochlandes; und das älteste
Ueberbleibsel der deutschen Hunensage, das Hildebrandlied, das zur Zeit Etele's im V. Jahrhundert entstanden,
soll sich nach Lachmann bis ins XVII. Jahrhundert als
lebender Volksgesang erhalten haben. Eben so erhielt sich
auch in unserm Volke (nicht nur unter den Szeklern)
ein Theil der Etelesage, wie da sind die verschiedenen
Gesänge und Sagen von Etele's Hochzeit, seinem

Tod, seinen drei Särgen, von welchen Szirmay die zweite
noch in Liederform kannte, aber leider nicht aufzeich-
nete, ausgenommen zwei Zeilen, welche er gelegentlich anführt (Hungaria in Parab. 108.) bei dem Artikel „tor"
(Leichenschmaus):

> Ungerns König, Gottes Geissel, unvergessen,
> Kam der Tod gar schnell mit seinem Leichenessen.

und welche ohne Zweifel eine neuere Form verrathen, wie
denn die alten Lieder im Munde des Volkes sich mit der
Zeit zu verändern und zu modernisiren pflegen, dabei aber
doch die alte Weltanschauung und Gesinnung bewahren.
Mehr lebte natürlich in der Erinnerung unseres Volkes zur
Zeit der Ausbreitung des Christenthums und es hat eines-
theils die Geschichte der Hunen in unsern alten Chroniken auch aus dieser Quelle geschöpft, eine Geschichte, deren
manchen Theil wir bei den Geschichtschreibern des Mittelalters vergebens suchen, weshalb auch die historische Kritik
sie verwarf, bis in den neuesten Zeiten, besonders die den
pannonischen Krieg betreffende Hunensage durch Érdy's
Nachgrabungen zum Rang geschichtlicher Thatsachen
erhoben wurde. Simon von Kéza nämlich, unser im
XIII. Jahrhundert unter dem König Ladislaus dem Ku-
manier lebende Schriftsteller, schöpfte aus einer ihm, so
wie dem anonymen Chronisten Carl Roberts (dem Zusam-
mensteller der „Ungrischen Bilder-Chronik") gemeinsamen
älteren Quelle. Beide beschreiben eine grosse Völker-
schlacht, deren erste einerseits von Macrinus, dem Statt-
halter Pannoniens und dem gothischen Ditrich (Detricus
Veronensis) mit römischen, gothischen und andern Hilfs-
völkern, andrerseits von den Hunen unter der Anführung Keve's bei der Stadt Potentiana im Túrnoker Thale
geschlagen wurde, und nach welcher der zweite Aufzug

des grossen Dramas bei der österreichischen Stadt Tuln zu
Ende gespielt wurde, und zwar mit der gänzlichen Nie·
derlage der abendländischen Völker, wo, nachdem die
hunischen Anführer Béla, Réva und Kádosa gefallen
waren, sowohl diese, als die bei Potentiana Gefallenen im
Tárnokthale neben der „grossen Römerstrasse" begraben,
der Ort aber, wahrscheinlich von der Menge der Lei-
chenhügel, Százhalom (Hunderthügel), von Keve's Grab
Keveháza (Kevehaus) genannt wurde; Ditrich aber, der
trotz eines ihm in die Stirne geschossenen hunischen Pfeils
aus der Schlacht entkam, erhielt den Namen des „unsterblichen Ditrichs" bis auf den heutigen Tag — wie der ohne
Zweifel im XII. Jahrhundert lebende Chronist sich ausdrückt, aus welchem nämlich die Späteren ihre Nachrichten geschöpft haben. Die Geschichte weiss, wie gesagt,
nichts von diesem pannonischen Kriege, die Geographie
nichts von Potentiana, und siehe da, die Ausgrabungen
haben in den Gräbern von Százhalom hunische Gebeine,
Waffen und Zierrathe, später die Römerstrasse, ja selbst
Ueberbleibsel des römischen Kastells nachgewiesen und
die Wahrheit der Sage ausser Zweifel gesetzt. Eine noch
jetzt lebende Volkssage erzählt, dass ein Hirte das
Schwert Etele's gefunden und Árpád übergeben habe, womit dieser dann Ungern zurückeroberte. Diese Sage ist
nichts anders, als eine Erneuerung der alten Hunensage
von Atila's Mars-Schwerte, auf einen jüngeren Volks-
helden übertragen. Zur Zeit der Árpádischen Könige
lebte noch in der Erinnerung des ungrischen Volkes das Verschwinden Csaba's, des Sohnes Etele's, in
Griechenland, weshalb das gemeine Volk — schreibt der
alte Chronist — einem Wegziehenden noch jetzt zu sagen pflegt: „Kehre wieder, wenn Csaba aus Griechenland"

(wiederkehrt), und die Bilder-Chronik setzt noch erklärend hinzu : Das sagen sie aus Neckerei. Mehrere solche Beispiele, so wie mehrere Stellen des Anonymus Belae Regis Notarius beweisen : dass der Sagenkreis der Hunen im ungrischen Volke noch zur Zeit der Árpádischen Könige fortlebte.

Aber welcher Zusammenhang besteht zwischen diesen beiden Völkern? Durch welchen Canal konnte die Hunensage zu den Ungern Árpáds hindurchdringen? Diese Frage kann nur den stutzig machen, welcher sich einbildet, dass die Hunen unter den Söhnen Atila's bis auf den letzten Mann ausgerottet worden seien. Aber die Völker werden nicht so umgebracht, wie die Einzelnen. Als nach dem Tode des grossen Königs seine Söhne und Völker sich in zwei grosse Lager spalteten, deren eines, das der Nationalhunen, von Csaba, dem Sohne einer griechischen Mutter, das andere, aus den unterjochten Völkern, von Aladár, dem Sohne der deutschen Chriemhilde, beherrscht wurde und, in Folge des Schürens der fremden Vasallen, ein Bürgerkrieg zum Ausbruch kam, ward Csaba besiegt, und ein Theil seines Anhangs zog gen Siebenbürgen, wo seine Nachkommen als Szekler bis zum heutigen Tage bestehen; der andere zog mit König Csaba nach seinen scythischen Wohnsitzen. Aber ausser den Szeklern erhielten sich ohne Zweifel auch die Hunen des Aladár, obwohl nicht mehr herrschend, sondern als Vasallen ihrer ehemaligen Unterjochten, sogar ihren Nationalnamen verlierend. Hierher zog später ein anderer hunisch-ungrischer Stamm, die Várkúnen oder Avaren, welche die byzantinischen und abendländischen Schriftsteller gleichfalls Hunen nennen, so wie andererseits die deutsche Heldensage die Hunen häufig Avaren nennt. Alle diese konnten eben so viele Bewahrer und Aufrecht-

halter der Hunensage sein. Aber der Kern des Hunen-
volkes, die an die Küsten des Pontus sich zurückziehenden
Schaaren Csaba's, bewahrte ohne Zweifel als ihren Natio-
nalschatz das Andenken der Thaten ihres grossen Königs,
und als endlich ein Zweig derselben, die Utiguren, unter
ihrem Könige Magyer gegen Norden zogen, konnten sie
dasselbe den, schon seit dem V. Jahrhundert zwischen der
Wolga und dem Don wohnenden, ihnen verwandten Ungern mittheilen : denn als diese im IX. Jahrhundert nach
dem europäischen Scythien und Ungern eindrangen, unterwarfen sie wieder, unter der Aegide von Etele's Namen, dem ihres heldenmüthigen Stammverwandten, den
Mittelpunkt seines Weltreiches ihrer Herrschaft — unser
jetziges Vaterland. Und so dürfen wir uns, wenn wir
auf den räumlichen und zeitlichen Zusammenhang des
verwandten Stammes der Hunen und der Ungern achten,
über die Erhaltung der, Alle gleich nahe angehenden,
Sagen keineswegs wundern.

Und diese bilden den ersten Theil unserer, vom Anfange des zwölften Jahrhunderts in verschiedenen Ueberarbeitungen vorhandenen Chroniken :,,Die Hunenchronik,‘‘
deren Inhalt die volksthümliche Hunensage zwar verstümmelt, ihrer ursprünglichen dichterischen Form entkleidet, in Prosa versetzt, mit fremden, gelehrten und christlichen Zuthaten und Anschauungen interpolirt, und so
theilweise umgestaltet wiedergibt, aber doch unschätzbare
Ueberreste sind, denn sie erinnern in einzelnen Zügen
deutlich an Sagen, welche in dem ungrischen Volke lebendig fortgelebt und gewirkt haben.

Nach diesen vorangehenden Erläuterungen können
wir nun getrost zur nähern und einzelnen Behandlung
der ungrischen Poesie der alten Zeit übergehen.

Wie hinsichtlich der hunischen, so fehlt es auch in Betreff
der altungrischen Poesie nicht an historischen Zeugnissen.
Ekkehardt von St. Gallen, so wie der Biograph St. Ger-
hards, Anonymus Belae R. Notarius und unsere Chronisten erwähnen mehr als einmal gelegentlich der Gesänge
unserer heidnischen Vorfahren, welche religiöse, Trauer-,
Frauen- (Liebes-) und vorzüglich Helden- oder historische Gesänge waren. Diese letzteren enthielten alle
wichtigeren Schicksale des Volkes, so wie die Thaten
seiner Anführer und Helden sehr umständlich, wie wir
dies besonders aus dem Anonymus und unseren Chronisten ersehen, welche häufig direct aus den traditionellen
Volksgesängen schöpften : demnach können wir behaupten, dass diese Heldengesänge die wahrhaften Vertreter
der Volksgeschichte waren. Die Verfasser und Bewahrer
dieser Gesänge bildeten einen besonderen Sängerorden
oder Stand, deren Mitglieder in der Árpádenzeit Igric und
Hegedös (Lautenspieler) genannt wurden von jenem Sai-
teninstrument, womit sie ihre langen Gesänge begleiteten,
welche sie bei Gastmählern, Hochzeiten und Nationalfesten,
im Lager und in den Schenken, vortrugen. Aber auch das
Volk war kein theilnahmloser Zuhörer derselben, sondern
sang die von ihnen erlernten Gesänge selbst allerorten,
wie wir dies aus dem selbsteigenen Zeugniss des Anonymus aufs Bestimmteste wissen.

Diese historischen Gesänge der alten Ungern können
auf zwei grosse Sagenkreise zurückgeführt werden : erstens die Hunensage, deren Uebergang von den Hunen
auf die Ungern, ihr Bestehen noch unter den Árpádischen Königen und ihre Erhaltung und Bewahrung mittelst unserer alten Chroniken, ja theilweise selbst noch
im Munde des Volkes bis auf den heutigen Tag, bereits

erwähnt worden ist; zweitens die altungrische Heldensage, welche die Thaten der sieben Heerführer und die Eroberung des Landes, dann die europäischen Kriegsabenteuer des X. Jahrhunderts bis zu dem Grossfürsten Gyéza zum Gegenstande hat, mit dessen mehr der Politik als dem Kriege zugewandten, höchst folgereichen, aber nicht glänzenden und nicht populären Regierung jene Heldensage von selbst ihren Abschluss fand. Ob die Lücke zwischen diesen beiden Sagen irgend ein Mittelglied, nämlich eine asiatische Sage ausfüllte, welche die dortigen Wanderungen des Volkes und seine Vergangenheit in seiner Heimat an der Wolga zum Gegenstande hatte, wissen wir nicht, doch ist es sehr wahrscheinlich, dass, nachdem davon nicht ein einziger Klang nach der Heimat an der Donau hinübergedrungen, diese an grossen, oder wenigstens glücklichen Thaten wohl kaum reiche Zwischenzeit sich auf die Erhaltung und Bewahrung der Hunensage beschränkte. Jene zwei Sagen sind es daher, welche uns sofort beschäftigen sollen.

Dritte Vorlesung.

Die Hunensage der alten Ungern, deren erhaltene Ueberreste bei heimischen und ausländischen Schriftstellern, und ihr Verhältniss zu den ausländischen Etelesagen.

Meine Herren!

Den Gegenstand unserer heutigen Erörterung bildet der erste der beiden von unseren Vorfahren auf uns gekommenen Sagenkreise, die Hunensage.

Wenn wir die Spuren der Hunensage in den wenigen geschriebenen Ueberresten unserer Alterthümer verfolgen wollen, sind wir fast ausschliesslich auf Simon Kézai und den anonymen Chronisten Carl Roberts (die Ungrische Bilderchronik) hingewiesen, welche ihre hunische Chronik aus einer gemeinschaftlichen Quelle, nämlich aus einer alten, wahrscheinlich dem XII. Jahrhunderte angehörigen Hunen-Chronik entnommen haben. Die übrigen, wie z. B. die sogenannte Pressburger, die Csepreghysche, die Ofner, Dubnizer und andere Chroniken können hier nicht in Betracht kommen, denn diese haben schon aus zweiter Hand, aus dem Chronisten Carl Roberts geschöpft, noch weniger Turóci, der eben denselben benützte, und ausserdem im Gebrauche wissenschaftlichen Apparates denselben durch ausländische Legenden und Annalisten erweiterte und ergänzte. Aber ausser jenen zwei älteren

vaterländischen Chroniken dürfen wir bei unseren Untersuchungen die mit den Hunen gleich- oder nächstzeitigen
ausländischen Quellen nicht unberücksichtigt lassen, denn
den ältesten unserer vaterländischen Chroniken haben
theilweise, und entweder unmittelbar oder mittelbar, auch
sie als Quelle gedient. Nur auf diesem Wege allseitiger
Vergleichung sind wir im Stande, in den unsrigen die erhaltene Ueberlieferung kritisch zu würdigen, und wenigstens mit Glaubwürdigkeit nachzuweisen, was in dieselbe
unmittelbar aus mündlicher Ueberlieferung überging, und
was unsere Chronisten aus ausländischen geschriebenen
Quellen schöpften. Solche sind aber von den letzteren, namentlich, und zwar aus dem fünften Jahrhundert, also
gleichzeitige: der gallische Prosper, der spanische Idacius,
der byzantinische Priscus Rhetor; aus dem VI. Jahrhundert: der gothische Bischof Jornandes, der in seiner Geschichte der Gothen, ausser Priscus, dessen seitdem verloren
gegangene Theile er noch wacker benützte und auch anführt, von den Hunen am ausführlichsten handelt, sodann
der byzantinische Procop und Agathias; aus dem VIII.
Jahrhundert der vielfach benützte deutsche (langobardi-
sche) Paullus Diaconus und der byzantinische Theophanes; endlich aus dem IX. Jahrhundert Anastasius.

Mit Berücksichtigung aller Dieser verhalten sich nun
die einzelnen Glieder der Hunensage nach ihrer Ausbreitung und ihren Quellen folgendermassen:

1. Der Ursprung des hunischen und ungrischen Volkes. Die zwei wichtigeren Glieder davon
sind: Die Sage von der Hirschkuh, welche nach der
vaterländischen Chronik den Hunor und Magor (Magyar)
an die Ufer des Mäotischen Sees lockte und verschwand,
worauf diese von der Fruchtbarkeit des Landes sich über-

zeugten und daselbst ihre Wohnsitze aufschlugen; und die Sage vom Weiberraube, wonach die beiden Brüder sechs Jahre darnach die Töchter des „Bereka" bei einem Feste überfielen und mit sich forttrugen, mit den darunter befindlichen Töchtern des Häuptlings der Alanen sich ehelich verbanden, und so der Erstere der Stammvater der Hunen, der Letztere der Stammvater der Ungern wurde. Während diese interessante Sage einerseits auf die Sage von Romulus und Remus und den Raub der Sabinerinnen erinnert, und ähnliche Auffassung und Volksquelle verräth — es sind übrigens derlei wunderbare Analogieen in den Sagen der Völker aus ihrem mythischen Zeitalter keineswegs selten — so müssen wir andererseits unter den Gattinnen und Töchtern der Söhne Bereka's*) ohne Zweifel die Töchter der Bewohner des Hains (Berek), d. i. des gesträuchigen Landes verstehen, welches sich an den nördlichen Ufern des Mäoter Sees ausbreitet. Diese Ansicht scheint auch der Name Dule (princeps Dule sagt Kézai) zu unterstützen, der mit dem fabelhaften Thule, als dem unbekannten Lande des fernen Nordens, zusammenhängen mag, und wonach nicht nur das westliche Europa, sondern auch eine andere, z. B. die Gegend von Mäotien, ihr Thule gehabt hätte, wohin alte Geographen, wie Strabo, die Hyperboräer, andere das Eismeer, versetzen. Wir müssen dabei bemerken, dass die Sage von der Hirschkuh schon bei Jornandes vorkommt, der Ursprung der Hunen aber bei ihm aus der Vermischung der

---

*) Nach der Lesart des Kézai (eigentlich seiner Abschreiber) uxores et pueros filiorum Belar; nach der Bilderchronik : uxores et filias filiorum Berzeba; in der Ofner und Turócischen Chronik richtiger : Bereka (Berek mit Auslaut).

durch die Gothen in diese Wildniss verjagten Aliorum-
nen mit unreinen Geistern abgeleitet wird. In welchem
Abstammungsverhältnisse diese zwei Varianten zu einander stehen, ist schwer mit Bestimmtheit zu entscheiden,
aber es erscheint wahrscheinlich, dass die Hunensage
der mitteleuropäischen Tradition zur Grundlage diente,
welche entweder das gothische Volk selbst, oder die christlichen Annalisten, aus dem ihnen gegen die Hunen, von
denen sie so hart bedrängt worden waren, eigenthümlichen
Hass entstellt haben. Erinnern wir uns nur an die Beschreibungen, welche Ammianus Marcellinus, der, obwohl
gleichzeitig, sie doch selbst nicht gesehen, Zosimus, und
der spätere, den Ammian theilweise ausschreibende Jornandes von den Hunen geben, und vergleichen wir sie mit
Priscus Rhetor, der, gleichfalls Ausländer und Gegner,
aber Augenzeuge war : und wir werden den bis zur Unmöglichkeit entstellenden Volkshass, so wie die Leicht-
gläubigkeit und Parteilichkeit der Schriftsteller mit Händen greifen können. Doch lässt sich diese Sage von dem
Weiberraub auch in ihrer travestirten Gestalt wieder erkennen, und wir irren schwerlich, wenn wir dieselbe als
eine, seit der fabelhaften Zeit in den nördlichen Gegenden
des schwarzen Meeres wurzelnde Tradition betrachten,
denn schon bei Herodot werden ja die Sarmaten so ziemlich in dieser Gegend (um den Don herum) als aus der
Vermischung scythischer Jünglinge mit den Amazonen
hervorgegangen bezeichnet. Uebrigens wird die Sage von
der Hirschkuh auch bei dem, gegen Ende des sechsten
Jahrhunderts blühenden Agathias als mündliche Tradition (ut fama percrebuit) erwähnt.

    2. Die Schlacht im Tárnok-Thale.

    3. Die Schlacht bei Zeiselmauer, deren interes-

sante Episode der Stirnpfeil Dietrichs bildet und welche um so merkwürdiger, als, während die ältern Chronisten
nur Dietrichs Stirnwunde erwähnen, Turóci hinzusetzt,
wie derselbe mit dem Pfeil in seiner Stirne nach Rom zurückgekehrt sei, als Beweis, dass er in der Hunenschlacht
gewesen, ferner : dass ihn die „Ungern" „aus diesem
Grunde bis zum heutigen Tage" (also bis zum Zeitalter des
Königs Matthias) „den unsterblichen Dietrich genannt."
Wenn wir hier Turóci nicht der absichtlichen und bewussten Täuschung bezichtigen wollen, was wir bei einem
so treuen und gewissenhaften Schriftsteller gewiss nicht
können : so erscheint diese Sage um so bedeutungsvoller,
da sie sich tausend Jahre lang in der Erinnerung des Volkes zu erhalten wusste. Oláh, im sechzehnten Jahrhundert,
äussert sich in ähnlicher Weise, doch da er nur Turóci
nachschrieb, so können wir von ihm in dieser Beziehung
keine Notiz nehmen. Uebrigens werden diese beiden Sagen ausschliesslich nur von den ungrischen Chroniken aufbewahrt, und können somit keine andere Quelle haben, als
die Volkssage in mündlicher Tradition aufbewahrt. Ihren
Inhalt habe ich neulich erwähnt. Beide aber stehen, wie
wir damals sahen, mit der Sage von den Százhalomer
Hunengräbern in enger Verbindung, deren historische Be-
gründung die Nachgrabungen nachträglich glänzend be-
stätigten.

4. Atila's Königswahl. Die Begebenheit selbst
wird sowohl von den heimischen Chronisten, als von den
ausländischen mager genug erzählt. Die Beschreibung
seiner Person, wie dieselbe von den unsrigen gegeben
wird, weist deutlich auf Jornandes als Quelle zurück, dagegen weicht die Beschreibung von Etele's Hof in unsern
Chroniken von der des Augenzeugen Priscus und der des

3 *

ihn benützenden Jornandes ab, und bezeugt eine rein
volksthümliche Auffassung. Die Sage vom Schwerte
des Kriegsgottes (Mars nennen ihn, sehr gelehrt! die
mittelalterlichen Scriptoren), obgleich dieselbe nicht auf dem
Wege der ungrischen Tradition auf uns kam, sondern von
Priscus aufgezeichnet worden ist, der dieselbe ohne Zweifel am Hofe Etele's hörte, und von dem sie auch Jornandes·
entlehnte, musste doch, wie nicht anders anzunehmen ist,
ein Hauptglied der alten Sage bilden, um so mehr, da dieselbe auf unsern Grossfürsten Árpád übertragen, und so
verjüngt bis heutigen Tages in dem Munde des Volkes
sich erhielt. Eben dadurch, dass sie auf solche Weise ihre
Gestalt veränderte, sank sie in ihrer ersten Gestalt in Vergessenheit, und darum kannte sie auch keiner unserer
alten Chronisten.

5. Die Schlacht auf den catalaunischen Feldern. Der durch das vergossene Blut zum reissenden
Strom angeschwollene Bach kommt sowohl bei den Unsrigen, wie bei Prosper, Idacius, Jornandes und dem späteren Paullus vor, aber die Sagen von der Weissagung
und dem Sattelscheiterhaufen fehlen, was sehr zu ver-
wundern, bei den ungrischen Chronisten, mit Ausnahme
Turóci's, der diese aber schon den abendländischen Quellen
entlehnte. Interessante Nebenglieder dieser Sage sind dagegen : Die Zerstörung Strassburgs, und der spanische Kriegszug, so wie die Theilnahme des gothischen Dietrich an der Beschliessung der grossen Invasion
des Westens, welch letztere Person entweder eine anachro-
nistische Verbindung des spätern Theodorichs mit Etele,
wie dies auch in der deutschen Heldensage der Fall, oder eine
gänzlich erdichtete Person, was selbst Grimm, der tiefste Forscher der mittelalterlichen Sagen, anzunehmen geneigt ist.

Hier folgen nun der Zeit nach zwei Begebenheiten, die eine die Vernichtung der Stadt Rheims, die andere die Tödtung der heiligen Ursula und der eilftausend Jungfrauen, was unsere Chroniken kurz erwähnen, Turóci ausführlich erzählt, den auswärtigen Chronisten aber gänzlich unbekannt ist. Beide können sehr späten Ursprungs sein, und sind wohl aus den Legenden von dem Bischof Nicasius und der heiligen Ursula in unsere Chroniken übergegangen.

6. Die Sage von der Ermordung Buda's kennt Priscus nicht, aber wohl der gleichzeitige Prosper, der, was sehr merkwürdig, ihn auch geradezu Buda nennt, während er bei Priscus Bledas, bei Jornandes, Paullus Diaconus und den Uebrigen Bleta, Bleda heisst. Die ungrische Sage ergänzt diese Begebenheit noch durch die paar charakteristischen Züge, wonach Etele seinen Bruder darum tödtete, weil er, seinen Wirkungskreis überschreitend, Sicambrien Buda nannte; dass er ferner diese Stadt Etelevár zu nennen befahl, was die Deutschen aus Furcht auch thaten, indem sie selbe Etzelburg nannten, „aber die Hunen kümmerten sich, sagt Kézai, wenig um dieses Verbot und nennen sie bis auf diesen Tag Oubuda (Altofen) wie vordem."

7. Aquileja's Untergang. Diesen haben die Unsrigen mit den abendländischen Schriftstellern, namentlich mit den gleichzeitig lebenden Jornandes und Procopius, gemeinsam; auch die Storchsage, wonach Etele, aus dem Auszuge der Störche aus Aquileja den gewissen Fall der lange vergebens bestürmten Stadt prophezeiend, seine bereits verzagten Krieger mit neuem Muth erfüllte, und so die Einnahme Aquileja's wirklich zu Stande brachte.

Die Eroberung Ravenna's zeigt in seinen De-

tails mehr eine kirchengeschichtliche als traditionelle
Grundlage. So weisst die Zusammenkunft Atila's und
Leo's auf ausschliesslich christlichen Einfluss, und zwar
sehr späten, legendenmässigen, Ursprung hin. Jornandes,
ja selbst der dem neunten Jahrhundert angehörige Anastasius erwähnen derselben kurz. Meines Wissens ist
Paullus Diaconus der erste, der dieselbe völlig ausgebildet
erzählt. Unsere vaterländischen Chroniken kennen die
Legende, am ausführlichsten behandelt sie Turóci.

8. Atila's letzte Hochzeit und Tod kommt bei
dem spätern Theophanes ganz im Allgemeinen vor, dagegen bei Jornandes und Paullus umständlicher, in der vaterländischen Chronik aber nur in kleinen Zügen und
Namen abweichend; worin z. B. jenes Mädchen, welches der gothische Bischof Ildico nennt, Paullus aber
fälschlich mit der Honoria, der Schwester des Kaisers,
verwec̓ selt, Mikolt heisst. Der Traum des K. Marcian
ist in unsern Chroniken noch nicht enthalten, zu Turóci
ging er von den Abendländern über, von denen Priscus,
Jornandes, und zuletzt Paullus ihn erzählt. Jornandes
lässt den Etele heimlich bei Nacht begraben werden, und
zwar nach christlicher Auffassung in drei Särgen; die
ungrische Hunenchronik zu Százhalom in der wirklichen
Nekropole der Hunen. Auch die ungrische Volkssage erwähnt dreier Särge, nämlich eines goldenen, eines
silbernen und eines eisernen, welche Ansicht gleichfalls
eine christliche Auffassung verräth, und daher eine spätere Veränderung ist. Die historische Grundlage davon
bilden aber ohne Zweifel die mit dem grossen König be-
grabenen goldenen und silbernen Geräthschaften und
eiserne Waffen. Und in der That schreibt Jornandes: „ad-
dunt arma hostium caedibus acquisita, phaleras vario gem-

marum fulgore pretiosas, et diversis generis insignia, qui-
bus colitur aulicum decus", bei welcher Stelle wir uns
unwillkürlich an die alten ungrischen „Ravatal's" erinnern
müssen. *) Jornandes erwähnt auch der Tödtung der
Todtengräber, „damit der Grabhügel des Königs nicht
bekannt und beraubt würde." Meiner Ansicht nach ist
die Thatsache der Tödtung glaubwürdig, aber nicht aus
der von Jornandes angeführten Ursache; es konnten
Kriegsgefangene sein, und treue Diener, die nach huni-
scher Sitte mit dem Könige zugleich begraben wurden,
um ihm auch nach dem Tode zu dienen. Erwähnenswerth
ist aber der Tor (Leichenschmaus), den Jornandes mit
einem slavischen Wort Strava nennt und ausführlich beschreibt, und zwar so treu und malerisch, dass es unmöglich erscheint, diese Beschreibung nicht als der alten Hunensage entnommen zu betrachten. Schon das letzte Mal
habe ich von Atila's Tode eine alte Stelle angeführt, worin
des Tor gleichfalls erwähnt wird.

9. Die Chriemhilden-Schlacht (Ende des Hunenreiches) und

10. Die Csaba-Sage.

Auch Jornandes erwähnt die erstere, aber ohne dabei
Chriemhildens zu gedenken, und versetzt sie an das Ge-

---

*) So hiessen jene mannhohe, etwa anderthalb Klafter lange,
schwarz angestrichene, in einen Giebel auslaufende Holzbauten
welche sich, noch am Ende des vorigen Jahrhunderts, in den west-
lichen Komitaten Ungerns, auf den Gräbern der Edelleute mitunter
erhoben, und an der Fronte mit Fahnen und Versen geschmückt waren. Aehnliche Bauten mochten sich schon auf den Hunengräbern
erheben, daher sie Haus genannt wurden (in Keve-háza); und erinnern solche an ähnliche Steinbauten auf den Gräbern verwandter
Völker im Norden des Pontus. Der synonyme Name „Ravatal"
scheint von der „eingekerbten" Aufschrift herzurühren.

40

wässer der Netad (nach andern Lesarten Nedao, Neda?! Es soll die Donau heissen). Hier, sagt er, fiel Ellak, der geliebteste Sohn Etele's, seine Brüder ziehen sich an den Pontus zurück, unter ihnen Hernak in den äussersten Theil von Klein-Scythien, seine Brüder Emmedzur und Ulcindur in das felsige Dacien, d. h. nach der Walachei u. s. w. Die ungrische Sage ist hier umständlicher und zugleich selbstständig, indem sie Chriemhilde, den Gothen-Dietrich, die Zwietracht Aladar's und Csaba's unabhängig von den Ausländern als ein schönes lebensvolles Ganzes zusammenfasst. In der Csabasage berufen sich unsere Chroniken direct auf das Bekanntsein derselben im ungrischen Volk.

Wir sehen aus allem diesen, dass unsere Hunenchronik theilweise mit den Angaben der Geschichte übereinstimmt, ja sogar ohne Zweifel viel aus ihr geschöpft hat, aber wir sehen auch, dass vier Glieder, und in gewisser Beziehung die wichtigsten Glieder der gesammten Hunensage, beinahe ausschliesslich auf ungrischer Tradition beruhen; nämlich die Tárnokthaler und Zeiselmaurer Schlacht, die Chriemhilden-Schlacht („proelium Chriemhilde") und Csaba's Flucht. Dass aber gerade diese am längsten im Bewusstsein des hunisch-ungrischen Volkes sich erhielten, ist natürlich, denn die beiden ersten Ereignisse begründeten das Hunenreich, die beiden letzten seinen Untergang, und haben den Rückzug in die Wohnsitze am Pontus zum Gegenstand, wo wir den Vereinigungspunkt des hunischen und ungrischen Stammes finden. Die beiden ersten sind das wahre Hunenepos, das dritte die Tragödie, das vierte der erste Theil der Trilogie der hunischen Epigonen, deren zweiten Theil, die Geschichte von Gordas und Magyer, wir bei den byzantinischen Schriftstellern lesen können; deren

dritter Theil aber ganz eigentlich mit der mythischen Be-
rufung des Álmos schliesst. Bemerkenswerth ist auch
dies, dass die Tárnoker Schlacht in dem geographischen
Namen „Keveháza" (Kevehaus, d. i. Keve's Grab), die
Chriemhildenschlacht im Ortsnamen : „Kremfölde" ihr Andenken bis auf die neuere Zeit hinterlassen haben; so wie
dass die Erinnerung an Csaba's Flucht bis zum fünfzehnten Jahrhundert sprichwörtlich im ungrischen Volke
fortlebte. Endlich ist im Ganzen der hunische Theil unserer alten Chroniken ein hochwichtiges Denkmal der hunisch-ungrischen Poesie, in wie fern dieser mehrere alte
Nationalsitten, Charakterzüge, insbesondere die eigenthümliche Art der nationalen Auffassung und Anschauung
bewahrte, wodurch er nicht nur von dem historischen Bewusstsein der Nation Zeugniss gibt, sondern auch mehrere
werthvolle Perlen des alten Rechtszustandes und der alten
Ethnographie zu Tage fördert, deren Nachweisung ausserhalb des Bereichs der Geschichte der Poesie fällt.

Bisher haben wir das Verhältniss der Hunensage
zur Geschichte untersucht. Wir gehen jetzt weiter zur
Lösung der Frage über : Besteht zwischen der ungrischen und der ausländischen Etelesage, in wie
fern diese in den Heldensagen anderer Völker vorkömmt,
ein genetischer Zusammenhang, und welcher?

Hier begegnen wir vor Allem Herrn Prof. Wenzel,
welcher auf diesem Gebiete in seinen „Bruchstücken zur
wissenschaftlichen Würdigung der ungrischen National-
Heldensage" tiefe und umfassende Untersuchungen an-
gestellt, durch welche bedeutende Arbeit er bei uns zuerst
die Aufmerksamkeit auf diesen wichtigen Gegenstand
hinlenkte. Einleitend verfolgt er die Spuren der Etelesage in den isländischen Ueberresten, und solche findet er

in der ältern (aus dem neunten Jahrhundert stammenden)
Edda, und in den isländischen Sagen, nach welchen die
eddaische Heldensage zwar nicht hunischen Ursprungs,
aber doch von einem solchen Volke dahin übergegangen
ist, welches mit Etele's Hunen in Berührung stand, obgleich ihnen weder verwandt, noch befreundet war, weshalb der Verfasser dieser Sage die Grösse Etele's aner-
kennt, aber nicht verherrlicht. Uebrigens sind die von
dem Atli der Edda sprechenden Nachrichten bedeutend
jünger, als der geschichtliche Etele. Auch in den ältesten
deutschen Gesängen findet er einige schwache Spuren, namentlich in der angelsächsischen Scopisvidsidh, deren
Verfasser vor dem siebenten Jahrhundert lebend, seinen
Aufenthalt bei den Hunen erwähnt; eben so in dem Hildebrandlied (VIII. Jahrh.), dessen Held ebenfalls bei Etele
gewesen. Endlich glaubt der Verfasser von den Slaven
so viel anführen zu können, dass sie nach unserm Anonymus noch im neunten Jahrhundert sich daran erinnerten,
einst Etele's Untergebene gewesen zu sein.

Nachdem unser erwähnte Geschichtsforscher hierauf
die paar Stellen bei Kézai anführt, welche von Etele's
Person, der Beschreibung seines Hofes, seiner europäi-
chen Kriegszüge und dem endlichen Untergange des
Hunenreiches handeln, und als Quellen derselben fast
ausschliesslich nur die Sagen und die Tradition gelten
lässt, insbesondere aber die Rolle des Dietrich von Verona
in den deutschen Heldensagen ungrischem Einflusse zuschreibt, geht er zur Untersuchung der drei Hauptkreise
der deutschen mittelalterlichen Sage über, nämlich : der
fränkisch-deutschen, der gothischen und der burgundischen,
in deren ersterer besonders Walthar von Aquitanien, in
der zweiten Dietrich von Verona, in der dritten die Ni-

belungen eine Rolle spielen. Zur ersten gehört das Walthar verherrlichende Epos aus dem zehnten Jahrhundert,
worin Wenzel das älteste Denkmal „jenes Einflusses aufweist, welchen die Ungern gleich im ersten Jahrhundert
ihres Hierseins durch ihre Heldenlieder auf deutsche mittelalterliche Poesie ausübten.'' Es stehen nämlich, wie er
sagt, die Nachrichten dieser Dichtung von Etele und seinen Hunen in einem bemerkenswerthen Widerspruch mit
der Edda und den selbstständigen deutschen Dichtungen
Etele wird darin wirklich verherrlicht, ihre Charakterzeichnungen haben eine ungewöhnliche Frische und Bestimmtheit. Zwischen der deutschen und der hunisch-
ungrischen Dietrichsage findet unser genannter Geschichtsforscher nicht den geringsten Zusammenhang; aber einen
um so grössern in dem Nibelungenliede, welches nach ihm
„am reinsten den Einfluss der hunisch-ungrischen Heldensage auf die deutsche Poesie des Mittelalters wiederspie-
gelt'', und deren, unter dem Einflusse der ungrischen
Tradition entstandene Abfassung er aus einigen Abschnitten der „Klage'' zu beweisen sucht, aus welchen es glaubwürdig erscheine, dass der Passauer Bischof Pilgrim, einer
der Bekehrer der Ungern zur Zeit des Grossfürsten
Gyéza, die hunisch-ungrischen Traditionen durch Meister
Konrad aufzeichnen liess, ja es glückte Prof. Wenzel sogar in dem Verzeichnisse der Bücher des Passauer Bischofs Otto vom Jahre 1245 ein solches Gedicht in Versen von Atila zu finden, so wie die Spur davon, dass ein
solches 1575 in die Bibliothek der bairischen Herzoge
gelangte.

Dies ist in Kürze das Resultat jener wichtigen und
mühevollen Untersuchungen, welche, wenn wir auch nicht
gerade Alles unterschreiben können, den Geschichtschrei-

ber der ungrischen Poesie zum wärmsten Danke verpflichten, denn sie suchten eine Frage aufzuhellen, welche trotz
ihres hohen Interesses bis jetzt noch gar nicht angeregt
worden war. Darin stimmen auch wir mit Prof. Wenzel
völlig überein, dass die ungrische Sage auf die Edda
nicht unmittelbar einwirkte, sondern von einem solchen
Volke entlehnt wurde, welches mit den Hunen einst in
Berührung stand. Dies Volk, wenn der Etele der Edda
wirklich eine Entlehnung, konnte kein anderes als das
deutsche sein; die Quelle aber, aus welcher die Edda
ihren Stoff schöpfte, sind jene alten Gesänge, aus deren
zusammenhängender Bearbeitung später das Nibelungen-
lied entstand. Dass die Edda den hunischen König nicht
mit schärferen Zügen charakterisirt, kann daher kommen,
dass die die Nibelungen besingenden alten Rhapsoden selbst
ihn mehr nur erwähnen, als zeichnen mochten. So ist es
auch im Hildebrandlied. Man kann demzufolge nicht
läugnen, dass der zweite Theil der Nibelungen-Not durch
seine umständlichen und in vieler Hinsicht wahren Gemälde von Etele auffällt, und der Ansicht des Pr. Wenzel
die Abfassung dieses Theils durch den aus Ungern
gebürtigen Klingsohr, oder — da die deutsche Kritik
hierüber bereits ziemlich hinaus ist — durch Heinrich von
Ofterdingen (welche Meinung jüngst von Spaun vertheidigt wurde), überaus günstig ist. Trotz alledem gestehe
ich, dass ich solche bestimmte Zeichen einer ungrischen
Einwirkung auf das deutsche Epos nicht vorfinde. Es ist
wahr, dass die Grösse von Etele's Macht, ihr Glanz und
die Güte des Königs darin mit einiger Wärme verherrlicht ist : aber ausser diesem — wozu der Dichter die einzelnen Züge auch bei den, den Hunen eben nicht günstigen Geschichtschreibern auffinden konnte — spricht auch

nichts weiter für diese Behauptung. Auch die im zweiten
Theile des Nibelungenliedes enthaltene „Chriemhildens Rache" verräth keine Spur der Hunensage, ja die in dem deutschen Epos durch Hildebrand getödtete Chriemhild über-
lebt nach der Hunensage Etele und ist die anregende Ursache jener, die Macht der Hunen endlich brechenden,
Schlacht, welcher sie sammt dem Schlachtfelde den Namen
gab. Man kann nicht annehmen, dass die (ungrische) ‚Chriemhildenschlacht‘, die (deutsche) „Chriemhildens Rache"
ins Leben gerufen : der Unterschied zwischen beiden ist,
wir mögen den Zweck der That, die auftretenden Personen, die Art und Weise und den gesammten Charakter
ins Auge fassen, entschieden und vollkommen. Anderntheils
ist „Chriemhildens Rache" sowohl dem isländischen, wie
dem fränkischen und burgundischen Sagenkreise, endlich in
der Verbindung beider in der Nibelungen-Noth und der
Klage, gemeinsam und solidarisch, und im mittelalterlichen
Volksbewusstsein so allgemein und durchgängig, wie Dietrich, der als Mittelpunkt des gothischen Sagenkreises, und
Etele, der als solcher der Vilkinasaga in deren vielfachen
Verbindungen auftaucht. Noch wichtiger ist die wesentliche
Abweichung in der Auffassung. Der Etele des Nibelungenlie-
des ist nämlich, ausser den von Prof. Wenzel ausgezogenen
Versabschnitten und einigen nicht ausgezogenen, in Bezug
auf seine Sitten und seine Lebensweise alles eher, als der
wirkliche Etele. Rüdiger, Etele's Hochzeitbitter, eröffnet der
Chriemhild die Aussicht, dass sein König vielleicht zum
Christenthum zu bekehren sei, und wir sehen ihn in der
That in seiner Residenz mit seiner Gattin zur Messe ge-
hen! Der grossherzige Etele lässt die Nibelungenhelden
heimtückisch zu sich einladen und sie mit Verletzung des
Gastrechts tödten, wobei er wegen der alten Kränkung

seiner Gattin seinen Hunen die Rache überträgt: er selbst
ist feige, bis zur Unerträglichkeit passiv, ein wahrer Sta-
tistenkönig, während seine Hunen überdies in einer, echten Helden unwürdigen, Weise kämpfen. Zu dieser Passi-
vität gesellt sich eine unmännliche Weichheit, und als
Hildebrand des Königs Gattin, Chriemhilde, zusammen-
haut, hat Etele, statt sie zu rächen, nur Klagen und
Thränen. Auch Ekkehards lateinisches Epos (Waltharius)
muss darum, weil es Atila und seine Hunen lobt, noch
nicht als auf nationaler Tradition beruhend betrachtet
werden. Wenn solche, auf das Schicksal der Welt und
der Menschen einen tiefeingreifenden Einfluss ausübende
grosse Persönlichkeiten sich dem Bewusstsein der Völker einprägen, und deren Sagen erfüllen und befruchten,
so erregen sie zwar dem verschiedenen Charakter der
Völker nach verschiedene, aber in Folge der Einheit
des Objekts und der Analogie des historischen Sinnes der Menschheit so gemeinsame Vorstellungen, dass
wir der Genealogie der in den Volkssagen verschiedener Völker vorkommenden, ein und denselben Gegenstand behandelnden Sagen häufig vergeblich nachspüren.
Die Sache ist, in Folge der gemeinschaftlichen historischen Grundlage dieselbe: der Charakter, nach der besondern Individualität der Völker und Dichter, verschieden. So verhält sich dies, meiner Ansicht nach,
auch mit der Hunensage. Inhalt und Charakter sind
in der ungrischen und in der Nibelungen - Hunensage,
mit Ausnahme ihrer historischen Theile, verschieden.
Dass die Hunensage mit der Einwanderung der Ungern
nach Mitteleuropa im zehnten Jahrhundert wieder auf-
lebte und sich reicher zu entwickeln begann, dazu konnte
allerdings die Erscheinung der, von aller Welt als Nach-

kommen der Hunen anerkannten Ungern Veranlassung
gegeben haben, aber weder dem Verfasser des Walthar
haben sie die Farben, noch den Sängern der Nibelungen
den Stoff dargeboten. Gleichwohl hat die Vergleichung
der ungrischen und der ausländischen Hunensage das
wichtige und lehrreiche Resultat geliefert : dass sie den,
wenigstens wahrscheinlichen, nationalen Ursprung mehrerer Glieder der Hunensage bestätigte. Ich will hier nicht
der sagenhaften Art und Weise der Auffassung Atila's erwähnen, welche bei uns, wie bei der isländischen Edda,
den in seiner Grösse einfachen und schlichten Etele
im Gegensatz zur Geschichte mit allerlei äusserm Glanz
umgab : diese Uebereinstimmung entsteht aus der psychologischen Gemeinsamkeit der Völker, und ist bei uns
ursprünglich, wie in der Edda ; sondern ich hebe hier nur
statt alles Andern den mit der Hunensage untrennbar
verwobenen Dietrich hervor, der, obschon er — wie auch
Prof. Wenzel ganz richtig bemerkt — mit dem Dietrich
der deutschen Heldensage durchaus keine Analogie zeigt,
in unsere Sage doch gleichwohl so fest mitverflochten ist,
wie in die anderer Völker des Mittelalters : welcher aber,
da von dessen hunischem Auftreten weder in den Sagen
dieser selbst, noch in der Geschichte ein Grund vorhanden, als besondere Quelle, geradezu auf unsere Na-
tionalsage hinweist.

Nachdem auf diese Art so ziemlich ins Reine gebracht wäre, dass bei unsern alten Ungern eine Hunensage lebendig im Schwunge war, welche sich, wie überall
so auch bei uns in dichterischer Form erhielt ; ferner
dass diese Hunensage im zwölften Jahrhundert, nachdem
unser unbekannter Chronist dieselbe, in lateinische Prosa
aufgelöst, zuerst unserer Geschichte eingeschaltet, ver-

ändert, verstümmelt ward, nicht mehr ein vollkommenes
Ganze bildete, aber auch so, obgleich fortwährend mehr
und mehr abwelkend, in einzelnen Bruchstücken bis ins
fünfzehnte Jahrhundert, ja, erneuert und aufgefrischt,
bis auf unsere Zeit sich erhielt : wollen wir das nächste
Mal zu dem zweiten grossen Kreise der ungrischen poetischen Tradition : zur altungrischen Heldensage
übergehen.

Vierte Vorlesung.

Die alte ungrische Heldensage. — Die fahrenden Sänger.
— Die Schriftsteller, bei denen sie sich erhielt. — Die beiden Haupttheile derselben. — Der Almus-Sagenkreis, dessen Theile und
mythische Bedeutung.

Meine Herren!

Die historischen Gesänge unsrer alten Ungern haben, wie ich neulich bemerkt, einen doppelten Sagenkreis
enthalten. Nachdem wir den ersten derselben, die Hunensage, vergleichend mit den heimischen und ausländischen Geschichtschreibern, so wie mit den in ausländischen mittelalterlichen Gesängen aufbewahrten Volkssagen
abgehandelt, gehen wir zum zweiten über: zur alten ungrischen Heldensage, welche die Eroberung des Landes und die kriegerischen Abenteuer unserer Vorfahren
während des zehnten Jahrhunderts in verschiedenen Theilen Europas in sich enthält.

Da nun aber im Bewusstsein unseres Volkes jede
Spur, ja jede Erinnerung an jene, diesen Stoff behandelnde, historische Gesänge verschwunden ist: was können wir nach neun Jahrhunderten von deren Inhalt sagen?
Wahr ist es, unsere Chronisten haben uns jene Lieder
nicht aufgezeichnet, aber der älteste unter ihnen: der
anonyme Notar des Königs Bela, den wir, der Kürze we-

gen, nur den Anonymus nennen, und der ohne Zweifel unter Bela I. blühte, erwähnt ihrer häufig genug, ja, er
hat einen grossen Theil seiner historischen Schrift aus
ihnen zusammengefügt; obschon er im Prolog seines Werkes
schreibt : dass es „einer so edlen Nation unwürdig
wäre, wenn sie ihren Ursprung und ihre herrlichen Thaten
aus den falschen Mährchen des gemeinen Volkes, oder aus
den geschwätzigen Gesängen der Joculatoren (fahrenden
Sänger) gleichsam im Traume vernähme, weshalb er
dieselbe „aus den Ueberlieferungen verschiedener Historiker“, „aus zuverlässigen Schriften“, „aus dem klaren Vortrag der Geschichten“ schöpfte, und dazu bemerkt : „felix
igitur Hungaria, cui sunt dona data varia, omnibus enim
horis gaudeat de munere sui literatoris, quia exordium
genealogiae regum suorum et nobilium habet.“ Aus dieser
Stelle lernen wir, dass Anonymus unser erster ungrischer Historiker, oder doch, dass er keinen ältern, als er,
gekannt. Unter jenen historischen Schriften, auf die er
sich beruft, sind wahrscheinlich die Aufzeichnungen zu
verstehen, welche in der Kanzlei des Königs und in den
Klöstern zu geschehen pflegten, höchstens die längst verloren gegangenen Schriften der unter dem Grossfürsten Gyeza allmälig ins ungrische Reich gekommenen
fremden Geistlichen, welche nicht eine zusammenhängende
Geschichte verfassten, wie er sich zum Ziel gesetzt, sondern die nur aus annalistischen Aufzeichnungen bestanden (von Fremden konnte er, ausser einigen Theilen der
Beschreibung Scythiens, wohl kaum etwas nehmen); endlich dass zu seiner Zeit Sänger blühten, welche die Thaten des Volkes in Gesängen vortrugen, vermischt mit den
aus der Volksauffassung entstandenen „Mährchen“, welche
er, um bei seinen Lesern Glauben zu finden, zum grossen

Schaden unserer Volks- und geistigen Entwicklungsge-
schichte mitzutheilen unterliess, deren innersten Kern er
aber ganz gewiss mit aufnahm. Aber auch an andern Orten
erwähnt er die historischen Gesänge des ungrischen Volkes,
z. B. wo er von Töhötöm erzählt, und auch einige Verse
unserer Sänger übersetzt, denn, schreibt er, „volebat Tu-
hutum per se nomen sibi et terram acquirere, ut dicunt
nostri joculatores:

„Omnes loca sibi acquirebant,
Et nomen bonum accipiebant.“

An einer andern Stelle, wo er von den südlichen
Kriegszügen Lehel's, Bölcs und Botond's erzählt, auf welchen sie die Gegenden vom schwarzen bis zum adriatischen Meere sich unterwarfen, fügt er dazu : „quorum
etiam bella et fortia quaeque facta sua, si scriptis praesentis
paginae non vultis, credite garrulis cantibus joculatorum
et falsis fabulis rusticorum, qui fortia facta et bella hungarorum usque in hodiernum diem oblivioni non tradunt.“
Ebendaselbst sagt er, dass die Volkstradition von einem
Kriegszuge Botond's nach Konstantinopel zu erzählen
wisse, welche er jedoch nicht glaube, da er sie bei keinen
Historikern gelesen! Die ungrische Bilderchronik erwähn
aber ausdrücklich der Volkstradition von den Magyarka's;
von den sieben Feldherren aber schreibt sie : „cum sit
quodammodo proprium mundanorum arrogantiae plausum
plus de se assumere quam ex alienis de se ipsis componere:
ideo isti capitanei septem de se ipsis cantilenas compo-
nentes, fecerunt inter se decantari. ob plausum secularem
et divulgationem sui nominis, ut quasi eorum posteritas, his
auditis, inter vicinos et amicos jactare arrogantia se valeret.“
Wer wird nach solchen historischen Zeugnissen noch
daran zweifeln, dass bei unsern alten Ungern historische

4 *

Henlinge die treuen Begleiter des öffentlichen und geselligen Lebens, die lebendigen Vermittler des Nationallebens waren, und dass selbst die Häupter und Anführer Sänger in ihrem Solde hatten, durch welche sie die Gesänge mit Begleitung der Cyther und Laute allenthalben im Lande absingen liessen?

Blieb aber etwas davon übrig? Auch hierauf müssen wir dieselbe Antwort geben, wie bei unserer Erörterung der Hunensage. Auf den Lippen unseres Volkes sind die alten Heldengesänge längst verstummt, und als sie auch noch tönten, wir hatten keinen Karl den Grossen, der sie sammeln liess. Aber als Quellen unsere− ältesten historischen Schriften, wie Anonymus, obgleich er sich häufig von ihnen lossagt, so wie der verloren gegangenen Chronik der sieben Feldherren, welche Kézai und die Bilderchronik benützten, müssen wir sie erkennen, besonders wenn wir sie mit jenen ausländischen Schrifstellern vergleichen, welche theils gleichzeitig, theils beinahe gleichzeitig von dem, was inmitten des Volkes geschah, doch so gar wenig wissen, und darum in dieser Beziehung den unsrigen schlechterdings nicht zur Quelle dienen konnten. Was aber die ausländischen Begebenheiten der Ungern betrifft, so ist es nicht schwer dieselben, wenn sie sie auch anders erzählen, mit den unsrigen in Uebereinstimmung zu bringen. Diese ausländischen Schriftsteller sind aber hauptsächlich : Leo der Weise, byzantinischer Kaiser, und Regino, Abt von St. Martin bei Trier, beide Árpád's Zeitgenossen, Leo Grammaticus, Kaiser Konstantinus Porphyrogenitus, und Luitprand, Bischof von Cremona, Zeitgenossen von Zsolt und Taksony (Zoltan und Toxus), Dithmar von Merseburg, der jüngere Ekkehardt von St. Gallen und der lahme Hermann, aus der Zeit Ste-

phan des Heiligen, der Grieche Cedrenus in der Mitte des
eilften Jahrhunderts, der russische Nestor, Mönch in Kiew,
und Sigebert von Gemblach, König Kolomans, Zonaras, Stephan des II., endlich der Freisinger Bischof Otto, Gyéza's II.
Zeitgenossen, welche alle von entweder gleichzeitigen,
oder fast gleichzeitigen Begebenheiten in ihren Chroniken
Erwähnung thun, und deren nicht nur wahre, sondern
auch falsche Mittheilungen, ja sogar ihr Schweigen, in
vieler Beziehung sehr lehrreich, die daher bei den Untersuchungen über die alte ungrische Heldensage beständig im
Auge zu behalten sind.

Was nun die sogenannte alte ungrische Heldensage insbesondere anbelangt, so kann dieselbe am zweck-
mässigsten in zwei grössere Kreise eingetheilt werden.
Der erste ist der Almus-Sagenkreis*), der zweite der
Árpád- oder der Siebenfürsten-Kreis (Hetumoger). Beide Sagenkreise hatten einst einen sehr reichen
Inhalt; sie bestanden demzufolge aus vielen einzelnen Gliedern, und konnten sich in Bezug auf Mannigfaltigkeit und

*) Wir behalten den Namen dieses Fürsten in seiner, uns von
Anonymus überlieferten, lateinischen Form bei. Volksthümlich mag
er wohl Almu (Traum) geheissen haben („quia ergo somnium in
lingua hungarica dicitur Almu, et illius ortus per somnium fuit prognosticatus, ideo ipse vocatus est Almus. Anonym. c. III.). Dieser Form
folgte nach Abstossung des Auslautes — eine Erscheinung, die schon
im XI. Jahrhundert bemerkbar wird, — eine zweite : Alm,
welche die Bilderchronik im XIV. Jahrhundert hat (quia vero sompnum in lingua nostra dicitur Alm. Cod. Béldianus). Endlich schal-
tete man vor dem Endconsonanten, der den Auslaut verloren hatte,
zum Ersatz und zur Erweichung der Aussprache, einen dem ungrischen Lautsysteme angemessenen Vocal ein : Álom; und so heisst bei
Ranzani (Ende des XV. Jahrhunderts) Almus, gleichfalls mit lateinischer Endung schon Alom-us : quia hunnorum lingua somnus voca-
batur Alom (Ranz. Ind. VII.).

die Reize volksthümlicher Auffassung kühn mit den Heldensagen jedes andern Volkes messen.

I. Die einzelnen Glieder des Almus-Sagenkreises hat Anonymus uns ausführlicher aufbewahrt, einzelne Spuren davon die Bilderchronik und diejenigen, welche ihr nachfolgten. Ihn zeichnet besonders jene mythische Färbung aus, welche sich über seinen Anfang und Schluss ergiesst. Seine Glieder sind:

1. Almus Sendung. Almus erscheint darin als der durch höhere unsichtbare Macht bestimmte und geweissagte Stifter der neuen Heimat, als der Begründer einer neuen gesellschaftlichen Ordnung und Dynastie. Anonymus äussert sich darüber so : „Erat quidam nobilissimus dux Scithie, qui duxit sibi in uxorem in Dentumoger filiam Onedubeliani nomine Emesö, de qua genuit filium, qui agnominatus est Almus. Sed ab eventu divino est nominatus Almus — quia matri ejus pregnanti per somnium apparuit divina visio in forma austuris, qui quasi veniens eam gravidavit, et innotuit ei, quod de utero ejus egrederetur torrens, et de lumbis ejus reges gloriosi propagarentur, sed non in sua multiplicarentur terra; quia ergo somnium in lingua hungarica dicitur Almu, et illius ortus per somnium fuit prognosticatus, ideo ipse vocatus est Almus." Kézai kennt zu Ende des dreizehnten Jahrhunderts diese Mythe nicht mehr, aber es kommt bei ihm eine Stelle vor, welche fast an die eben gelesene Erzählung erinnert : „Ex istis — so sagt er — capitaneis .— nämlich denjenigen, welche Anonymus „Hetumoger" (die Siebenungern) nennt — Árpád, filius Almi, filii Elad (in der Bilderchronik Elyud, in der Ofner am richtigsten Eleud, zu lesen: Előd) filii Ugek de genere Turul, rebus ditior erat, et potentior gente." Almus war demnach aus

dem Geschlechte Turul oder Sólyom (Falke), was die
Mythe bei Anonymus bildlich so ausdrückt, dass der
Mutter des Almus, Emes (oder mit dem entsprechenden Auslaut Emesö), eine göttliche Erscheinung im Traume zu Theil
geworden, welche sie in der Gestalt eines Falken befruchtete. Diese Mythe erscheint um so bedeutungsvoller, wenn
wir uns an eine andere Stelle Kézai's erinnern, wonach
auf der Nationalfahne der Ungern seit König Etele bis
Gyéza ein gekrönter Falke prangte : „Banerium quoque
Regis Ethele, quod proprio scuto gestare consueverat, si-
militudinem avis habebat, quae hungarice turul dicitur,
in capite cum corona. Illud enim banerium Huni usque tem-
pora ducis Geiche, dum se regerent pro communi, in exer-
citu semper secum gestavere" : und wie auf diese Art
Almus mit Etele in Verbindung gebracht wird, so erscheint das Banner dieses Stammes andererseits zugleich
als das des ganzen Volkes. Dass der Falke, oder mit
einem veralteten Worte turul, hier zugleich als Symbol
der Kühnheit, Schnelligkeit, des Feuers, der Kraft und
insofern dieses Vogelgeschlecht steile Felsennester liebt,
als das der Hoheit auftritt, wird derjenige verstehen, der
die Vorstellungsart der, der Natur noch näher stehenden
Völker würdigt; aber derselbe führt uns auch in die asiatische Heimat unserer Vorfahren zurück, wo, gleichfalls
nach Kézai, in den Bergen Kristalle gefunden werden
(d. h. kristallreine und eiskalte Quellen), wo Zaubergreife
nisten und der wilde Falke seine Jungen ätzt. (In monti-
bus etenim deserti memorati crystallus invenitur, et gri-
fones nidum parant, avesque Legerfalk, que hungarice
kerechet appellantur, procreare pullos dignoscuntur.)
Welch glänzender, historisch und naturgeschichtlich
streng zusammenhängender, und eines orientalischen Vol-

kes durchaus würdiger Mythus! Aber um zu Almus
Weissagung zurückzukehren, so weiss davon auch die
Bilderchronik (welche in dieser einen Stelle eine auffallende Verwandtschaft mit dem Anonymus zeigt), indem
sie theilweise in denselben Ausdrücken schreibt : Porro
Eleud, filius Ugek, ex filia Enodbilia in Scythia (Ofner
Chronik : in Mogor) genuit filium, qui vocatur Almos ab
eventu, quia matri ejus innotuerit avis quasi in forma astu-
ris veniens dum esset gravida, et quod de ventre ejus
egrederetur torrens , ac in terra non sua multiplicaretur,
ideoque fatatum (lies : fatum) fuit, quod de lumbis ejus
gloriosi reges propagarentur. — Quia vero sompnum in
lingua nostra dicitur alm, et illius ortus per sompnum fuit
pronosticatus, ideo ipse vocatus est Almos." (Cod. Béld.)
Auch hier hebt die „terra non sua" klar das Land der
Verheissung, nämlich die aufzusuchende neue Heimat,
hervor. — Die übrigen Glieder der Almussage sind:

2. Almus - Wahl. Ausschliesslich bei Anonymus.
Die sieben ungrischen Stammfürsten beschlossen wegen
Uebervölkerung das Land Dentumogeria (Jászay liest :
Dontő-Ungern, d. h. Ungern am Don) zu verlassen, und
jenes Land aufzusuchen, welches nach der Tradition
(„fama volante") einst Eigenthum des Königs Atila war,
„de cujus progenie Almus, pater Arpad descenderat." Sie
erwählen daher den Almus zu ihrem Oberhaupte, schliessen mit ihm einen Vertrag, und bekräftigen diesen mit
dem Bluteid. Interessant ist die Schilderung des Blut-
eides, als uralter Nationalgewohnheit, vor Allem wichtig
aber erscheint das Bündniss der sieben Ungerfürsten,
welches nicht nur einen Hauptanführer, sondern einen
Grossfürsten „dominum" (die Byzantiner nennen ihn
Megas Archon) begründet, und dadurch die sieben Stämme

zu einer Nation verschmelzend, die erbliche aber einge-
schränkte Monarchie zur Grundlage ihrer Staatsverfas-
sung macht. Die Ausländer wissen davon als einer im
Schosse der Nation vorgegangenen Begebenheit nichts,
wohl aber von der Ursache der Auswanderung, wonach
die Ungern durch ihre, an Zahl weit mächtigeren Stammverwandten, die Bessenyő's (Petscheneger, Pacinaciten) verdrängt, ihr Vaterland an den Ufern des Dons verliessen,
was die Sage — Alles sorgsam vermeidend, was nicht zur
Ermuthigung und Verherrlichung des Volkes dient —
verschweigt. Die ausländische Geschichtschreibung, namentlich Constantinus Porphyrogenitus, kennt Almus, der
bei ihm Salmutzes geschrieben wird, aber ausser seinem
Namen und seiner hervorragenden Stellung scheint jenem
Geschichtschreiber nichts weiter von ihm bekannt. Er
erzählt seine Abhängigkeit von den Chazaren, was wir
aber nur so richtig auslegen, wenn wir darunter die Oberherrschaft der Chazaren über die ungrischen Hilfsvölker
im Kriege verstehen, denn es steht bei Leo Sapiens von
unserm Volke geschrieben : „est gens ingenua, libera,
nullius unquam imperio subjecta", und Konstantin selbst
sagt : „principem . . alienigenum habuerunt nunquam."
    3. Almus in Kiew. Der Fürst schlägt die Kiewer
Russen und die mit ihnen verbündeten sieben kunischen
(Kumaner) Fürsten. Als er Kiew belagert, bitten sie
um Frieden und erhalten ihn, geben den Ungern Geisseln,
Geschenke und Wegweiser über die Karpathen. Die Kunen, die Macht und Güte des ungrischen Grossfürsten er-
kennend, schliessen sich ihm mit vielen Russen an und die
vereinigten Kriegshaufen ziehen gegen die Stadt Lodomér.
    4. Almus in Ung. Die Fürsten der Gebiete Lodo-
mér und Halics (Lodomerien und Galizien) entziehen sich

der ihnen drohenden Gefahr gleichfalls durch Darbringung
von Geschenken, Geisseln und Wegweisern, und die sieben
Fürsten brechen auf den von jenen gewiesenen Pfaden
über die Karpathen in Ung ein. Almus empfängt bei
Munkács die Huldigung der Slaven, nimmt die Festung
Ung, der fliehende Burghauptmann Laborc wird von den
Ungern bei einem Bache gefangen, aufgehängt, und jenes
Gewässer empfängt nach ihm den Namen. Almus bringt
seinem Gott ein Dankopfer und übergibt die Fürstenwürde
seinem Sohne. Den Kiewer- und Unger-Zug kennt von
den Unsrigen nur Anonymus ausführlich, Kézai und die
Bilderchronik erwähnen blos im Allgemeinen ihr Herüber-
kommen aus jener Gegend ohne alle Einzelheiten, wie von
den Ausländern der einzige Nestor.

5. Almus Verschwinden. Wie Almus Geburt,
so ist auch dessen Ende in mythischen Nebel verhüllt.
Seine Sendung — das Auffinden der neuen Heimat, nämlich des Reiches Etele's — war mit dem Uebergang über
die Karpathen erfüllt, er preist die Gnade Gottes durch
Dankopfer, übergibt die Regierung seinem Sohne Árpád,
und so wie Moses lebend verschwindet, so wird auch er von
Niemanden weiter gesehen, glücklicher als der jüdische
Gesetzgeber, insofern dieser das Land der Verheissung nur
sieht, Almus dagegen seine Grenze überschreitet und als
günstige Vorbedeutung seines Glückes auch die Huldigung der slavischen Völker empfangen kann. So erscheint die
Almussage bei Anonymus in schöner, man kann sagen
künstlerisch abgerundeter und ausgeführter, Conception.
Später lässt ihn die Sage, nachdem sie ihre erste Frische
verloren und das Volk dessen Schönheit und tiefe poetische
Bedeutung nicht mehr auffasste. in Siebenbürgen getödtet
werden : „Almus in Patria Erdelew occisus est, non enim

potuit in Pannoniam introire" schreibt die Bilderchronik,
und nach ihr alle Uebrigen. Dies ist, wie nach den gegebenen Antecedentien eine historische, moralische, so auch
eine poetische Unmöglichkeit, und zeigt, wie gesagt, auf
den Verfall der Sage im zwölften Jahrhundert, in welchem dieselbe aller Wahrscheinlichkeit nach aufgezeichnet
ward, und später in die Bilderchronik überging.

Ich gestehe, wenn ich die Bedeutung der ganzen Almussage und die darin ausgedrückte Auffassung des
ungrischen Volkes tiefer untersuche, wenn ich dabei die
Darstellungen der gleichzeitigen Ausländer in Betracht
ziehe, die Almus kaum dem Namen nach kennen, von seinem Auftreten aber vollends nichts wissen, so fühle ich
mich allerdings geneigt in diesem, durch eine göttliche
Erscheinung geweissagten, mächtigen, aber frommen göttlichen Manne, der sein Volk in das Land der Verheissung
hinausführen, der neuen Heimat Könige geben sollte.
und der, nachdem er seine Sendung erfüllt, seinen Sohn
Árpád auf die Bühne treten lässt, und, nicht in menschlicher Weise sterbend, dem Kreise seines Volkes entrückt
wird, nicht eine historische, sondern eine mythische Gestalt zu erkennen.

Es gibt in der Vorzeit der Völker Zeitabschnitte,
welche der kritischen Fackel der Geschichte zum Trotz
sich in Nebel auflösen, ohne dass gleichwohl dasjenige,
was die Völker sich als Sage erzählen, leere Erfindung
ist. Auch das ungrische Volk hatte vor Árpád seinen Moses, so viel ist gewiss, der dasselbe aus einem unwirthba-
ren Lande herausführte, welches weder seine Wiege war,
noch die weitere Ausbildung seiner höheren Naturanlagen
und Begabung begünstigte, die es nicht dort erwarb, womit es aber gleichwohl ausgerüstet war, wie Ihnen, m. H.,

nach dem, was wir gleich bei unserer ersten Zusammenkunft gesagt haben, wohl hinlänglich klar geworden sein
dürfte; mit einem Worte : dies Volk hatte seinen Moses,
der es vor seinen Pharaonen, nämlich den Bessenyö's
(Pacinaciten), durch die Fluthen des Don — sein rothes
Meer — hindurch führte; aber ob es die Gesammtheit
der sieben ungrischen Heerfürsten war, deren glückbe-
günstigte Leitung, gleichsam als Resultat einer höhern
Eingebung des schützenden Nationalgottes, das nach lan-
gem gefährlichen Wanderzuge endlich beglückte Volk in
jener geheimnissvollen Gestalt personificirte oder ob es einer
der Feldherrn, und Árpád's Vater oder Ahnherr war, auf
dessen Rath die Führer des Volkes, von dort aufbrechend
den Auszug glücklich vollbrachten, weiss ich nicht zu sagen. Dass aber den geschichtlichen Daten gegenüber
Árpád der erste Grossfürst der Ungern gewesen, dass das
Bündniss der sieben Stämme und der Bluteid auf ihn zu
beziehen, und dass das Volk erst später, bei Betrachtung
des wunderbaren Auszugs, bekannte Ereignisse den minder bekannten verwebend, diese geschichtlich-natürlichen
Begebenheiten auf jenen Mann übertrug, den es Almus
nannte, oder auf jene Idee, welche es unter diesem Namen
verkörperte, das wird die Geschichte nie völlig ins Reine
bringen; ein mit der Natur der Sagen befreundetes Gemüth aber wird geneigt sein der letzteren Ansicht zu
huldigen, welche um so grössere Wahrscheinlichkeit für
sich hat, je weniger sie durch sichere geschichtliche
Gründe bewiesen werden kann.

Das nächste Mal werden wir die Árpád- oder Hetu-
mogersage näher erörtern.

Fünfte Vorlesung.

Der Árpád- oder Hetumoger - Sagenkreis. Seine Quellen.
Seine zwölf Glieder. — Bruchstücke der Heldensage des zehnten
Jahrhunderts.

Meine Herren!

Es folgt heute nunmehr der Árpád- oder Hetumoger-
Sagenkreis, welcher die Unterwerfung dieses Landes von
Seiten unserer Vorfahren durch Árpád und seine Heerführer zum Inhalt hat. Der Mittelpunkt dieses Kreises ist
der Grossfürst; denn obgleich er nicht in allen Gliedern
der Sage selbst handelnd auftritt, so erscheinen doch seine
Heerführer stets entweder in seinem Auftrage, oder thun
doch Alles mit seiner vorausgesetzten Genehmigung; sie
setzen ihn von Allem in Kenntniss und stellen ihre Eroberungen zu seiner Verfügung. So geht Alles von Árpád
aus und kehrt zu ihm zurück, und der Zusammenhang
zwischen jedem Gliede dieser Sage ist nicht weniger eng,
als in der berühmten britischen Sage von König Arthur
und den Rittern der Tafelrunde, ja wie aus einzelnen von
Anonymus aufbewahrten, aber leider alles poetischen
Schmuckes sorgfältig beraubten Bruchstücken abzunehmen ist, einst nicht minder reich, wenn auch nicht an
Wundererscheinungen und Zauberwesen, doch an glänzenden Zügen aus dem kriegerischen Leben eines jungen,

feurigen und sangeslustigen Volkes. Ich habe bereits
bemerkt, dass die einzige Quelle dieses Sagenkreises König Bela's anonymer Kanzler ist, welcher die theilweise
und allmälige Eroberung des Landes, deren Beschreibung
wir bei den ausländischen Chronisten, die ich neulich auch
genannt, so wie bei mehreren ungenannten Zeitgenossen
vergebens su hen, bruchstückweise gibt, theilweise zwar
nicht eben im Widerspruch mit der Geschichte, theilweise
aber allerdings; was eben daher rührt, dass er aus der
Volkstradition, aus jenen Gesängen schöpfte, welche
nach der jüngst mitgetheilten Stelle der Bilderchronik,
die sieben Anführer verfassen liessen, und welche die Eroberung des Landes durch Árpád vollständig in sich fassen
mochten. Nur ein Glied jenes Sagenkreises hat unser ungenannter und verloren gegangener, wahrscheinlich dem
zwölften Jahrhundert angehörige Chronist aufbewahrt,
dessen Werk in die Bilderchronik überging, nämlich die
Sage von Svatopluk und dem weissen Rosse, welche in
der That als selbstständiges, und zugleich jenen Kreis ver-
vollständigendes Glied angesehen werden muss. Demnach
können wir ungefähr zwölf Glieder der Árpádsage
hervorheben, ohne jedoch ihren einstigen, weit grösseren
Reichthum zu bezweifeln, und die ganze Sage durch sie
als erschöpft zu denken.

1. Und, Ketel und Tarzal's Gesandtschaft
an Zalán. Zwei zierliche Episoden derselben bilden das
Schwimm-Abenteuer Ketels, welches dem Bache Ketel
den Namen gab, und das Pferderennen auf dem Berg Tarzal mit seinen interessanten Nebenzügen.

2. Ösöbs und Velöks Gesandtschaft an Ménü-
Marót, woran sich die Feldzüge von Tas, Szabolcs und
Töhötöm jenseits der Theiss, und die Eroberung des

Landstriches zwischen der Theiss und Siebenbürgen bis zum Meszes anschliesst. Wie bei den frühern, so fehlt auch hier nicht das grosse „áldumás" (Dankopfer).

3. Die Eroberung Siebenbürgens durch Töhötöm. So wie die an Zalán abgeschickten Gesandten zuerst den Auftrag erhalten hatten die Gegend auszukundschaften, so sandte auch Töhötöm früher den Ogmánd durch den Meszeser Engpass nach Siebenbürgen das Land zu durchforschen; dann bricht erst Töhötöm in das Land ein und erobert es. Schön abrundend schliesst diese Sage mit dem Huldigungseid der Siebenbürger Völker, woher — bemerkt Anonymus — der Ort, wo dies geschah, Esküllö (Schwurort) genannt ward.

4. Tas und Szabolcs zweiter Feldzug an der mittlern Theiss, gleichfalls gegen Ménü-Marót, und der Empfang der glücklich Heimkehrenden durch Árpád.

5. Die Ausflüge von Zoárd, Kádosa und Huba diesseits der Donau. Darin Borsu's Episode von dem geschossenen Hirschen. An der Stelle, wo dieser fiel, baute Jener eine Burg und nannte sie von sich Bors (Bars). Hierher gehört auch die Sage von der Niederlage Zobor's.

6. Zalán's Flucht. Schon die Sage behandelt diese Begebenheit als die wichtigste des ganzen Sagenkreises, dessen reichste sie auch ist. Daran hing die gesammte Zukunft der Nation und die Behauptung ihrer bisherigen Eroberungen. Schon hier verbinden sich Zalán's und Árpád's Gesandtschaften, die bulgarischen und griechischen Hilfstruppen, Árpád's Gebet und Rede an seine Krieger, Leel's Horn und Bölcsü's Fahne, die Schlacht bei Alpár und Zalán's Vertreibung zu einem grossartigen epischen Bilde, welches der gleichfalls nur aus

der Sage bekannte Reichstag zu Szer abschliesst. Von alledem findet sich in der Geschichte keine Spur, doch ist die
Sage viel zu umfassend und bedeutungsvoll, als dass wir
uns dieselbe ohne historische Grundlage denken könnten.
Welche Einzelheiten dieselbe begleitet haben dürften, die
der gute Anonymus als Mährchen beseitigte, zeigen die
dennoch auch bei ihm hie und da erhaltenen Motive. —
Dies ist jene Sage, welche Vörösmarty mit sicherm
künstlerischen Tact zum Stoff seines Nationalepos er-
wählt, und die seine reiche Phantasie mit so zauberischen
Reizen umkleidete.

7. Die Feldzüge Leel's, Bölcsü's und Botond's an der untern Donau bis Spalato. Wie reich
auch diese Sage gewesen sein muss, lässt sich aus den
eigenen Worten des Anonymus abnehmen, der nur ganz
im Allgemeinen erwähnend, welche herrliche Thaten jene
wackern Feldherrn vollführten, geradezu auf die Lieder der
Sänger hinweist in der neulich in anderer Beziehung bereits angeführten bemerkenswerthen Stelle : „quorum
etiam bella et fortia quaeque facta sua, si scriptis praesentis paginae non vultis, credite garrulis cantibus iocu-
latorum u. s. w." Als Episode jenes Feldzuges erwähnt
Anonymus jene Heldenthat Botond's zu Konstantinopel.
welche Kézai und die Bilderchronik richtiger in das Zeitalter des Grossfürsten Taksony verlegen. unter welchem
die südlichen Eroberungszüge nach dem Fortsetzer Kon-
stantins und Cedrenus allerdings häufiger waren, aber den
Byzantinern zufolge mit der Niederlage der Ungern ge-
endigt hatten. Den Anonymus, welcher die Botondsage
hier anreiht, die er übrigens in Zweifel zieht, „da er sie
nur aus der Tradition kennt" : hat ohne Zweifel die
Gleichnamigkeit der Helden irre geführt. Dass der kon-

stantinopolitanische Botond ein Anderer, als Leel's und
Bölcsü's berühmter Feldherrngenosse, zeigt sein Alter,
da dieser unter Árpád und Zsolt blühte, und zeigt die
Erzählung selbst, welche des zweiten Botond als gemei-
nen Kriegers erwähnt. Darum werden wir auch diese
Botondsage an anderem Orte einreihen.

8. Zoárd und Kádosa's südliche Kriegs-
züge. Sie erobern das Temeser Banat, die Bulgaren huldigen ihnen, Zoárd verheirathet sich im Raizenlande,
lässt sich daselbst nieder, und sein Volk, weil es ebendaselbst, nämlich in fremdem Lande, bleibt, erhält den Namen „einfältiger Unger" (quia mortuo domino suo viam
non dilexit redire ad patriam suam). Ein charakteristischer Zug, welcher sich durch die ganze Geschichte des
Volkes hindurchzieht.*)

9. Árpád auf Etele's Burg. Aus der Darstellung des Anonymus kann man abnehmen, mit welch glän-

---

*) Wie aber, wenn die Stelle bei Anonymus : „populus ille,
qui nunc dicitur Sobamogera, mortuo duce Zuard in Grae-
cia remansit et ideo dictus est Soba secundum Graecos; id est
stultus populus, quia mortuo domino suo, viam non dilexit redire ad
patriam suam" (Cap. XLV.) eine ganz andere Bedeutung hätte? Wie
wenn jene Bevölkerung „Csaba magyera", d. h. Csaba's Ungern
waren, die Nachkommen eines Theils der mit Csaba nach Griechenland gekommenen Hunen, mit welchen die unter Zuard in dem von
Durazzo aus in das Raizenland sich hinziehenden Landstriche Verbindungen eingegangen wären, so dass jenes ideo nur die Frucht von
des Anonymus Etymologisirung wäre? und „Csaba" (denn so muss
man das bei Anonymus geschriebene Wort nach der altungrischen
Orthographie lesen, nach welcher s = cs (tsch), und das a der ersten
Silbe das dumpfe a wiedergibt) nur von ihm an das dem 1lben
sehr ferne liegende Wort „ostoba" (einfältig) geknüpft worden
wäre ?

zenden Farben in der Sage Árpáds glücklicher Einzug in
Atila's Stadt (altdeutsch : Etzelburg) ausgemalt war.
Hier prangten Atila's Paläste (ohne welche sich das Volk
des zehnten und eilften Jahrhunderts jenen mächtigen
König nicht zu denken vermochte), dort wurden grosse
Gastmähler gehalten — und zwar in palatio Athilae regis,
wo die Heerführer und Grossen des Reiches mit Árpád
collateraliter sedendo schmaussten, was die Sage darum
hervorhebt, da dies bei einer so aussergewöhnlichen Veranlassung eine besondere Auszeichnung war, und was sie
auch anderwärts aus demselben Grunde bemerkt, wo sie
nämlich von Tas und Szabolcs erzählt, dass Árpád in seiner Freude über deren glückliche Rückkehr von ihren
Feldzügen aus den Gegenden der mittlern Theiss „quo-
tidie eos faciebat ad mensam suam comedere"; — dort
tönten die Cythern, Pfeifen und Lieder von Árpád's Mu-
sikern und Sängern, dort verzehrten die Vornehmen aus
goldenen, die gemeinen Leute aus silbernen Schüsseln
und Bechern ihre lukullischen Mahlzeiten, besonders aber
wird der Kampfspiele erwähnt, wodurch die Helden zu
Pferde, mit Schild und Speer, die Jünglinge aber mit Bogen und Pfeil, den Fürsten an jedem Tage des zwanzig-
tägigen Festes unterhielten.

10. Die Eroberung Pannoniens (Ungerns jenseits der Donau). Auch Anonymus weiss davon; er erwähnt
das Lager Árpád s bei Százhalom (castra metatus est
juxta Danubium versus „Centum Montes"), ja, subjugato
populo illius partis verlieh er dies Gebiet Edü und lässt durch
ihn Székesü (Stuhlweissenburg) erbauen, aber die Szva-
toplu.tsage, welche hierher gehört, und welche gerade in
dieser ihm, als Palozen wie es scheint, am wenigsten bekannten Gegend vorzugsweise im Schwunge war, kennt

er nicht. Dieselbe ist uns von der Bilderchronik und deren Fortsetzern aufbehalten worden, und wird gewöhnlich, aber mit Unrecht, für eine blosse Abänderung der Zalánsage gehalten, da sie von dieser sowohl hinsichtlich der handelnden Personen, als mancher Einzelheiten und des Schauplatzes der Begebenheit sich wesentlich unterscheidet. Dort ist Szvatopluk, der mährische Fürst, hier Zalán, der bulgarische Häuptling; dort sendet Árpád zuerst Botschaft, hier Zalán; dort ist der ungrische Gesandte Kicsid (Kusid geschrieben), der Sohn Kund's, hier Ketel und Und; dort ist Pannonien, hier die Gegend zwischen Donau und Theiss der Gegenstand von Árpád's Gesandtschaft; dort ist Wesprim der Sitz des Gegners, hier Titel an der untern Theiss; dort ist der Kampfplatz Százhalom, hier Alpár; dort kämpft Szvatopluk allein, hier Zalán mit griechischen und bulgarischen Hilfstruppen, von denen der grösste Theil in der Theiss umkommt; dort geht Szvatopluk in der Donau bei Stuhlweissenburg zu Grunde, hier rettet sich Zalán nach Griechisch-Weissenburg. Alle Aehnlichkeit beruht auf der analogen Form der Forderung und darin, dass auch in der Szvatopluksage das Donauwasser, ein Bündel Gras und ein Schimmel vorkommt, aber die Sage befolgt immer dieselbe Art und Weise bei der Ausbildung ähnlicher Begebenheiten, ja sie liebt sogar die völlige Gleichförmigkeit, wie wir schon bei der Almussage gesehen haben, wo die Lodomerer und Haliser Begebenheiten vollkommen dieselben. Demnach besitzt die Árpádsage durch die Bilderchronik ein in der That verschiedenes Glied mehr, welches mit der nur andeutenden Darstellung Kézai's wenigstens darin übereinstimmt, dass auch dieser „Pannonien" von Szvatopluk gewinnen lässt, und zwar in der Schlacht bei

Bánhida, das gleichfalls jenseits der Donau gelegen. Die
Geschichte weiss davon nichts, und wenn Pray es unter-
nimmt den Turóci ernstlich zu widerlegen, der dies aus
der Bilderchronik aufgenommen, so thut er gerade dasselbe, was wir : er nennt es ein Mährchen, welches
wir aber um so weniger für aller historischen Grundlage
entbehrend annehmen können, als die nackte historische
Thatsache sich auch bei Konstantinus Porphyrogenitus
vorfindet, bei dem der Krieg gegen die Mährer nicht gerade mit Szvatopluk dem Grossen, wohl aber mit dessen
Söhnen geführt wird; die symbolische Einkleidung der
Sage aber begrüssen wir als eine der prägnantesten Aeusserungen der volksthümlichen Auffassungsweise. Und
dies ist auch der Grund, warum dieses Glied des Árpád-
Sagenkreises nicht nur eine literarische Bearbeitung gefunden, wie das aus dem vierzehnten Jahrhundert herrührende historische Lied : „Emlekezzenk" (Lasst uns der
Alten gedenken), sondern sich lebhafter als andere Sa-
genglieder bis auf den heutigen Tag im Bewusstsein des
Volkes erhalten hat.

11. Zsolt's Geburt. Diese Begebenheit war für
die Zukunft des neuen Staates so wichtig (da Árpád's ältere Söhne gestorben waren), dass ich kaum irren dürfte,
wenn ich die Grundlage zu dem L-ten Kapitel des Anonymus geradezu in einem Volksgesang suche, worauf auch
die Freudentage auf Csepel zu deuten scheinen, wo „per
plurimos dies faciebant convivia magna, juvenesque eorum
ludebant ante faciem ducis et suorum nobilium, sicut
agni ovium ante arietes."

12. Die Huldigung Ménü-Marót's, Zsolt's
Hochzeit und Erhebung. Nur die Unterjochung des Bi-
are r Fürsten war noch übrig, der sich, obwohl bedrängt und

in die Enge getrieben, gleichwohl in seinem Lande aufrecht
erhielt. Auch jetzt wurden Ösöb und Velök als die, der Gegend bereits Kundigen, von Árpád mit diesem Feldzug betraut. Diesem härtesten Kampfe folgten Marót's Huldigung,
die Verlobung Zsolt's mit dessen Tochter, Feste und Kampfspiele. Damit war die Unterwerfung der zwischen den
Karpathen und den beiden Meeren gelegenen Länder,
und somit zugleich Árpád's Sendung beendigt. Er erhebt
seinen Sohn zum Grossfürsten, und stirbt. Auch seine
Grabstelle bewahrte die Sage treu.

Dies ist das zur völligen Einheit abgerundete Ende
des Árpádsagenkreises. Ausser diesen zwei grossen Sagenkreisen haben sich noch drei einzelne, sehr schöne,
poetische, aber auch in Beziehung auf den Volkscharakter
überaus interessante Sagen erhalten, welche wir als die
Bruchstücke der die ausländischen Kampfabenteuer enthaltenden, dem zehnten Jahrhundert angehörigen, Heldensage betrachten können.

Es sind folgende:

1. Die Botondsage, welche, wie bereits bemerkt
worden, Anonymus in das Zeitalter Árpád's, Kézai und
die Bilderchronik in die Zeit nach der Niederlage bei
Augsburg (955) setzt. Die Sage ist vorwiegend poetisch
und mochte, als Episode des einen konstantinopolitanischen
Feldzuges der Ungern, auch auf einer wirklichen that-
sächlichen Grundlage beruhen, obgleich die Byzantiner
nichts davon erwähnen. Uebrigens scheint auf jene That-
sächlichkeit gerade „das goldene Thor", in welches Botond mit seiner Streitaxt ein Loch geschlagen, zu deuten,
unter welchem ein vergoldetes ehernes Thor von Byzanz
zu verstehen ist. Das Zeitalter der Thatsache ist schwerer
zu bestimmen. Nach Cedrenus drangen die Ungern 934

bis unter die Mauern von Byzanz vor; nach des Konstantinus Porphyrogenitus Fortsetzer 956, und abermals um 959—63, aber da damals die Ungern nach den griechischen Schriftstellern geschlagen wurden, so ist darunter wohl der erste Einfall zu verstehen. Die Zeit würde durch das Alter des Hauptanführers Apor bestimmt werden können, welcher diesen Feldzug nach unsern Chronisten befehligte, wenn dessen Andenken auch bei einem andern Kriegszuge aufbehalten worden wäre.

2. Leel's und Bölcsü's Untergang. Den Inhalt dieser Sage, welche in Verbindung mit dem Kriegshorn Leel's bis heutigen Tags in der Erinnerung des Volkes sich erhalten hat, versetzt Anonymus in die Zeit des Kaiser Konrad (911—18) und an den Innfluss; die Bilderchronik in das Jahr 918 und somit in Kaiser Konrad's Todesjahr, und so weit fehlt keiner von beiden gegen die Gleichzeitigkeit der beiderseitigen Führer, wohl aber gegen die Geschichte, denn hier ist die zweite Schlacht bei Augsburg zu verstehen, welche zur Zeit Kaiser Otto's 955 stattfand, wo (nach Andern bei Regensburg) zwei ungrische Anführer, nach Einigen wirklich Leel und Bölcsü, gehängt wurden; von Seiten der Deutschen aber Konrad (nach der ungrischen Sage durch einen Schlag an den Kopf mit Leel's Horn) seinen Tod fand. Kézai erwähnt die Kriegshornsage kurz, glaubt aber nicht daran; die Bilderchronik ausführlicher und sehr interessant, während die ausländischen Quellen den Feldherrn Konrad durch einen ungrischen Pfeil getödtet werden lassen. So viel scheint gewiss, dass die aufgehängten zwei Feldherrn nicht jene Leel und Bölcsü seien, welche in dem Arpád-Sagenkreise eine Rolle spielen, und schon in der Schlacht bei Alpár sich auszeichneten, denn sie müssten zu jener Zeit wenig-

stens siebzigjährige Greise gewesen sein; ferner zeigt auch
die Tradition, welche den Galgóczer Lehelthurm für
Leel's Grabdenkmal hält, auf den Tod dieses Feldherrn
im Lande, und so fand bei Augsburg entweder ein anderer
Leel seinen Tod, oder war dieser Name der Amtsname
des Trägers des Kriegshorn, und so wurden beide durch
die Sage vermengt.

3. Die Sage der Magyarka's (der schändlichen
Ungern). Auch diese ist ausschliessliches Eigenthum der
ungrischen Tradition, und blieb nur durch jenen, von der
Bilderchronik benützten, verloren gegangenen Chronisten
des zwölften Jahrhunderts aufbewahrt, der dieselbe als eine
zu seiner Zeit dem Volke bekannte mittheilt. Auch die
Pressburger und Ofner Chronik, Turóci und die übrigen
Chronisten erzählen sie, welche aus der Bilderchronik
geschöpft haben. So wie die Sage vom Lehelhorne eine
für die Kenntniss der alten ungrischen Glaubenslehre
höchst wichtige Angabe erhalten hat, indem sie Lehel zu
Konrad sagen lässt: „Gehe mir voran, damit du mir in
jener Welt dienen mögest‟, und dadurch nicht nur die
Ueberzeugung unserer Vorfahren von der Unsterblichkeit
der Seele verbürgt, sondern auch die den übrigen tatari-
schen Völkern verwandte Ansicht darlegt, wonach dem
im Kampfe gefallenen Helden die von ihm Getödteten
jenseits dienen müssen, so bezeugt die Magyarkasage sehr
bezeichnend das kriegerische Ehrgefühl und die strenge
Kriegs-Disciplin der alten Ungern, wonach diejenigen,
welche 960 aus der Schlacht bei Eisenach sich nicht
schämten mit abgeschnittenen Ohren heimzukehren, und
ein schmachvolles Leben einem rühmlichen Tode vorzo-
gen, ihrer Familien und Güter beraubt und aus der
Volksgemeinschaft ausgeschlossen, zum warnenden Schre-

ckensbeispiel für die Feigen. heimatslos herumirren
mussten.

Die beiden letztern Sagen, welche eine traurige Erinnerung aufbewahrten, lassen uns annehmen, dass jene
Siege, wodurch unsere Vorfahren zur Zeit des Grossfürsten Zsolt Europa zur Verzweiflung brachten, in den
Volksgesängen gewiss verherrlicht wurden, obgleich sie
nicht auf uns gekommen sind. Uns genügte es an diesem
Orte die hinlängliche Ueberzeugung von jener wachsamen
Sorge der heidnischen Ungern zu gewinnen, wodurch
sie ihre Thaten in Liedern auf ihre Nachkommen zu vererben suchten. Und so können wir denn nun zur Dichtung der christlichen Ungern übergehen.

Sechste Vorlesung.

Rückblick auf die alte Zeit. Gyéza's Reformen. — Das ungrische Mittelalter. Nationaldichtung: Altreligiöse Gesänge. —
Volksdichtung. — Historische Dichtung: die fortdauernde Blüthe der
fahrend·n Sänger. Königliche Sänger. Gegenstände der geschichtlichen Gesänge der Hegedös. Spuren davon bei den Chronisten.

Meine Herren!

Wenn wir nach dem bisher Vorgetragenen einen
betrachtenden Blick auf das erste Jahrhundert des europäischen Aufenthaltes unserer Vorfahren werfen, oder auf
dasjenige, das wir als die alte Zeit bezeichneten, so lässt
sich, gleichsam als rother Faden sowohl in ihrem äussern,
d. h. ihrem staatlichen, kriegerischen, wie in ihrem innern
oder ihrem religiösen und dichterischen Leben ein eigenthümlicher, von den übrigen europäischen Völkern abwei-
chender, auf ihre asiatischen Wohnsitze hinweisender
Charakterzug erkennen. Dort fesselt unsere Aufmerksamkeit eine auf Stammhauptmannschaft gegründete National-
verfassung, die auf Lenkung der Kriegsangelegenhei-
ten so wie auf die, durch seine öffentliche Autorität zu be-
wirkende Anerkennung des durch Waffengewalt erober-
ten Besitzes beschränkte Macht des Grossfürsten; ferner
die Uebertragung der Gerechtigkeitspflege nach Gewohn-

heitsgesetzen an die Endentscheidung einzelner Richter, während die Kriegsführung auf Eroberung und auf Erbeutung alles dessen abzielte, was zur Verschönerung des Heldenlebens diente, und sich bei einem Volke, welches die Arbeit als eine des freien Mannes unwürdige Sache betrachtete, auf anderm Wege nicht erwerben liess — wie dies bei diesem seit Jahrhunderten ein Nomadenleben führenden Volke nicht anders sein konnte. Anderseits treffen wir einen einfachen Monotheismus, gleich weit von Fetischismus, wie von dem entwickelten Parsismus, und eine heroische Poesie, welche die interessanten europäischen Kriegsthaten der hunischen Ahnen und des ungrischen Stammes, und somit damals noch ihre gesammte Geschichte zum Gegenstand hatte, durch eine besondere Kaste von Sängern gepflegt und durch diese, die zugleich der wahrhafte Depositar der Nationalgeschichte war, von Geschlecht zu Geschlecht vererbt wurde. Hier ist noch Alles eigenthümlich, von fremdem Einfluss unabhängig und seiner Anschauung wie seiner Form nach orientalisch.

Dies Alles änderte sich mit Gyéza's Regierungs-Antritte. Europa, das nicht länger die beunruhigende Nachbarschaft dieser neuen Gäste dulden konnte, machte grossartige Vorbereitungen zu ihrer Verdrängung und Schwächung, wonach denn auch ein aggressives Auftreten nicht ausbleiben konnte. Der neue Grossfürst erkannte diese Lebensgefahr des jungen Staates, und der grosse Gedanke der Europäisirung seines Volkes reifte in seinem Geiste. Er machte, mächtigen Willens, den kriegerischen Ausfüllen ein Ende, wechselte mit den benachbarten Fürsten Gesandtschaften, schloss Frieden, begünstigte die ausländische Einwanderung, suchte Ackerbau und

Handel zu heben, nahm die Verbreiter des Christenthums
unter seinen Schutz, ja verbreitete es selbst mit Gewalt,
und liess sich taufen, seine Kinder europäisch erziehen,
und veranlasste zwischen ihnen und europäischen Für-
stenhäusern Ehebündnisse. Durch diese, dem trotzigen
Volke gegenüber mit unbeugsamer Energie ins Werk gesetzten Anordnungen gelang es ihm sein Reich der europäischen Völkerfamilie als neues Glied einzufügen. Kaum
hatte dieser grosse Mann nach fünfundzwanzigjähriger
Regierung seine Augen geschlossen, so erregte Kupa,
einer der, die künstlichen, und darum im Leben des Volkes
noch nicht festgewurzelten, neuen Einrichtungen hassen-
den Grossen des Reiches, einen Aufstand gegen seinen
Sohn Stephan, um zugleich mit ihm und den eingebürgerten
Fremden das neue System zu vertilgen und die alte Religion in ihre frühere Würde und Geltung wieder einzu-
setzen. Die Schlacht ward zu Gunsten des grossen Sohnes
des Reformators entschieden, und das Christenthum und
die auf dasselbe zu gründende Zukunft war gerettet, die
Macht der Stammesfürsten ward gebrochen, das Christen
thum als Staatsreligion öffentlich anerkannt, eine glänzende,
in das Staatsleben verflochtene Kirche gegründet, und die
christliche Lehre auch durch Unterricht verbreitet. Bei
alledem fasste sie nur langsam und allmälig, aber um so
sicherer Wurzel, und der unter Aba, Andreas I. und
Béla I. noch nachdrücklich widerstrebende alte Glaube
ward gegen Ende des eilften Jahrhunderts nur noch von
einzelnen Getreuen heimlich bekannt. Somit begann mit
Stephan das ungrische Mittelalter, welches immer
mehr den Charakter des europäischen Mittelalters annahm; das Christenthum durchdrang das Staats- und Fa-
milienleben, und gab auch ohne Zweifel schon unter Ste-

phan einer ungrischen kirchlichen Literatur das Dasein, obgleich das älteste schriftliche Denkmal derselben nur bis ins
zwölfte Jahrhundert zurückweist: ich meine die berühmte
Leichenrede, deren Abfassung aber zuverlässig in's erste
Zeitalter des ungrischen Christenthums reicht. Es gehört
nicht in den uns vorgezeichneten Kreis auf diese christliche
Literatur in ihrer ganzen Ausdehnung näher einzugehen,
es sei genug zu bemerken, dass mit Ausnahme der Poesie,
der gesammte Inhalt derselben ein religiöser; und dass
wir das Mittelalter bis zu der, im ersten Viertel des sechzehnten Jahrhunderts auch zu uns eingedrungenen Reformation ausdehnen, während von da an der, der Religion
wie der gesammten Wissenschaft eingeimpfte Kriticismus
dieser einen ganz andern Charakter verlieh.

Die Poesie des ungrischen Mittelalters war theils
eine Fortsetzung des frühern, theils eine ganz neue, aus
den veränderten Glaubensansichten entstandene. Wir
werden jene unter dem Namen der n a t i o n a l e n,
diese unter dem Namen der k i r c h l i c h e n Poesie
abhandeln, woran sich noch das V o l k s s c h a u s p i e l
anreihte.

Unsere mittelalterliche Nationalpoesie kann in
vier Abschnitte getheilt werden. In die erste gehören die
dem alten heidnischen Glauben angehörigen Gesänge, von denen aber ebenso nur die Erinnerung erhalten
blieb, wie von jenen gereimten Reden, deren die vaterländische Chronik Erwähnung thut, wo sie bei der Geschichte
des unter Béla I. abgehaltenen Stuhlweissenburger Reichstages schreibt: „wie die Tátos (heidnische Priester des
Volkes, praepositi plebis) in eminenti suggestu residen-
tes, praedicabant nefanda carmina contra fidem“; woraus
wir abnehmen können, dass die alte heidnische Poesie mit

der christlichen im Kampfe eine polemische Richtung
nahm, wie zur Zeit der Reformation die neue Kirche gegen die alte. In die zweite Abtheilung ist die Volkspoesie zu rechnen, welche die Angelegenheiten des Ein-
zellebens und des Herzens zum Gegenstand hatte, an deren Vorhandensein bei einem so poetischen Volke, wie
das ungrische, wir selbst dann keinen Grund zu zweifeln
hätten, wenn wir auch jene Angabe nicht besässen, welche
der Verfasser der Legende vom heiligen Gerhard auf uns gebracht, indem er des Liedes eines, ihrem Herrn den Weizen
auf einer Handmühle mahlenden Mädchens erwähnt und
durch den sie anhörenden italienischen Priester die Lieb-
lichkeit der Melodie dieses Liedes rühmen lässt. Indess
nimmt hier besonders die historische Poesie unsere
Aufmerksamkeit in Anspruch. Die Sängerkaste, deren
wir schon im früheren Zeitalter erwähnten, bestand nicht
nur während des christlichen Mittelalters fort, wie wir
dies schon bei Anonymus gesehen, welcher die Joculatoren seiner Zeit häufig anführt, sondern er machte auch
ohne Zweifel einen Hauptbestandtheil jeder vornehmen
Hofhaltung aus, wie wir dies namentlich von Johann
Hunyadi und dem Waizner Bischof Niklas Bátori wissen;
um so viel mehr auch des königlichen Hofes. Cornides
macht uns mit einer Urkunde Andreas III. bekannt,
welche davon Zeugniss gibt, dass zur Erhaltung der königlichen Sänger sogar bestimmte Güter angewiesen waren. Von den Sängern des Königs Mathias gibt uns
Galeoti Gewissheit, der als Zeitgenosse und Augenzeuge
erzählt, wie beim Könige während des Gastmahls entweder
eine gelehrte Controverse stattfand, oder ein heiteres, an-
ständiges Gespräch, oder Lieder gesungen wurden.''
„Denn — fährt er fort — es gibt an seinem Hof Musiker

und Cytherspieler, die während der Mahlzeit die Heldenthaten der Väter zur Laute singen. Der Gegenstand ist
stets irgend eine tapfere Heldenthat. Liebeslieder kommen
nur selten vor, — was, beiläufig gesagt, den würdevollen
Ernst des Volkes charakterisirt: — besonders sind aber
die gegen die Türken vollführten Kriegsthaten an der
Tagesordnung, und zwar nicht ohne Schmuck der Rede"*).
Alle diese historischen Gesänge wurden aber entweder
niemals niedergeschrieben, um das ausschliessliche Eigenthum der Cytherspieler zu bleiben, oder sie sind zwar niedergeschrieben, aber durch die Sorglosigkeit unserer Nation im Laufe der Jahrhunderte langen Kämpfe und Miss-
geschicke des Volkes zuletzt untergegangen. Gleichwohl
dürfte es nicht ohne Interesse sein, diejenigen Gegenstände anzuführen, von denen wir schriftliche Angaben
darüber besitzen, dass sie den Sängern oder Cytherspie-
lern bei ihren Liedern als Stoff dienten. Solche sind:

Die auf den Tod König Stephan's verfassten
Gesänge, welche sich wahrscheinlich auch über die Thaten
des Königs verbreiteten. So verstehe ich die in der Bilderchronik befindliche Stelle, wo erzählt wird, dass nach Stephan's Tode die Laute Ungerns sich in Trauer gehüllt hat.**)

· Die Schlacht bei Cserhalom, deren Ruhm die
der Partei der Herzoge Gyéza und Ladislaus angehö-

---

*) In ejus convivio disputatur, aut sermo de re honesta aut
jucunda habetur, aut carmina cantantur. Sunt enim ibi musici et
citharoedi, qui fortium gesta in lingua patria ad mensam in lyra decantant. Cantatur autem semper aliquod egregium facinus. Amatoria
autem carmina raro ibi cantantur, et ut plurimum gesta in Turcos
in medium veniunt, non sine sermone concinno. Cap. XVII.
**) „Totius cithara Hungariae versa est in luctum" (bei Tu-
róci P. II. Cap. XXXIV).

rigen Sänger ihnen zuschrieben, und dadurch nach dem Zeugniss der Geschichte, die Eifersucht des Königs (Salamon) gegen dieselben nicht wenig nährten.

Die tragische Geschichte der Klara Zách und ihres Vaters Felician. Hiervon zeugt der im Nationalmuseum aufbewahrte Istvánfi-Codex (XVI. Jahrh.), worin von der Hand Istvánfi's eine Anmerkung zu lesen ist, dass die Annalisten den Grund der That Felician's verschwiegen, aber die allgemeine Tradition, die Gesänge der Cytherspieler dieselbe einer Verletzung der Ehre Klara's zuschreiben u. s. w.*).

Die Ermordung Karl des Kleinen war gleichfalls der Gegenstand solcher Lieder. Aus ihnen ist uns im sechzehnten Jahrhundert ein doppeltes Bruchstück zufällig aufbewahrt worden. Das eine lässt die Königin Elisabeth folgendermassen sprechen:

> Dein soll sein Gimes und Gács:
> Führ den Hieb, mein Sohn Forgács!

Das Andere so:

> Tödtest du den König mir:
> Balázs! geb Schloss Gimes Dir.

Die Thaten des Stephan Kont. Turóci schreibt zu König Mathias Zeit ausdrücklich: Jener berühmte Held Stephan Kont, den auch unser Zeitalter, welches an Kraft und Tapferkeit nicht weniger glänzt, nicht nur preist, sondern auch zur tönenden Laute singt**).

---

*) „A citharoedis ad lyram canitur" heisst es in der alten Anmerkung.

**) Miles gloriosus, Hungaros inter omnes magno laudis praeconio insignitus, Stephanus Konth — quem nostrum aevum, viribus et virtute non minus praeclarum, nedum loquitur, verum et resonanti lyra canit. P. IV. Cap. VII.

Die Hinrichtung der zweiunddreissig Edlen
unter K. Siegmund war gleichfalls Gegenstand historischer Gesänge, wie Tinódi in der Mitte des sechzehnten
Jahrhunderts erwähnt, indem er singt:

> Der Helden zweiunddreissig sah man dorten,
> Von denen oft die Cytherspieler sangen.

Das Leben König Siegmund's haben die Volks-
gesänge mit Zauber-Elementen verwebt. So bezieht sich
Tinódi, der selbst in seiner gereimten Siegmunds-Chronik
die Höllenfahrt des Lorenz Tar mit einwebt, als Quelle
ausdrücklich auf die Sage:

> Im Sang hab ichs vernommen, obs wahr, ob nicht es wahr…

Aus der Hunyadi-Sage mochte wohl Mathias Nagy
von Bánka, ein Reimchronist des sechzehnten Jahrhunderts, jene Scene entnehmen, wo Ladislaus V. das dem
Johann Hunyadi gegebene Wappen also erklärt:

> „Des Löwen Fuss, als der geraubt des Königs Krone
> Mit seiner starken Klaue,
> Als Bild von deinem Sohn Matthias Hunyadi
> Dem Wackern, hier du schaue:
> Denn diese Krone wird sogleich durch ihn entrissen
> Nach meinem Hingang sein."
> Nach sieben Jahren schon traf dies Prophetenwort
> Des Königs wirklich ein.

Kaspar Heltai, gleichfalls ein Schriftsteller des sechzehnten Jahrhunderts, beruft sich auf die Sage, wo er den
Johann Hunyadi zu einem Sohne des Königs Siegmund und
der Elisabeth Morzsinai macht. Wie reich mochte die
Hunyadi-Sage gewesen sein, wie vielen schönen Liedern
mochte sie den Ursprung gegeben haben, da jener Held
selbst die serbische Poesie im fünfzehnten Jahrhundert so
glänzend befruchtete.

Von den zur Zeit des Sieges bei Kenyérmező im Lager improvisirten Gesängen geben sowohl der gleichzeitige Bonfini, als der ein Jahrhundert später lebende Bischof Johann Liszti Zeugniss. „Die Abendmahlzeit — schreibt jener — begleiteten Kriegsgesänge, wobei der Ruhm der Heerführer und Grossen in unausgearbeiteten improvisirten Gesängen verherrlicht wurde." Liszti aber bemerkt zu Bonfin's historischer Darstellung : „Alles dies singen unsere siebenbürgischen Harfenspieler ganz anders"*).

Diese historischen Zeugnisse genügen vollkommen um zu beweisen, dass unsere historische Poesie durch das ganze Mittelalter hindurch in wahrer Lebensfrische blühte und nicht nur die Hunensage und die altungrische Heldensage wenigstens bis zum zwölften, ja, wie wir uns neulich überzeugten, theilweise selbst bis zu Turóci's Zeit aufrecht erhielt, sondern auch die wichtigeren Zeit-Ereignisse fortwährend in ihren Kreis mit aufnahm, die historischen Erinnerungen bei dem Volke nicht schwinden liess, und somit in der That ein mächtiger Hebel und ein Hauptmittel zur Nährung des Nationalstolzes und des ritterlichen Sinnes, wie einer edlen Ruhmbegierde ward.

Es nahm aber die historische Dichtung auch solche Gegenstände auf, von deren Sagenursprung die geschriebenen Denkmäler zwar kein Zeugniss ablegen, die aber um so deutlicher den Stempel der Tradition, ja selbst der poetischen Behandlung an sich tragen. — Solche sind vor allen übrigen namentlich : Der Zweikampf des Herzogs Béla mit dem Herzog von Pommern ; Andreas und Béla

---

*) Die Originalstellen sind folgende : „Coena non sine militari cantu transacta, incomposito extemporalique carmine ducum procerumque laudes concinuere." Liszti's Bemerkung : Haec omnia nostri transilvani fidicines in tabernis longe aliter decantant.

in Várkony; die Schlacht auf Cserhalom mit jener zierlichen Episode, worin Herzog Ladislaus ein für eine Tochter des Grosswardeiner Bischofs gehaltenes Mädchen aus den Händen eines Kunen befreit; die Abenteuer König Salamons, welche sämmtlich mehr die Farbe des Romans, als der Geschichte tragen; Kolomans russischer Kriegszug; Stephan II., Béla der Blinde und Borics u. s. w., über welche sich ein solches dramatisches Leben und eine solche lebendige Anschaulichkeit verbreitet, dass sie offenbar nicht auf die Aufzeichnungen der königlichen Kanzlei oder der Klosterbrüder, sondern auf die Gesänge der Joculatoren als Quelle hindeuten, und welche, wie ich dies bereits an einem andern Orte erwähnt, wahrscheinlich unter der Regierung Stephan III. von einem mit den historischen Nationalgesängen wohl vertrauten Chronisten niedergeschrieben wurden, woraus dann der Verfasser der Bilderchronik die interessantesten Theile seines Geschichtsbuches schöpfte.

Nicht weniger wichtige und interessante Begebenheiten folgten im zwölften und dreizehnten Jahrhundert, aber da unsere Geschichtschreibung ausschliesslich in die Hände der, auf ihre Zellen beschränkten Klosterbrüder gerieth, so ward die Tradition nicht ferner aufgezeichnet. Daher rührt die Magerkeit unserer Chroniken von den Zeiten Stephan III. an, und daher auch, dass wir von dieser Zeit an aufhören sie im Einzelnen zu kennen.

Siebente Vorlesung.

Die Ueberreste der historischen Kunstpoesie des Mittel
alters. Romantische Erzählungen : Die Toldisage. Der Riese Lorant
— Didaktische Poesie. Das Straflied des Fr. Apáti. — Kirchliche Poesie, früh durch die Ueberwachung der Synode beschränkt.
Breviergesänge. — Das religiöse Epos. Die grosse Legende von
der heiligen Katharina. — Volkspoesie. Wandernde Schauspieler.

Meine Herren!

Bis jetzt habe ich von den historischen Gesängen
der Lautenspieler im ungrischen Mittelalter gesprochen
und erwähnt, dass dieselben, obgleich hier und da von unsern Geschichtschreibern erwähnt, ja obgleich ihre Spuren in unsern alten Chroniken zu erkennen sind : doch, als ein
eifersüchtig bewachtes Eigenthum der Sängerkaste, wahrscheinlich niemals aufgezeichnet wurden, oder wenn auch
aufgezeichnet, doch später spurlos verschwunden sind. Es
erübrigt nun auch jener historischen Gesänge zu erwähnen,
welche, als Producte von Schriftstellern, der Literatur angehören. Unter diesen ist der älteste, der Jahrhunderte
überlebende Gesang von der Eroberung Pannoniens,
dessen erste Zeile:

Emlekezzenk régiekrel . . .
Lasst der Alten uns gedenken . . .

und der, seitdem er durch Révai zuerst veröffentlicht

6*

wurde, zu gewisser Berühmtheit gelangte. Diesen, aus
39 vierzeiligen Strophen, also zusammen aus 156 Versen
bestehenden Gesang entdeckte unser wackere Historiker
Georg Pray, und schrieb ihn aus einer alten Handschrift
ab, welche, wie er berichtet, mit Mönchsschrift aufgezeichnet war, und auf den Anfang des funfzehnten oder auf das
Ende des vierzehnten Jahrhunderts hinweist. Er erwähnt
desselben in einer 1774 zu seinen Annalen geschriebenen
kritischen Abhandlung mit folgenden Worten : „ein ungrischer Gesang aus dem vierzehnten Jahrhundert, auf
dessen ältern Ursprung nicht 'nur die Orthographie, sondern auch die noch ziemlich rohe Beschaffenheit der Verse
und der ganzen Abfassung hinweist." Eben daher copirte
sich, wie es scheint, diesen Gesang der Protonotar Subich,
der ihm diesen Titel gab : „Cantilena Hungarorum de
VII ducum sub Arpadi auspiciis legationibus ac rebus
gestis, ex antiquo codice sec. XIV. circiter, characteribus
monastico-gothicis scripto." Zuerst gab Révai den Gesang
1787 heraus in den, seinen „Vermischten Gedichten" beigegebenen „Ungrischen Alterthümern" aus dem Exemplar
des Cornides, welches eine Copie des Pray'schen war. Ich
theilte ihn in der Beispielsammlung meiner Literaturgeschichte direct aus der Pray'schen eigenhändigen Abschrift
mit, mit Benützung der Subich'schen Copie, deren Facsimile ich besitze.

Was die Zeit dieses Gesanges betrifft, so setzt, wie
wir gesehen, Subich denselben „ungefähr" in das vierzehnte
Jahrhundert, Pray in das Ende des vierzehnten oder den
Anfang des funfzehnten, und meint er sei einem ältern
Liede nachgeschrieben. Stephan Sándor hielt ihn für
gleichzeitig mit der alten Leichenrede, Graf Johann
Mailáth schreibt ihn dem, durch ihn in die Zeit Bela's III

und somit ins zwölfte Jahrhundert versetzten Anonymus
zu, Stephan Horvát endlich ist geneigt einiger Endstro-
phen wegen, welche einer ihm eigen gewesenen Handschrift, die ich sah, beigefügt waren, ihn einem Demetrius
Csáti zuzuschreiben, und ins sechzehnte Jahrhundert zu
versetzen. Meinerseits schliesse ich mich aus sprachge-
schichtlichen Gründen der Meinung Pray's an, doch weiche
ich darin von der Ansicht dieses Geschichtforschers ab,
dass ich dieses Werk nicht für einen Gesang der alten
Lautenspieler annehmen kann, sondern, wie ich dies in
meiner akademischen Schrift über die historische Poesie
der Ungern bewiesen, einfach dem betreffenden Capite
der Bilderchronik nachgebildet behaupte. Demgemäss ist
es mehr als wahrscheinlich die Arbeit eines mittelalterlichen Mönches, der sich auch durch jenes Etymologisiren
verräth, welches von des Anonymus Zeiten her unsere
Geistlichen so sehr liebten. Solche Stellen sind z. B.
wo er nach dem lateinischen Text schreibt wie Árpád mit
seinen Helden Gott zu Hilfe ruft, mit grosser Naivität
unsere heidnischen Vorfahren Deus ausrufen lässt, und
hinzusetzt:

> Arról nevezték ott a várost
> Szamos mentében a nemes Dézsnek...
>
> Davon ward dort die Stadt genannt
> Am Szamos-Ufer das edle Dézs.

So auch weiter unten:

> Árpád juta magyar néppel;
> Kelem földén a Dunán elkelének,
> Az Cseken ők csekének,
> Az Tetemben el-feltetének;
> Érden sokat ők értenek u. s. w.

Árpád kam mit Ungerschaaren;
Setzt die Donau über auf Kelemföld;
Auf dem Csek durchwaten sie das Wasser;
Bei Tetem sie sichtbar wurden;
Trafen Feinde viele an bei Érd u. s. w. *)

Ueberdiess erzählt der Verfasser dieses Liedes nach der Folgenreihe der Chronik trocken und nüchtern, ohne alle Spur volksthümlichen Charakters, in regellosen und darum unsingbaren Versen, was der Chronist selbst nach Ueberlieferungen irgend eines volksthümlichen Gesanges, stellenweise wenigstens, erwärmt wiedergab. Wir haben es also hier nicht mit einem Volks-, sondern mit einem literarischen Producte zu thun, dessen Werth nicht in der poetischen Darstellung, sondern in einigen kleinen Ergänzungen und sprachlichen Eigenthümlichkeiten besteht.

An zweiter Stelle kann ich hier jenes noch jetzt gänzlich unbekannte historische Gedicht erwähnen, welches den unter Stephan Bátori's und Paul Kinizsi's Anführung 1479 über den türkischen Heerführer Ali errungenen Sieg bei Kenyérmező abhandelte, das der daselbst, wahrscheinlich mit dem Landsturm, gegenwärtige Cantor von Szászváros verfasste, und welches einer meiner Correspondenten 1849 bei einem sich zum geistlichen Stande vorbereitenden jungen Manne in Siebenbürgen gesehen und gelesen hat. Das Ganze nahm in alter Schrift vier oder fünf Bogen ein. Mehr kann ich für jetzt hierüber

---

*) Unübersetzbares etymologisirendes Wortspiel mit geographischen Namen, worin die durchschossen gesetzten Worte in jeder Zeile im Tone treffen, und durch den Verfasser des Liedes auf einander bezogen werden; in der Art, wie wenn es hiesse: Bei Neusatz setzten sie über die Donau u. s. w.   D. Uebers.

nicht sagen, denn meine eingeleiteten Schritte zur Erlangung der Handschrift sind wegen der Schicksale, die den Besitzer derselben im Jahre 1848 betroffen haben, nicht zum Ziele gelangt.

Ein drittes Denkmal ist das Gedächtnisslied eines Unbekannten auf König Mathias, welches von Gabriel Döbrentei in dem sogenannten Gyöngyöser Codex aufgefunden und von der Ungrischen Akademie herausgegeben, unter den alten Sprachdenkmälern erschienen ist; es ist in ungleichen vierzeiligen Strophen geschrieben.

Ein viertes ist der Trauergesang eines gewissen Meister Gregor über Johann Both, der von Seiten des Königs Mathias eine Gesandtschaft bei der Pforte versah und dort starb; etwa aus dem Jahre 1493. Auch dies fand Döbrentei in dem, im Archive der Familie Mércy befindlichen Paksy-Codex auf. Dies Gedicht ist in ziemlich regelmässigen dreizeiligen Strophen geschrieben, der tiefinnerliche Schmerzensausdruck eines treuen Dieners, und ist, da er Johann Both's Sendung erzählt, gleich den früheren, unter den historischen Gesängen zu erwähnen.

Das fünfte ist der Gesang des Michael von Szabadka, die Thaten des Peter Beriszló preisend, aus dem Jahre 1515. Dieser Peter war damals Bischof von Wesprim, Ban von Kroatien, der Schrecken der Türken und der Hauptvertheidiger des Unterlandes. Ein Bruchstück dieses Gesanges hat mir schon vor vielen Jahren Jankowich mitgetheilt. Das Ganze konnte ich gleichwohl bis jetzt nicht zu Gesichte bekommen. Es ist in dreizeiligen Strophen geschrieben.

Dies sind die Spuren und Ueberreste der wahrschein-

lich reichern historischen Kunstpoesie aus dem ungrischen
Mittelalter; zu wenige, um aus ihnen ein Urtheil über den
herrschenden Charakter dieser verschollenen Literatur
fällen zu können.

Die vierte Abtheilung der weltlichen Poesie bilden
die Mährchen. Solche waren das von der Höllenfahrt des
Lorenz Tót, von dem noch Stephan Sándor wusste; ferner der jüngst erwähnte Traum des Lorenz Tar, welcher
mit der Geschichte König Siegmund's verflochten war;
endlich die Sage von Niklas Toldi, welche viel zu enge
mit der ungrischen Volkspoesie verwebt ist, um es bei
blos beiläufiger Erwähnung derselben bewenden zu lassen.
Was das Zeitalter von Niklas Toldi anbelangt, so soll derselbe, nach Ilosvai, der diese Sage im sechzehnten Jahrhundert bearbeitete, unter den Königen Karl Robert und
Ludwig gelebt haben. Zu den Zeiten Paul Ráday's, der
(1677 geboren) die Toldisage in ihrer eigentlichen Wiege,
in Nógrád, kannte, war der Held bereits in die Zeiten des
König Mathias versetzt und unter dessen Helden aufgenommen. So kannte sie auch Dugonics im vorigen Jahrhundert. Die Geschichte schweigt von dieser interessanten
Gestalt gänzlich. Ich glaube darin ein übrig gebliebenes
Bruchstück aus der ungrischen Vorzeit oder gar aus dem
Mythus unserer Voreltern zu erkennen, worin jener Toldi,
dem später der christliche Name Niklas anhaftete, der
Vertreter der körperlichen Stärke und Geschicklichkeit,
des Muthes und der Biederkeit war, ungefähr so, wie bei
den Hellenen (Herakles), den Phöniziern, Indiern u. s. w.
derlei einzelne Helden verherrlicht wurden, welche dem
Charakter nach unserm Toldi auf überraschende Weise
gleichen. Diese Sage ist dann von Jahrhundert zu Jahrhundert im Munde des Volkes, theils verstümmelt, theils

erweitert, ja mit den veränderten Glaubensansichten selbst
umgestaltet und hin und wieder in ein späteres Zeitalter
versetzt worden. Der Bearbeitung Ilosvai's verdanken
wir es, dass wir die Sage in derjenigen Form kennen,
welche sie im Anjou'schen Zeitalter angenommen hatte·
Er beruft sich ausdrücklich auf historische Lieder, Reim-
Chroniken und auf Gesänge, worin Toldi bereits zum Hel-
denkreis Ludwigs des Grossen gehörte, dessen Regierung
durch ihre Neuheit, ihr Glück, ihre Grossartigkeit das
Gedächtniss der Vergangenheit verdunkelte, die Volkspoesie mit neuen Stoffen befruchtete, dasjenige aber, aus
dem Reiche der Vergangenheit, woran das Volk besonders
hing, — wie dies bei der Toldi-Sage mit ihren wunderbaren
Einzelheiten wohl der Fall sein mochte — auf ein späteres
Zeitalter übertrug. Ein Jahrhundert später kam wieder
die glänzende Epoche König Mathias, welche das Zeitalter Ludwigs in Vergessenheit brachte; das Volk ge-
brauchte seinen Niklas Toldi [wieder zur Ergänzung des
Heldenkreises von König Mathias, und dass Ilosvai nicht
jene neuere Umgestaltung überarbeitete, ist daher zu
erklären, dass er sich lieber auf ältere Gesänge stützte,
als auf die Volkstradition, welche übrigens ihre lebendige
Einwirkung auf diesen Stoff fortsetzend, denselben zuletzt
an jene seltsamen Ueberreste knüpfte, die schon am Anfange des vorigen Jahrhunderts am Wienerthore der
Ofner Festung hingen, und deren eine neuere (1746) vermehrte Ausgabe des Ilosvai'schen Gedichtes folgendermassen Erwähnung thut:

„Wenn, lieber Leser, Dir in dem, was hier ich schrieb
Und Dir unglaublich dünkt, ein leiser Zweifel blieb.
Wenn mein Bericht vielleicht Dir wie ein Traum erscheint,
Als sei's mit Toldi's Leben nicht ganz so ernst gemeint:

Dann sieh im Ofnerschloss das Wienerthor Dir an :
Die schwere Streitaxt siehst noch jetzo du daran,
Daneben hängt noch jetzt der Schild an seiner Seit,
Die zwanzigpfünd'gen Steine, die er warf im Streit,
Des Siegeshelden Lanze, daran der spitze Dorn,
Und, den am Stiefel einst getragen er, sein Sporn."

Alles dies, und einen ungeheuren eisernen Steig-
bügel, so wie jenes schwere Pflugeisen, welches er mit
seinem Spiess durchstach u. s. w. habe ich selbst in meinen
Jugendjahren gesehen, ich selbst hörte die allbeliebten
Volkssagen davon, welche erst seitdem in der Hauptstadt
selbst verstummten, als jene geheimnissvollen Ueberreste
bei einer spätern Ausbesserung der Festungsmauern hin-
weggeräumt wurden. Wie dem aber auch immer sei, uns
genügte es hier das Vorhandensein jener Erzählung in
Gesängen des Mittelalters zu erwähnen, auf deren einstigen
Reichthum nicht nur die noch zu Dugonics (geb. 1740)
Zeit bekannten Toldi-Abenteuer und die in Sprichwörtern
erhaltenen Spuren hinweisen, sondern hinsichtlich dessen
wir uns abermals aus Ilosvai überzeugen können, der
seinem eigenen Geständniss nach nur eine Aehrenlese aus
der ihm bekannten Toldi-Sage uns überlieferte:

Von Vielem Andern, was zu Toldi's Ruhm erklang,
Aus seiner Jugendzeit man auch die Mähre sang u. s. w.

Aber es schlichen sich auch ausländische Mährchen
ein, wie namentlich die Thaten des Riesen Lóránt
(Orlando), von denen Galeoti bezeugt, dass König Mathias
sie noch als Kind in seinem Elternhause mit gespannter
Aufmerksamkeit anhörte. Uebrigens, ob dieselben aus
dem, dem Turpin zugeschriebenen lateinischen Roman
entstanden sind, oder durch Jongleure, so mit der franzö-

sischen Gemahlin Béla's III. vielleicht ins Land gekommen, hier bekannt wurden, oder mit unsern deutschen Königinnen aus Deutschland, oder bei Gelegenheit der neapolitanischen Kriegsfahrten aus Italien gebracht und der ungrischen Volkspoesie eingepflanzt wurden, ist ziemlich einerlei; genug, dass diese Angabe, welche einen namhaften Bestandtheil der fränkischen Karl-Sage in der Familie Johann Hunyadi's aufweist, zugleich davon Zeugniss gibt, dass in unserm Mittelalter jene poetische Gemeinsamkeit mit Europa bestand, welche später, im Zeitalter des ausgebildeten nationalen Gegensatzes, in Beziehung auf die Volkspoesie gänzlich verschwand.

In wie fern auch noch andere Zweige der weltlichen Poesie bei unserm Volke und in unsrer Literatur blühten, lässt sich nicht bestimmen, denn nur zwei kleine Denkmäler dieser Art sind uns geblieben, nämlich einige juristische Gedenkverse von Thomas von Nyír-Kálló, aus der Zeit König Mathias, und das Straflied des Meister Franz Apáti in dem, im National-Museum befindlichen, Peer-Codex. Wenn das letztere Gedicht nicht in seiner Zeit vereinzelt dastand, so kann es als Probe der damaligen satyrischen Poesie gelten, wozu allerdings sowohl die weltlichen als geistlichen hohen Stände, so wie andere Schichten der Gesellschaft, namentlich im jagellonischen Zeitalter, nur allzureichen Stoff darboten. Der gute Apáti klagt in diesem zierlichen vierzehnstrophigen Lied besonders über den Verfall der Sitten, über die Verweltlichung der Geistlichkeit, die laxe Zucht, dazwischen über die Lauigkeit der Vornehmen im Kriege gegen die Türken, über die hochtrabenden Sitten der untern Stände. Herausgegeben wurde dieses interessante Denkmal zuerst 1787 von Niklas Révai unter seinen „Ungrischen Alter-

thümern." Welches Licht würde über die Sitten dieser
Zeiten verbreitet werden, wenn mehrere solcher satyrischen
Ausbrüche uns erhalten worden wären!

So viel und nicht mehr konnte ich über die weltliche
Poesie des ungrischen Mittelalters bemerken. Was nun
die kirchliche Poesie dieses Zeitalters betrifft, so ist
deren Entstehung ohne Zweifel auf die Zeit der Einführung
des Christenthums, d. i. bis König Stephan den Heiligen
zurück zu führen, indem die ersten religiösen Gesänge,
von den Häuptern der Kirche abgefasst, unter die noch
wenig gebildeten Seelsorger vertheilt wurden, welche das
Volk zum Singen derselben anleiteten. Doch scheint es,
dass sich schon im ersten Jahrhundert des in Ungern verbreiteten Christenthums unter den Geistlichen auch Solche
fanden, die von Glaubenseifer, und vielleicht auch von poetischem Gefühl angeregt, solche Gesänge verfassten, die
von Seiten der kirchlichen Obern in dogmatischer Beziehung zuweilen nicht ganz tadellos befunden wurden, weshalb in der 1111. oder 1112. durch Lorenz, Erzbischof von
Gran, abgehaltenen ungrischen Kirchenversammlung die
in den Kirchen zu singenden Lieder unter kirchliche Censur genommen wurden.*) Die Hauptquelle der kirchlichen
Gesänge war auch bei uns das römische Brevier. Der grösste
Theil der Gesänge nämlich, welche in unsern alten Codi-
cibus, besonders aber in dem Batthyány-Hymnarium der
Karlsburger Bibliothek gefunden worden, sind daraus entnommen, und vorzugsweise wurden auch ihre Versformen
nach denen der lateinischen Gesänge des Mittelalters
ausgebildet. Man findet aber auch manche anderwärts

---

*) „Nihil legatur vel cantetur in ecclesia, nisi quod fuerit in
synodo collaudatum" heisst es im XLVI. Abschnitt.

entnommene, ja auch ganz originelle unter unsern Gesängen. Unter diese gehört der von Andreas Vásárheli an
die Jungfrau Maria, als Schutzheilige unsers Vaterlandes,
gerichtete fromme Gesang, welchen Révai gleichfalls aus
dem Peer-Codex am genannten Orte edirt. Ein solcher ist
auch das an die rechte Hand des heiligen Stephan gerichtete, Nürnberg 1484 gedruckte Lied, dessen erste Strophen das Volk bei der St. Stephanfeier zu Ofen bis heutigen
Tages singt. Ein solches ist ferner das Lied an den heiligen König Ladislaus, aus dem funfzehnten Jahrhundert,
das zuerst in meinem „Handbuch der ungrischen Poesie"
(1827) erschien. Uebrigens sind jene alten Gesänge von sehr
verschiedenem Werth;- die älteren, welche auf das vierzehnte und die erste Hälfte des funfzehnten Jahrhunderts
zurückgehen, sind unvollkommene Uebersetzungen von
ursprünglich lateinischen; ihre Abfassung verräth grosse
Unbeholfenheit in der Versifizirung, die allerältesten sind
in reiner Prosa abgefasst, mit blosser Abzählung der Sylben
dem Bedürfniss der kirchlichen Melodieen angepasst; bald
bildete sich eine reinere Strophenform aus, sowohl ohne
Reim, als auch in paarweisen, später auch in verschränkten
Reimen, zuweilen auch mit einigem prosodischen Rhythmus und zwar selbst unter den ältern, so dass jene Ver-
schiedenheiten mehr der Individualität der Verfasser, als
dem allgemeinen zeitgemässen Fortschritt zuzuschreiben
sind. Einer dieser religiösen Gesänge, welche von tiefinni-
gem Gefühl zeugen, ist der nach der Bernhardinischen
Hymne gedichtete, aus mehreren Theilen bestehende Gesang „an den gekreuzigten Christus", der im Czech-Co-
dex aufbehalten wurde und unter den Sprachdenkmälern
der ungrischen Akademie erschienen ist.

Neben dieser Hymnenpoesie ist es wahrscheinlich, dass

auch das Feld des religiösen Epos nicht ganz unangebaut blieb, obgleich es mir bisher nur gelang ein einziges Denkmal dieser Art aufzufinden. Dies ist die Legende der heiligen Katharina von Alexandrien, welche sich in dem in der Bibliothek der ungrischen Akademie aufbewahrten sogenannten Érsekujvárer Codex befindet.*) Dieselbe besteht aus mehr als viertausend Versen, meist achtfüssigen mit paarweisen Reimen. Ich wage nicht mit Bestimmtheit zu behaupten, dass dieses Werk originell, bisher aber habe ich eine derartige Legende dieser Heiligen nicht gefunden, als deren Uebersetzung dieselbe gelten könnte. Auch ist die Behandlung überraschend leicht und frei, die Erzählung rasch, in natürlicher Folge, die Darstellung voll Nachdruck und Lebendigkeit, der Vers fliessend. Ihr Alter ist schwer nachzuweisen, doch scheint dasselbe nicht über das funfzehnte Jahrhundert hinaufzuweisen.

Schliesslich wende ich mich zur dritten Art unserer mittelalterlichen Poesie, zum volksthümlichen Schauspiel. Unter diesem Titel wird Niemand ein literarisch ausgebildetes, künstlerisches Drama erwarten: es sind improvisirte Volksstücke, welche wir hier meinen, und welche bei den christlichen Völkern, in Folge der, vielleicht noch vom heidnischen Zeitalter her ererbten Vorliebe für Schauspiele, wie es scheint gleich im Anfange des Christenthums, entstanden. Anfangs wurden nur neutestamentliche Gegenstände, insbesondere die Passion, später auch andere biblische und legendenmässige Motive in einfachem Gespräch, zuweilen mit eingewobenen Gesängen, dargestellt, (woher die sogenannten Oster- und Weih-

---

*) Seitdem von mir herausgegeben, Pest 1855. kl. 8.

nachtsspiele) aber, als stets mehr Personen aufgenommen wurden, traten auch weltliche zwischen die geistlichen Schauspieler, und in die ursprünglich religiösen Spiele mischten sich weltliche, spasshafte und muthwillige, zuletzt zotige Ingredienzen. Solche, bei andern europäischen Völkern Mysterien genannte Volksschauspiele kamen, wie es scheint, schon frühe auch bei uns in Schwung, wenigstens verstehe ich, vom Geiste und den Sitten der Zeit ausgehend, den VIII. Kanon der 1279 abgehaltenen Ofner Synode : „dass Geistliche die Mimen, Histrionen und Joculatoren nicht anhören sollen," von den aus den Mysterien entstandenen aber schon im dreizehnten Jahrhundert bei uns von ihnen sich absondernden, improvisirten Volkskomödien und Possen. Dass solche wandernde Schauspielertruppen fortwährend bestanden, beweist der XXXVIII. Kanon der 1460 abgehaltenen Zipser Synode, welche die Geistlichen ermahnt, „dass sie aus dem Almosen Christi, welches den Armen angehört, den Mimen, Histrionen und Pfeifern nichts geben sollen." Bei alledem klagt jener Pester Klosterbruder Oswald Laskó, der Verfasser der Biga Salutis (1498), dass selbst in den Klöstern Schauspielgesänge ertönten (cantus theatrales perstrepunt); und Zeámboki, einer unserer Geschichtschreiber aus dem sechzehnten Jahrhundert, bemerkt, dass die Türken darum gegen Ludwig II. den Krieg beschlossen, weil die Ungern in die Freuden ihrer Gastmähler und Theater versunken seien. Alles dies deutet auf das allgemeine Vorhandensein der Volksschauspiele hin, und ohne Zweifel sind aus ihnen jene ernsteren, auch die Zeitgeschichte in ihren Kreis ziehenden Schauspiele entstanden, welchen wir in dem folgenden Zeitalter begegnen werden. Uebrigens sind uns von solchen Volksschauspielen, deren Entwürfe viel-

leicht auch zu Papier gebracht wurden, nur wenig Spuren
geblieben : da sie niemand achtete, niemand der Auf-
bewahrung werth hielt, obgleich wir zur Kenntniss der
Volkssitten und des Privatlebens nicht leicht charak-
teristischere Denkmäler besitzen könnten, als sie. *)

Nachdem wir hiemit die Skizze der mittelalterlichen
Poesie beendigt haben, gehen wir das nächste Mal zur
Untersuchung der mit der Reformation beginnenden neuen
Zeit über.

---

*) Unlängst hat Torkos ein altes Adventspiel aus Szala-Eger-
szeg publicirt, dessen Ursprung ohne Zweifel ein mittelalterlicher ist.

Achte Vorlesung.

Die neue Zeit. — Charakterisirung ihrer drei Perioden. — Die erste : Das Zeitalter des Aufblühens der volksthümlich erzählenden und der kirchlichen Poesie.

Meine Herren!

Jener grosse geistige Umschwung, welchen das nach der ¡Eroberung von Byzanz erfolgte Aufleben der classischen Literatur und die dadurch ins Leben gerufene philologische Kritik und Hermeneutik vorbereitet, die hierarchischen Zustände aber endlich unabwendbar zum Ausbruch gebracht hatten, die grosse Reformation nämlich, ergriff nach der Niederlage bei Mohács mit unwiderstehlicher Kraft auch die ungrischen Geister. Auch bei uns war nämlich der Boden zur Aufnahme jenes Samens hinlänglich vorbereitet, als nach der erwähnten Katastrophe durch den Tod seines, in der Schlacht umgekommenen Königs der ungrische Staat, und die durch zahlreiche, auf der Wahlstatt gebliebenen Opfer ihrer meisten Würdenträger beraubte Kirche in einen Zustand der Verwaisung geriethen, worin, inmitten der allgemeinen Anarchie, die neue Lehre sich ungehindert verbreiten konnte. Einige eigenmächtige Grosse streckten ihre Hand in den ohne Bischöfe gebliebenen Sprengeln nach deren Gütern aus, und traten sammt ihren Unterthanen der neuen Kirche bei, in der Hoffnung, dass sie mit dem Untergange der alten Hierarchie im

Besitze ihrer unrechtmässigen Erwerbungen sich befestigen werden können. Indem sie die, durch die geistige Bewegung nach dem Auslande gelockten Männer begünstigten, besuchten diese schaarenweise die Universitäten der protestantischen Wissenschaft, und von dort zurückgekehrt, führten sie mit den Waffen der Ueberzeugung jene grosse Umgestaltung zu Ende, die in Folge der anfänglichen Gewaltsakte bis dahin blos eine äussere Eroberung war. Da neben dieser noch eine zweite, die nationale Selbstständigkeit betreffende Bewegung die Geister nicht weniger mächtig ergriff, so ward die Nation dadurch aus ihrer alten Sicherheit und geistigen Sorglosigkeit aufgerüttelt, und begann auf beiden Gebieten literarisch und thatkräftig handelnd ihre Wirksamkeit.

So entstand eine neue Zeit im politischen und religiösen Gebiete; die Literatur, aus ihrer klösterlichen Abgeschlossenheit heraustretend, und mit der nationalen Bewegung sich verbindend, von ihr begünstigt und sie begünstigend, fing an zur gesammten Nation zu sprechen, und nationalen Charakter annehmend, zu einer Nationalmacht zu werden.

Es liegt ausser den Grenzen dieser Vorträge, die gesammte wissenschaftliche Literatur zu skizziren, welche, besonders auf dem Gebiete der Religionswissenschaft, von Seiten beider Kirchen eine beachtungswerthe Thätigkeit entfaltete : uns beschäftigt hier die Poesie, welche unter dem Einflusse der veränderten Zeit sowohl nach der nationalen, als kirchlichen Richtung hin neue Gattungen entwickelte, und gleichfalls einen neuen Charakter annahm.

Wie nämlich die gesammte geistige Bewegung, besonders im sechzehnten Jahrhundert, vorzugsweise eine protestantische war, so ward auch die Poesie in diesem

Jahrhundert, mit wenigen Ausnahmen, von Protestanten gepflegt, und trägt somit protestantischen Charakter; in politischer Beziehung war sie das Hauptorgan der nationalen Rückwirkung.

Diese letztere, nationale, Richtung behielt unsere Poesie auch in den folgenden Jahrhunderten. Nachdem jedoch in Folge des Wiener Friedens (1606) die katholische Reaction fast die gesammte geistige Thätigkeit der Nation auf das Gebiet der Wissenschaft, insbesondere der Theologie hinüberleitete, trat die Poesie im siebzehnten Jahrhunderte quantitativ in den Hintergrund. Durch jene Wenigen aber, die sie betrieben, wurde sie in Beziehung auf Form und Sprache gereinigt und veredelt, ja sie begann zum Theil künstlerisch gepflegt zu werden.

Endlich gab der Szathmárer Friede (1711) dem Reiche die Ruhe wieder, aber im Gefolge des Friedens liessen geistige und nationale Selbstvernachlässigung den Ungar in Stockung versinken. Jene grossen Interessen, welche im sechzehnten und siebzehnten Jahrhundert ihn nicht nur wach, sondern in gespannter geistiger Thätigkeit gehalten, hatten theils allen Boden und freien Spielraum verloren, theils, wenigstens scheinbar, sich beruhigt, sie hörten darum auch auf das öffentliche Leben und die Literatur zu nähren, welche zwei Jahrhunderte hindurch eine lebendige Wechselwirkung auf einander ausübten, so, dass die Literatur vom Leben ihren Impuls erhielt, und dafür dem Leben einen höhern Gehalt verlieh. In der Mitte des achtzehnten Jahrhunderts trug die gesammte ungrische Literatur, und mit ihr die Poesie, das Gepräge der Begeisterungs- und Geschmacklosigkeit· Die neue Zeit schwankte zwischen Sein und Nichtsein.

Und diese dritthalbhundert Jahre werden nun unter

dem Namen der „neuen Zeit" der Gegenstand unserer
Betrachtung sein. Zur Erleichterung der Uebersicht wollen wir sie in drei Perioden getheilt abhandeln.

Die erste, von der Niederlage bei Mohács bis zum
Wiener Frieden (1526—1606) umfasst das protestantische
Zeitalter. Die Poesie ward zu jener Zeit meistentheils von
protestantischen Predigern, Schullehrern und Dorfnotaren,
im Allgemeinen durch Männer des Volkes, betrieben, ihr
Charakter ist volksthümlich, naiv, ohne Spur und Ahnung
einer Kunstrichtung; die Lyrik fast ausschliesslich religiös; die Erzählung blieb auf einer niedrigen Stufe in der
Form der historischen Poesie stehen; ihr Publikum waren
meist die untern Volksschichten : der niedere Adel, die
Bürger der Städte des flachen Landes, die Kriegsleute
und selbst die ländliche Bevölkerung. Ihre Ausbreitung
erscheint bedeutend, sowohl nach Zahl der Produkte, als
der Leser.

Die zweite Periode fällt mit dem vom Wiener bis
zum Szathmárer Frieden (1606—1711) sich erstreckenden,
eigentlichen Revolutionszeitalter zusammen. In diesem verfolgte die Poesie, von ihrer Zeit sich trennend, einen
abgesonderten, selbstständigen Gang. Sie war fortan weder
deren Ausfluss, noch Ausdruck. Sie zieht sich allmälig
aus dem Volke, das von der Erbschaft des vergangenen
Jahrhunderts sich kümmerlich nährte, zurück, und begibt
sich unter die Pflege der, wissenschaftliche Bildung be-
sitzenden, höhern Stände. In Folge dessen erhebt sie sich
von dem Standpunkte der historischen Dichtung zu der
höhern Stufe des Epos. Das didaktische Element geht von
der religiösen und kirchlichen Dichtung in die weltliche über.
Beide Kirchen sammeln den Liederschatz und das poetische
Vermächtniss vergangener Jahrhunderte, sie sichten, wäh-

len, verbessern, nehmen an — und hören damit auf zu
produciren. Es gibt zwar eine religiöse Dichtung, aber
von rein individuellem Charakter, womit die Kirche als
Institution und Autorität nichts weiter zu schaffen hatte.

Die dritte Periode, die des Verfalls, erstreckt sich
von dem Szathmárer Friedensschluss bis zum literarischen
Auftreten der ungrischen königlichen Leibgarde (1711 bis
1772). Die prosaische Literatur ist zwar nicht unfrucht-
bar, aber gehaltlos, die poetische arm an Geist und Umfang. Aber in diesem Winterschlaf reifen die Keime eines
neuen Frühlings, welcher 1772 mit Georg Bessenyei und
dessen Kreis seinen ersten Mai feiert.

Betrachten wir nun die erste Periode dieses Zeitraums, oder das Blüthenalter der volksthümlichen Erzählung und der kirchlichen Poesie.

Die Produkte der ersteren nannte man Historien,
historische Gesänge, Chroniken. Ihrem gemeinsamen Charakter nach sind es versificirte Werke, welche wirkliche
Begebenheiten, oder, wenn auch erdichtete, doch mit naiver
Gläubigkeit als wirkliche erzählen, meistens mit strenger
Beachtung der Zeitfolge des Geschehenen, der äussern
Wahrheit, und somit in der Anordnung, ja meistentheils
auch im Ausdrucke trocken und nüchtern, mit einem Worte
nichts anders als Chroniken, wie sie auch bei uns hiessen; während z. B. die Deutschen unter „Reimchronik“
nur die gereimte Darstellung geschichtlicher Begebenheiten
verstanden.

Diese volksthümliche erzählende Dichtung war bei uns
im Verlaufe des sechzehnten Jahrhunderts reich. Ihren
Ursprung haben wir ohne Zweifel in den historischen
Gesängen der fahrenden Sänger zu suchen, und, wie wir neulich bei dem die Eroberung Pannoniens abhandelnden

Liede gesehen, nahm dieselbe schon im vierzehnten Jahrhundert ihren Anfang, aber, was zu bedauern, schöpfte sie meist aus geschriebenen Chroniken, selten und nur theilweise aus der Tradition, meist aus der Gegenwart, und die Verfasser wagten es nicht aus eigener Erfindung irgend einen Schmuck hinzuzufügen, oder thaten sie's doch mit grosser Zurückhaltung.

Bei alledem ist diese durchaus volksthümliche Literatur historischer Gesänge unserer Aufmerksamkeit in vieler Hinsicht werth. Abgesehen davon, dass sie uns mit der Denk- und Empfindungsart, der historischen Auffassung und mit der Kenntniss- und Bildungsstufe derjenigen Volksschichten bekannt macht, in welchen sie entstand und deren Lectüre sie ausmachte, enthält sie auch viele Stücke, welche in der That den Rang werthvoller historischer Quellen behaupten; alle aber bieten zur Kenntniss der Geschichte der Sprache, ihrer Dialekte und einzelner Eigenthümlichkeiten, reichen Stoff dar.

Obgleich die Wechselfälle und die Sorglosigkeit zweier Jahrhunderte keinen kleinen Theil dieser erzählenden Dichtungen begruben, so sind die uns erhaltenen doch noch immer so zahlreich, dass wir dieselben behufs der nöthigen Uebersicht in gewisse Gruppen eingetheilt kennen lernen müssen. Diese Gruppen sind aber: 1. die poetischen Erzählungen, deren Stoff aus der Sagendichtung geschöpft erscheint; 2. die historischen Gesänge, welche aus Geschichtsbüchern oder auf dem Wege anderer Mittheilungen überkommene wirkliche Begebenheiten, als solche, vortragen; 3. die biblischen Gesänge mit ihren grösstentheils dem alten Testamente entlehnten Stoffen. Mit den poetischen Erzählungen werden wir unsere Betrachtung beginnen.

Neunte Vorlesung.

Die poetischen Erzählungen des sechzehnten Jahrhunderts. — Die
Gesta Romanorum und das Decameron als deren theilweise Quellen.
— Erzählungen von vaterländischem oder zweifelhaftem Ursprunge:
„Toldi Miklós" von Peter Ilosvai. — „Vitéz Francisco" von Casper
Vasfai. — „Szilágyi und Hajmási" des Szendróer Ungenannten. —
„Der Königssohn Argirus" von Albert Görgei.

Meine Herren!

Die romantische Poesie hat bei uns im sechzehnten
Jahrhundert manche duftige Blüthen getrieben, aber dieselben sind fast sämmtlich von fremdem Boden hierher verpflanzt worden. Unsere Kunst-Dichter haben nämlich,
obwohl Männer des Volkes, mit Umgehung der überlieferten Sagen unseres Volkes, und seiner so reichen und schönen Mährchenpoesie, ihre Stoffe grösstentheils aus geschriebenen Quellen geschöpft, und sie nur in so weit frei
gestaltet, als sie ausländische prosaische Erzählungen
in Verse brachten und sich dadurch zu solcher Freiheit
berechtigt und zugleich gezwungen sahen. Ich werde
mich bemühen, die Quellen der zu dieser Gruppe gehörigen versificirten Erzählungen nachzuweisen, weshalb es
angezeigt scheint, vorläufig auch dieser, wenn auch nur
flüchtig, zu erwähnen.

Romantische Erzählungen bildeten eine sehr beliebte Lectüre des Mittelalters. Sie gingen dem Roman voraus, und ersetzten ihn. Im ersten Stadium derselben sehen wir die didaktische Tendenz vorherrschen, im zweiten die unterhaltende, und hier spielte dann auch die Satire und die Geissel des Sittenrichters eine Rolle; diese Gattung setzte nothwendigerweise Charakterzeichnung voraus. Jene erste Gattung vertreten die berühmten Gesta Romanorum. Der erste Compilator dieser Sammlung von Erzählungen und Beispielen war, nach den neuesten Forschungen, ein Klosterbruder mit Namen Elimandus, der 1227 starb, und dessen Werk in verschiedenen Handschriften erweitert, verändert, in mehrere Sprachen, wie in die deutsche, holländische, englische übersetzt, und seit dem funfzehnten Jahrhundert unzähligemal gedruckt, uns erhalten worden ist. Sein Inhalt ward aus der heiligen Schrift, den Kirchenvätern, der römischen Geschichte, aus Legenden und den Sagenkreisen des Mittelalters entnommen, ein Theil ward dazu gedichtet, und so ist es die Quelle unzähliger Be- und Ueberarbeitungen bei den Völkern Mitteleuropas geworden. Der Vertreter des zweiten Stadiums ist Boccaccio's Decameron, des Begründers der italienischen Prosa, ja der unübertroffene Ausgangspunkt der neueren Novelle. In diesen Beiden finden wir die Originale der meisten unserer romantischen Erzählungen, doch haben die Unsrigen meist nicht unmittelbar aus dieser letztern Quelle geschöpft, sondern sie durch lateinische seltener italienische oder deutsche Vermittlung benützt.

Betrachten wir nun im Einzelnen die Produkte unserer poetischen Erzählung aus dem sechzehnten Jahrhundert. Ich beginne mit den Wenigen, die entweder originell, oder zweifelhaften Ursprunges sind.

Aus rein ungrischer Sage entstanden ist die neulich bereits gelegentlich erwähnte „Historie des Niklas

Toldi" von Peter Ilosvai, der zu Kusalykő im Szilágyerlande Siebenbürgens Schulmeister oder Dorfnotar, zwischen 1564 und 74 blühte, und der Verfasser von mehreren,
zum Theil verloren gegangenen, Erzählungen in Versen ist.
Er war nicht der Erste, der von Toldi schrieb, ja er beruft
sich selbst auf „geschriebene Gesänge" über seinen
Helden, gibt aber dieselben leider nur in Auswahl und im
Auszug wieder. Die älteste Ausgabe seines Werkes,
welche auf uns gekommen, ist ein lückenhafter Leutschauer
Nachdruck vom Jahre 1620. Diese Piece wurde unzählige
Mal abgedruckt, und ist bis heutigen Tages ein Lieblings-
artikel der Volks-Literatur; aber noch mangelhafter, als
die Leutschauer, wurden die spätern Ausgaben, auch von
Zeit zu Zeit verändert und theilweise durch Zusätze ergänzt. Ilosvai's Toldi hat kein anderes Verdienst, als dass
er einige ausserdem wohl verloren gegangene Bruchstücke
der Toldi-Sage erhalten. Er enthält nämlich, ausser mehreren einzelnen Zügen, sechs Abenteuer des Helden, als:
Seinen Kampf mit dem böhmischen Ritter; ein lustiges
Abenteuer mit einer Dame; das Abenteuer der Grabberau-
bung bruchstückweise; Toldi in Prag; und aus seinem Grei-
senalter: die Besiegung eines italienischen Ritters in
einem Tournier zu Wienerisch-Neustadt durch Toldi als
Mönch verkleidet; Toldi's Verspottung durch die Pagen
des Königs wegen seines weissen Bartes, deren drei er mit
seinem Buzogány (Morgenstern) niederhaut. Ilosvai ist
weit entfernt ein charakteristisches, einheitliches Ganzes
auch nur zu versuchen: ein Glied steht neben dem andern,
ohne inneren Zusammenhang. Toldi ist ihm ein roher, be-
trunkener Krieger von riesenmässiger Stärke, an dem,
abgesehen von seinem Muthe, nichts unsere Theilnahme
erregen kann, ausser jenem schönen Zuge des Wohlthätig-

keitssinnes, wonach er, nachdem er an dem berühmten böhmischen Ritter wegen der durch ihn getödteten Söhne
einer Wittwe Rache genommen, dessen Habe der ver-
waisten Mutter schenkt.

Viel interessanter, und ein schönes Beispiel weib-
licher Treue zeichnend, ist die „Historie des tapfern
Francisco" von Caspar Vasfai, von dessen Lebensumstän-
den wir nichts weiter wissen. Sie entstand 1552, aber wir
besitzen sie nur in spätern Debreziner und Klausenburger
Nachdrücken (1574, 78, 79, 1601). Sie war ein beliebtes
Stück, nach dessen allbekannter Sangweise viele andere
verfasst wurden. Die Geschichte spielt in Ungern, zum
grössern Theil an König Bela's Hof. Francisco, Herr des
Schlosses Zebernik, rühmt sich nämlich beim königlichen
Gastmahl der Treue seiner Gattin. Der durch ihn im
Tournier besiegte Ritter Kassander, um sich an ihm zu
rächen, läugnet dieselbe, und erbietet sich, ihm ein Zeichen der Untreue seiner Gemahlin zu bringen. Dies gelingt
durch eine List. Kassander bringt einen Ring und Dolch,
Francisco verliert in Folge der Wette seinen Kopf und
seine Güter. Durch die Gnade des Königs wird ihm indess
das Leben geschenkt, doch darf er nicht mehr nach Hause
zurückkehren. Der unglückliche Ritter lässt seiner Gattin
durch seinen Knappen das Geschehene melden und flüchtet
sich in die weite Welt. Die Frau zieht mit dem treuen
Knappen in Mönschtracht aus, ihren Gemahl aufzusuchen,
aber nachdem sie ein Jahr fruchtlos herumgewandert, geht
sie an König Bela's Hof zurück und bietet ihm als ein aus
Indien gekommener Ritter ihre Dienste an. Der junge
„Lórán" erringt die Gunst des Königs und der Königin
in dem Masse, dass er von ihnen als Sohn angenommen
wird. Bei einem königlichen Gastmahl rühmt der, sich be-

reits sicher wähnende Kassander, als die Rede darauf
kommt, unter welchem Titel er eigentlich Zebernik besässe,
sich der an Francisco verübten List. Doch die Sache geht
ihm an den Hals. Der „Königssohn" lässt ihn hinrichten,
legt Frauenkleider an, und erklärt sich in Gegenwart des
von ihr inzwischen zu Ofen als armer lasttragender Soldat
aufgefundenen und erkannten Gemahls, den sie als Waffen-
knecht in ihren Dienst genommen hatte, so wie in Gegenwart des Königs, der, in Bewunderung ihrer bewiesenen
Treue, die Frau auch als solche zu seiner Erbin annimmt. Die
Erzählung hat natürlich keine geschichtliche Grundlage;
der Umstand, dass einige Dinge darein verwebt sind,
welche dann aus der Entwicklung wegbleiben, scheint
darauf hinzudeuten, dass der Verfasser seinen Gegenstand
nicht aus irgend einem geschriebenen Werke entlehnte —
obwohl wir im Decameron eine Novelle finden (II. 9), welcher dieselbe Idee zu Grunde liegt, doch mit ganz verschiedener Ausführung — sondern aus einem lückenhaften Volksmährchen, wogegen weder die fremden Namen sprechen,
denn am Hofe unserer alten Könige befanden sich genug
fremde Ritter, welche hier einheimisch wurden, auch be-
freunden sich unsere Volksmährchen mit solchen häufig;
noch die mit den ungrischen Reichszuständen in Widerspruch stehende Auffassung (z. B. die Aufnahme eines
Ritters, und vollends einer Frau, zum königlichen Erben),
eben so wenig aber endlich auch das Nichtvorhandensein
eines, des Leibeserben ermangelnden Königs Bela : denn
das Volk verleiht seinen Mährchen-Königen Name und
Familie nach freiem Gefallen. Der Grundgedanke ist
schön, aber die Ausführung trotz ihrer gefälligen Naivität
dichterisch arm, in Bezug auf Sprache und Technik aber
ist dies Gedicht eines der schwächsten Werke der Zeit.

Nicht weniger schön gedacht, und viel glücklicher
ausgeführt ist die „Historie von Szilágyi und Hajmási“, deren Inhalt durch die neuere Bearbeitung Vörösmarty's allgemein bekannt geworden. Ihr unbekannter
Verfasser, im Schlosse Szendrő gefangen, schrieb sie 1571
„aus eines Dichters Versen.“ Wir dürften kaum irren, wenn
wir diese Geschichte einem entweder verloren gegangenen,
oder nicht zu öffentlicher Kenntniss gelangten serbischen
Volksgesange nachgebildet annehmen : hierauf scheint die
ganze Art der Erzählung hinzuweisen, so wie der Ort,
wo der ungrische Verfasser dieselbe niederschrieb, und
die Scene der geschichtlichen Katastrophe : an der Grenze
Ungerns, welche wir mit der grössten Wahrscheinlichkeit
nach Serbien verlegen. Es findet sich diese Erzählung
zwar auch unter den von Kollár herausgegebenen slova-
kischen historischen Gesängen, aber dieselbe weist mit
ihren ungrischen Idiotismen einfach auf die ungrische als
ihr Original hin, dem sie Zeile für Zeile folgt. In wie
fern diese reizende Erzählung eine historische Grundlage
hat, weiss ich nicht zu bestimmen. Der Gouverneur Michael Szilágyi war, der Geschichte zufolge, nur einmal,
und zwar gegen das Ende seines Lebens in Konstantinopel
gefangen, wo er auch umkam. Eines „Ladislaus“ Hajmási
Andenken erhielt die Geschichte nicht, obgleich eine Familie Hajmási im funfzehnten Jahrhundert als eine der
vornehmern existirte. Gleichwohl lässt uns nicht sowohl
das Schweigen der Geschichte über eine solche Begebenheit des Privatlebens, als vielmehr die Version dieser,
bei den moldauischen Ungern bis zu diesem Tage erhaltenen Sage annehmen, dass hier von einem Szilágyi
aus dem sechzehnten Jahrhundert die Rede ist. Ich habe
dies Gedicht unter meinen „Ungrischen poetischen Alter-

thümern" 1828 neu herausgegeben nach einer, im Csoma-
Codex erhaltenen Copie. Die alten Ausgaben sind günz-
lich verloren gegangen.

Zuletzt komme ich auf Alb. Görgei's Zaubermährchen,
welches bis auf den heutigen Tag ein beliebtes und allgemein
bekanntes Stück der Volksliteratur ist : ich meine den berühmten „Königssohn Argirus und die Feenjungfrau", welche letztere in den neuern und theilweise ganz
überarbeiteten Ausgaben den Namen Ilona erhielt Eines
der schönsten allegorischen Mährchen, wie solche unter den
Völkern des europäischen Mittelalters, als gemeinsamer
Besitz, verbreitet waren, und worin die mythische Bedeutung mit der reichsten Phantasie überkleidet ist. Ob es ein
Originalwerk, ob es Görgei aus einer vaterländischen oder
ausländischen Quelle entnommen, und wie viel er von
seinem Eigenen dazu gethan, ist nicht zu bestimmen, bis
wir sein Original nicht auffinden, aber so viel ist gewiss,
dass selbst, wenn es nicht mehr als eine Uebersetzung
wäre, er dieselbe poetisch und sinnig bearbeitet hat. Ohne
Grund ist die Ansicht, welche auch Joseph Benkö in seiner
Transilvania aufgezeichnet hat, wonach in diesem Mährchen Argirus den Trajan, die goldhaarige Feenjungfrau
das goldreiche Dacien und das glückliche Ende der Wanderungen Argir's, nämlich die Gewinnung der Jungfrau,
die Eroberung Daciens durch Trajan bedeuten soll. Die
Zaubermährchen pflegen nie politische Begebenheiten abzuhandeln, sondern sie entwickeln sich aus den kosmogoni-
schen Begriffen der Völker.

Das nächste Mal gehen wir zu den aus bekannten
Quellen geschöpften Novellen (meist in Versen) über.

Zehnte Vorlesung.

Mährchen aus dem grossen Sagenkreise des europäischen
Mittelalters. — Alboin, von Andreas Valkai, aus der langobardischen Sage. — Die schöne Magellone des Wenzel Tessényi aus
dem Kreise der Karl-Sage. — Den Gestis Romanorum entnommene
Stoffe : Fortunatus von Kaspar Heltai (?), Jovenianus von Stephan
Póli, Kaiser Rustan von dem Ungenannten an der Drau. — Boccaccio'sche Novellen von Paul Istvánfi, Georg Enyedi, Kaspar Veres.

Meine Herren!

Von den uns jüngst bekannt gewordenen, aus verschiedenen Quellen geschöpften Dichtungen gehen wir
nun zu denjenigen über, deren Quellen in den grossen
Sagenkreisen des europäischen Mittelalters aufzufinden
sind.

Zunächst begegnen wir einer tragischen Episode der
langobardischen Sage. Alboin, der Langobardenkönig,
nimmt, nachdem er mit Hilfe der Avaren den gepidischen
König Kunimund besiegt und getödtet hat, dessen Tochter
Rosimunde zur Gattin und zwingt sie bei einem heitern
Gastmahl aus einem Becher zu trinken, der aus der Hirn-
schale ihres Vaters verfertigt ist. Die zur Rache gereizte
Frau lässt ihren Gemahl meuchelmörderisch umbringen;
aber nachdem sie ihres spätern Gatten Elmich überdrüssig
geworden und ihm Gift gereicht hat, zwingt sie dieser, als
er dessen bewusst geworden, mit einem Dolche, den Rest

des Bechers auszutrinken, dem Beide als Opfer fallen.
Diese Sage hat Paulus Warnefridus, der im achten Jahrhundert lebte, in seiner, an den schönsten poetischen
Stoffen reichen langobardischen Geschichte aufgezeichnet,
und daraus entnahm die Rosimunden-Sage Bonfini in seine
ungrische Geschichte*); aus ihr schöpfte wieder Andreas
Valkai seine Erzählung 1579, und gab dieselbe zu Klausenburg bei Frau Caspar Heltai 1580 heraus. Die Bearbeitung hat durchaus keinen poetischen Werth. Wir
erwarten von ihm allerdings nicht, dass er die grossartigen Motive, zu deren Entfaltung jener schauervolle Stoff
so viel Gelegenheit bot, gehörig zu benützen verstehe;
damit würde er seiner Zeit vorausgeeilt sein; aber er
wusste seinem Werke nicht einmal den Reiz einer einfachen, naiven Erzählung zu verleihen, welchen Paul
Istvánfi, Albert Görgei, oder auch nur Caspar Vasfai, über
den ihrigen zu verbreiten wussten, und welchen die mora-
lisirenden Reflexionen Valkai's schlechterdings nicht zu ersetzen vermögen. Das Werk hat auch, meines Wissens, nie
mehr als eine Auflage erlebt.

Allbeliebt war im Mittelalter die zum Karl-Sa-
genkreis gehörige romantische Historie von der schönen Magellone, welche aus Frankreich stammt, daselbt
schon im zwölften Jahrhundert niedergeschrieben ward,
und zwar in Versen; im funfzehnten Jahrhundert wurde
sie aus dem Provençalischen in französische Prosa über_
tragen, von da wanderte sie nach Spanien über, nach den
Niederlanden, zuletzt auch nach Deutschland, wo sie Veit
Warbeck 1535 übersetzte. Von dort gelangte sie zu uns,
durch Wenzel Tessényi in ungrische Prosa übersetzt. Ich

---

*) Lib. I. Dec. VII. VIII.

kenne nur eine viel spätere Ausgabe, zu Leutschau 1676 gedruckt.

Es folgen nun jene Erzählungen, deren Gegenstand aus den jüngst erwähnten Römischen Gesten entnommen ist. Eine solche ist vor Allen Fortunatus, eines der im Mittelalter berühmtesten Volksmährchen in Prosa, welche in den erwähnten Gesten kürzer gefunden wird, wahrscheinlich aus einem ältern englischen Mährchen zusammengezogen. Der kurze Inhalt der Fabel ist folgender: Fortunatus, dessen Eltern verarmten, sucht einen Dienst, um ihnen zu helfen; er wird Kammerdiener bei einem reichen König, und zuletzt sein Vertrauter. Nachdem er dadurch den Neid der Hofleute erregt hatte, entweicht er, um der ihm durch sie drohenden Gefahr zu entgehen. Aber Fortuna verlässt den guten Sohn nicht, und beschenkt den Flüchtling mit einer Geldbörse, in der das Geld nie ausgeht. Nach vielen Widerwärtigkeiten und Wechselfällen nimmt er sammt seinem Diener bei einem Kaiser Dienste, den er als Feldoberster von allen seinen Feinden rettet, seine Tochter zur Gemahlin erhält, sein Nachfolger im Reiche wird, seine Eltern aufsucht, und indem er sie glücklich macht, selbst ein glückliches Ende erlebt. Der ungrische Verfasser, der, nach eigenem Geständnisse, den Inhalt des damals allbeliebten deutschen Volksmährchens blos aus mündlicher Erzählung kennen lernte, bearbeitete dasselbe frei und selbstständig, so dass der ungrische Fortunat hinsichtlich der Ausführung als Originalwerk betrachtet werden kann. Seine Erzählung ist interessant, und wird nur stellenweise durch lange biblische und historische Parallelen und Moralisirungen unterbrochen. Vielleicht irre ich nicht, wenn ich für den Verfasser dieser Erzählung Caspar Heltai halte, worauf die gelehrte Auffassung, die Schreib-

art und der Umstand hinzuweisen scheint, dass er, wie er
sagt, die Geschichte in Hermannstadt deutsch erzählen
hörte, während unter unsern ungrischen Dichtern des
sechzehnten Jahrhunderts — ausser Ornipruszt, der eine
ganz andere Richtung hatte — kaum einer sich finden
durfte, der deutsch verstand : Heltai aber war ein Siebenbürger Sachse, schrieb selbst auch deutsch, ja später werden wir Gelegenheit haben einer von ihm verfassten Uebersetzung aus dem Deutschen zu begegnen. Von den Ausgaben des Fortunatus kenne ich eine sine loco et anno aus
dem sechzehnten Jahrhundert, welche, nach ihrem Typus
zu urtheilen, wirklich von Heltai gedruckt ward; das
einzige bekannte Exemplar wird im National-Museum
aufbewahrt. Sándor kennt noch eine, gleichfalls sine
loco von 1651, endlich besitzen wir noch eine Pester vom
Jahre 1778.

Ebenfalls aus den Römischen Gesten nahm Stephan
Póli 1593 seinen Jovenianus. Der Held des Mähr-
chens ist ein mächtiger römischer Kaiser, der in der Auf-
geblasenheit seines Herzens sich für einen Gott hielt. Einst
bei Gelegenheit eines Rittes liess er sein Gefolge bei Seite,
und badete, um sich abzukühlen, in einem Teiche. Indessen
kommt ein ihm völlig ähnlicher Mann, zieht seine Kleider
an, kehrt auf seinem Pferde zu seinem Gefolge und mit
diesem zur Stadt zurück, wo er sowohl vom Volke als von
der Kaiserin als deren Gemahl angesehen wird, und
regiert. Indessen klopft der wirkliche Kaiser, der weder
seine Kleider noch sein Pferd findet und so in unbeklei-
detem Zustande sich nicht entschliessen kann zur Stadt
zurückzukehren, am Hause eines Ritters an, wird aber
nicht erkannt und hinweggepeitscht. Ebenso ergeht es
ihm im Castell eines seiner Feldobersten, wie in seinem

eigenen Schlosse, aus dem er durch den Kaiser mit Schanden herausgeworfen wird. Er wendet sich nun an einen alten Einsiedler, seinen sonstigen Beichtvater, der vor ihm als einem Gespenste die Thüre schliesst, zuletzt aber den zur Erkenntniss seiner Sünden Gelangten und im Namen Gottes um Einlass Bittenden anhört, ihm Absolution gibt, und Kleider verschafft. So kehrt er in sein Schloss zurück, wird dort erkannt, und der neue Kaiser, welcher der von Gott zur Rache gesandte Erzengel Rafael war, räumt ihm wieder seinen Thron ein. Die ungrische Bearbeitung ist frei, detaillirter als die Erzählung in den Römischen Gesten, und es fehlen ihr nicht die durch die Richtung der Zeit gebotenen moralischen Betrachtungen. Zuletzt wendet sich der ungrische Liederdichter also an seine Zuhörer:

> Du, der du mich gehört, du wollest mein nicht spotten,
> Such lieber schnöden Stolz im Herzen auszurotten:
> Dem Sänger füll' vielmehr mit deinem besten Wein
> Den grossen Becher voll.

Ich kenne eine Ausgabe, welche ohne Bezeichnung des Jahres in Debrezin bei Paul Lipsiai (also zwischen 1601 und 19) gedruckt wurde.

Der bis jetzt unbekannt gebliebene, und blos durch den akademischen Csoma-Codex aufbewahrte Kaiser Rustán des „Ungenannten von der Drau" erinnert an die Legende vom h. Eustach, wie dieselbe in der „Historia Lombardica" erzählt wird, und welche auch in die Römischen Gesten überging, auf welche sich der Verfasser auch beruft. Ich wenigstens verstehe so die Zeile der letzten Strophe:

„Aus dem vom Römerthum geschriebnen Buche
Schrieb dies Lied ...."

obwohl der Verfasser unseres ungrischen Liedes von jener
Bearbeitung bedeutend abweicht. Die rührende Fabel ist
diese: Dem römischen Kaiser Eustachius erscheint ein Engel
im Traume, und bestimmt ihn zur Annahme des Christenthums, indem er ihm die Wahl lässt, ob er lieber in seiner
Jugend Reichthum, und in seinem Alter Armuth wünscht,
oder umgekehrt. Er wählt das letztere, und wird in der
Taufe Rustán genannt. Nachdem er bald darauf unglücklich Krieg führt, wird er sammt seiner frommen Gemahlin
und zwei kleinen Söhnen vom Volke vertrieben. Als sie ans
Meeresufer gelangen, und zu einer Insel überschiffen, aber
die Barkenführer nicht bezahlen können, setzen diese ihn
mit seinen zwei Söhnen zwar ans Land, aber seine schöne
Gemahlin behalten sie als Fährlohn zurück. Während den
einen seiner Söhne ein Löwe, den andern ein Wolf raubt,
kommt er in Dienst, so wie andrerseits seine Gemahlin, die
aber ihre Reinheit bis zuletzt bewahrt. Die Söhne, von
Jägern, jeder einzeln gerettet, finden gute Pflegeväter und
Erzieher. Nach zweiunddreissig Jahren, da die Dinge des
römischen Reiches schlecht gingen, erinnerte man sich
Rustáns, und schickte zwölf Abgesandte aus, ihn aufzusuchen, die ihn auch endlich finden, und wieder auf den
Thron zurückführen. Seine Söhne, die weder einer den
andern, noch ihren Vater kennen, zeichnen sich als Feldherren aus, als sie jedoch einmal ihre Jugendschicksale einander erzählen, erkennen sie sich, finden auch ihre Mutter
wieder, und das in seiner Jugend durch so viele Widerwärtigkeiten geprüfte fromme Ehepaar wird durch ein
glückliches Alter dafür belohnt. Dieses Mährchen hat so-

wohl in der Erfindung, wie in der Ausführung viele
schöne Motive. Der ungrische ungenannte Verfasser nennt
es eine Uebersetzung; wenn man dies Wort in der heutigen strengen Bedeutung nimmt, so gestehe ich, dass ich
sein Original nicht zu bezeichnen vermag. Von den Gesten, auf welche sich der Verfasser, wie gesagt, zu berufen
scheint, so wie von der Erzählung „der goldnen Legende"
weicht das ungrische Mährchen vielfach ab. An erstge-
nanntem Orte ist unser Held nicht Kaiser, sondern Tra-
jans Feldherr, Namens Placidus, der in der Taufe den
Namen Eustach erhält und zur Annahme der Taufe durch
den Erlöser selbst bewogen wird, der ihn in der Gestalt
einer von ihm auf der Jagd verfolgten Hirschkuh anspricht. Nach vielen Widerwärtigkeiten, wobei die ungrische Erzählung mit der Legende im Ganzen übereinstimmt, werden die zerstreuten und getrennten Eltern und
Kinder auch hier wieder vereinigt, aber durch Kaiser Ha-
drian, nachdem er erfahren, dass sie Christen sind, als
Blutzeugen hingerichtet. Die Personen in der Legende
führen auch andere Namen : in dem ungrischen Gedicht
heissen, mit einem seltenen Anachronismus, die Kaiserin
Rhea Sylvia, die Knaben Romulus und Remus, und so
tritt diese Dichtung mit der Wolfssage in eine eigenthümliche Verbindung. Ich wiederhole es : der Ungenannte von
der Drau hat viele schöne Einzelnheiten, und wenn
er auch vielleicht einer mir unbekannten Bearbeitung
gefolgt, ist seine Darstellung doch keineswegs ohne
Verdienst.

Noch muss ich hier der Boccaccio-Novellen erwähnen, von denen drei sehr schöne auf uns gekommen
sind, nämlich : die Historie von Valter und Griseldis
durch Paul Istvánfi, den Vater des berühmten Geschicht-

schreibers, welcher sie 1539 aus der bekannten lateini-
schen Bearbeitung des Petrarcha mit ziemlicher Selbst-
ständigkeit entlehnte. Ihr Inhalt ist hinlänglich bekannt.
Die Original-Ausgabe besitzen wir nicht, aber unter den
Nachdrücken eine Debreziner vom Jahre 1574, eine
Klausenburger vom Jahre 1580, und eine Leutschauer Aus-
gabe vom Jahre 1629. Die zweite Novelle aus dieser
Quelle ist die von Gismunda und Giscardo, welche
Georg Enyedi, der einst berühmte Superintendent
der Unitarier 1574 nach Philipp Beroaldo (Historiae
Mythicae) bearbeitete. Tancred, Herzog von Salerno,
lässt Giscardo, den Geliebten seiner Tochter Gismunda,
ermorden, und schickt ihr dessen Herz in einem goldenen
„Waschbecken", worauf sie Gift nimmt. Mir bekannte
Ausgaben sind : eine Debreziner vom Jahre 1577, eine
ohne Angabe des Orts vom Jahre 1624 und wieder eine
vom Jahre 1737. Die dritte ist das, nach einem der schönsten Stücke des Decameron verfasste sogenannte Freund-
schaftsmährchen von Titus und Gisippus, worin die
beiden Jünglinge in den schwierigsten Verhältnissen ihre
unerschütterliche Freundschaftstreue mit Aufopferung be-
siegeln. Sie wurde abgefasst von Caspar Veres zu
Szegedin 1567 unter dem Titel : „Schöne kurze Historie
von der wahren Freundschaft zweier edler Jünglinge."
Ausgaben : Klausenburg 1578, 1580, Leutschau 1629
und 1676.

In diesen ungrischen Bearbeitungen, mit Ausnahme Istvánfi's, der geradezu und ausschliesslich einen
poetischen Standpunkt einnimmt, halten die beiden letzteren Verfasser, sowie die alten Bearbeiter der Römischen
Gesten überall das moralische Moment als Haupttendenz
fest, was wir, wo dies mit dem Geiste der Dichtung über-

einstimmt und am rechten Orte und mit Mass geschieht, keineswegs tadeln. Die Unsern haben dies selten verstanden, und der Didaktik einen zu grossen Spielraum eingeräumt. Doch haben sie darin nur dem Geiste der Zeit gehuldigt.

Görgei's Bearbeitungen italienischer Novellenstoffe, deren er selbst gedenkt, sind spurlos verloren.

Eilfte Vorlesung.

Uebergang zum antiken Sagenkreise. — Chronik des Königssohnes Apollonius. — Der classische Sagenkreis : Die trojanische Sage. Paris und Helena. Trojas Untergang von Johann Dálnoki. Ajax und Ulysses von Mathias Csáktornyai. Eine Aeneide
von PeterHuszti. Einige verloren gegangene Stücke. Der Alexander-Sagenkreis : Peter Idari.

Meine Herren!

Zu den, dem antiken Sagenkreise entlehnten
Werken bildet die Chronik des Königssohnes Apollonius den Uebergang, welche in Bezug auf alle einzelnen Theile ihres Inhalts auf rein griechischen Ursprung
hinweist. König Antiochus, der gegen seine eigene
Tochter eine verbotene Flamme nährt, sucht dadurch die
Freier derselben abzuschrecken, dass er die Hand seiner
Tochter an die Auflösung eines Räthsels knüpft, doch
so, dass, wer dasselbe nicht löst, seinen Kopf verlieren soll.
Apollonius, ein tyrischer König, der Antiochs Hintergedan-
ken ahnt, findet die Lösung, Antiochus läugnet die Rich-
tigkeit derselben, und nachdem er ihm eine dreissigtägige
Frist zur neuen Lösung gegeben, entlässt er ihn nach Hause,
sendet ihm aber einen Mörder nach. Apollonius, der sich
in Gefahr sieht, flüchtet auf einer reich beladenen Galeere
aus seiner Heimat und geht nach Tharsis, wo er der mit

dem Hunger kämpfenden Stadt Nahrung vertheilt, aber, gewarnt, dass ihm von Antiochus neue Gefahr droht, geht er wieder zur See, leidet Schiffbruch, wird ans Land geworfen, und gewinnt die Gunst des Königs Altistrates, und dessen Tochter zur Gattin. Während dessen wird nach Antiochus Tod als sein Nachfolger Apollonius zum König von Antiochien berufen. Er bricht mit seiner Gattin nach Tyrus auf, diese aber gebiert während eines Seesturmes eine Tochter und stirbt; Apollonius übergibt dieselbe, nach dem Gesetz der Schiffer — da ein Schiff einen todten Menschen nicht duldet — in einem wohlgefügten Kasten verschlossen, den Fluthen. Die Frau war aber nur scheintodt, zu Ephesus ans Land geworfen erwacht sie zum Leben, und erwartet im Tempel der Diana die Auffindung von Seiten ihres Gatten. Apollonius gelangt indess nach Tharsis, lässt seine Tochter bei Strangvilio zur Pflege und Erziehung, und bricht auf, um sein Reich einzunehmen. Seine Tochter Tharsia wächst indess zur schönen Jungfrau heran, erfährt von ihrer sterbenden Amme ihren Ursprung, aber ihre Pflegemutter, nach ihren Schätzen lüstern, und wähnend, der Vater des Mädchens kehre nicht wieder, schickt ihr einen Mörder an das Meeresufer nach, wo sie beim Grabe ihrer Amme zu trauern pflegte. Seeräuber kommen dem Mörder durch den Raub derselben zuvor, und verkaufen sie in Manthilena an den Besitzer eines öffentlichen Hauses. Tharsia jedoch weiss auch hier ihre Unschuld zu wahren, bis sie endlich von ihrem Vater gefunden wird, und mit ihm in die Heimat zurückkehrt. Apollonius aber, durch einen Traum bedeutet, steigt zu Ephesus ans Land, vereinigt sich daselbst wieder mit seiner Gattin, und erreicht ein glückliches Alter. Das schön gedachte Mährchen ward durch die römischen Gesta erhalten, und von dort entnahm es 1588 der unbekannte ungrische Auctor, für den Stephan Sándor den Niklas Fazekas von Bogát hält, aber ohne Grund, wahrscheinlich blos darum, weil das ungriche Gedicht nach der „Melodie" der Aspasia Bogáti's geschrieben ist. Aber was ist diese ungrische Bearbeitung gegen ihr Original! ein geistloser trockener Auszug der schönsten Erzählung der Gesta, mit Beseitigung der psychologischen Motive und aller jener schönen, ergreifenden Einzelheiten, woran das Original so reich. Gleichwohl ward jenes Werk ein beliebtes Volksbuch der Ungern bis zum heutigen Tage, und seit seiner ersten Ausgabe, welche 1591 in Klausenburg gedruckt ward, erlebte es unzählige Ausgaben, deren neueste, mir bekannte, zu Ofen 1840 bei Bagó erschien.

Gehen wir jetzt zu dem, seinem Ursprunge nach unzweifelhaft classischen Sagenkreise über. Wir wissen, dass der Untergang Troja's mit seinen vorangegangenen Begebenheiten und seinen abenteuerreichen Nachspielen nicht nur die Dichter und Rhapsoden des Alterthums viel beschäftigte, nicht nur zur Zeit der römischen Kaiser Veranlassung zur Entstehung einiger literarischen Apokryphen gab, wie die dem Dares Phrygius und dem Diktys Cretensis zugeschriebenen vielgelesenen Werke waren, sondern dass das Mittelalter diesen ganzen Sagenkreis mit besonderer Vorliebe umfasste, und in Versen und Prosa vielfach behandelte. Am beliebtesten war der Roman in Prosa des Guido de Columpnis, der denselben im zwölften Jahrhundert nach Dares und Diktys bearbeitete, zwar in barbarischem Latein und in der Form einer historischen Erzählung, aber im Geiste seiner Zeit mit zahlreichen romantischen Ingredienzen aufgeputzt, welches Werk dann der Hauptimpuls der ziemlich reichen mittel-

alterlichen trojanischen Literatur wurde, in Versen und
Prosa, und fast in allen europäischen Sprachen. Dieser
Stoff war auch bei uns sehr beliebt. Schon der Anonymus
Belae R. Notarius schrieb eine Historia Trojana, gleichfalls nach Dares Phrygius. Von dem genannten Roman
des Guido de Columpnis besitzt die Universitätsbibliothek
einen schönen Codex, welchen ein gewisser Mathias Sztárai für Ladislaus Egervári, den Verweser des Grosswardeiner Bisthums, 1475, abschrieb. Es konnte also
dieser Gegenstand bei dem seit König Mathias auch bei
uns allgemein erwachten classischen Interesse in unserer
fruchtbaren erzählenden Literatur des sechzehnten Jahrhunderts auch nicht fehlen; und in der That gehören vier
poetische Produkte hierher, welche theils die Ursache des
trojanischen Krieges, theils die Katastrophe selbst, theils
deren Folgen behandeln. Solche waren :

1. Paris und Helena, in vier Gesängen von einem
Ungenannten aus Léva 1570 geschrieben, und herausgegeben zu Klausenburg 1576. Seinen Inhalt bilden das
Urtheil des Paris, seine Liebe und Helena's Entführung,
an welche die Eroberung von Troja ganz kurz angehängt ist. Eingewebt sind Ovids zwei Heroiden : Die
Briefe des Paris und der Helena.

2. Troja's Untergang in sechs Gesängen von
Johann Dálnoki zu Klausenburg 1569. Der ungrische
Autor beginnt mit der Geburt des Paris und endigt mit
der Zerstörung Troja's in trockener historischer Manier
und mit Hinweglassung aller der schönen Motive, durch
welche die alten Dichter, besonders Homer, dieser Geschichte einen so bezaubernden Reiz verliehen. Bei alledem war das Werk durch zwei Jahrhunderte allgemein
beliebt, wie die häufigen Berufungen auf dasselbe und die

wiederholten Ausgaben beweisen, so dass aus dem sechzehnten Jahrhundert drei, aus dem siebzehnten sieben,
und aus dem achtzehnten wieder drei Ausgaben auf uns
gekommen sind. Uebrigens ist das Werk keine Uebersetzung, sondern eine Compilation, wie der Verfasser
selbst bezeugt in den Versen:

> „Die Kunde, die von Troja uns geblieben,
> Aus mancher Chronik hab in Versen ich beschrieben."

3. Ajax und Ulysses in drei Theilen von Mathias
Csáktornyai aus 1592, worin er eine interessante Episode
der trojanischen Sage, den Streit der beiden Helden über
die Waffen des Achilles, beschreibt, mit einer reichen
Zugabe von moralischen Reflexionen. Das Werk erlebte, meines Wissens, ausser einer zu Klausenburg
von dem jüngern Heltai herausgegebenen, keine weitere
Ausgabe.

4. Als Fortsetzung der trojanischen Sage ist zu betrachten die Aeneide von Peter Huszti in fünf
Theilen, wovon ich nur zwei Ausgaben kenne, eine Bartfelder 1582 und eine Klausenburger 1624. Der Verfasser
holt übrigens noch weiter aus, als Dálnoki; er beginnt
nämlich mit der Gründung Troja's, aber nur in kurzem
Umriss, dann erzählt er die Flucht des Aeneas, die Di-
do'sche Episode und die Erbauung Roms, stellenweise mit
scharfen Anspielungen auf das Papstthum. Alle vier Theile
sind ohne alles poetische Verdienst, selbst in Bezug auf
die Form.

Zu dem antiken griechischen Sagenkreise gehört
auch „ein Historien-Gesang vom schrecklichen Tode des
Königs Telamon und seines Sohnes Diomedes", welcher

zu Klausenburg bei Heltai 1578 erschien, und den Jankowich gesehen hat. Nach Sándor gab es auch eine Bearbeitung der rührenden Geschichte von P y r a m u s und T h i s b e,
welche das Mittelalter unter allen Mährchen des Ovid mit
Recht am meisten liebte, und am häufigsten behandelte.
Aber da ich keines dieser Werke gesehen, kann ich darüber
nichts sagen.

Ein anderer antiker Sagenkreis, der auf literarischem
Wege nicht nur auf das christliche Mittelalter, sondern
selbst in den Orient überging und die Sagen beider Hälften der civilisirten Menschheit wunderbar befruchtete, war
die A l e x a n d e r - S a g e. Als Grundlage derselben diente
nicht die wirkliche Geschichte, sondern eine von einem
ungewissen Verfasser griechisch geschriebene, sehr alte,
fabelhafte Historie, welche im Mittelalter durch verschiedene griechische, lateinische, hebräische u. s. w. Bearbeitungen und Uebersetzungen verbreitet war, und wieder
zu lateinischen, italienischen, französischen, deutschen
und andern Mährchen in Versen und Prosa den Stoff geboten. Dass der mährchenhafte Alexander der Grosse
auch bei uns bekannt war, beweist ein aus dem funfzehnten Jahrhundert stammender vaterländischer Codex der
ungrischen Akademie, worin ein in Prosa abgefass-
tes Mährchen „Historia Magni Alexandri" gefunden
wird, dessen verwandtschaftliches Verhältniss zu den
übrigen Alexandermährchen ich hier, in Ermanglung des
zur Vergleichung nöthigen Materials, nicht näher bestimmen kann. Meines Wissens haben fünf ungrische Werke
im sechzehnten Jahrhundert Alexander den Grossen als
Stoff bearbeitet. Das erste ist das von P e t e r Ilosvai
(der zwischen 1564—74 blühte), dessen er am Anfang
seines „Ptolomäus" selbst also gedenkt:

> „Oft sprach ich von den alten grossen Zeiten,
> Auch Alexander, der die Welt erobert."

und welches, wie es scheint, verloren gegangen; das zweite
ist ein Werk von Peter Idari, das dieser 1548 schrieb
und worin er sich auf ein früheres über Alexander in der
ersten Strophe beruft:

> Obgleich von Alexander Viel wir sangen,
> Von seinem Glück und seines Reiches Prangen,
> So wollen jetzt von seiner Macht wir singen,
> Was wir aus mancher guten Chronik bringen.

Ein viertes Werk erwähnt Peter Bod in seinem „Szent
Hilárius": eine „Historie von dem Ursprung und den
Thaten Alexander des Grossen, welche ausführlich und
trefflich aus Plutarch und andern Schriftstellern zusam-
mengetragen wurde." Endlich kannte Jankowich noch eine
fünfte: „Die Historie von Alexander dem Grossen, dem
unbesiegbaren König von Macedonien", welche von Neuem
zu Leutschau bei Lorenz Brewer 1627 erschien und Gabriel Bethlen gewidmet ist, und welche, nach Jankowich,
nicht aus Curtius geschöpft ward, sondern auf ein itali-
nisches oder deutsches Original hinweist; in welchem Falle
diese Bearbeitung unter unsern Alexander-Mährchen wohl
die poetischeste sein dürfte. Ich kenne von allen diesen
nur das zweite Stück der Idari'schen Dilogie, welche in
sechs Theilen, allerdings in chronikenartiger Nüchternheit, diesen überaus romantischen Stoff behandelt, und
zwar, wie er im sechsten Theil in einem lateinischen Titel-
vers sagt:

> „Curtius haec cecinit, transcripsit Petrus in Idar."

woraus abzunehmen, dass er jene mittelalterlichen poetisch
gefärbten Werke entweder nicht kannte oder in Folge

der veränderten Auffassung des sechzehnten Jahrhunderts
nicht achtete, welches, während das Mittelalter selbst die
Geschichte in mythischer Beleuchtung behandelte, sehr
gelehrt und nüchtern selbst den Mythus zu historischer
Geltung zu erheben liebte. Dasselbe müssen wir auch von
den Bearbeitern der trojanischen Sage bemerken. Von
Idari's zweitem Alexander besitzen wir noch drei Ausgaben,
zwei Debreziner von 1574 und 1582 und eine Klausenburger von 1591.

Zwölfte Vorlesung.

Anfänge des Romans in Ungern. Euryalus und Lucretia. Die Historie
von Poncianus. Salomon und Markalf.

Meine Herren!

Nach Betrachtung der, den mittelalterlichen grossen
Sagenkreisen entlehnten Mährchendichtungen, gehen wir
nun zur Geschichte des Romans im sechzehnten Jahrhundert über.

Bei uns ging der Roman durch dieselben Entwicklungsstadien, welche dessen weltgeschichtliche Ausbildung
nachweist. Abgesehen nämlich von den grössern oder
kleinern Liebesgeschichten und Romanen der Griechen
und Römer, welche auf das christliche Mittelalter ohnehin
wenig oder doch sehr spät einwirkten, entkeimte der mittelalterliche Roman dem romantischen Epos des nördlichen Frankreichs, welches Anfangs in strengeren poetischen Formen auftrat, in Versen sprach; und erst
später in Prosa aufgelöst, und immer mehr Stoffe aus dem
alltäglichen Leben, und mit ihnen auch dessen Formen,
aufnehmend, sich zum sogenannten Roman gestaltete.
Auch bei uns sehen wir zuerst die romantische Erzählung
in Versen erscheinen, und nur um Vieles später ein paar

prosaische Romane. Anfangs wurden nämlich nicht nur die Novellen des Boccaccio, sondern auch wirkliche Romane in Versen gearbeitet, von denen wir einen im Fortunatus bereits kennen gelernt haben. Dasselbe ist der Fall mit dem berühmten Roman von Aeneas Sylvius: Euryalus und Lucretia. Erst im achten Jahrzehent dieses Jahrhunderts versuchte man bei uns die belletristische Prosa, und hierher gehören die Historie von Poncianus, „Salomon und Markalfs Scherzreden." Diese interessanten Stücke wollen wir heute näher kennen lernen.

An erster Stelle erwähnte ich „die schöne Historie von Euryalus und Lucretia" aus dem Jahre 1577. Verfasser derselben ist Aeneas Sylvius Piccolomini, einst Geheimschreiber Kaiser Siegmund's, später unter dem Namen Pius II. römischer Papst; der darin die Liebe des kaiserlichen Kanzlers Schlick mit einer edlen Dame zu Siena poetisch bearbeitete. Der Held, der hier den Namen Euryalus trägt, kommt mit dem Kaiser nach Siena, sieht Lucretia, die schöne zwanzigjährige Gemahlin eines bejahrten Mannes, wird von feuriger Liebe zu ihr entzündet, und erweckt auch in ihr eine gleiche Leidenschaft. Gleichwohl beantwortet sie Euryalus Briefe Anfangs zurückweisend, zuletzt nachgebend, und empfängt, die sie bewachenden Argusaugen täuschend, und einigemale durch ihre Geistesgegenwart die Ueberraschung durch ihren Gemahl abwendend, Euryalus geheime Besuche, bis endlich, da der Kaiser Siena verlässt, und Euryalus ihm zu folgen genöthigt ist, Lucretia ein Opfer ihrer schmachtenden Liebe wird. Dies die kurze Skizze der Geschichte, welche durch allerlei Schwierigkeiten, Verwicklungen und ein paar Episoden zwar er-

weitert ist, welche letzteren aber durch keine innere
Nothwendigkeit mit den Hauptbegebenheiten des Romans
verbunden, den Beweis liefern, dass der Verfaser in der
Fabel selbst streng den wirklichen Begebenheiten folgte,
von denen er weder etwas auslassen noch etwas dazu thun
wollte. Der innere Werth dieses Werkes und seine epoche
machende Bedeutung hinsichtlich der weltliteraturge-
schichtlichen Entwicklung des Romans beruht aber auf
dem Ausmalen der Seelenzustände und der psychologischen Veränderungen, welche bis dahin im Roman gar nicht
versucht worden waren. Und eben darin beruht auch das
Verdienst des ungenannten ungrischen Bearbeiters, dass
er mit poetischem Gemüthe all jene schönen Motive auf-
gefasst und empfunden, dass er in einer, zu seiner Zeit für
derlei noch wenig empfänglichen und ausgebildeten Sprache
den Kämpfen, Schwankungen und Genüssen der feurigen
sinnlichen Liebe Klang und Ausdruck zu geben wusste.
Uebrigens beginnt der Verfasser, der didaktischen Richtung seines Zeitalters folgend, sein Gedicht mit einer
kurzen Betrachtung über die Verderblichkeit einer blinden
Liebe, und schliesst dasselbe mit einer längeren, worin er
die gegen eine so verderbliche Leidenschaft anzuwenden-
den Heilmittel angibt, um damit dem Roman das Siegel
der Sittlichkeit aufzudrücken. Wir haben darum wohl
Ursache uns zu wundern, dass dieses schönste Werk unserer Romanliteratur aus dem sechzehnten Jahrhundert,
wenigstens meines Wissens, nur ein oder zwei Auflagen
erlebt hat (die Klausenburger vom Jahre 1592 ist sicher
nur der Nachdruck einer unbekannten ersten), während
das Werk des Aeneas Sylvius alle Völker Europa's auf-
suchte und sowohl in lateinischer, wie in spanischer,
italienischer, französischer, deutscher, englischer und dä-

nischer Sprache, in zahlreichen Bearbeitungen verbreitet
ward. Auch bei uns war es längst bekannt, worauf eine
aus den Zeiten des Königs Mathias herrührende lateinische Abschrift des Originals hinzuweisen scheint, welche
in dem, meine eigene Bibliothek zierenden, Béldi-Codex
enthalten ist.

Nun folge der erste ungrische Roman in Prosa : die
Geschichte des Poncianus. Sie ist eine treue Uebersetzung jenes berühmten Novellenkranzes von den sieben weisen Meistern, welcher im Rahmen der Lebens-
beschreibung eines römischen Kaisersohnes gefasst, nach
den Resultaten der neueren literaturgeschichtlichen Forschungen bis nach Indien zurück verfolgt werden kann,
woher diese Geschichte schon vor dem zehnten Jahrhundert zu den Arabern herüber wanderte, später zu den
Persern und Türken; dem europäischen Westen aber ward
sie durch eine alte jüdische Bearbeitung vermittelt, und
aus ihr gingen, mit Beibehaltung des Rahmens, jedoch
mit vielfacher Veränderung der Namen und des Vaterlandes der Mithandelnden, und mit Vertauschung einzelner Erzählungen mit andern, gleich den übrigen Volks-
büchern des Mittelalters, griechische, lateinische, französische, deutsche, belgische, italienische u. s. w. Bearbeitungen und Uebersetzungen in Prosa und Versen hervor;
eine kürzere ging auch in die Gesta Romanorum über, bis
dieselbe den Weg nach unserm Vaterlande fand. Hier
übersetzte sie ein Ungenannter aus irgend einer deutschen
Bearbeitung, und der Wiener Buchdrücker Blasius Eber
widmete sie 1573 dem Grafen Eck, Obercapitän von
Raab, bei jener Gelegenheit, als dieser sich mit der Wittwe
des Franz Enyingi vermählte. Die interessante Fabel ist
diese : Der römische Kaiser Poncianus übergab seinen

Sohn Diocletian sieben Weisen zum Unterrichte, und als
er von seiner zweiten Gemahlin keine Kinder erhielt, rief
er ihn an seinen Hof zurück. Der zum Weisen gewordene
Jüngling ward durch die Sterne belehrt, dass seinem Leben bei seinem Vater Gefahr drohe, wenn er nicht sieben
Tage lang ein vollkommenes Schweigen beobachte. Und
wirklich hegte seine junge Stiefmutter gegen den Sohn
eine verbotene Liebe, und als derselbe ihr seine Gegenliebe verweigerte, verklagte sie denselben bei seinem
Vater, als habe dieser selbst sie verführen —, und, da sie
ihm widerstanden, sie ermorden wollen, weshalb sie Dio-
cletians Tod fordert. Poncianus befiehlt dessen Hinrichtung, wird aber durch einen der sieben weisen Lehrer des
Kaisersohnes von seinem grausamen Vorhaben vermittelst
einer darauf zielenden Erzählung zurückgebracht. Die
Kaiserin weiss jedoch diese Wirkung durch eine gleichfalls beziehungsvolle Gegenerzählung zu paralysiren, und
der Jüngling wird am zweiten Tage abermals zum Tode
geführt. Da gewinnt der zweite Weise auf gleiche Art
Aufschub, worauf die Kaiserin ihren Gemahl wieder zum
Wanken bringt; es folgt der dritte Versuch von beiden
Seiten, und sofort bis zum siebenten, worauf denn nach
Verlauf der sieben Tage Diocletian zu reden beginnt,
den Vorgang, so wie er sich wirklich verhielt, seinem
Vater erzählt, und dieser seine Gemahlin hinrichten
lässt, hingegen seinen Sohn auf den Thron erhebt. Der
ungrische Poncianus ist der erste Versuch belletristischer ungrischer Prosa, und nicht nur als
solcher eine wahrhaft epochalische Erscheinung, sondern er gehört durch seine Schönheit zu den vorzüglichsten älteren ungrischen Prosawerken; zugleich legt
er aber auch von dem Kampfe Zeugniss ab, den es

·unserer Sprache kostete, sich aus dem biblischen Stile herauszuwinden. Die erwähnte Wiener Ausgabe, deren meines Wissens einzig noch übriges Exemplar in der Bibliothek des Nationalmuseums aufbewahrt wird, ist auch hinsichtlich des Druckes interessant, denn es ist mit deutschen Lettern gedruckt. Ausserdem kennen wir noch drei Nachdrücke, zwei Leutschauer aus 1653 und 1679, und einen Pressburger aus dem vergangenen Jahrhundert ohne Jahreszahl.

Eine dritte Gattung der europäischen Romanliteratur vertritt bei uns das berühmte Volksbuch Salomon und Markalf, welches den Uebergang von dem religiösen zu dem komischen Roman bildete, und zu uns gleichfalls um diese Zeit verpflanzt wurde. Es scheint, dass die Sprichwörter Salomo's Cap. 30 und 31 zum Ausgangspunkt dienten. Sein Ursprung lässt sich gleichfalls auf den Orient zurückführen. So viel ist gewiss, dass dieses Volksmährchen schon sehr frühe im christlichen Mittelalter, und zwar in lateinischer, nach Andern noch früher in altfranzösischer Sprache entstand, aus welcher auch eine angelsächsische Uebersetzung angeführt wird; ferner dass dasselbe im fünfzehnten Jahrhundert, gleichfalls in lateinischer Sprache, seine jetzt bekannte Form erhielt, dass es schon damals auch bei uns bekannt war (wie dies ein Bruchstück davon in dem in meinem Besitz befindlichen Béldi-Codex beweist); dass es bald darauf in belgischer und deutscher Sprache erschien, woraus dann dänische, schwedische, polnische · Uebersetzungen folgten; später eine italienische Bearbeitung, welche wieder ins Spanische und Deutsche übertragen wurde. Zu uns verpflanzte es nach jener lateinisch-deutschen Bearbeitung ein Ungenannter, nach Bod's Ansicht Peter Bornemisza, meiner Meinung zufolge wahrscheinlich Caspar Heltai oder einer seiner siebenbürgischen Genossen. Die jetzt bereits verloren gegangene Heltai'sche Ausgabe von 1577 ist diejenige, welche Bod gesehen, und welcher bald darauf zwei Klausenburger, und 1591 eine bei Johann Manlius in Monyorókerék folgten, welch Letzterer Heltai's Werke und Ausgaben mit besonderer Vorliebe nachdruckte. In diesem Mährchen erscheint Salomo als der Vertreter der Zunftweisheit, Markalf aber, ein ungeschlachter gemeiner Bauer, als Wortführer der schlichten, einfachen und natürlichen praktischen Lebensweisheit der untern Volksklasse mit ihren Volkssprichwörtern und meist rohen, ungewaschenen, oft kernigen Spässen und Scherzreden. Markalf antwortet hier dem weisen König, dem er mit seinen unverbrämten volksthümlichen Reden die Kehrseite von dessen Sprichwörtern und moralischen Lehren nachweist, so lange, und weiss ihn mit seinen schlauen komischen Handlungen so zu ermüden, bis er ihn davon überzeugt, dass er trotz seiner königlichen Macht nichts über ihn vermag, und dieser es für gerathener hält ihn durch lebenslänglichen Unterhalt verstummen zu machen, als den wenig Sieg versprechenden Kampf weiter fortzusetzen, oder gar gewaltsam den Flegel abzuschütteln, in dessen Spässen am Ende viel Wahrheit und jedenfalls ein gesunder lebenskräftiger Keim enthalten war. In ähnlicher Weise suchte im Mittelalter die ungeschminkte Wahrheit sich gegen die Uebergriffe der Gewalt noch durch eine andere Institution geltend zu machen, in der der lustigen Räthe oder Hofnarren, und dieser Markalf ist gleichsam der literarische Ausdruck derselben. Und wirklich erhielt sich, wie im Auslande, so auch bei uns, dies Volksbuch als ein allgemein beliebtes sehr lange, so dass wir noch aus dem

achtzehnten Jahrhundert fünf Ausgaben derselben kennen,
ja sogar eine Ofner aus dem Jahre 1808, obwohl derlei
Volkssachen selten ihren Weg in Bibliotheken fanden, und
in den Händen der untern Volksklassen grösstentheils spurlos verschwanden. Unsere Aufmerksamkeit verdient das
genannte Werk gleichwohl in hohem Grade nicht nur als
interessantes Zeichen seiner Zeit, sondern auch in so fern,
als dieser Salomon und Markalf in seiner alten ursprünglichen Gestalt der erste Wiederklang volksthümlicher
Rede, und als solcher ein denkwürdiger Beleg zur Geschichte unserer Prosa und gewisser Formen unserer
Sprache ist.

Indem wir hiermit die Uebersicht der Anfänge unserer
Romanliteratur abschliessen, welche in auffallender Weise
die Solidarität des sechzehnten Jahrhunderts mit der
europäischen Volksliteratur des Mittelalters zur Erscheinung bringt, und welche uns ahnen lässt, dass die neueren Sammler dieser, von den Gelehrten bis gegen das
Ende des vorigen Jahrhunderts mit vornehmer und sehr
kurzsichtiger Geringschätzung behandelten Literatur nur
einen Theil derselben vom Untergange gerettet haben :
können wir nur bedauern, dass im folgenden siebzehnten
Jahrhundert die Poesie aus dem Kreise der dem Volke
angehörigen Männer fast ausschliesslich in die der Gelehrten und Vornehmen überging, unter deren Händen
die romantische Belletristik abgestorben ist, und an ihrer
Stelle eine dem Volksthume fremde, trockene, moralische
und mythologisch-gelehrte Richtung sich verbreitete, in
deren Folge der schöne Anfang ohne Fortsetzung und
selbstständige Pflege blieb, weshalb auch die Empfänglichkeit unsers Volkes für das rein Menschliche und im
poetischen Gewande auftretende Gute ohne hinreichende

Nahrung blieb. Die Ursachen dieser Erscheinung, nämlich des Verfalls und Untergangs der volksthümlichen
Poesie, werden wir betrachten, wenn wir uns später
mit der Literatur des siebzehnten Jahrhunderts beschäftigen. Das nächste Mal gehen wir mit der Kenntniss-
nahme der streng historischen Poesie zur weiteren Betrachtung des uns beschäftigenden Zeitalters über.

Dreizehnte Vorlesung.

Historische Gesänge : Mathias Gosárvári's Hunenchronik.
Csáti's Bruchstück der Eroberung Ungerns. Bánkbán von Andreas
Valkai. Der Tartarenzug von Johann Temesvári. Die Siegmunds-
Chronik des Tinódi. Die Hunyadi-Chronik von Mathias Nagy. Die
Schlacht bei Kenyérmező von dem Nikolsburger Ungenannten; eine
andere von Stephan Temesvári. Die Mathias-Chronik von Ambrosius
Görcsöni, fortgesetzt von Niklas Bogáti. Die Königs-Chronik des
Andreas Valkai.

Meine Herren!

Die Reihe kommt nun an die historischen Gesänge, deren Gegenstand entweder ein vaterländischer, und theils aus vaterländischen Chroniken, meistentheils aber aus der Gegenwart, theils aus der fremdlän-
dischen Gegenwart und Vergangenheit entnommen ist.
Auch bei ihrer Erörterung werde ich der Chronologie der
abgehandelten Begebenheiten folgen, da es für uns interessanter ist zu sehen, welche Gegenstände vorzugsweise die
Aufmerksamkeit der Zeit auf sich gezogen, als die Auf-
einanderfolge ihrer Bearbeiter im Auge zu behalten, da es
ohnehin schwierig wäre, eine Einwirkung derselben auf
einander wahrzunehmen. Alle nämlich lassen ein und dieselbe Auffassung, ein und dieselbe Behandlung erkennen,

welche sie wahrscheinlich von der literarischen Poesie der
beiden letzten Jahrhunderte ererbt haben, mit deren
einem Denkmale, dem Gesange von der Eroberung Pannoniens, wir uns bereits bekannt gemacht haben, und mit
welchen die im sechzehnten Jahrhundert „geschriebenen" historischen Poesieen in jeder Beziehung Verwandtschaft bezeugen.

Betrachten wir darum zunächst die aus vaterländischen Chroniken geschöpften Gesänge.

Unter diesen begegnen wir zuerst einer Hunen-
chronik, welche Mathias Gosárvári, ein Siebenbürger, unter dem Titel : „Geschichte des ersten Einbruchs
der alten Ungern," worunter er nach dem traditionellen
Glauben der Zeit die Hunen versteht, in sechs Theilen
schrieb. Ein unbedeutendes Werk, welches aus der Szek-
lersage, wie wir wohl erwarten konnten, nichts aufgenommen, sondern unmittelbar und ausschliesslich Caspar
Heltai's Chronik folgt. Da übrigens letztere erst 1575
erschien, so ist die von Jankowich angeführte Ausgabe
von 1570 unter die nicht existirenden Bücher zu rechnen.
Sándor führt eine Klausenburger vom Jahre 1579 an.
Das von mir benützte Exemplar des Nationalmuseums ist
ohne Titelblatt, und darum kann ich dessen Jahreszahl
nicht bestimmen.

2. Die Eroberung Ungerns schrieb Demetrius
Csáti. Stephan Horvát besass eine Copie jenes Gesanges
„von der Eroberung Pannoniens", dessen ich neulich
erwähnt, und an dessen Ende nach einer Lücke drei,
aber ohne Zweifel nicht dazu gehörige Ver-strophen gefunden wurden, die nichts anders sind, als das Ende eines,
die Eroberung Ungerns durch Árpád behandelnden historischen Gesanges. Die Zeilen :

> „Es schrieb's im Szilágyerlande,
> Von grossen Gedanken getragen, Csáti Demeter,
> Als in Ungern grosser Kummer herrschte,
> Bei einer geselligen Unterhaltung."

bezieht Horvát auf die Mohácser Niederlage, wonach der, ausser jenen drei Strophen verloren gegangene Gesang bald nach jenem blutigen Tage geschrieben worden wäre. Ich finde zwar in dem Regestrum der ungrischen Bursa von Krakau einen Demetrius von Chat zwischen 1494 und 1509 in der Reihe der auf der Krakauer Universität studirenden Ungern, da aber der Geburtsort jenes Csáti dort nicht aufgezeichnet ist, kann ich nicht bestimmen, ob derselbe mit diesem aus dem Szilágyerlande abstammenden Csáti eine und dieselbe Person, und ob darum das Gedicht, dessen drei letzte Strophen wir besitzen, so früh geschrieben worden sein konnte, wie Horvát behauptet. Es wäre dessen Besitz schon um jener Begriffsverwirrung wegen wünschenswerth, welche die erhaltenen Strophen verrathen, da es Buda, von dem die Hauptstadt unseres Landes den Namen erhielt, zum Nachfolger Árpád's macht, was, da der Verfasser darin durchaus keine bekannte Quelle benützte, direct auf eine unmittelbare Benützung der Volkssage hinzuweisen scheint, welche in sechs Jahrhunderten sich leicht verdunkeln, und ihre Helden in Gegensatz mit der Geschichte bringen konnte. In so fern ist mit dem Gesange Csáti's gerade das interessanteste Stück unsrer gesammten historischen Poesie verloren gegangen.

3. Aus der Geschichte der Árpádischen Könige fanden zwei Begebenheiten in diesem Jahrhundert versificirende Bearbeiter. Eines davon ist die Geschichte des Bans Bánk, die Andreas Valkai 1573 geschrieben hat, und dabei, wie er selbst bekennt, Bonfini folgte, der aus die-

ser, geschichtlich in manchen Einzelnheiten zweifelhaften, übrigens wahrhaft tragischen Thatsache mit künstlerischer Hand eine wirklich schöne Novelle gestaltete. Der Stoff ist daher von Valkai geschickt gewählt, und auch nicht ohne allen Tact ausgearbeitet worden. Es scheint auch, dass seine Bearbeitung günstig aufgenommen wurde, denn sie erlebte in sechs Jahren vier Ausgaben: zwei Klausenburger, 1574 und 80, und zwei Debreziner in denselben Jahren.

Die zweite Begebenheit ist der Tartarenzug, von Johann Temesvári 1571 bearbeitet, welcher übrigens nicht irgend ein wichtiges Ereigniss aus jener traurigen Geschichte herausgreift, und darin alle Furchtbarkeit des Kampfes nachweist, sondern eine Beschreibung in Versen von der ganzen Reihe zahlreicher einzelner Ereignisse gibt, in einem trockenen Auszug aus Bonfin, und ohne alle dichterische Zuthat. Einige zeitgemässe Ermahnungen indess, wie auch bei Andern in jener Zeit, hinsichtlich der damaligen verhängnissvollen Zwietracht der Ungern, bleiben auch hier nicht aus. Hören wir eine:

„Von Eintracht ist bei Ungern selten eine Spur,
Die dienen würde doch zu ihrer Hilfe nur,
Bei uns auch ist es so: durch Feindschaft ach entzweit,
Lebt Alles unter sich in eitel Hass und Streit.

Wie oft hat die Erfahrung Euch bereits gelehrt,
Dass Zwietracht Euer Glück in Trümmer hat verkehrt,
Dadurch ward Euer Reich schon der Zerstörung Raub,
Bei fremden Völkern sank sein Name in den Staub.

Gar schlecht ist Euer Thun, o dass ihr davon liesst!
Denn wenn der eignen Zwietracht ihr das Thor nicht schliesst,
Euch fremde Völker bald bedroh'n mit heissem Streit,
Und Euer Reich fällt bald in fremde Dienstbarkeit."

Aus der Geschichte der Anjou's, welche so ruhm-

reich, romantisch und an tragischen Motiven so reich, hat
kein einziges einen literarischen Bearbeiter gefunden.
Dagegen besitzen wir

4. Die Siegmunds-Chronik von Sebastian
Tinódi, dem letzten ungrischen fahrenden Sänger, von
dem wir das nächste Mal mehr zu sprechen haben werden.
Als einzige Quelle diente ihm Turóci's Chronik, von welcher
er, gerade mit Auslassung der charakteristischsten Stellen,
gleich seinen übrigen Zeitgenossen, einen trockenen versificirten Auszug gibt. Nur das Mährchen von Lorenz
Tar ist offenbar der Volkssage entnommen. Wir kennen
das 1552 verfasste Werk nur aus Heltai's Lieder-Samm-
lung vom Jahre 1574.

5. Eine Hunyadi-Chronik hat Mathias Nagy
von Bánka 1560 gegeben. Er beschreibt die Thaten
Johann Hunyadi's seit dem Tode Alberts gleichfalls nach
Turóci und im Auszuge, wobei er die schönsten Motive
entweder auslässt oder nicht gebraucht. Stellenweise folgt
er der Chronik des Stephan Székely, aus welcher er auch
die symbolische Erklärung des Hunyadi'schen Wappens
nahm, aus welcher geradezu die Volkssage spricht. Sein
Verdienst beruht in der Sprache, welche rein, correct und
fliessend, und in der Versification, welche mehr Rhythmus
hat, als die seiner Zeitgenossen. Interessant ist übrigens
das Schicksal des Werkes, welches Caspar Heltai dazu
benützte, um mit Unterschiebung eines ersten Theils, der
Hunyadi's Leben bis zu König Alberts Tode beschreibt,
Hunyadi, nach der Tradition, von König Siegmund und
Elisabeth Morzsinai abstammen zu lassen : in so weit hat
die vermehrte Ausgabe von Heltai allerdings ein eigenthümliches Interesse, obgleich die Darstellung fühlbar
schwächer ist, als die von Nagy. Es folgte :

6. Das Zeitalter König Mathias. Dasselbe haben bald theilweise, bald im Ganzen, vier Reimchronisten bearbeitet. Einer die herrliche Episode der Regierung Mathias, die Schlacht bei Kenyérmező, wo Stephan Bátori im letzten entscheidenden Augenblicke durch Paul Kinizsi verstärkt, den Beg Ali vollständig schlug. Diese behandelten zwei Dichter fast zu derselben Zeit : ein Ungenannter, der dieselbe 1568 zu Nikolsburg in Mähren beschrieb, und den wir darum den Nikolsburger Ungenannten nennen wollen, und Stephan Temesvári, Schulmeister zu Telegd 1569. Beide folgten dabei getreulich Bonfin, der erstere in fünf, der andere in vierzeiligen Versstrophen ; beide geben eine lebhafte, gut abgerundete Erzählung. Aber auch hierbei gehört das Verdienst mehr dem Stoffe an. Dieser trägt sie, nicht sie ihn. Dem Ungenannten geben übrigens eine lebendigere religiöse und patriotische Begeisterung, und eine correctere Versification den Vorzug vor seinem Genossen. Die Ausgaben desselben gingen verloren, und es erhielt sich uns dieses Werk nur in einer alten, in der Bibliothek des Kesmarker evangelischen Lyceums befindlichen Abschrift; während das Werk Stephan Temesvári's meines Wissens drei (Klausenburger) Ausgaben erhalten hat, aus 1574, 79 und eine ohne Jahreszahl. Eine ganze Mathias-Chronik, in acht Theilen, begann Meister Ambrosius Görcsöni, auch Ambrosius Gosárvári genannt, und Niklas Fazekas von Bogát endigte sie 1576. Jener behandelt im ersten Theile, nach einer kurzen Uebersicht der Reihe unserer Fürsten von Árpád bis Mathias, nur Johann Hunyadi ausführlicher, indem er unter der Regierung Siegmunds die Raben- und Ringsage von Hunyadi mit einwebt, später dessen Schicksale und Kriegsthaten. Der

zweite Theil beschreibt die Schlacht bei Belgrad und Hunyadi's Tod, der dritte den Untergang Ladislaus Hunyadi's und Ladislaus V., sammt Mathias Wahl, und erzählt jenes Gerede, wonach der junge König, um seinem ausgeleerten Schatz zu Hilfe zu kommen, durch die gewaltsame Festhaltung der Grossen des Reiches, von diesen Gelder erpresst hätte. Der vierte beschreibt alle Thaten Mathias bis zur Einnahme Wiens; Bogáti im fünften das Uebrige bis zu Mathias Tode. Zu diesem kommen dann noch in drei Theilen die Schicksale der Jagellonen, König Johanns, Ferdinands und endlich Johanns II., so dass das Ganze, das ursprünglich nur Mathias verherrlichen wollte, zuletzt zu einer ganzen Königschronik ward, aber doch den drei Hunyadi's den meisten Raum gönnt. Beide Bearbeiter folgen eben so, wie ihre übrigen Genossen, streng der historischen Ordnung und Darstellung, so dass das nicht alltägliche Interesse dieses ausgedehnteren Werkes in der Strenge der nationalen Auffassung besteht. Von Göresöni sind uns drei, von Bogáti zwei Ausgaben erhalten (1577).

Ich schliesse die heutige Reihe mit der Königschronik von Andreas Valkai (Klausenburg 1576), welche noch trockener, als die bisher erwähnten Reim-Chroniken, einen Auszug der gesammten ungrischen Geschichte gibt, und welche, sammt der Bogáti's, bis zum Zeitalter des Verfassers aufsteigend, den Uebergang zu den, die gleichzeitigen Begebenheiten behandelnden, viel wichtigeren Reimchroniken bildet, mit denen wir uns in der nächsten Stunde bekannt machen werden.

Vierzehnte Vorlesung.

Sebastian Tinódi, der letzte ungrische fahrende Sänger. Sein Leben. Seine, gleichzeitige Begenheiten behandelnden, Reimchroniken. Deren Charakter. Tinódi als historische Quelle.

Meine Herren!

Der erste, welcher in dem von uns erörterten Zeitalter gleichzeitige Begebenheiten in Verse brachte, war Sebastian Tinódi, der letzte ungrische Sänger, der seine selbstgefertigten Gesänge mit Begleitung der Laute an den Höfen der Grossen sang, dem der Gesang sein Brod und Gewerbe war, und darum im ganzen Lande als Sebastian der Lautensänger gekannt war, aber auch zugleich als „Meister", denn da er Schulbildung besass, verbreitete er seine Gesänge nicht nur durch das lebendige Wort, sondern auch durch Schrift und Druck. Tinódi war eine wirklich poetische Natur, die sich aber nicht in seinen Versen vollgiltig aussprach, welche die Trockenheit der Schule nicht verläugnen, sondern in seinen selbst-componirten Melodien, in deren tiefergreifende melancholische Töne er seinen patriotischen Kummer und Schmerz über die dem Untergange sich zuneigende National-Existenz verwebte. Mit ihm haben wir uns also nicht nur als mit dem fruchtbarsten und zugleich wichtigsten Reim-Chronisten des Jahrhunderts, sondern hauptsäch-

144

lich als dem letzten Vertreter des Standes der Lauten-
schläger näher bekannt zu machen.

Sebastian Tinódi stammte von adeligen aber verarmten Eltern ab, welche ihren Namen von der im Stuhlweissenburger Komitate liegenden Tinóder Puszta führten, wo deren Nachkommen bis zu unserer Zeit lebten. *)
Von seiner Jugend und ersten Ausbildung wissen wir
nichts; dass er wenigstens Gymnasialunterricht erhielt,
beweisen seine Werke. Zuerst begegnen wir ihm in der
Festung Sziget am Hofe des Valentin Török. Nachdem
dieser in Soliman's Gefangenschaft gerathen, und seine
Frau aus Herzweh gestorben war, zog Tinódi am Wan-
derstabe mit seiner Laute durchs Land, bald in Herren-
burgen, bald in Grenzhäusern einkehrend und seine historischen Gesänge singend. Endlich liess er sich 1549 in
Kaschau nieder, wo er durch fünf Jahre in ärmlichen
Verhältnissen und unter häufiger Krankheit den grössten
Theil seiner, die merkwürdigern gleichzeitigen Ereignisse
behandelnden, Werke schrieb. Es scheint, dass er um
ihrer Herausgabe willen, da zu jener Zeit in Ungern
keine Druckerei bestand, 1553, nach Klausenburg reiste;
wo er ausser mehreren kleineren Schriften seine „Geschichte Siebenbürgens", gleichfalls in Versen, schrieb,
dieselbe zugleich mit mehreren andern seiner Arbeiten in
zwei Bänden bei Georg Hoffgref 1554 herausgab und dem
König Ferdinand widmete, der schon früher den Ruf seiner
„Belagerung von Erlau" vernommen, und dieselbe durch
Zsámboki für sich ins Lateinische hatte übersetzen lassen.

*) Der letzte Tinódi (Stephan), der daselbst in Armuth und
Dürftigkeit lebend sich auf dem letzten der Familie gebliebenen
Stück Erde kümmerlich ernährte, starb im Februar 1854.

In diesem Jahre hören die sichern Zeichen von Tinódi's Thätigkeit auf. So viel ist gewiss, dass er nach dem Erscheinen seiner Werke Siebenbürgen verliess, und bei dem damals zum Palatin erwählten Thomas Nádasdi ein Asyl fand, wo er, den Rest seiner Tage an dessen Hofe hinbringend, nach wenigen Jahren sein kümmerliches, aber unbescholtenes Leben beschloss. Wenn Jankowich nicht irrt, indem er unserm Tinódi eine „Belagerung von Sziget" beilegt, die 1577 erschienen sein soll, so ist dies entweder die von 1530, als sein früherer Gönner Valentin Török diese Burg gegen die Generale Ferdinands vertheidigte; und welche Tinódi deshalb in die Sammlung seiner Schriften nicht mit aufnehmen mochte, da er es für unanständig hielt, dieselbe Ferdinand zu widmen; oder, was wahrscheinlicher, war es jene Belagerung von 1556, als Nádasdi durch seine Diversion aus Babocsa den damals zu Sziget befehligenden Markus Horvát vor der Uebermacht der Türken rettete; und wirklich scheint die Erzählung Zsámboki's von diesem Sturm auf eine solche Reimchronik als Quelle hinzuweisen. In diesem Falle hätte Tinódi 1556 noch gelebt, und seinen Maecen durch die Besingung dieser That verherrlichen wollen. Aber 1559 finden wir bereits seine Wittwe als Gattin eines Edelmannes Namens Georg Pozsgai, und im Betrieb eines Handels zu Kaschau durch den Stadtrath gehindert, weshalb sie durch den Palatin „um jener Verdienste willen, welche sich der selige Tinódi bis an das Ende seines Lebens um Nádasdi erworben," dem Kaschauer Stadtrath empfohlen ward. Wir müssen daher seinen Tod zwischen 1556 und 59 annehmen.

Um nun zu Tinódi's Werken überzugehen, so behandeln die uns noch erhaltenen, ausser der schon erwähnten Siegmunds-Chronik, zwei biblischen und einigen didaktischen und satyrischen Gedichten, alle blos gleichzeitige Ereignisse. Dieselben sind viel zu wichtig, um sie nicht nach der Zeit ihrer Entstehung in vollständiger Reihenfolge hier anzuführen.

1. Von Ofens Fall und Valentin Török's Gefangenschaft (geschrieben 1541). Beschreibung jener Begebenheit traurigen Andenkens, als Soliman in diesem Jahre durch List die Hauptstadt des Reiches in seine Gewalt bekam, die Königin sammt ihrer Regierung daraus entfernte, den Burghauptmann Valentin Török aber gefangen nach Konstantinopel schickte.

2. Von der Gefangenschaft Peter Perényi's, Stephan Mailáth's und Valentin Török's (1542). Eigentlich ein Mahngedicht an die Ungern, sich vor der Hinterlist der Türken zu wahren. Die Gefangennehmung Peter Perényi's, welche 1532 Statt fand, und woraus der harte Vater sich nur durch die Auslieferung seines Sohnes und grosser Schütze befreien konnte, so wie die Gefangenschaft Mailáth's und Török's, welche bis zum Tode beider Männer währte, werden eigentlich nur als warnende Beispiele angeführt. Der Nachdruck ruht übrigens auch hier auf dem Lose Valentin Török's und dessen Familie. Ein, der Brust des treuen Dieners jenes Hauses entstammender elegischer Zuruf an seinen gefangenen Herrn, und eine an die Grossen des Reiches gerichtete Mahnung schliessen dieses schöne Stück, worin dieselben zum kräftigen Widerstande gegen die Türken aufgerufen werden.

3. Kampf Emrich Verbőci's mit den Kriegsschaaren Kászon's auf den Kozarer Feldern (geschrieben 1543). Nicht nur eine ausführliche, sondern auch sehr lebendige und anschauliche Beschreibung des

Kozarer Kampfes. Auch hievon nimmt er sowohl in der Einleitung, als im Schlusse Gelegenheit zu kühnen Ermahnungen an die Grossen, wie an die Kämpfer in den Grenzhäusern. Jene tadelt er wegen ihrer dem Vaterlande nachtheiligen Zwietracht, diese ermahnt er das arme Landvolk nicht zu drücken.

4. Die Schlacht auf Szalkamező (geschrieben 1544.) Gleichfalls eine ausführliche Beschreibung zweier Schlachtangriffe, welche die Türken gegen Melchior Balassa bei Léva und gegen Franz Nyári bei Szalka unternommen. Lebendig und ziemlich malerisch schildernd.

5. Die Schlachten zur Zeit des Thomas Varkucs (geschrieben 1548). Wie der Titel besagt, eine Beschreibung mehrerer unter sich nicht zusammenhängender Begebenheiten; hinsichtlich der Darstellung ohne Interesse, aber, wie Alles von Tinódi, in historischer Beziehung wichtig, besonders als Zeitgemälde.

6. Die Einnahme der Festungen Szitnya, Léva, Csábrág und Murány (geschrieben 1549). Eine ausführliche Beschreibung besonders des Sturmes auf Léva und Murány. Für die Geschichte sehr wichtig; aber auch die Gesinnung und den patriotischen Muth des Verfassers scharf beleuchtend. Kräftig spricht unser armer Lautenspieler die Raubritter an, eifert gegen ihre Plünderungen und Grausamkeiten, und ermahnt sie zur Treue und Eintracht; er verbirgt nicht seine Freude über die Zerstörung der Raubschlösser; aber er kann auch den Schmerz seines patriotischen Herzens nicht bezwingen über das allmälige Sinken des Ungerthums. Er tadelt die schmachvolle Capitulation von Csábrág und beschreibt den Lévaer Sturm als einen Glanzpunkt der ungrischen Kriegsgeschichte. Aus diesem Werke Tinódi's

wird auch der Grund von dessen Hinneigung zu Ferdinand klar : von ihm nämlich erwartet er Schutz für die Armuth und die Wiederherstellung der ungrischen Einheit; gleichwohl kann er sein Gerechtigkeitsgefühl nicht verstummen lassen, wo er die Ungerechtigkeit des Königs gegen Balassa aufzeichnet.

7. Der Zweikampf des Georg Kapitány (geschrieben 1550). Eine in demselben Jahre zu Hollókö vorgefallene Episode.

8. Krieg des Kaisers Karl in Sachsen (geschrieben 1550). Gleichfalls die einzige Quelle hinsichtlich der Theilnahme der Ungern an dem Schmalkaldischen Krieg 1546. Er erzählt die Thaten der ungrischen Hilfstruppen nach dem Berichte eines Augenzeugen. Obgleich Protestant, beschreibt er doch diesen, damals in Ungern sehr unpopulären Krieg mit Liebe, denn er findet darin Gelegenheit zur Verherrlichung der ungrischen Waffen.

9. Szegedin's Fall (geschrieben 1552). Eine ausführliche und anschauliche Beschreibung der Heldenthat des Michael Tót zu Szegedin, und zugleich ein lebendiges Zeitgemälde von den verdorbenen Sitten der ungrischen Haiduken (Fussvölker).

10. Stephan Losonci's Tod in der Grenzfeste Temesvár (geschrieben 1552). Ein umständliches Gemälde dieses wichtigen Ereignisses, sammt der demselben vorangehenden Begebenheiten, wie da waren die Schlachten bei Becse und bei Emölcsö, der Pressburger Reichstag, auf welchem die Unterstützung dieser wichtigen Grenzfestung beschlossen wurde, aber nicht zur Ausführung kam; ferner der langen Belagerung Temesvár's und der Ermordung Losonci's, trotz des gegebenen Wortes der Türken.

11. **Gesang von der Belagerung Erlau's in vier Theilen** (geschrieben 1553). Gleichfalls eine umständliche und treue Beschreibung jener herrlichen Thaten, deren Schauplatz 1552 Erlau war. Sie beginnt mit der Darstellung der Oertlichkeit, macht uns mit allen Einzelheiten der kleinen Besatzung bekannt, beschreibt die Anordnungen der Befehlshaber, die beiderseitigen Vorbereitungen zum Kampfe, die wiederholten Capitulationsaufforderungen und Stürme, den Verrath eines treuosen Cythersängers, die Explosion des Schiesspulvers, die artilleristischen Kniffe und Künste des Meister Gregor (den Vörösmarty in seinem, denselben Gegenstand behandelnden, epischen Gedichte verherrlichte), die Kämpfe in den Minen, die Strenge Dobó's, den Hauptsturm und die Theilnahme der Frauen bei demselben, den Rückzug der Türken, die Trophäen, endlich die Ermordung Mecskei's durch den Várkonyer Pöbel.

Diesem Werke folgte unmittelbar:

12. **Summarische Geschichte von Erlau's Belagerung in einem Theil** (geschrieben 1553), eine Epitome des Vorigen, wahrscheinlich für den mündlichen Vortrag verkürzt eingerichtet. Darauf scheinen die Zeilen hinzudeuten:

> Alles dies, wie's wirklich ist gewesen,
> Könnt Ihr in der grossen Chronik lesen;
> Hier will nur ein kurzes Wort Euch lehren,
> Was zu träg Ihr nicht mögt sein zu hören.

Uebrigens ergünzt und vervollständigt er an manchen Orten „die grosse Chronik", wie er die grosse Reimchronik unter Nr. 11 nennt, durch solche Angaben, welche wahrscheinlich erst später zu seiner Kenntniss gelangten.

**13. Der Heldenmuth Johann Török's von
Enying** (geschrieben 1553). Einer der interessantesten
Gesänge Tinódi's. Johann Török, Valentin's Sohn, greift,
um seinen Vater an den Türken zu rächen, den Feru
Aga bei Deva, ohne Befehl zu haben, unvorbereitet an,
und schlägt ihn aufs Haupt. Bis dahin ist das Werk ein
kleines abgerundetes Ganze, woran der Verfasser jedoch
noch einige Kämpfe seines Helden auf Kosten der Einheit anhängt. Ueberdies ist es ein Vorzug dieser epischen
Erzählung, dass sie, da ihre Aufgabe die Verherrlichung
einer einzelnen Person ist, ein individuelle Züge tragen-
des Bild gibt, welches Tinódi mit der Wärme persönlicher
Zuneigung ausmalt.

14. Siebenbürgische Geschichten in fünf
Theilen (geschrieben 1553). In geschichtlicher Beziehung Tinódi's wichtigstes Werk. Es behandelt jene ver-
wickelten Begebenheiten, welche sich, seit Martinuzzi's
heimlichem Bunde mit Ferdinand bis zu des Ersteren Ermordung, in Siebenbürgen begaben. Während Tinódi's
übrige versificirte Geschichten sich wie von selbst so
ziemlich abrundeten, liess dieser Gegenstand sich schwieriger ordnen, und eben in dieser Anordnung und der
ganzen Anlage zeigte Tinódi seine Geschicklichkeit, obwohl von einer streng in einander greifenden Composition,
wie sie erforderlich gewesen wäre, nicht die Rede sein kann.
Auch hier ist unser Harfner nur Geschichtschreiber, aber
als solcher verständig, und ausserdem gewissenhaft, treu
und unparteiisch. Ueber Martinuzzi's Charakter ist er eben
so wenig im Klaren, als seine Zeitgenossen, aber der in
der Brust dieses räthselhaften Mannes kämpfende Patriotismus und Ehrgeiz wird aus seiner Darstellung klar, wonach bald der eine, bald der andere das Uebergewicht

erlangte, doch so, dass, indem er bald jenem, bald diesem
nachgab, der mit sich in Zwiespalt befindliche Mensch
sich damit beruhigte, dass, was er that, seiner Nation zum
Vortheil gereiche. Die Darstellung ist weniger correct,
als die seiner andern Werke, und die des dritten Theils
besonders matt. Die Spuren der Eile sind nicht zu verkennen.

15. Geschichte von Ali Pascha zu Ofen (geschrieben 1553). Ausfälle Ali Pascha's aus Ofen, wobei er
Wesprim von Michael Vas, Drégely von Szondi, Szécsény
u. s. w. eroberte.

16. Der Untergang des Mathias Ördög (geschrieben 1553). Eigentlich eine Fortsetzung des Vorigen,
und nicht nur eine Erzählung des Falles von Mathias
Teufel auf dem Paláster Felde, sondern auch der, zwischen
den Erlauer und Temesvárer Ereignissen sich zutragen-
den Begebenheiten, wie z. B. der Einbruch des Woiwoden
der Moldau und dessen Zurückschlagung, die Uebergabe
von Sólymos, von Lippa, Szolnok's Fall durch Lorenz
Nyári's unfähige Feigheit. In diesen beiden letzten Reim-
Chroniken lösen sich die Stoffe in ein blosses Nacheinan-
der auf, ohne alle innere Einheit.

Den grössten Theil dieser Reimchroniken hat Caspar Heltai 1574 in seiner Sammlung historischer Gesänge
neu herausgegeben. Ich habe die zahlreichen Reimchroniken Tinódi's einzeln angeführt, da dieselben nicht nur
eben so viele wichtige Daten zur Geschichte jener zwölf
Jahre, nämlich von 1541—53 enthalten, sondern grösstentheils wahre Quellen sind, welche nicht nur Stephan Katona und Franz Budai benützten, sondern schon die
Zeitgenossen Tinódi's, zwar ohne ihn zu nennen, nichtsdestoweniger sehr reichlich ausbeuteten. So Zsámboki,

der nicht nur dessen „Belagerung Erlau's" auf den Wunsch
König Ferdinands übersetzte, sondern auch andere historische Stücke nach Tinódi verfasste. So der Bischof
Franz Forgács, welcher im 1. und 2. Buch seiner Commen-
tarien, Istvánfi, der im 16., 17. und 18. Buch seiner Geschichte, Schesaeus, der in seinen „Ruinis Pannonicis",
bis in die kleinsten Details unserm Harfner folgten. Und
wir besitzen in der That keinen Historiker, der mit grösserer Pünktlichkeit, Wahrheitsliebe und Unparteilichkeit
seine, mit grosser Mühe und Sorge von aufgesuchten
Augenzeugen erworbenen, und verständig zusammen-
gefügten Angaben mitgetheilt hätte. Ausserdem sind
seine Werke sämmtlich von tiefer Vaterlandsliebe, Achtung gebietendem männlichen Sinne beseelt, dessen lei-
tende Sterne „Vaterland und Menschheit" sind; und
obwohl seine Existenz von der Gunst seines Publicums,
der Herren und Ritter, abhing, so litt er doch lieber Noth,
als dass er um äusserer Rücksichten willen seine Ueberzeugung verläugnet hätte. Er ermahnte, tadelte, ermunterte, bat sie ohne Unterlass mit Aufgebung ihrer Uneinigkeit, schmählicher Unthätigkeit und Bedrückung des
armen Volkes, Mann an Mann gegen die Feinde des Vaterlandes zu wirken, und so ihrer patriotischen Pflicht
Genüge zu leisten.

„O pflegt nicht lange Rath . . . ."

so ermahnt er an einer Stelle die hohen Herren:

O pflegt nicht lange Rath, ich bitt' Euch, was Ihr sollt,
Wenn zwischen den zwei Flüssen hier Ihr wohnen wollt*).
Wenn Ihr so müssig zuseht, und stellt den Kampf Ihr ein,
Nicht lange werdet hier Ihr, fürcht ich, Herrscher sein.

-----

*) „Zwischen der Donau und der Theiss" : d. h. in Ungern.

Als Geschichtschreiber, als Sittenrichter, als Tendenzschriftsteller, der die Nation zum Bewusstsein ihrer wahren Lage wach rief, ist Tinódi unter den Literaten seiner Zeit der wichtigsten und achtungswerthesten einer, und derjenige ist sehr ungerecht, der ihn nach seiner noch wenig gebildeten poetischen Darstellung, Sprache, und nach seiner schlechten Reimerei beurtheilt.

So viel mag für jetzt von unserm wackern Harfner genügen. Bis dahin aber, wo wir ihm unter andern Rubriken unserer Skizzen wieder begegnen werden, gehen wir in der nächsten Stunde zu den übrigen, nach Tinódi's Beispiel die Begebenheiten ihrer Zeit besingenden, Verfassern über.

Fünfzehnte Vorlesung.

Andere, gleichzeitige Begebenheiten aufzeichnende Reimchronisten. Sziget's Fall. Das Leben König Johaon II. von Dem etrius Csanádi Georg Túri's Tod. Der Sieg bei Nádudvar von Georg Salánki. De r Ungenannte des Ihász. Die Besiegung Szinán Pascha's von Stephan Szóllósi. — Die Aufzeichner ausländischer gleichzeitiger Ereignisse Tinódi, Tóke, Valkai. — Bearbeiter älterer ausländischer Begebenheiten : Mádai, Csegéri, Bogáti, Cserényi.

Meine Herren!

Tinódi's Vorgange folgten Mehrere in der Aufzeichnung gleichzeitiger, wichtigerer Begebenheiten. Der Zeit nach steht ihm am nächsten jener Ungenannte, der den Fall Sziget's noch in demselben Jahre 1566 gab. Die Darstellung liefert ein trockenes Verzeichniss jener neun grössern und kleinern Angriffe, welche gegen Zrínyi's Burg Statt fanden. Dazwischen erzählt der Verfasser einige interessante Episoden, „Wunder", wie er sie nennt, unter denen auch eins erwähnt wird, wonach die eingeschlossenen und hart bedrängten Helden ihre Frauen tödteten, damit sie nicht in die Hände der Türken kämen. Eine dieser Frauen flehte ihren Gemahl an, sie nicht zu tödten, sondern ihr Waffen und ein Pferd zu geben, indem sie heilig versprach, tapfer gegen den Feind zu streiten. Und so geschah es auch. Sie und ihr Gemahl fielen nach

tapferer Wehr, und nachdem sie mehrere Türkenköpfe
gespalten, gemeinsam auf dem Kampfplatze. Diese Begebenheit ist gewiss nicht erdacht. Die Reimchronisten des
sechzehnten Jahrhunderts strebten vor Allem nach prosaischer Wirklichkeit, und Glaubwürdigkeit; da aber der
Verfasser nicht selbst an der Belagerung Sziget's Antheil
genommen, so erfuhr er jene Geschichte wahrscheinlich
von einem der fünfundzwanzig Ungern, die, nach ihm, im
nahen Schilfrohr sich retteten. Wie, wenn dieselbe Zrínyi
dem Dichter bekannt war, und ihm als Grundlage zu der
schönen Episode von Deli Vid und seiner heldenmüthigen
Gattin gedient hat? Von Soliman's Tod geschieht in dieser
Chronik keine Erwähnung, wahrscheinlich darum, weil
über die Art seines Todes, unmittelbar nach dem grossen
Ereigniss, noch abweichende Gerüchte verbreitet waren.
Theilt uns doch Zrínyi der Dichter neunzig Jahre später
mit, dass kroatische und italienische Chroniken, ja sogar
die türkische Sage selbst, Soliman von der Hand Zrínyi's
getödtet werden lassen; während andere behaupteten, er
sei vor Einnahme der Festung eines natürlichen Todes
gestorben. Zrínyi dagegen ist, unserm Chronisten nach,
nicht beim letzten Sturm gefallen, vielmehr:

> „Beim letzten Sturm war Niklas Zrínyi nicht zugegen,
> Denn auf dem Sterbebett ist er bereits gelegen.
> Beim achten Sturm ward er bedeckt mit Wunden;
> So hat ein Janitschar im Bette ihn gefunden.
> Verheimlicht hat's der Janitschar drei Tage;
> Nun Zrínyi starb, bracht' er dem Pascha Kunde.
> Dem todten Herrn der Kopf ward abgehau n.

Diese Version von Zrínyi's Tode, im Widerspruch
mit allen gleichzeitigen Schriftstellern, und besonders mit
dem als Augenzeuge wichtigen (türkischen Schriftsteller)

Selaniki, beweist nur so viel : dass es keine Thatsache
gibt, die nicht von den Zeitgenossen auf verschiedene
Weise erzählt wird. Denn auch unser Ungenannter hat
dieselbe nicht erdichtet, sondern einem gleichzeitigen
Gerücht entnommen.

Von dieser gereimten Chronik erhielt sich nur noch
ein einziges gedrucktes Exemplar, und auch dies nur
fragmentarisch; es bildet eine schätzenswerthe Reliquie
meiner eigenen Bibliothek. Im Lugossy Codex ist eine
Abschrift dieser Chronik enthalten, die auf eine, von dieser Ausgabe an einzelnen Stellen differirende, also andere,
Ausgabe hinweist; leider fehlt auch hier ein Blatt, auf
welchem die 28—47. Strophen standen. Joseph Péczely
kannte Lugossy's Exemplar, und lieferte noch 1846 auf
ihrer Grundlage in der Akademie eine Abhandlung über
die Art von Zrínyi's Tode, worin er die Erzählung dieses
Reimchronisten vom Tode Zrínyi's widerlegte.

Es folgt 2. das Leben König Johann II. von
dem Unitarier Demetrius Csanádi, geschrieben 1571, unmittelbar nach dem Tode des jungen Fürsten. Mit betrüb-
tem Herzen geht der Verfasser an die Skizzirung dieses
durch viele Widerwärtigkeiten bedrängten Lebens, in
welcher wir übrigens keine neue Thatsache erhalten.
Statt der ruhigen Objektivität des Erzählers ergiesst sich
der durch diesen Tod schmerzlich betroffene Theil darin
in Klagen, wobei er von seinem Gegenstande Veranlassung
nimmt, über die Wandelbarkeit des Glückes zu reflectiren,
seine Leser zum Vertrauen auf Gott zu ermahnen, und zum
Gebet, auf dass er den elenden Zustand des Landes zum
Bessern wende. Es ist mehr ein Gelegenheits-Lehrgedicht,
worin das Leben Johanns II. als Beispiel angeführt wird,
denn eine reine Erzählung; aber als Reflex der Zeitstim-

mung nicht ohne geschichtliches Interesse. Bis jetzt kennen wir drei Ausgaben: eine Klausenburger aus 1571, welcher noch in demselben Jahre eine Debreziner folgte, und 1582 wieder eine Klausenburger, welche letztere die Zeit der Abfassung der Schrift in das Jahr 1576 verlegt — ohne Zweifel auf Grund einer verloren gegangenen Ausgabe von 1576, welche durch Verjüngung des Datums der Abfassung Neuheit beanspruchte. (Ein nicht seltener Fall im sechzehnten Jahrhundert.)

Unvergleichlich interessanter und theilweise ergreifend ist der gleichzeitige historische Gesang eines Ungenannten vom Tode Georg Túri's (1571). Er beginnt mit Klagen über das Gedeihen der türkischen Sache, da bei den Türken für pünktlichen Sold und allerlei Kriegsmaterial gesorgt ist; mit Züchtigung der ungrischen Regierung, welche die Angelegenheit der Grenz-Kriegsvölker vernachlässigt; so wie mit Klagen über die ungrischen Grossen, welche in ihrer Schlaffheit die allgemeine Sache im Stiche lassen, wodurch sie zuletzt das Unheil über ihr eigenes Haupt heraufbeschwören. Hierauf erzählt er den unter Kanizsa erfolgten Untergang Georg Túri's, des besten Ritters des Landes zu dieser Zeit, die Trauer der Seinigen darüber, der er noch die früheren Thaten des Helden hinzufügt. Das Ganze will eine Verherrlichung Túri's sein. Die Hauptbegebenheit ist mit solch sicherm Detail und so lebendiger Anschaulichkeit gezeichnet, und dabei mit so viel Wärme und Theilnahme, dass man kaum daran zweifeln kann, der Verfasser sei Einer aus seinem Gefolge, und selbst Augenzeuge gewesen. Und so besitzt, trotz der schwachen sprachlichen Behandlung, die Darstellung eigenthümliches Interesse, der Inhalt aber historische Glaubwürdigkeit. Wie denn auch Niklas Istvánfi

mit unserm Ungenannten übereinstimmt, und die von ihm
abweichende Erzählung Forgács's von einer, dem Túri
gestellten Schlinge, sich als unglaubwürdige Sage erweist. Das einzige noch erhaltene Exemplar wird in der
Bibliothek der Akademie aufbewahrt, und enthält weder
Ort noch Jahreszahl des Druckes.

In geschichtlicher Hinsicht, und als Zeitgemälde
gleichfalls werthvoll, dabei nicht nur lebendig dargestellt,
sondern auch gut geschrieben, ist die Reimchronik
Georg Salánki's von Franz Geszti's Sieg bei Nádudvar (1580). Er beginnt seine Erzählung mit den Thaten und Schicksalen des ungrischen Renegaten Sásvár
Bég, dessen Verrath gegen seine Nation er mit lebhaften
Farben malt. Nach Beschreibung der in jenem Jahre von
Veisz dem Ofner Pascha unternommenen unglücklichen
Kriegsführung, in deren Folge der Pascha nach Konstantinopel zurückberufen wurde, schildert er die Grausamkeiten des, als sein provisorischer Stellvertreter zum
Commandanten ernannten Sásvár, der bei Szolnok die
türkischen Truppen des Umkreises sammelte, und von
dort gegen Tokaj aufbrach, aber durch die Tapferkeit der
Deutschen zurückgedrängt, während Karl Ruber seiner
Spur folgt, durch den, von den Borsoder ungrischen und
deutschen Kriegsvölkern zum Hauptmann gewählten,
Franz Geszti bei Nádudvar angegriffen und vernichtet
ward. Der Verfasser versteht es, seiner Erzählung einen
gehörigen Grund zu legen, er zeichnet diese Reihe interessanter Begebenheiten genau und in gehörigem Zusammenhange, aber gerade die Einzelnheiten der entscheidenden Schlacht hat er nicht gekannt, was darauf hinzudeuten scheint, dass er, obgleich er dem Schauplatz der Begebenheiten nahe, in Borsod, wohnte, doch nicht selbst

Augenzeuge war. Der Dank gegen Gott, der den Sieg geschenkt, und ein Gebet für unsere Befreiung beschliesst die, übrigens reine und fliessende, Erzählung. Das einzige auf uns gekommene Exemplar, das gleich nach der Abfassung bei der Wittwe Heltai in Klausenburg 1581 gedruckt wurde, befindet sich im Nationalmuseum. Ob es ein Jugendwerk desselben Georg Salánki sei, der fünfundvierzig Jahre später zu Leyden des Erasmus Rotterodamus Enchiridion oder christliches Handbüchlein, Georg I. Rákóczi, damals noch Borsoder Obergespann, gewidmet, 1627 herausgab, kann ich nicht bestimmen.

Die wahrscheinlich kurz nach 1586 geschriebene Erzählung des Iháaz'ischen Ungenannten vom Tode Ali Pascha's erhebt sich nicht zu dem Rang einer geschichtlichen Quelle, sondern bezweckt unmittelbar eine warnende Lehre hinsichtlich der Frauen, wie auch ihr lateinischer Titel : „Icon vicissitudinis humanae vitae" bezeugt — ist aber doch, da sie über die damaligen Sitten der Türken Licht verbreitet, nicht gerade ein unbedeutendes Stück. Der Verfasser hörte zu Ofen das Schicksal des Vezirs, der von 1580 bis 1583, und zum zweiten Male 1586 Pascha von Ofen war, und hier, abweichend von der Erzählung der türkischen Historiker, durch Gift seinem Leben selbst ein Ende machte. Die Sprache deutet auf einen Neuling in der Kunst zu schreiben. Das einzige, am Ende verstümmelte Exemplar wird, als Geschenk von Gabriel Iháaz, jetzt in der Bibliothek der Akademie aufbewahrt. Der Druck weist auf Bartfeld und das Ende des sechzehnten oder den Anfang des siebzehnten Jahrhunderts.

Der Darstellung nach übertrifft die bisher genannten Stephan Szőllősi, der den Feldzug Siegmund Bátori's von

1595 gegen Szinán Pascha nach Johann Jakabfi (Jacobi-
nus) frei bearbeitete. In Bezug auf die Geschichte hat
daher dieses Werk keinen Werth; um desto mehr verleiht
ihm aber einen solchen die fliessende, angenehme Darstellung, die, die übrigen Zeitgenossen übertreffende
Versificirung, und die Sprache. Jankowich und Johann
Németh haben eine Németújvárer Ausgabe von 1595
gekannt, welche, als ein unzweifelhafter Nachdruck, eine
Klausenburger aus demselben Jahre voraussetzt, und ein
Beweis jener industriösen Schnelligkeit ist, von welcher
wir im sechzehnten Jahrhundert mehrere Beispiele haben.
Das Ereigniss selbst, Jakabfi's Denkschrift, Szőllősi's
Bearbeitung in Versen, und zwei Ausgaben in Siebenbürgen und Ungern sind sämmtlich von einem und dem-
selben Jahre. Die Akademie besitzt Abrugyi's Klausenburger Ausgabe aus dem Jahre 1635.

Dies sind die Reimchroniken, welche vaterländische
gleichzeitige Begebenheiten abhandeln, und, ohne Zweifel
von vielen Andern, auf uns gekommen sind. Noch vier
muss ich hinzufügen, welche ebenfalls gleichzeitige, aber
ausländische Ereignisse geben. Eines darunter finden wir
unter den Werken Tinódi's: „Die Kämpfe Kaiser Solimans mit Kazul Pascha (geschrieben 1546). Unser
sorgsamer Harfner beschreibt darin den persischen Kriegszug Solimans vom Jahre 1534—36 gegen Thamasp, der
hier unter dem Namen des Kazul Pascha zu verstehen ist
(Kuzzulbas nennen nämlich die Türken den Schach von
Persien wegen seines rothen Turbans). Die Darstellung
ist verworren und dunkel, wie wohl die Quelle Tinódi's
gewesen sein mochte, dem diese Geschichte ein vom
Kaiser gekommener Junker erzählte. In diesem Werke
erwähnt er auch eine türkische Kaiserchronik,

welche er geschrieben, die aber nicht auf uns gekommen ist. Hieher gehört auch „Franz Spira's schauderhafte Geschichte" von Franz Tőke aus dem Jahre 1553, welche einzig die Sammlung von Bornemisza (1582) aufbewahrt hat. Dieses Stück gibt nach der lateinischen Darstellung eines Augenzeugen ein treues und lebendiges Bild der letzten Tage dieses traurigen Opfers religiöser Schwärmerei. — Die beiden andern Reimchroniken dieser Art verfasste Andreas Valkai 1571. Die erste gibt die damals (1530) in Europa allgemeine Bewunderung erregenden Kriegsfahrten des berühmten algierischen Seeräubers und Häuptlings Barbarossa, eigentlich Haireddin (den der Verfasser Hariadenus nennt), und die Eroberung von Tunis durch ihn; die andere den von Karl V. 1535 wider ihn unternommenen Kriegszug, wobei der Kaiser Tunis nahm, und dessen vertriebenen König wieder einsetzte. (Es ist dieselbe Begebenheit, welche Ladislaus Pyrker den Stoff zu seiner Tunisias geliefert.) Der Inhalt ist streng dem 33. und 34. Buche des Jovius entnommen, wie der Verfasser selbst bekennt. Die Darstellung ist, wie überhaupt bei Valkai, trocken und uncorrect.

Es erübrigt uns nur noch die letzte Abtheilung der Reimchroniken, welche ältere ausländische Begebenheiten erzählen. Solche sind : die Zerstörung Jerusalems von Michael Mádai, von welcher wir jedoch nur die sechzehn ersten Strophen haben. Ein zweiter „Untergang Jerusalems" rührt von Andreas Csegéri her (geschrieben 1553). Im Museum befindet sich eine Debreziner Ausgabe von 1573, und eine Klausenburger von 1580. Hierher gehören ferner : Die Heldenthaten Skanderbeg's, in sechs Theilen, von Michael Fazekas von Bogát aus 1579, wovon die Bibliothek des Theresianums

zu Wien eine Debreziner Ausgabe besitzt (mit der Jahreszahl XXXXVII?); eine Klausenburger von 1592 befindet sich im National-Museum, und eine, davon verschiedene, gleichfalls Klausenburger, aus demselben Jahre ist
Eigenthum der Ráday'schen Bibliothek. Endlich die Geschichte der persischen Fürsten von Michael Cserényi aus 1591 nach Xenophon und andern alten Schriftstellern : die weitläufigste unter allen Reimchroniken. Eine
Klausenburger Ausgabe von 1592 besitzt die Akademie.
Alle diese geschichtlichen Erzählungen sind ohne poetisches
Gefühl und ohne dichterische Darstellung. In der Handhabung der Technik zeigt nur Cserényi einen Vorzug
vor seinen Genossen. Darum gehen wir, ohne uns
länger dabei aufzuhalten, das nächste Mal zur religiösen
Epik über.

Sechzehnte Vorlesung.

Die biblische Epik, als Uebergangsglied zur didaktischen Poesie. Deren protestantischer Charakter. Ihre Literatur im sechzehnten Jahrhundert. — Moralische Erzählungen. — Didaktische Poesie. Religiöse und religiös-moralische. Dogmatische. Allgemein moralische. — Mahn- und Strafgedichte: Andreas Horvát und Andere.

Meine Herren!

Obgleich die biblische Epik den romantischen Erzählungen und Reimchroniken der Zeit nach voranging, so handeln wir sie doch nach diesen ab, da sie uns als angemessener Uebergang zur didaktischen Poesie dienen, insofern ihr Zweck nicht darin bestand, durch poetische Darstellung interessanter Begebenheiten angenehm zu unterhalten, sondern vielmehr durch erbauliche Betrachtungen, religiöse und moralische Belehrungen, fromme Ermahnungen und Herzensergiessungen das religiöse Gefühl zu beleben, auf die allgemeine Moralität bessernd, und unter den damaligen vielseitigen Heimsuchungen des Vaterlandes tröstend auf die Gemüther einzuwirken. Diese deutlich ausgeprägte praktische Richtung jener ganzen Klasse biblischer Erzählungen, so wie der bereits behandelten Reimchroniken, stellt sie, streng genommen, ausserhalb der Grenzen der Poesie, der dieselbe nur ihrer äussern

und noch dazu sehr schwachen, unvollkommenen, Form
nach angehört. Doch eben durch diese praktische Richtung
unterscheidet sich auch unsere religiöse Epik des sechzehnten Jahrhunderts von den Legenden des Mittelalters,
welche selbst im prosaischen Gewande unendlich mehr
Poesie besassen, aber sie unterscheidet sich auch hinsichtlich der Quelle ihrer Stoffe, welche, dem protestantischen Geiste des Zeitalters gemäss, ausschliesslich die
heilige Schrift, und zwar mit wenigen Ausnahmen das
alte Testament ist. Beispiele solcher biblischen Dichtungen bieten zwar auch andere Völker dar; so weist die
altdeutsche Poesie schon aus dem neunten Jahrhundert
versificirte Bearbeitungen der Evangelien, und besonders
einiger einzelnen neutestamentlichen Erzählungen, aus
dem zwölften Jahrhundert ähnliche Bearbeitungen der
Genesis, des Lebens und Leidens Christi, auf: aber die
ungrischen derartigen Dichtungen des sechzehnten Jahrhunderts haben damit in Betreff ihrer Abstammung durchaus keinen Zusammenhang, sondern entstanden einem
Theile nach direkt aus dem protestantischen Biblicismus,
andererseits wurden sie durch die politischen, sittlichen
und religiösen Zustände des Reiches ins Leben gerufen.
Nur ein Legendenstoff, der nach der Geschichte vom
heiligen Eustach verfasste „Rustán", mit dem wir bereits
bekannt wurden, ist nicht sowohl aus solcher Tendenz
hervorgegangen, als vielmehr zu frommer Unterhaltung
abgefasst worden, und wurde darum oben unter den romantischen Erzählungen von uns angeführt.

Nicht alle, aber doch viele von jenen biblischen
Dichtungen sind in der mit Melodien versehenen, zu
Klausenburg im XVI. Jahrh. gedruckten Liedersammlung
des Georg Hoffgref, welche eine der grössten Seltenheiten

der akademischen Bibliothek ausmacht, und in der 1582 zu Detrekő gedruckten Sammlung des Peter Bornemisza erhalten worden. Nicht Wenige unter ihnen sind theils in einer, theils in mehreren selbstständigen Ausgaben auf uns gekommen; andere hier nicht enthaltenen nur in selbstständigen Abdrücken; auf das einstige Vorhandensein noch Anderer weisen nur zufällige Berufungen. Der älteste Schriftsteller, von dem wir solche Stücke besitzen, ist Andreas Batizi, einer der ersten ungrischen Reformatoren, ohne dass wir ihn darum den Begründer dieser Gattung nennen können; wir würden sonst, bei dem geringen literarischen Verkehr jener Zeit, plötzlich kaum so vielen Nachahmungen begegnen, — vielmehr können wir auch ihn sammt seinen Zeitgenossen nur als Nachfolger schon früherer Muster ansehen. Von ihm besitzen wir übrigens vier hierher gehörige Stücke aus den Jahren 1540—46, nämlich : Der Held Gedeon; die gottesfürchtige Susanna; der Prophet Jonas, und : die heilige Ehe des Patriarchen Stephan. Ihm folgen der Zeitordnung nach Sebastian Tinódi 1541 mit seinen Historien von der Frau Judith, und 1549 von David und Goliath. Von Stephan Csíkei (1542) haben wir : Der Prophet Elias und König Ahab; von Peter Kákonyi (1544) Ahasver und Esther, und die Geschichte des starken Samson; von Michael Szeremlyéni (1544) einen Auszug der Israeliten aus Aegypten; von Paul Baranyai (1545) : Der verlorne Sohn; von einem Ungenannten (vor 1546) : Das Martyrthum des Eleasar; von Blasius Székely (1546) : Die Geschichte des heiligen Tobias; von Emerich Fekete (1546) : Samson und Delila, und einige schöne Historien aus dem Buche der Könige; von Caspar Bini (1549) David und Betsabee; von Andreas

Dézsi, dem thätigsten Pfleger dieser Gattung (von 1549 an) sechs Stücke, nämlich : Vom Leviten, vom Kriege Mosis und Josuas gegen Amalek, vom Makkabaeus, von der Heirath des jüngern Tobias, vom Opfer des Isak, und Geschichte seit der Welt Anfang. Nach ihm folgt Michael Sztárai (1549 und 1557) mit den Geschichten von Elias und Ahab, und dem Leben des heiligen Athanasius ; Michael Tarjai (1552) mit der Geschichte von Judith und Holofernes ; zwei Ungenannte (vor 1553) mit Manasse und Nebukadnezar, mit der Geschichte von den drei gottesfürchtigen Männern, welche wegen Bekenntniss des wahren Glaubens in den Feuerofen geworfen worden ; abermals ein Ungenannter (1555) mit dem Opfer des Abraham ; Mathias Nagy von Bánka (1556) mit der Historie von Jakob's Söhnen und Joseph ; Mathias Erdélyi (vor 1560) mit der Enthauptung Johannes des Täufers ; Caspar Fráter (1560) mit der Geschichte des grausamen Königs Antiochus ; der Ungenannte von Küküllő (1560) mit Frau Abigail ; Johann Torkos (1561) mit der Geschichte von Absolons Aufstand ; Peter Ilosvai (1564) ausser mehreren verloren gegangenen Werken, die er nebenbei erwähnt, mit seinem Leben des heiligen Apostel Paulus ; Niklas Bornemisza (1568) mit dem Martyrium Eleasars ; Niklas Sztárai (1576) mit der Geschichte der Sündfluth ; ein Klausenburger Ungenannter (1577) abermals mit Esther ; Caspar Decsi (1579) mit der Geschichte Davids und Goliaths ; ein Ungenannter (1581) mit der Historie von dem gerechten Urtheil des weisen König Salomo über zwei streitende Frauen ; ein Ungenannter (vor 1582) mit der Genesis unter dem Titel : „Von der Schöpfung‟ ; Georg Tolnai (vor 1582) mit dem heiligen Hiob ; Anton Zombori (1583) wieder

mit einer Geschichte Eleasar's; Stephan Illyefalvi (1590)
mit der Tragödie von Jephta, welche von den, blos nach
dem Titel urtheilenden, Scribenten fälschlich für ein Schauspiel gehalten wurde; Franz Gyöke mit seiner schönen
Geschichte aus dem zweiten Buche der Makkabäer, welche
eine Bartfelder Ausgabe ohne Angabe des Druckortes und
der Jahreszahl aus offenbarem Irrthum dem Geistlichen
von Keve, Johann Nyíri von Czegléd zuschreibt. Alle
Diese haben zwar in Beziehung auf Sprache und Vers
sehr verschiedenartiges Verdienst, aber rücksichtlich der
Darstellung sind sie sich alle ziemlich gleich : sie erzählen
einfach, ohne Erhebung und Kraft, was die Bibel nach der
verschiedenen Begabung der heil. Schriftsteller zwar nicht
in durchgängig gleicher Schönheit, aber in ihrer Kürze und
begeisterten Erhabenheit immer auf ergreifende Weise
darstellt. Eine Eigenthümlichkeit, und zwar eine gemeinsame, aller dieser Schriftsteller ist die moralische Nutzanwendung, welche auf die, die Zeit beherrschenden Sünden in bald kürzerer, bald längerer Belehrung gemacht wird.
Nach diesen müssen wir noch einige weltliche Erzählungen anführen, welche gleichfalls, wie jene biblischen, nur die Träger einer Lehre sind. Unter diesen ist die
erste : Georg Varsányi's Xerxes-Chronik (geschrieben
1561), welche nur zur Exemplificirung von der Wandelbarkeit des Glückes benützt wird, und zwei Ausgaben
erlebt hat, Debrezin 1573 und 74. Hierher gehören ferner
Niklas Fazekas von Bogát's kleine Erzählungen von
den vollkommenen Frauenzimmern (geschrieben 1575),
durch einen Prolog und Epilog in einen Rahmen zusam-
mengefasst und allerlei weibliche Tugenden verherrlichend
und empfehlend. Darunter wird die bekannte tragische
Geschichte der Lucretia nach dem heiligen Augustin

beschrieben, aber so, wie die Gesta sie aus diesem Kir-
chenvater herübergenommen; die übrigen zwölf wurden
aus den moralischen Schriften des Plutarch genommen
(erschien zu Klausenburg 1577). Hierher gehört ebenfalls von Bogáti : Die Geschichte der Frau Aspasia,
und der Spiegel tugendhafter Frauen (geschrieben 1587,
„so ich aus dem Griechischen gelesen" sagt der Verfasser) zur Empfehlung der weiblichen Schamhaftigkeit und
Demuth (erschien Klausenburg 1591). Und so wie Bogáti
Bilder der verschiedenen weiblichen Tugenden aufstellt,
so gibt Stephan Fábri (Fabrici, Fabricsics) 1577 aus den
Liebesabenteuern des Parthenius sechzehn, alle aus dem
Bereich der sinnlichen Liebe, „den Frommen zur Lehre",
trocken, und schlecht versificirt. Wir kennen in Allem nur
zwei Ausgaben davon.

Und so finden wir uns denn unvermerkt auf dem
Felde der didaktischen Poesie. Zur leichtern Uebersicht derselben folgen wir einer gewissen praktischen Eintheilung, indem wir deren, theils vorzugsweise religiöse
und religiös-moralische, theils durchgängig moralische,
theis endlich satyrische Richtung unterscheiden. Auch
hier werde ich in Berücksichtigung der herrschenden Un-
bekanntschaft mit der Literatur jenes Jahrhunderts, sowohl nach Gegenstand, als Ausdehnung die zu dieser
Abtheilung gehörigen Stücke mit möglichster Vollständigkeit anführen, und dabei nur die in irgend einer Beziehung interessanteren mit einigen Bemerkungen begleiten.

Das am häufigsten wiederkehrende Thema unserer
religiös-didaktischen Poesie ist die Erinnerung an den
Tod und das jüngste Gericht, welche als Mahnung zu
einem tugendhaften Leben und als Drohung der ewigen
Verdammniss für die Sünder auftrat. Diese Saite schlug

schon Andreas Batizi an, in seinen beiden Gedichten:
„Geschichte der geschehenen und zu geschehenden Dinge
von der Schöpfung an bis zum Gericht", und : „Andere
Historie vom König Nebukadnezar und den vier Reichen"
(beide 1544), welche in Bornemisza's Sammlung schon
in eins verschmolzen stehen, und weniger ein episches, als
didaktisches Werk bilden, indem darin der Traum des
Nebukadnezar nur als Ausgangspunkt benützt wird, um
die Verkündigung des nahen Weltunterganges daran zu
knüpfen, und die Menschheit aus diesem Grunde zur
Gottesfurcht anzuregen. Dieser Gedanke kehrt wieder
bei dem Sarlóközer Ungenannten (1552), dessen
poetische, stellenweise ergreifende, Darstellung des jüngsten Gerichtes uns blos durch eine im Lugossy-Codex
sich vorfindende Copie aufbehalten wurde. Zwei solche
Stücke stehen auch in der Bornemisza'schen Sammlung
(1582), die eine von dem Pataker Geistlichen Andreas
Dobai, die zweite von einem Ungenannten; eine spätere gab Lorenz Vajdakamarási (1596), und darauf
gehen auch die beiden Bearbeitungen von Peter Bornemisza hinaus : von der Stadt Gottes (geschrieben 1567),
und von dem Gesicht des heil. Johannes, welche eigentlich ein und dasselbe Bild darstellen : nämlich die Bese-
ligung der Guten und die Verdammniss der Bösen. Eben
so das Gedicht Andreas Horvát's : „Vom Fluche"
(geschr. 1547), und das eines ungenannten Flücht-
lings : „Schöner Gesang, wie unser Herr Jesus Christus
diejenigen, die ihn fürchten, mit allem Guten segnet, und
die Gottlosen verflucht" (Ausgabe ohne Druckjahr in der
Bibliothek der Akademie), beide nach Moses bearbeitet. Endlich das „Mahnlied an den Tod", von dem Meister Georg
Pesti, welche sowohl der Empfindung, als der Form

nach zu den bessern Arbeiten des Zeitalters gehören, zum
Beweis, wie diejenigen Schriftsteller, welche ihre eigene
Kraft nicht erhob, um so mehr von einem wirksamen Stoff
getragen wurden. Einige gehen unmittelbar auf unsere
Nation über, wie Andreas Horvát und der ungenannte
Flüchtling, und da ist die Darstellung noch wirkungs-
voller; sie schlagen einen strafenden, mitunter einen spot-
tenden Ton an (natürlich vorzugsweise gegen den Papst
und die Mönche), wie Georg Pesti.

Andere benützten andere Stoffe als Träger ihrer Ermahnungen. Eine angenehme Lectüre ist unter diesen das
Gedicht eines Ungenannten im Lugossy-Codex mit
dem lateinischen Titel „Christus comparat regnum coelo-
rum negotiatori quaerenti margaritas", worin er zuerst
ein naturgetreues Bild der Perle gibt, dann, nachdem er
der Perlengabe des Antonius und der Kleopatra erwähnt,
zur Erklärung der Perle und des Gotteswortes übergeht.
So glatt die Sprache, so sorgfältig gegliedert und durchgeführt ist die Vergleichung; doch konnte von einer einheitlichen Darstellung des Bildes und Gedankens bei dem
damaligen Standpunkte der Kunst noch nicht die Rede
sein. Peter Ilosvai gibt im ersten Theile seines Werkes
„Von der Taufe" (1568) eine Erklärung ihrer Bedeutung:
im zweiten und dritten spricht er von der Bedeutung verschiedener Männer- und Frauennamen. Wie die Gegenstände dieser Theile verschieden sind, so auch ihr Charakter. Der erste ist mehr dogmatisch, der zweite, worin
die abergläubischen Gebräuche bei der Taufe erwähnt
werden, was nicht ohne culturgeschichtliches Interesse,
verspottet auch die Ceremonien der römischen Kirche bei
dieser heiligen Handlung: die beiden andern sind mit
religiösen und moralischen Denksprüchen durchwebt; eine

bunte Aufeinanderhäufung, ohne einheitliches Leben. Glücklicher war derselbe in der Bearbeitung der „Geschichte des Königs Ptolomäus" als einer Geschichte der Uebersetzung der Bücher Mosis ins Griechische (durch die 72 Uebersetzer), nach Aristeus. Die lebendige und mit Sittensprüchen verwebte Darstellung ist nicht ohne Interesse, besonders aber der Epilog, worin dieser gute Cytherspieler mit einer achtunggebietenden Kühnheit die in Luxus und Verschwendung versunkenen Grossen angreift, die weit von Ptolomäus Eifer entfernt, für die Verbreitung der Bibel nichts weniger als begeistert sind. — Von rein dogmatischen Lehrgedichten ist nur eines auf uns gekommen (und auch dies nur in einem einzigen, in der Akademie aufbewahrten Exemplar), das von Peter Melius, der, nachdem er die Unitarier in Rede, Schrift und That verfolgt hatte, in dem nahe an zweitausend Versen enthaltenden Gedicht : „Von dem Einen wahren Gott" seine Lehren auch auf die Lippen der Cytherspieler zu übertragen suchte.

Durchgängig moralische Lehrgedichte sind : Das von Johann Pécsi, unter dem Titel : „Oeconomia conjugalis, ein schöner Gesang von dem Leben der Ehegatten", in welchem der Verfasser die Pflichten der Ehegatten unter einander und gegen ihre Kinder abhandelt (erschien Klausenburg 1580). Das von Valentin Tolnai: „De moribus in convivio" in zwei Gesängen, wo zuerst die Pflichten des Hausherrn, und dann die der Gäste angegeben werden (blieb einzig und allein im Lugossy-Codex erhalten). Zwei Stücke des Klausenburger Kaufmanns Johann Ádámi, eines, das die wahre Freundschaft verherrlicht, und das andere in Gesprächsform, das von der Wandelbarkeit des Glückes handelt, und besonders zum

Vertrauen auf Gott ermuntert. Die Sprechenden : „Zwei Musen, Minerva und Pallas" nehmen sich als wackere christliche „Jünglinge" etwas komisch aus (geschr. und ersch. Klausenburg 1599). Hierher ist auch zu rechnen: „Ein sehr schönes Büchlein von Cato", nämlich eine Uebersetzung von dessen moralischen Distichen (zuerst Klausenburg 1580), das in der Folge sehr oft neu aufgelegt wurde. Trefflich ist das von Johann Petki, einem siebenbürgischen Edelmanne, nach Silius Italicus verfasste Lehrgedicht : „Der Wettkampf der Tugend und der Wollust" (geschrieben gegen Ende dieser Periode 1608, erschien 1610), welches die Herrlichkeit der männlichen Tugend feiert, und die das Zeitalter schändenden Laster aller Art kräftig tadelt und seine Zeit- und Berufsgenossen ermuntert, ihren Volks- und Vaterlandspflichten zu entsprechen.

Hierher gehören auch die Mahn- und Strafgedichte. Wahrscheinlich cirkulirten viele derselben blos geschrieben, wie aus den folgenden Zeiten manche in Sammlungen sich erhalten haben; andere jedoch, die gedruckt worden waren, wurden absichtlich vernichtet; gleichwohl können wir einige als Proben anführen. — An erster Stelle ist Andreas Farkas zu nennen, der in seiner sogenannten „Chronik, wie Gott das Volk Israel aus Aegypten, und gleicherweise die Ungern aus Scythien herausführte" (Krakau, 1538) kein historisches Lied, sondern ein wirkliches Tendenzgedicht lieferte, worin die Parallele der historischen Hauptphasen beider genannten Völker ihm zum Ausgangspunkte seiner Ermahnungen dienen, die er, vom patriotischen, protestantischen und moralischen Standpunkte aus, an seine Nation richtet. Als solches ist dieses Stück von Wichtigkeit; denn während es durch

die Schilderung der Zeitzustände interessirt, rührt es
durch seine Naivetüt und Innigkeit*). Der kräftigste und
würdigste Repräsentant der Strafpoesie des sechzehnten
Jahrhunderts ist aber Andreas Horvát, Seelsorger oder
Schulmeister zu Tálya, von dem wir aus der Zeit zwischen
1542 und 49 acht Gedichte besitzen (in Hoffgref's und
Bornemisza's Sammlungen aufbewahrt), theils unter seinem Namen, theils mit dem von seinem Geburtsort genommenen Namen Szkárosi, auch nur mit der Bezeichnung
des Wohnortes des Verfassers; in deren einem Theil der
Mann der Glaubensstreitigkeiten die römische Kirche mit
dogmatischen und satyrischen Waffen angreift, in andern
Stücken aber mit wahrhaft edler Kühnheit die Gewalt-
thätigkeiten der Vornehmen geisselt, und besonders die,
die Gerechtigkeit nicht schützenden, sondern mit Füssen
tretenden, selbstsüchtigen Richter. Solche Stücke von ihm
sind : „Gegen das Reich des Antichrist"; „Vom zweierlei
Glauben, vom christlichen und vom päpstlichen gefleckten
Glauben"; „Antwort auf den Brief des Erzbischofes Paul,
den dieser an die christlichen Prediger geschrieben" (nämlich gegen die aus der Synode 1548 auch an die protestantischen Geistlichen gerichtete Encyclica des Paul Várdai,
Erzbischof von Gran); „Christi Klage, dass die Weltlichen gegen ihn aufstehen"; „Von der Obrigkeit" (gegen
die Magistrate und Würdenträger); „Vom Geiz"; „Von
Gottes Barmherzigkeit und der Welt Undankbarkeit";

---

*) Die Melodie dieses Liedes, sowohl in seiner ursprünglichen
Form, nach der ersten, Krakauer, als auch in der spätern (in Hoffgref's Sammlung, 1580?) gab Mátray in seinen Melodien altungri-
scher Gesänge (Történeti, bibliai és gúnyoros Magyar Énekek Dal-
lamai a XVI. szdzadból, Pest, 1859. fol.) neu heraus.

„Vom Fluche" (nach Moses Deuteron. 28. aber mit Anwendung auf unser Vaterland und dessen traurige Zeiten). Horvát verdient, abgesehen von seinem confessionellen Standpunkt, als strenger Sittenrichter, männlicher Charakter und häufig nachdrucksvoller Darsteller unsere Anerkennung. Bornemisza theilt noch eine andere Satyre von einem bekehrten ungenannten Mönch mit, worin derselbe die katholischen Geistlichen wegen ihrer Unsittlichkeit angreift. Eine Satyre in Prosa und in Gesprächsform verspottet den Coelibat des katholischen Clerus (Krakau 1550, das einzige und verstümmelte Exemplar in meiner eigenen Bibliothek). Aber auch die Katholiken mochten den Protestanten nichts schuldig geblieben sein; obwohl ich nur eine katholische Satyre kenne von einem Ungenannten zu Felnémet (bei Erlau) aus 1565: „Gesang gegen die Luther-Pfaffen", die ich in einem alten Buche eingeschrieben fand, und die mit andern ähnlichen ungedruckt bleiben musste, da die zu jener Zeit durchgängig protestantischen Drucker ihre Pressen zur Verbreitung katholischer Schriften überhaupt nicht hergaben. Andere hierher gehörige Stücke sind: Zwei Gedichte von Tinódi: „Von den vielen Trunkenbolden", und „Von den Hofrichtern und Beschliessern". Das letztere ist ein persönlicher Angriff auf die Beamten der grossen Herren, welche ihre Herrschaft betrügen, und die Gäste — unter ihnen auch ihn selbst, den Sänger — mit ihrem schlechten Wein verstimmen. Die Satyre von Christof Ormpruszt, königlichen Kammerbeamten zu Pressburg: „Von den Sitten böser Weiber", welche der Verfasser zuerst deutsch, dann auf die Bitten seiner Freunde auch ungrisch schrieb (1550 herausgegeb. zu Wien); das satyrische Recipe eines Ungenannten gegen die faulen und geschwätzigen Frauen (in Prosa, und in Placatform gedruckt, wahrscheinlich um an Unterhaltungsorten an die Wand geklebt zu werden; das einzige bekannte Exemplar in meiner Sammlung): endlich Mathias Csáktornyi's „Prozess der römischen Frauen wegen des Verbots des Putzes vor dem Senat", in zwei Theilen (1559), worin der Verfasser die weibliche Putzsucht und Verschwendung, so wie die damit Hand in Hand gehenden Sünden verdammt. Man kann im Ganzen unserer satyrischen Literatur, in so weit ihre Quelle nicht in religiöser Unduldsamkeit zu suchen ist, sittliches Verdienst nicht absprechen, in culturgeschichtlicher Beziehung aber verdient sie, als ein Zeugniss der Zeit, unsere volle Beachtung.

Siebzehnte Vorlesung.

Der Apolog. Gabriel Pesti's Aesopus. Caspar Heltai's Fabeln. —
Die lyrische Poesie. Das Kirchenlied. Katholische Chorbücher.
Protestantische Gesangbücher. Unitarische. Sabbatarische. Würdi-
gung der kirchlichen Poesie des sechzehnten Jahrhunderts

Meine Herren!

Noch von einer Form der didaktischen Poesie habe
ich zu sprechen, bevor ich zur Lyrik übergehe, und zwar
von einer der beliebtesten des Mittelalters : vom Apolog,
oder von der aesopischen Fabel, welche gleich zu Anfang
dieses Zeitalters bei uns auftritt. Gabriel Pesti nämlich,
oder nach seinem Familiennamen Mizsér, der bekannte
Uebersetzer der vier Evangelien, gab fast gleichzeitig mit
diesem seinem Bibelwerk, nämlich 1536 (in Wien gedruckt)
hundert fünfundachtzig Fabeln, eingeleitet mit Aesop's
Leben, und begleitet jede mit einer kurzen Lehre meist
in einer Terzine. Pesti benützte eine Redaction aesopischer Fabeln, welche 1520 in Wien bei Singren erschien,
und den Rimicius, dem er fünfundvierzig Fabeln entlehnte.
Er benützt seine Vorlagen meist nur als Stoff; der freie,
leichte, einfache Vortrag, und eine anmuthige Naivetät
sind sein Verdienst; so wie die reine, regelrechte Sprache, der wohlorganisirte Periodenbau, das Sinnige im

Ausdruck ihn den besten Prosaikern des Jahrhunderts
anreihen. Sich selbst ganz ungleich ist Pesti in seinen
Terzinen, in deren Fesseln er schwerfällig, ungefügig, oft
dunkel wird*). Eine bedeutende Arbeit sind Caspar Heltai's Fabeln, unter dem Titel : „Hundert Fabeln, welche
aus Aesop und anderweitig gesammelt und zusammengefügt hat C. H. Klausenburg 1566." Der Verfasser
scheint nach deutschen Redactionen gearbeitet zu haben,
und gibt ausser Aesop auch Fabeln von Rimicius, Avian
und Andern, den gegebenen Stoff frei behandelnd, besonders in den Affabulationen, welche, während die Apologe
sich bei ihm sehr häufig zu ganzen Erzählungen erweitern,
und häufig die Form wahrer Volksfabeln annehmen, ziemlich ausführlich lehren, ermahnen, und diesen Mahnungen
durch Stellen der heiligen Schrift, Beispiele und Sprichwörter Nachdruck geben; besonders sind es letztere,
welche, mit der Fabel in innigem Zusammenhang erschei-
nend, die philosophische Schulweisheit mit der in den
Sprichwörtern enthaltenen Volksweisheit Hand in Hand
gehen lassen. Ausserdem berücksichtigt die Moral seiner
Fabeln nicht nur im Allgemeinen, sondern ganz speciell
die Sitten der verschiedenen Stände der damaligen Zeit,
und ist darum für das öffentliche und Privatleben des
ungrischen Volkes bezeichnend; dazu kommt eine, von
jedem fremden Anstrich freie Behandlung mit ihrer behag-
lichen, ächt volksthümlichen Erzählungsweise, ihrer christlichen Lebensanschauung und ihren nationalen Charakter-
zügen. Dies Alles lässt dies Werk als originell, zeitgemäss
und volksthümlich erscheinen, und darin liegt sowohl seine

---

*) Neu herausgegeben im I. Bande meiner Ungrischen Pro-
saiker des XVI. Jahrhunderts, Pest 1858.

literarische als historische Bedeutung. Dass dasselbe in Folge dessen auch wirklich allgemeinen Beifall fand, scheint der Umstand zu bestätigen, wonach Johann Manlius dasselbe in Gissingen noch 1592 neu druckte. Die Originalausgabe ist im Laufe der Zeit so selten geworden, dass wir nur zwei Exemplare davon kennen (in der Bibliothek der Akademie und der des ref. Collegiums in Klausenburg*).

Nun gehen wir zur lyrischen Poesie über, und zwar zunächst zu ihrem blühenderen Theil : zur religiösen Dichtung. Ich werde dieselbe in zwei Abschnitten abhandeln, insofern dieselbe entweder zu kirchlichem Gebrauch bestimmt war, und damit ihren Schwerpunkt ausserhalb ihres eigenen Kreises, in der Liturgie, fand, oder unabhängig davon aus dem Gemüthsleben des Dichters selbst gleichsam mit innerer Nothwendigkeit hervorging.

In wie fern das Kirchenlied durch die Katholiken in diesem Jahrhundert gepflegt wurde, dies zu bestimmen ist nahezu unmöglich. Ich kenne zwar drei katholische Chorbücher in Handschrift, nämlich das Batthyányische in der Karlburger, und zwei andere in der Bibliothek zu Sáros-Patak, welche ohne Zweifel aus diesem Zeitalter stammen**), aber ihr Context weist zum Theil mit Gewissheit auf ein hohes Alterthum, also auf den frühern Zeitraum zurück, und es ist schwer zu bestimmen, wie viel im XVI. Jahrhundert als ganz neu dazu gekommen, von wem, wann, und was, da weder der, auch ausserdem unvollständige Codex, noch die einzelnen Gesänge eine Jah-

---

*) Neu unter der Presse als 2. Band meiner Ungr. Pros. u. s. w.

**) Auch das Batthyányische, das man für älter gehalten hat, in welchem jedoch die Stelle : „Dass Du unser in Elend versunkenes Vaterland aus der Hand der Heiden befreien mögest", darauf hindeutet, dass es nach 1541 geschrieben wurde.

reszahl tragen. Gleichwohl dürfte die, durch die Reforma-
tionsbestrebungen hervorgerufene katholische Reaction
den überkommenen Liedervorrath, welcher, neben dem
offenbaren Alterthum der Grundlage, theilweise doch die
verschönernde und erneuernde Hand nicht verläugnet,
kaum ohne Revision gelassen haben.

Auch die neue Kirche hielt sich bei uns eben so, wie
in Deutschland, Anfangs an den katholischen Liedervorrath, und nahm die alten ungrischen Kirchenhymnen mit
herüber, indem sie dieselben bald wörtlich, bald mit einigen Veränderungen benützte; theils fertigte sie neue
Uebersetzungen an. Stephan Székely, der erste protestantische Uebersetzer der Psalmen und Verfasser einer
berühmten ungrischen Chronik, war es auch, der viele derselben übersetzte, und sie selbstständig unter dem Titel:
„Uebersetzung der alten lateinischen Hymnen der christlichen Kirche" 1538 zu Krakau herausgab. Leider konnte
ich dies in religionsgeschichtlicher, dichterischer und
sprachlicher Beziehung jedenfalls beachtungswerthe Buch
bis jetzt nicht zu Gesicht bekommen, und darum kann ich
Ihnen über die Art, wie der protestantische Verfasser mit
den Gesängen des Breviariums verfuhr, nichts sagen. Die in
den ältern protestantischen Gesangbüchern befindlichen,
z. B. das : Veni redemptor gentium, der Gesang der Jungfrau Maria : Magnificat anima mea Dominum, A solis ortus cardine, Natus est nobis rex gloriae, Patris sapientia,
Te Deum laudamus, Jam lucis orto sidere, Pange lingua,
Conditor alme, Dies irae und viele andere Uebersetzungen
derselben sind alle aus den katholischen Zeiten. Aber
gleichzeitig begann auch die protestantische kirchliche
Liederdichtung, deren erste Pfleger die ersten ungrischen
Reformatoren, namentlich Andreas Batizi (seit 1530), Bal-

12*

thasar Rádai, Mathias Dévai, Gallus Huszár, Michael
Sztárai, die drei Szegedi's (Stephan, Gregor und Lorenz)
und Andere waren, welche, gleich den deutschen Reformatoren, meistens die Psalmen zum Vorbild nahmen,
während Andere, besonders in der zweiten Hälfte des
sechzehnten Jahrhunderts, wie Mathias Skaricza, Luthers
Kirchenlieder (Eine veste Burg ist unser Gott, Beim rechten Glauben uns erhalt u. s. w.) übersetzten ; Andere verfassten Originallieder, bald dogmatischen Inhalts zur Verbreitung der neuen Lehre, bald in Gebetform auf die
grössern Feste des Kirchenjahres, oder mit Anwendung
auf verschiedene Momente des Lebens (Ehestandslieder,
Leichengesänge u. s. w.), oder von den sich immer mehr
trübenden Zuständen des Vaterlandes (die sogenannten
Jeremiaden) u. s. w. Wir kennen die Namen von ungefähr
sechzig Liederdichtern, welche im Laufe dieses Jahrhunderts durch derlei Arbeiten den Liedervorrath der neuen
Kirche vermehrten, nicht immer aus innerm Beruf, sondern häufig den Bedürfnissen ihrer Gemeinden entsprechend, da geeignete Liedersammlungen noch nicht existirten, oder, in so weit solche später zu Stande kamen,
wegen ihres theuern Preises nicht für Jedermann zugäng-
lich waren. Die Sammlungen begannen nämlich erst in
der zweiten Hälfte des sechzehnten Jahrhunderts. Nachdem aber einmal die Idee der Gesangbücher geboren
war, bestrebte sich jede Confession die zerstreut abge-
fassten und benützten Gesänge zu sammeln und zu allge-
meinem Gebrauch herauszugeben. Das erste solche Gesangbuch war, wie es scheint, das durch Albert Molnár
von Szenc erwähnte des Gallus Huszár, der 1557 Superintendent jenseits der Donau war, und bis ungefähr 1576
blühte. Als ihm angehörig betrachte ich das in der Biblio-

thek der Akademie befindliche, bisher unbekannte, defecte
Gesangbuch ohne Titel, welches dem Charakter der Lettern nach ohne Zweifel zu Debrezin erschien, und zwar
entweder bei Michael Török, wenn es zwischen 1564—70,
oder bei dessen Nachfolger Andreas Komlós, wenn es
zwischen 1570—76 gedruckt wurde. Jedenfalls ist es zwischen 1564 und 76 zu setzen, denn das jüngste Stück
darin ist aus 1564, im Jahre 1576 aber hat, wie allgemein
angenommen wird, Huszár nicht mehr gelebt. Das erwähnte Bruchstück enthält Psalmen, Weihnachts-, Pas-
sions-, Auferstehungs- und Himmelfahrtslieder, Gesänge
zum heil. Abendmahl, nach der Predigt und vermischte
kirchliche Lobgesänge.

Diesem folgte die Sammlung des Peter Bornemisza, Superintendenten diesseits der Donau, welche zu Detrekő 1582 erschien, und in ihrem ersten Theile kirchliche
und andere religiöse Lieder, im zweiten religiöse, didaktische und satyrische Gedichte, im dritten biblische Epen
enthält. Mit dieser gleichzeitig, oder doch nur um Weni-
ges später, dürfte wohl die, gleichfalls durch Albert Molnár erwähnte Sammlung von Stephan Beyte erschienen
sein, welcher 1580 Superintendent jenseits der Donau
war. Dieses Werk glaube ich in jenem unbekannten grossen, mit Gesangsnoten versehenen, Gesangbuche zu erkennen, von welchem meine eigene Sammlung einige
wenige Blätter besitzt, und dessen grösseren Theil, aber
gleichfalls ohne Titel, Anfang und Ende, ich neulich in
der an Seltenheiten reichen Bibliothek des Herrn Stephan
v. Nagy antraf. Diesen folgte die Sammlung des Georg
Gönci, deren erste Auflage nach unsern Bibliographen
zu Debrezin 1592, die zweite daselbst 1616, die dritte
zu Leutschau 1635, die vierte zu Bartfeld 1654 u. s. w.

erschien, ein Werk, welches mit seiner Einrichtung den heutigen protestantischen Gesangbüchern zur Grundlage diente. Ferner haben wir ein Bartfelder Gesangbuch, dessen einziges, auch defectes, Exemplar in der Bibliothek zu Sáros-Patak aufbewahrt wird, und welches, seinem Inhalte nach zu urtheilen, gleichfalls nach 1590 zu setzen, aber von der Gönci'schen Anordnung gänzlich abweicht, ausserdem manche in jenem nicht zu findende Gesänge enthält; endlich die Sammlung von Franz Dávid und Caspar Heltai, welche zu Klausenburg ohne Jahreszahl (1560—1600) in klein Oktav gedruckt wurde. Unter ihnen ist das Bartfelder Gesangbuch wahrscheinlich für die Anhänger Luthers bestimmt gewesen, das von Dávid und Heltai zum Gebrauch der Unitarier, deshalb fehlen darin die Dreifaltigkeitslieder, und diejenigen, in welchen eine Anspielung auf diese Lehre vorkommt, sind verändert. Die übrigen wurden von Anhängern Calvins verfasst, aber von beiden protestantischen Confessionen benützt. Zu allen diesen kommt noch die von Emrich Ujfalvi verfasste Sammlung von Leichengesängen, welche zu Debrezin 1598 zuerst erschien, aber bisher nur in zwei Debreziner Ausgaben von 1606 und 1632, und einer Grosswardeiner von 1654 bekannt ist, während ich eine Leutschauer von 1635 besitze. Ferner haben wir auch einige in der ersten Hälfte des siebzehnten Jahrhunderts verfasste handschriftliche Sammlungen, welche grösstentheils die in den erwähnten gedruckten Gesangbüchern vorkommenden Lieder enthalten, aber auch einige dort fehlende. Derlei Sammlungen sind die sogenannte Leipziger Liederhandschrift, aus dem Anfange des siebzehnten Jahrhunderts, der Lugossy-Codex aus 1627—30, und das der

Akademie gehörige Kecskeméter Gesangbuch mit Noten, geschrieben im Jahre 1637.

Ganz von diesen abgesondert, und als einziges literarisches höchst interessantes Denkmal des Glaubenslebens einer wenig bekannten, kleinen, verfolgten, und gleichwohl bis auf den heutigen Tag, wenn auch nur geheim, bestehenden Secte, steht die Hymnologie der siebenbürgischen Sabbatarier da. Der Begründer derselben war der jüngere Niklas Fazekas von Bogát, wahrscheinlich der Sohn des Fortsetzers der Mathias-Chronik, des unitarischen gleichnamigen Reimchronisten. Viele unserer Bibliographen führen sein 1604 verfasstes Psalmenbuch als gedrucktes auf, ohne dass Einer es je gesehen hätte. Es war dasselbe nämlich bis jetzt in der Bibliothek der Unitarier zu Klausenburg als Handschrift verborgen, und liegt mir gegenwärtig durch die Güte der Betreffenden vor. Es bildet zugleich den ersten Theil des Gesangbuches der Sabbatarier, zu welchem ein, vermischte Hymnen und dogmatische Gesänge enthaltender zweiter Theil kam, wenigstens theilweise sicher von demselben Verfasser. Eine im ersten Theile treue Abschrift desselben ist der 1615 copirte, durch Lugossy beschriebene akademische Jancsó-Codex; in dessen zweitem Theile theils von dort entnommene, theils neue Redactionen anderer Sabbatarier-Gesänge enthalten sind. Endlich ist noch zu erwähnen ein, gleichfalls im Besitz der Unitarier-Bibliothek zu Klausenburg befindlicher dritter, zuerst durch den Superintendenten Kriza beschriebener, Codex aus dem Jahre 1617, der dann bis 1626 Fortsetzungen erhielt. Mit Auslassung der Psalmen, enthält er blos den zweiten Theil des „Jancsó-Codex", die gemischten Gesänge nämlich, welche „zur Feier der vom Gott Israels angeordneten heiligen und wahren Feste" bestimmt sind, in derselben Ordnung, wie jener, nur mit Hinweglassung einiger weniger Lieder; da er aber ganz und vollständig, bildet sein Inhalt nicht nur eine volle, abgerundete Redaction, sondern umfasst auch zahlreiche später hinzugekommene Gesänge. Dieser nicht geringe Liederschatz scheint dem grössten Theile nach von dem Verfasser der Psalmen herzurühren, aber es sind auch einzelne Gesänge von andern genannten Dichtern darin; solche waren im Kreise dieser kleinen Secte: Simon Pécsi, der oberste Kanzler des Fürsten Gabriel Bethlen, der Hauptbeschützer und zuletzt Märtyrer seiner Secte, Thomas Pankotai, Johann Bökényi, Enoch Alvinci; und so führt uns die Sabbatarische Hymnologie, wenn auch nur in ihrem kleinsten Theile, aus dem von uns abgehandelten Zeitraume in das erste Viertel des folgenden Jahrhunderts hinüber.

Dies ist es, was ich, von der kirchlichen Poesie dieses Zeitalters sprechend, in literarischer Beziehung anzuführen hatte, indem kein Zweig unserer Literatur so wenig bekannt ist, weil alle genannten Liedersammlungen, die einzige Bornemisza'sche und die durch Lugossy und Kriza jüngst beschriebenen zwei Codices ausgenommen, in unserer Bibliographie so gut als ungenannt waren, selbst die von Gönci, welche zwar Mehrere erwähnt, aber weder Jankowich, noch Stephan Horvát, noch Gabriel Nagy je gesehen haben.

Indem wir nun zur Würdigung der gesammten kirchlichen Poesie dieser Zeit übergehen, dürfen wir, um nicht ungerecht zu sein, nicht vergessen, dass wir dieselbe ihrer praktischen Bestimmung wegen mit anderm Massstab zu messen haben, als die übrigen selbstständigen Arten der lyrischen Poesie. Ihre Bestimmung ist nämlich im All-

gemeinen in den kirchlichen Gemeinden religiöse Empfindungen zu wecken, in ihren Gliedern einen frommen Glauben, herzliches Vertrauen und kindliche Liebe zu Gott zu
nähren, insbesondere aber bei den neuen Kirchengemein-
schaften das Ansehen der Bibel als eines von Gott eingegebenen, und somit die Grundlage des christlichen Glaubens bildenden Buches vor Allem festzustellen, zugleich
aber auch die Ueberzeugung hinsichtlich der evangelischen
Dogmen zu kräftigen, weshalb denn auch diese Gattung
der lyrischen Poesie genöthigt war das didaktische, ja
Anfangs sogar das polemische Element mit aufzunehmen.
Wenn dieser Inhalt sich in einfacher Sprache kundgab,
welche, wie einerseits von der Alltäglichkeit, so anderseits von dem dichterischen, besonders der weltlichen
Poesie eigenthümlichen, Schmucke, oder wohl gar Schwul-
ste, fern blieb, so hatte er seiner Bestimmung vollkommen
entsprochen. Und dies können wir von unserer kirchlichen
Poesie dieser Zeit mehr oder weniger allerdings behaupten. Unmittelbarer Glaube, tiefe Ueberzeugung, innige
Hingebung charakterisiren dieselbe, und wenn, besonders
in den zur Didaktik sehr geneigten protestantischen Liedern, die Darstellung häufig prosaisch wird, so leidet sie
dadurch weniger, als durch eine derartige dichterische
Modesprache, wie dieselbe in den neuesten religiösen
Gesängen die unmittelbare Religiosität bei jedem Schritte
widerlegt. Und obgleich ihre Form, wir mögen nun den
gewählten Schmuck des Ausdrucks oder den regelmässigen
Rhythmus des Verses ins Auge fassen, nachlässiger,
als selbst die der alten katholischen Hymnen erscheint,
so verfehlte sie doch, mit der religiösen Empfänglichkeit
der Zeit zusammentreffend, ihres Eindrucks nicht, sie
erweckte frömmere Empfindungen, als sie auszudrücken

vermochte, und ward dadurch ein bedeutender Factor derjenigen Gemüthsstimmung, welche in jenem Jahrhundert
sich wieder der Innerlichkeit der Religion mit aller Kraft
zuwandte. Es ist keiner unter den protestantischen Liederdichtern, der ein entschiedenes Uebergewicht über
seine Genossen behauptete : die gleichmässige Bildungsstufe begünstigte eine gewisse Einförmigkeit der gesammten Poesie, aber einzelne Lieder, und wieder einzelne
Liederstellen, zeichnen sich vor andern aus. Einen fühl-
baren Aufschwung zeigte jene Poesie bei der, inmitten der
Verfolgung ganz allein auf ihre Gemüthswelt verwiesenen,
Secte der Sabbatarier, und besonders bei ihrem Haupt-
vertreter, dem jüngeren Michael Fazekas von Bogát,
dessen frei bearbeiteten Psalmen und Lieder, sowohl
in Ansehung der Wärme und des poetischen Ausdrucks,
als des edlen Gefühls, der Reinheit der Sprache und
des Versbaues Alles übertreffen, was unsere kirchliche
Poesie zu jener Zeit hervorgebracht hat. Da aber damals
jene schönen Lieder der öffentlichen Verbote wegen das
Licht der Oeffentlichkeit nicht erblicken durften, und aus
den Verstecken, in welchen die kleine Secte ihre gottes-
dienstlichen Versammlungen hielt, sich nicht weiter verbreiten konnten, so vermochten dieselben auch nicht jenen
veredelnden Einfluss auf die gesammte Hymnologie aus-
zuüben, der ausserdem kaum ausgeblieben wäre.

Doch für heute genug von diesem wichtigen Gegenstande. Das nächste Mal gehen wir zur selbstständigen
religiösen und weltlichen Lyrik über.

Achtzehnte Vorlesung.

Die selbstständige Lyrik. Elegische Dichter. Das individuelle
religiöse, und weltliche Lied. Valentin Balassa. — Die Gelegenheitspoesie : Oden. — Die ersten Versuche zur Einführung antiker
Versmasse.

Meine Herren!

Auch die selbstständige Lyrik tönte im sechzehnten
Jahrhundert meist religiöse Empfindungen wieder. Aber
hier suchten die Dichter nicht den Empfindungen der
Gemeinde Inhalt, Richtung und Ausdruck zu geben, sondern den Bedürfnissen ihrer von Gottesgedanken erfüllten
eigenen Brust genug zu thun. Wir kennen die Leiden
jenes Jahrhunderts, das allgemeine Elend, welches die
Eroberungen der Türken und der mit ihnen fortwährend
geführte kleine Krieg über Gemeinden wie über Einzelne,
dazwischen aber auch die religiösen und politischen Verfolgungen über manchen Patrioten, brachten. Diese Zustände erregten meist jene religiöse Stimmung, welche
nicht nur in der Brust der Geistlichen und Laien, sondern
selbst der Frauen zum Liede drängte. Demnach bezeichnet
ein gewisses drückendes Weh jene Dichtung, und sie liebt
mehr den Ton und die Form einer, über die vielen Leiden
sinnenden, und den Becher des Schmerzes mit Hingebung

bis auf den letzten Tropfen leerenden, darum ausführlichen, tiefen, aber stillen Wehmuth, als den Ausbruch eines, im lebhaften Gedanken an Gottes Wohlthaten aufwallenden Herzens, oder vollends den Schwung des, durch die schaffende und weltregierende Allmacht des höchsten Wesens begeisterten, Hymnus. Solche Stücke sind insbesondere: des sich zum Tode vorbereitenden, um seines Glaubens willen verfolgten Johann Szepetneki (1555) letztes Lied; Georg Palatics Lied in der Gefangenschaft des Schlossthurmes zu Ofen (1570), die unmittelbar vor ihrer Hinrichtung gedichteten Gesänge von Balthasar Bátori (1594) und des Bürgers von Zeben Peter Kátosi (1595). Ferner „Ungerns Trauer" von Emrich Gyarmati (1596), Johann Debreceni's „Trauerlied über die Zerstörung Grosswardeins" (1598), Lorenz Vay's Gedicht „vom Untergange Siebenbürgens" (1602; die drei letzteren in der ungrischen Liederhandschrift der Leipziger Stadtbibliothek).

So ergreifend auch stellenweise diese Dichtungen sind, so blieb uns doch nur ein Lyriker aus dem sechzehnten Jahrhundert, der den Dichternamen vollkommen verdient: der Freiherr Valentin von Balassa, zugleich dadurch merkwürdig, dass er der erste Schriftsteller war, welcher das weltliche Lied anstimmte. Balassa's Leben und Poesie steht in dem innigsten Zusammenhange, obwohl über sein Leben ein so dichtes Dunkel verbreitet ist, dass es selbst begründeten Vermuthungen nur wenig Raum gönnt. Soviel ist uns gleichwohl vergönnt zu wissen, dass dieser ritterliche Jüngling sowohl für die religiöse und wissenschaftliche, wie für die kriegerische Laufbahn eine ausgezeichnete Erziehung erhielt. Als Stephan Bátori (der nachmalige grosse Polenkönig) den Fürstenstuhl von

Siebenbürgen einnahm, schloss sich Balassa jenen ungrischen Edelleuten an, welche Caspar Békesi durch ihren Anhang unterstützten, und fiel 1575 mit dessen Kriegerschaar in Siebenbürgen ein; aber an der Grenze von dem fürstlichen Heerführer Caspar Kornis geschlagen, und auf der Flucht von Christoph Hagymási's Soldaten gefangen, ward er bei Bátori in Haft gehalten, woraus er jedoch später nicht nur befreit wurde, sondern, wie es scheint, auch die besondere Gnade' des Fürsten gewann, da er in seinem 1585 aufgesetzten Testament, auf diese Gnade sich berufend, ihn zum obersten Tutor seiner Gattin erbat. Nachdem er aus Siebenbürgen zurückgekehrt war, trat er in ungrische Dienste, und kämpfte tapfer in den Grenzfestungen gegen die Türken; ja er führte sogar, wie es scheint, insbesondere zu Erlau, den Oberbefehl. Hier verheirathete er sich mit Christine Dobó, der Tochter Stephans, des Helden von Erlau, 1584, welche ihm im nächsten Jahre einen Sohn gebar, während er selbst, „am Körper krank, doch gesund im Geiste", das erwähnte Testament aufsetzte, das bei allem Interesse, welches dasselbe darbietet, über Balassa's spätere Schicksale nur in so fern Licht verbreitet, als daraus ersichtlich, dass der ältere Bruder seiner Frau, Franz Dobó, die Güter und das Vermögen seiner Schwester dieser vorenthielt, diese aber in jenem Jahre vor den königlichen Richterstuhl geladen war. Hiemit mag jene Lage unsers Dichters zusammenhängen, welche ihn vier Jahre später nöthigte, sein Vaterland zu verlassen.

> Gott . . . . . . sei Du mein Hort,
> Denn Leid und Schmach treibt ach, mich aus der Heimat fort.

schreibt er in seinem „Flüchtlingslied." Dass dieser Weg-

zug mehr eine Verbannung, als eine freiwillige Flucht
war, lässt eine andere Stelle desselben Liedes errathen,
worin er Gott bittet:

> Dass ich, wenn einst erscheint des Pilgerns letzter Tag,
> Mein theures Vaterland froh wieder sehen mag.

Obgleich es andrerseits nicht an Andeutungen fehlt, welche zugleich einen Ehrenhandel vermuthen lassen. So
beschuldigt er in dem erwähnten „Flüchtlingslied" seine
Verse also:

> Verdammte Verse ihr, die ich so viel gemacht,
> Und die mir nichts als Gram und Herzeleid gebracht,
> Fahrt hin und einzeln sterbt den Feuertod dafür:
> Nutzlose Wichte, Bessres nicht verdienet ihr!

auch die frühere Stelle: „Denn Leid und Schmach treibt
ach, mich aus der Heimat fort" scheint darauf hinzudeuten. Eben so wenig wissen wir, wo er sich während der
Zeit seiner Verbannung aufgehalten, obgleich ein anderes
Lied, im Auslande geschrieben, so endigt:

> Dies schrieb meine Hand
> An des Meeres Strand,
> Dem Ocean nah.
> Und dies geschah
> Funfzehnhundert, doch thu
> Ein und neunzig dazu.

Erst 1594 finden wir ihn wieder daheim in seinem Vaterlande, wo er bei der Bestürmung von Gran an der Seite
Nicolaus Pálfy's tapfer kämpfend, durch beide Schenkel
geschossen wurde, in dessen Folge er nach kurzem Leiden,
nachdem er sein letztes Lied an Gott gerichtet, starb.
Balassa's Lieder, von Nadányi gesammelt, erlebten zwei
und zwanzig Ausgaben (zuletzt Pest 1806). Er mochte

wohl auch Straf- und Spottgedichte geschrieben haben,
und diese dürften unter jenen „Verdammten Versen" zu
verstehen sein, die er, wie wir gesehen haben, zum Feuer-
tode verurtheilte. Die in allen Händen befindliche Sammlung von Balassa's Liedern enthält grösstentheils religiöse
Gedichte, welche das Gepräge jenes Mysticismus an sich
tragen, der das vereinigte Ergebniss sowohl seiner streng-
religiösen Erziehung, wie seiner herben Lebensschicksale
war. Ein tiefes, aber trüb umschleiertes Gefühl, das Bewusstsein der Sünde herrscht darin vor, und die bilderreiche, poetische Sprache erregt trotz ihrer Fülle und dem
musikalischen Rhythmus seiner Verse eine freudenlose
Empfindung. Ergreifend sind seine patriotischen Lieder,
worin er den Verfall des Vaterlandes betrauert; und einen
sehr angenehmen Wiederhall finden jene Paar Lieder in
unserm Herzen, worin die Liebe zu der Natur und zum
Kriegsleben einen heitern, Aufschwung nimmt.

Die Gelegenheitspoesie, welche insbesondere Kriegsthaten in Oden verherrlichte, ist nur in wenigen Ueberresten auf uns gekommen, wie Martin Gyulai's Gedicht
vom Siege Niklas Pálfy's und Schwarzenbergs, 1599, und
das von Johann Debreczeni an Stephan Bocskai 1605;
jenes ein Vorläufer der später zur Herrschaft gelangten
gelehrten Poesie, worin die Erzählung und mythologische
Bilder, oder besser Begriffe und Namen, eine Rolle spielten; dieses noch zur Volkspoesie gehörig; nicht ohne
Feuer und Lebendigkeit. Peter Tasnádi machte den
esten Versuch mit Horaz, indem er dessen schöne 14. Ode
des II. Buches (Eheu fugaces) nachbildete, doch ohne
Ahnung des classischen Geistes, in rein christlicher Auffassung, in der ursprünglichen (alkäischen) Strophenform,
aber statt der Quantität in Reimen.

Und hier muss ich, wenn auch nur flüchtig, J o h a n n
E r d ö s i's Erwähnung thun, welcher bei Gelegenheit seiner
Bibelübersetzung die ungrische Sprache zum Gegenstand
eines tiefeingehenden Studiums machte, und nicht nur eine
in vielen Beziehungen bewundernswürdige Grammatik verfasste (1539), sondern auch die quantitative Natur der Sprache wahrnehmend, das e l e g i s c h e V e r s m a s s mit vielem
Glück versuchte, aber einige wenige und geringe Nachahmer ausgenommen, besonders zum Schaden der poetischen Diction, keine Nachfolger fand.   –

Indem wir die b e s c h r e i b e n d e und andere Arten
von, keiner bestimmten Gattung der Poesie angehörigen,
Dichtungen mit Stillschweigen übergehen, werden wir
das nächste Mal die Geschichte der Poesie dieses Zeitraumes mit einigen zwar wenigen, nichtsdestoweniger bemerkenswerthen dramatischen Versuchen des sechzehnten
Jahrhunderts beschliessen.

Neunzehnte Vorlesung.

Schauspiel und Schauspieldichtung. „Melchior Balassa“, das erste bekannte historische Stück. — Die „Moralitäten“, von wandernden Cythersängern dargestellt. „Komiko-Tragödie.“ — Das Schul-Drama. Biblischen Inhalts : Lorenz Szegedi's „Theophanie“. Classischen Inhalts : Peter Bornemisza's „Klytämnestra“.

Meine Herren!

Den Gegenstand meines heutigen Vortrags bilden einige dramatische Denkmäler des sechzehnten Jahrhunderts.

Sie werden sich wohl noch an das erinnern, was ich von dem Schauspiel in frühern Jahrhunderten erwähnte, nämlich : dass aus dem dreizehnten und fünfzehnten, ja auch aus dem Zeitalter der Jagellonen Andeutungen vorhanden sind, wonach die Ungern damals wandernde Schauspieler besassen, deren Vorstellungen und Gesänge einen der beliebtesten Factoren des damaligen Volkslebens ausmachten. Es ist möglich, ja wahrscheinlich, dass dieser Theil der Volkspoesie seit dem Bluttage von Mohács in Verfall gerieth, und unter der Wucht der darauf folgenden unruhigen Zeiten nicht sogleich wieder erstand ; aber er erstand dennoch, wie wir dies aus den wenigen Ueberbleibseln dramatischer Arbeiten schliessen können, welche — ich

zweifle meinerseits keineswegs — ausschliesslich das
Werk der Schauspieler selbst waren. Dies war auch anderwärts beim Entstehen des christlichen Drama's der
Fall. So ist es theilweise geblieben bis auf diesen Tag.
Darauf scheint auch die historische Komödie hinzuweisen,
welche der Zerstörung in einem einzigen Exemplar, dem
der Akademie angehörigen, entgangen, nämlich : „Melchior Balassa." Es findet sich in ihrem wahrhaft dramatischen Dialog viel mehr Lebendigkeit und Lebenstreue, als dass dieselbe zu jener Zeit von irgend jemand
Andern, als einem mit den Geheimnissen der Bühnendar-
stellung durch tägliche Uebung vertrauten Schauspieler
herrühren konnte. Es dürfte nicht ohne Interesse sein,
uns hier näher mit diesem Stück zu beschäftigen, schon
auch darum, weil ausser seinem Titel die Literatur von
demselben bis jetzt so viel wie nichts weiss. Die Hauptperson des in fünf Theile (Acte) getheilten Stückes ist
Melchior Balassa, einer der mächtigsten Helden und un-
verschämtesten Parteigänger des Jahrhunderts. Der Gegenstand desselben ist mehr Charakter-Darstellung, als
irgend eine bedeutende Handlung. Dies deutet schon der
Titel an, welcher in seiner ganzen Ausdehnung also lautet : „Komödie von dem Verrath Melchior Balassi's, wodurch er dem erwählten König Johann II. von Ungern
abtrünnig wurde." Die Sache geschah 1561. Um das Stück
beurtheilen zu können, will ich dessen Verlauf kurz angeben. Erster Act, 1. Scene sind Balassa und Mathias Kasza,
einer seiner Vertrauten, die Interlocutoren. Nachdem dieser
die Rückkehr des Stephan Szénási, wie es scheint Balassa's Hofprediger, und von ihm an den Wiener Hof Gesen-
deten, angezeigt. entspinnt sich zwischen ihnen ein Gespräch, worin Melchior selbst die Gründe seines Abfalls

von Johann II. auseinandersetzt. In der zweiten Scene
bleibt Balassa mit dem eingetretenen Szénási allein, der
ihm sagt, in welchem schlechten Rufe er bei den ungrischen Herren des Hofes stehe, dass aber der König (Ferdinand) geneigt sei, ihn (Balassa) in Pflicht und Treue zu
nehmen, und ihm für seinen Beitritt Diósgyőr anbiete,
doch so, dass Melchior, Szatmár und Nagybánya herauszugeben habe. Und hier verläugnet sich der Prediger
nicht in der frommen Ermahnung an seinen Herrn : sich
mit dem Dargebotenen zu begnügen, den vielen Gottlosigkeiten ein Ende zu machen, und ruhig in Diósgyőr zu
wohnen. Der zweite Act besteht, gleich den folgenden, nur
aus einer Scene. Hier beräth sich Balassa mit seinen Vertrauten, dem Schaffner Kelemen, so wie mit dem Meister Thomas und Józsa, über das was zu thun sei, und
beschliesst, auf Thomas Rath, den Primas Niklas Oláh
durch Geschenke und durch Aenderung seines Glaubens
für sich zu gewinnen. Józsa wird dann vorausgeschickt,
um den Erzbischof vorzubereiten. Im dritten Act voll-
zieht Józsa seinen Auftrag. Balassa selbst erscheint im
vierten vor dem Erzbischof; auf dessen Wunsch, seinen
Uebertritt zur römischen Kirche auch durch die That zu
beweisen, beichtet er ihm seine Sünden, verspricht zuletzt
Oláh Geschenke, wird von diesem absolvirt, und seiner
Vermittlung beim König versichert. Der fünfte Act enthält ein Gespräch zwischen Melchior, dessen Sohn Balthasar und dem Meister Thomas, wie es scheint, dessen
Erzieher, aus dem wir ersehen, dass Balthasar bereit ist,
vom Hofe Johann's, wo er für die Treue seines Vaters als
Geissel lebt, zu entfliehen.

Aus dieser Skizze ersehen Sie, dass, wenn in diesem
Stücke überhaupt von Handlung die Rede sein kann, die-

selbe in Melchiors Vorsatz besteht, zur Partei Ferdinand's überzugehen, in den zu diesem Ende vorbereiteten Schritten, und in dem, durch die, mittelst seiner Glaubensänderung und Geschenke gewonnene Gunst des Erzbischofs bewirkten Uebertritt selbst; eine zwar in ihren Folgen, aber dramatisch keineswegs, wichtige Handlung, welche darum in einem Drama höchstens als einzelnes Motiv passen würde. Auch das können Sie wahrnehmen, dass, in so fern schon im ersten Acte Melchiors Aufnahme von Seiten des Kaisers gesichert erscheint, und durchaus keine Schwierigkeit und keine Nothwendigkeit der Besiegung einer solchen vorkommt, auch kein dramatischer Fortgang im Stücke ist. Der fünfte Act hat mit den übrigen keinen Zusammenhang, wenn wir nicht Balthasar's Flucht als Ergänzung von Melchiors Handlung betrachten wollen. Die Erfindung ist also sehr arm. Aber der Zweck des Verfassers ist auch kein literarischer oder künstlerischer : die Schöpfung einer grossen historischen Komödie, sondern lediglich ein moralisch-politischer, nämlich : den Melchior Balassa der allgemeinen Verachtung preiszugeben. Dies wollte er durch unverhüllte Entfaltung des Charakters seines Mannes erreichen, und so erscheint die Darstellung der Begebenheiten nur als Trägerin eines Charakterbildes. Hierin aber, man muss gestehen, verfährt der Verfasser, wenn auch nicht dramatisch, doch eben so glücklich als bewusst. Bei ihm entwickelt sich zwar der Charakter nicht mit der Handlung : Melchior ist am Ende des Stückes ganz derselbe, der er im Anfang war, und er wird blos gemalt in dem, was die auftretenden Personen von sich und von einander sagen. Diese Charaktermalerei ist aber mit scharfen, entschiedenen Zügen gefertigt, welche uns zugleich einen Blick auf jene Zeit werfen lassen, worin

Balassa als Repräsentant einer bereits im Entschwinden
begriffenen bösen Zeit auftritt, welche er „als goldene Zeit
mit Thränen ersehnte" (fünfter Act), und die in Wahrheit
ein Zeitalter der politischen Treulosigkeit, der Seelenver-
käuferei und des Glaubensabfalls, des Meineids und der Be-
stechung, der schändlichsten Arten von Besitzergreifung,
ja des offenen Raubes und Mordes war. Und nicht nur in der
Zeichnung jener Zeit und seines Helden bewährt der
Verfasser Kraft und Gewandtheit, sondern auch eine
gewisse Mannigfaltigkeit in den Gemälden seiner Personen, die in das Ganze Licht und Schatten bringt. Auch
der fünfte Act ist blos nur zur Ergänzung der Charakterzeichnung hinzugefügt, indem die Kenntniss der Frucht
zur genauern Kenntniss des Baumes dient. Bei all diesem
steht der Verfasser auf sittlichem und patriotischem Standpunkt. Wenn bei der Charakterzeichnung Oláh's der allzu eifrige Protestant von der Wahrheit abweicht, und Ver-
läumdung und Spott in dieselbe mischt, so tragen wir dies
mehr der Zeit, als dem Verfasser selbst nach; er hat darin
eben nur gethan, was nicht nur die Dichter, sondern auch
die Theologen und Geschichtschreiber, hier wie im Auslande, thaten. Erinnern wir uns nur an jene höhnenden
Schauspiele, welche in der Heimat des Protestantismus,
in dem benachbarten Deutschland, zu jener Zeit im
Schwunge waren, und auf die Verächtlichmachung der
römischen Kirche in den Augen des Volkes ausgingen.
Im Hinblick darauf haben wir wohl Grund zu glauben,
dass derlei politische Tendenzstücke wie „Melchior Balassa", und so antikatholische Scenen, wie in diesem die
Beichte Balassa's, nur einen kleinen Theil jener zahlreichen Theaterstücke ausmachten, welche auf den Brettern
der damaligen wandernden Schauspieler in Scheunen und

Schenken, auf Jahrmärkten, und — mit Auswahl — an
den Höfen der Vornehmen zur Repräsentation kamen.
Hinsichtlich des „Balassa" sehe ich mich — nachdem Stephan Horvát, der dessen zuerst Erwähnung that, den Paul
Karádi, unitarischen Prediger zu Temesvár und Superintendenten, zum Verfasser macht — zu der Bemerkung
genöthigt, dass Stephan Horvát, der dies Buch in der
Teleki'schen Bibliothek sah, ausser seinem Titel schwerlich etwas darin geleser, denn Karádi selbst, nachdem er
dasselbe während seines Aufenthaltes zu Abrudbánya in
seiner wandernden Buchdruckerei 1569 druckte, nennt
sich in seinem Vorworte ausdrücklich nur als Herausgeber. „Nachdem — fängt er dasselbe an — die Komödie
„Melchior Balassa" mir zu Händen kam, und ich dieselbe durchlas, wunderte ich mich darüber, mit welchen
schrecklichen unerhörten Gottlosigkeiten und Verräthe-
reien dieselbe angefüllt, und konnte mich nicht enthalten,
dieselbe zu drucken und Jedermann bekannt zu geben."
Die Trefflichkeit der Zeit- und Charaktermalerei in diesem Stück, so wie dessen lebendiger, fortschreitender
Dialog lassen uns sehr bedauern, dass nicht Mehr
desgleichen seinen Weg zur Presse gefunden, oder,
wenn es ihn fand, dem Untergange nicht zu entgehen
vermochte.

Eine andere Gattung von Theaterstücken jener Zeit
waren die sogenannten „Moralitäten", oder moralisch-
allegorische Stücke. Ein Ueberbleibsel derselben besitzen
wir in jener „Komiko-Tragödie", von der eine Ausgabe
aus dem siebzehnten, und mehrere von sinnentstellenden
Druckfehlern wimmelnde aus dem achtzehnten Jahrhundert auf uns gekommen, unter dem Titel: „Eine aus vier
Abtheilungen bestehende, halb lustige und halb traurige

Geschichte." Die vier Abtheilungen oder Scenen führen
jede ihren besondern Titel, von denen die erste : „Von der
Tugend und dem Laster", aus fünf Acten besteht. Die
zweite : „Vom glänzenden Reichthum und dem armen
Lazarus", in vier Acten; die dritte : „Von dem berüch-
tigten räuberischen Soldaten", in drei Acten; die vierte :
„Von dem grausamen Schaffner", gleichfalls in drei Acten. Die auftretenden Personen sind sämmtlich eben so viel
Charakterrepräsentanten; in jeder Abtheilung wird in
einem andern Beispiel ein und dieselbe moralische Idee
dem Zuschauer vorgeführt, nämlich : dass der Sünde die
Strafe folgt. In der ersten, welche gewissermassen ein
Vorspiel bildet, streiten die Tugend und das Laster über
ihre Herrschaft, aber Jene, von der Mehrzahl verlassen,
scheidet von der Erde, indem sie der armen unglücklichen
Menschheit das Ertragen (Patientia) und das Dulden (To-
lerantia) zurücklässt. — In der vierten wird der schwel-
gerische Reiche, der dem armen, vor Hunger sterbenden,
Lazarus nicht einmal die Brosamen gönnt, durch den Tod
zur Hölle befördert. In der dritten und vierten geschieht
dasselbe mit dem Räuber und dem Schaffner, und in einem
Epilog ermahnt der Tod das Publikum so zu leben, um
einst bei Gott seinen Lohn zu finden. Das Stück ist in
Versen, und zwar in verschiedenen Schemen geschrieben,
auch zur Vermeidung der Einförmigkeit nach verschiedenen Melodieen vorgetragen worden, welche vor jedem
Acte so bezeichnet sind : Ad notam odes hist. : Vom Feen-
reich; oder : Ad notam odes militaris : Der Arm der Helden: nach der Melodie von „Szigets Untergang" u. s. w.
Die Darsteller solcher Stücke waren auch bei uns, wie
in Deutschland, wandernde Harfenspieler, denn die Vorstellung selbst verlangte, um zu interessiren und nicht zu

ermüden, nicht sowohl ein lebendiges Geberdenspiel, als eine verständliche Recitation.

Für kleinere Kreise war das Schuldrama bestimmt, und nicht mehr Leute aus dem Volke, sondern Schulmänner machten dasselbe zu einem Gegenstand ihrer literarischen Beschäftigung. Während die Volksbühne, als eine längst eingebürgerte Einrichtung von gänzlich nationaler Richtung, vom Auslande völlig unabhängig blieb, und während sie in Deutschland zu jener Zeit bald aus Fastnachtspossen bestand, worin alte Geschichten oder Tagesbegebenheiten in unterhaltender Weise, mit Spass und Spott vermischt, dem Publikum vorgeführt wurden, bald die mittelalterliche Sage dramatisirt erschien, bald alttestamentliche, alte historische Stoffe, später griechische und römische Tragödien und Komödien überarbeitet oder nachgeahmt wurden; bei uns aber in Folge der ernsteren Stimmung des Volkes wahrscheinlich auf ernste und wohl grösstentheils historische Gegenstände sich beschränkte : ward das Schuldrama direct vom Auslande, zunächst wahrscheinlich durch die, deutsche Universitäten besuchenden protestantischen Theologie-Candidaten eingeführt, durch Lehrer und Geistliche verfasst, und an Hauptfeiertagen oder bei Gelegenheit der Prüfungen durch die Schüler aufgeführt. Reuchlin war in Deutschland einer der Ersten, der ein solches Beispiel schon gegen Ende des fünfzehnten Jahrhunderts gegeben. Bei uns reichen die ersten Beispiele ins sechzehnte Jahrhundert hinauf. Gottsched führt ein Drama an, welches Dr. Leonhard Stöckel, einer unserer nahmhaftesten Gelehrten dieser Zeit, durch die Jugend des (deutschen) Gymnasiums zu Bartfeld, um die Mitte dieses Jahrhunderts aufführen liess, und welches zu Wittenberg 1559 unter dem Titel gedruckt erschien : „Historia von

Susanna in Tragödienweise gestellt zu Vbung der Jugent zu Bartfeld in Ungern." Dass aber diese Sitte auch an ungrischen Lehranstalten herrschte, beweist vor Allem Lorenz Szegedi's Theophanie, „d. h. göttliche Erscheinung, eine neue und sehr schöne Komödie von dem Zustande unserer ersten Väter und von der Bestimmung oder den Stufen der menschlichen Aemter", gedruckt durch Andreas Komlós, Debrezin 1575, (deren einziges, mit Ausnahme zweier Blätter, vollständiges Exemplar aus der Bibliothek Niklas Sinai's, jetzt im Besitz des ersten Bekanntmachers desselben, Ludwig Farkas, ist; eine durch Sinai vermittelte und durchgesehene Copie aber zu Péczel in der Rádai'schen Bibliothek). Das Stück ist in vier Acten, und diese sind wieder bald in drei, bald in sechs Scenen getheilt. Sein Inhalt : (I. Act.) Eva trauernd über ihre Verführung durch die Schlange, und die Bosheit Kain's, wird durch Adam getröstet; dieser setzt sein Vertrauen auf Gott, und fordert sie auf zu dem morgenden Feste, während er selbst hingehe ein Lamm zum Opfer auszuwählen, ihre Söhne zu waschen, damit sie zum Feste rein seien, und dann, spricht er, „frage jeden der Reihe nach über die christlichen Hauptstücke aus." Eva geht. Adam preist in einem langen Monolog die Glückseligkeit des Ehestandes. Zwischen dem Acte singt der „Chor" einen den Psalmen entnommenen Gesang. (II. Act.) Eva ruft Kain Späne zum Feuer zu sammeln. Kain, hervortretend, tadelt in einem langen Selbstgespräch den Wunsch seiner Eltern, die da wollen, dass er nur stets lernen, beten solle u. s. w. „aber ein Narr ist, wer dem Wunsche seines Vaters sein Leben weiht", anstatt „sich der Schönheit dieser Welt zu freuen." In solcher Weise mit der ihn anredenden Eva streitend, verweigert er ihr den Gehorsam, und überträgt die Arbeit seinem Bruder Abel, als dem Jüngern, der dieselbe gerne verrichtet, da er damit Gott dient. Indem er nun an die Arbeit geht, findet Eva in Abels Güte Beruhigung in ihrem Kummer. Chorgesang. (III. Act.) Kain, mit seinen Zechbrüdern zusammenkommend, spottet mit ihnen gemeinsam über die heiligen Handlungen, und indem sie sich über Gott eben nicht in den frömmsten Aeusserungen besprechen, gehen sie aufs Feld, um sich zu vergnügen. Dagegen tragen Abel und Seth unter gottesfürchtigen Gesprächen, deren Gegenstand die Traurigkeit ihrer Eltern ist, Holzbündel und Wasser zum Bade; Seth schickt sich eben an Kain zu suchen, als Eva, sie findend, dieselben wegen ihres Säumens sanft schilt, und Seth nach Kain ausschickt, damit sie ihn waschen könne. Seth trifft die sich Vergnügenden, Kain folgt ihm unter allerlei Spottreden, aber gehorcht seiner Mutter nur nach einem unehrerbietigen Hader. Im IV. Act folgt die Theophanie selbst. Die Erscheinung Gottes wird in der ersten Scene durch den Gesang der Engel angekündigt. Eva bereitet sich mit andachtsvollem Herzen sammt ihren gereinigten Söhnen zur Anschauung Gottes vor; der ungewaschene Kain verbirgt sich erschrocken. Der Herr erscheint, grüsst die ihn anbetende Familie, vergibt der Eva ihre Sünden, prüft das Wissen der Söhne, Abel sagt die zehn Gebote und den Glauben her, um dessentwillen er die Gaben des heil. Geistes empfängt, Seth recitirt das Vaterunser u. s. w., zuletzt verlangt der Herr nach Kain. Dieser erscheint auf Seths Rufen, obgleich nach einigem Widerstreben. Vom Herrn geprüft, stammelt er das Vaterunser fehlerhaft her, worauf ihn Eva wegen seines Ungehorsams anklagt. „Kain"! spricht der Herr, „wenn du deine Pönitenz nicht hältst, so sei überzeugt, dass du verdammt wirst, doch

will ich hören, was du für einen Glauben hast ...." Hier
bricht das defecte Exemplar ab, und so fehlen sowohl das
Strafgericht Gottes über Kain, wie die Einrichtung der
menschlichen Gesellschaft, welche dem Prolog nach folgen sollte, eben so das vorbereitete Opfer Adams, womit,
obgleich es der Prolog nicht erwähnt, das Stück wohl
schliessen mochte.

Aus dieser kurzen Skizze können Sie ersehen, dass
der fromme Lorenz Szegedi einen Stoff wählte, der die
Grenzen der dramatischen Darstellung überschreitet, da
er einen Charakter vor Augen führen will, dessen geistige
Vorführung schon die höchste poetische Begabung erfordert, welche er nicht besass. Er hat aber auch gar keinen
andern Zweck vor Augen, als in dem Bilde des bösen und
der guten Söhne die Kindespflichten, die Belohnung der
gehorsamen, die Bestrafung der ungehorsamen Kinder
darzustellen, und bei der Absicht, diese sittlich-religiöse
Idee einzukleiden, strebte er so wenig nach einer, wenn
auch noch so schwachen, Charakteristik, dass die ganze
Dichtung ei n e n grossen Anachronismus bildet, der selbst
die Zuhörer Szegedi's wohl mehr als einmal zu einem
frommen Lächeln veranlasst haben mochte. Nicht nur erscheint die ganze Gesellschaft im modernen Costüm, da
Gold und Edelsteine, Hausgeräthe und Werkzeuge, Ingwer
und Glühwein, ja sogar Baranyaer und Zsolter Wein u.
dgl. erwähnt, und ungrische Sprichwörter gebraucht werden (wie z. B. „Da kommt Anton aus Ofer"), sondern die
ersten Menschen fühlen und denken auch ganz so, wie
die Christen des sechzehnten Jahrhunderts, und sowohl
die Erfahrungen, Reflexionen und Zweifel der altgewor-
denen Menschheit, selbst die Lehre von der Praedestina-
tion finden ihren Ausdruck, als auch die christlichen In-

stitutionen, Geistliche und Mönche, Kapuze und Fasten,
das Lernen „im Zimmer“ und die „Lection“ u. s. w. kommen vor. Aber auch Jesus, Jupiter und „der König“ werden
erwähnt, und zwar nicht irgend ein patriarchalischer Hirtenkönig, sondern ein solcher, der seinen Haushofmeister
hält; nicht zu erwähnen die naive Handhabung der individuellen Charakteristik, wonach Gott als ein wahrer
examinirender Katechet, Kain und seine Genossen als
ächte liederliche Universitätsbursche gezeichnet sind u. s. w.
Und welcher Unterschied zwischen diesem breiten, unmotivirten, alles dramatischen Lebens entbehrenden Dialog, und andererseits zwischen den charakteristischen, individuellen und raschen Unterredungen im „Melchior
Balassa“! Dort das geleckte Machwerk eines Schulmannes, hier die rohe, aber lebenstreue Improvisation eines
Mannes aus dem praktischen Leben.

Uebrigens bot nicht nur die Bibel dem Schuldrama
seine Stoffe, sondern auch die altclassische Sage. Hierher gehört des Meisters Peter Bornemisza Klytämnestra, in der Pester Schule aufgeführt. Das Stück erschien
während dem Palatinat des Thomas Nádasdi (1554—1562),
mit Bestimmtheit lässt sich jedoch weder das Jahr der
Abfassung oder des Druckes, noch der Titel desselben angeben, da, wie es scheint, in dem, bis jetzt einzigen, und
nunmehr verlorenen Exemplar, welches Georg Bessenyei
besass, und über welches er in seinem „Holmi“ (1779)
leider nur zu kurz berichtete, das Titelblatt fehlte. Das
Stück eröffnet Aegysth mit dem Ausdruck der Freude
über Agamemnons Tode; und aus der zweiten Scene ist
uns eine Rede der Klytämnestra mitgetheilt, worin sie den
Göttern für ihre Befreiung von dem tyrannischen Gemal
dankt (!). Aus diesen zwei kleinen Bruchstücken (in

Prosa) zu urtheilen, lag dem Verfasser weder Sophokles, wie
Bessenyei meinte, (wohl mit seiner Elektra), noch Aeschylus' Choephoren, noch etwa Seneca's Agamemnon vor:
so unclassisch und durchaus modern ist die Auffassung ;
auch lässt sich das Vorbild der geretteten Bruchstücke
bei keinem der erwühnten Dichter finden. Ich bin geneigt
eine Nachahmung des Hans' Sachs zu vermuthen, der 1554
eine „Klytämnestra" machte, welche Bornemisza, als er
auf deutschen Universitäten studirte , kennen lernen
konnte : doch fehlen mir die Mittel der Vergleichung,
und muss deshalb die Frage in der Schwebe lassen.

Dies und nicht mehr ist es, was ich Ihnen von unsern
Dramen aus dem sechzehnten Jahrhundert sagen kann,
welche nur dem kleinsten Theile nach unter die Presse
gekommen sein mochten, da sie nicht sowohl für die Lectüre als für die Darstellung verfertigt wurden, und in so
weit sie gedruckt erschienen, das Schicksal eines grossen
Theils der Literatur des sechzehnten Jahrhunders theilen
mochten, nämlich das des Unterganges.

Zwanzigste Vorlesung.

Dichterische Zustände in der ersten Hälfte des siebzehnten Jahrhunderts. Erzählende Poesie. — Didaktische Poesie : Mathias Vörös von Nyék, Szentmártoni und Kolosi. — Lyrische Poesie: Rimai, Beniczky, Emrich Péczeli. Der Kirchengesang bei den Protestanten : Albert Molnár; Das grosse Graduale. Bei den Katholiken. — Schluss.

Meine Herren!

Der 1606 geschlossene, und zwei Jahre nachher zum Reichsgesetz erhobene Wiener Friede beruhigte nur auf kurze Zeit den sich zum Protestantismus hinneigenden grössern Theil der Nation. Unter Anführung von Peter Pázmány's mächtigem Geiste begann der Katholicismus mit jugendlicher Kraft zu reagiren, sowohl in der Literatur, wie im öffentlichen Leben : in jener begründete er eine neue Periode, welche besonders eine theologisch-polemische Richtung nahm; in diesem rief er bis an's Ende des Jahrhunderts fortdauernde Revolutionen hervor, denen der Szatmárer Friede 1711 ein Ende machte. Der doppelte Kampf nahm die Geister so sehr ein, dass die bis dahin vorzugsweise volksthümliche poetische Literatur immer mehr verstummte, und an ihrer Stelle die in Büchern und auf der Kanzel geführten theologischen Streitigkeiten alle Kräfte und alle Theilnahme der Nation in Anspruch nahmen. Demnach zog das, die Poesie liebende

Volk bis in die Mitte dieses Jahrhunderts nur aus der
Erbschaft der Vergangenheit eine kümmerliche Nahrung.
Es musste sich mit neuen Auflagen älterer Werke begnügen, deren immer mehr veraltendes und abgeschwächtes Interesse durch neue anregende Erscheinungen nicht belebt
wurde, und es begann die poetische Literatur zuletzt ihre
Anziehungskraft zu verlieren, womit auch ihr Lesepubli-
kum im Volke allmälig abnahm. An die Stelle jener Schriften trat seit der Mitte des siebzehnten Jahrhunderts e i n e
n e u e P o e s i e von Seite der vornehmen und gebildeten
Stände, welche der allgemeinen Richtung jener Zeit gemäss, mit Beseitigung des Volksthümlichen, sich mit der
Wissenschaft verband, regelmässiger, selbstbewusster,
künstlerischer wurde, aber ihre Volksthümlichkeit, und
damit ihre alte Verbreitung und ihren weit ausgebreiteten
Einfluss auf die Massen verlor. Mit dieser neuen Poesie,
deren Resultat besonders das an die Stelle des historischen Gesanges getretene Epos, und dessen Zierde, Niklas Zrínyi, der Dichter, war, werden wir uns im nächsten
Cursus beschäftigen; den gegenwärtigen schliesse ich mit
einigen Nachklängen der Poesie des sechzehnten Jahrhunderts ab, welche bis in die Hälfte des siebzehnten
hineinragen.

Auf dem Felde der e r z ä h l e n d e n D i c h t u n g begegnen wir im Ganzen nur zwei Schriftstellern, welche
beide biblische Stoffe bearbeiteten, nämlich Johann Bodó
von Szentmárton, Prediger der Unitarier zu Kolos,
der zwischen 1623—1645 blühend, für den ersten Dichter
seiner Zeit gehalten wurde, und Johann Török von Kolos, Schullehrer gleichfalls zu Kolos 1631. Von Ersterem
besitzen wir Gespräche vom Tode und der Auferstehung
unsers Herrn (1623); die Geschichte des verschwenderi-

echen Sohnes in drei Theilen (1628), und die Geschichte
von Maria Magdalena's Bekehrung (1632); von Letzterem:
Die Geschichte des heil. Johannes des Evangelisten nach
Reuchlin 1631.

Auf dem Gebiete der didaktischen Poesie zeich-
nete sich besonders der Kreuzherr Mathias Vörös von
Nyék, Propst von Pápócz (1620—1629), mit seinen christlichen und religiösen Lehrgedichten aus. Solche sind : Von
den vier letzten Dingen, in vier Abtheilungen; Ueber die
Sterblichkeit; Ueber die Ewigkeit; Klagegespräch einer
verdammten Seele mit dem Körper, nach dem heil. Bernard
(Wien 1636. Grosswardein 1642 u. s. w.); Eines Ordensrit-
ters Posaune von der menschlichen Gebrechlichkeit, welch
alle unter dem Titel : „Tintinnabulum tripudiantium"
gesammelt, blos meines Wissens neunmal erschienen (von
1701—1781). Vörös's Lebensauffassung ist mehr mön-
chisch als philosophisch; die Darstellung selbst ist im
Tone des Predigers und Lehrers gehalten, nur die lebendige bilderreiche Sprache erinnert daran, dass wir es mit
einem Gedicht —, die leichte und kräftige Diction und die
im Verhältniss zu ihrer Zeit auffallend correcte Versification, dass wir es mit einem geübten und geschickten Schriftsteller zu thun haben. Von anderer Art und allgemein
beliebte Gedichte waren die Szentmártoni'schen : Das
Eisen; die Jagd; die Zimmerleute; Lob des Salzes (1628
bis 1645), und einige andere, deren Gedächtniss nur die
Verse des Michael Túri, des Koloser Grubenmeisters
(1647), aufrecht erhalten haben:

„Und ausserdem auch noch von mancher Herren Tod,
Und wie die Zeit auch uns so manche Aend'rung bot,
Viel Schriften hinterliess von vielen Dingen er,
Wie jetzt in Ungern kaum stellt eine Feder her.

Von Kolosi-Török haben wir : Klagen über die
Narrheit und Elendiglichkeit der Weltleute, nach Marsi-
lius Ficinus, 1631. Von dem Widrigen und Schädlichen
des ehelosen Lebens, 1647. Von der Natur der Hühne.
Der Werth dieser Gedichte liegt in ihrer Nutzanwendung;
sie sind in der Darstellung noch sorgfältiger als die von
Szentmártoni, aber es fehlt ihnen die naive Innerlichkeit
des sechzehnten Jahrhunderts.

Von politischer Tendenzpoesie, welche im vorigen Jahrhundert in den histor. und satyrischen Gesängen
herrschte, sind uns, mit Ausnahme einiger kleinerer Lieder,
nur zwei Stücke in der, in der Stadtbibliothek zu Leipzig
aufbewahrten ungrischen Liederhandschrift erhalten, von
denen zu bezweifeln ist, dass sie je gedruckt worden. Der
Titel des einen lautet : „Historie von dem Elende Siebenbürgens und dem Aufstande der Ungern gegen Gabriel Bátori." Das andere führt die Aufschrift : „Alia historia de
iisdem disturbiis." Beide, wie es scheint, stammen aus dem
Jahre 1611, und beide sind das Werk irgend eines Anhän-
gers Bátori's. Diese Gedichte haben weniger die Geschichte,
als vielmehr die Motive der Gegner des Fürsten zum Gegenstand. Das erste schreibt den Kriegszug des Palatins
Sigmund Forgács gegen Bátori den Bestrebungen des
Clerus, und hauptsächlich des Cardinals Franz Forgács
gegen den Protestantismus zu ; das zweite klagt diesfalls
direct den Papst an, den es im Gespräch mit Mathias II.
auftreten lässt, mit der offenbaren Tendenz, den Fürsten
als Helden des Protestantismus erscheinen zu lassen, um
seine Sache populär zu machen und die Gegenpartei als
Verrätherin der ungrischen Freiheit und Selbstständigkeit
zu verdächtigen. Uebrigens ist nicht zu läugnen, dass
nicht nur treue Anhänglichkeit an den jungen Fürsten,

sondern auch ein sich selbst täuschender Glaube die Feder
des Verfassers oder der Verfasser beherrscht. In dieser
Beziehung verrathen beide Gedichte eine innere Verwandtschaft mit einem dritten, gleichfalls anonymen Gedicht:
dem „Zuruf Gabriel Bátori's von jenseits des Grabes“,
worin dieser eine ergreifende Klage wider seine Gegner
erhebend, von seinen Getreuen scheidet; und die um so
grössere Wirkung hervorbringt, da sie nach dem Tode
des tapfern und ritterlichen Fürsten verfasst, dadurch,
dass ihr Verfasser mittelst derselben Niemandes Gunst
mehr suchen und erwerben konnte, als aufrichtiger Er-
guss persönlicher Liebe und unvergänglicher Treue erscheint, und wohl auch kaum für den Druck bestimmt war.
Denn auch dieses Gedicht ist blos handschriftlich in dem
Familienarchiv der Ostfi's erhalten worden, woher es das
„Neue Ungrische Museum“ vor Kurzem veröffentlichte.

Den werthvollsten Zweig in der Poesie dieses halben Jahrhunderts bildet die Lyrik, welche noch immer
ausschliesslich religiös erscheint. Es ist, als ob das Beispiel Valentin Balassa's auch die Weltlichen angespornt
hätte ihre subjectiven religiösen Gefühle in Gesängen
auszusprechen. Seine Liedesformen sehen wir jetzt allgemein in Gebrauch genommen. Besonders zwei Dichter
sind es, die sich im ersten Viertel des XVII. Jahrhunderts darin auszeichneten : Johann Rimay (1564 bis
1631), und Peter Beniczky (blühte um 1620). Jener,
Schützling des Oberstreichsrichters Stephan Bátori, dann
in Diensten des Fürsten Sigmund Bátori, später des Fürsten Stephan Bocskay Rath; nach dessen Tod Gesandter
Mathias II., und wieder Gabriel Bethlen's am türkischen
Hof; dieser, ein Ordensritter (szentelt vitéz). Beide, Männer des praktischen Lebens, aber Beider Weltanschauung

durch Sündenbewusstsein umschleiert. Die Quelle dieses
Gefühls ist keineswegs eine subjective. Beide waren tu-
gendhafte Männer : Die traurigen Zeiten erzeugten jene
trübe Stimmung, welche bei tieferen Gemüthern allgemein war. Das Unglück des Vaterlandes ward nämlich
als göttliche Strafe für die Sünden der Menschheit angesehen, und von dieser sündigen Menschheit nahm sich der
Dichter um so weniger aus, je strenger die sittlichen Anforderungen waren, die er an sich selbst stellte. So auch
Rimay und Beniczky. Diese Stimmung, welche sie ergriff,
sobald sie zur Leier griffen, verursachte auch, dass bei
ihnen das Leben und die Poesie nicht jene schöne harmo-
nische Einheit zeigten, welche die Eigenthümlichkeit nor-
maler Zeiten ist. Rimay, der einen grossen Theil seines Lebens in fürstlichen Kreisen als thätiger geachteter Staats-
mann zugebracht hatte, singt, sobald er philosophirt, die
Verachtung des Erdenlebens : Die Welt ist ihm voll Trug,
das Glück wandelbar, nur die Mittelmässigkeit gewährt
Ruhe, Glückseligkeit der Glaube, die Tugend, vor Allem
Gott. Auch auf Beniczky lastet das Gewicht der Sünde,
die wahrscheinlich nur in seiner Einbildung bestand. Eine
ganze Reihe von Gesängen sind blosse Ergiessungen der
Reue und Busse; doch schlägt er ausser dieser und der
Wandelbarkeit und Verachtung der irdischen Dinge, halb
ängstlich und furchtsam, auch zuweilen eine andere Saite
an : Die Freiheit, den Frühling, die Freuden der Jagd
u. s. w. Uebrigens ist unter diesen beiden Dichtern Rimay
das tiefere Gemüth, dessen Gedanken gehaltvoller, dessen
Form regelmässiger und correcter. Ein grösseres Gedicht
Rimay's „de virtute oder von der Tapferkeit", eine Chronik seiner Zeitbegebenheiten, und andere seiner Gedichte,
deren einstiges Vorhandensein Ipolyi nachwies, sind ver-

14*

loren gegangen, so wie auch seine Charfreitagsbetrach-
tungen, seine türkische Gesandtschaftsreise, und zahlreiche
Staatsschriften theils noch des Entdeckers harren, alle
aber des Herausgebers. Rimay's Gedichten angehängt findet sich auch eine Sammlung zahlreicher Gesänge moralischen und religiösen Inhalts, Rimay, oder besser jener
Zeit dem Geiste nach verwandt, von theils genannten,
theils ungenannten Dichtern, unter denen Emrich Király
von Péczel (1608—1631) das Meiste und Beste geliefert. Beniczky handelt in seinen „Ungrischen Rhythmen"
— denn unter diesem Namen sind sie bekannt — zweihundert fünfzig Sprichwörter ab, in moralisirender Weise
und in eben so viel neunzeiligen Strophen, die bis auf den
heutigen Tag bei den untern Ständen sehr beliebt sind,
und viele treffende, aus der Erfahrung geschöpfte Bemerkungen enthalten, aber nicht eben in dichterischem Gewande. (Von 1664—1806 kennen wir sechzehn Ausgaben.)
Die kirchliche Lyrik begann am Anfang dieses
Zeitraumes Albert Molnár von Szenc mit seinen nach
Beza und Marot, und in französischen Schemen, bearbeiteten Psalmen (1607), welche sich in unserer poetischen
Literatur durch Gehalt und den Ausdruck eines tiefen
religiösen Gefühls auszeichnen; in Hinsicht auf die Form
aber, namentlich in Bezug auf die Verschiedenartigkeit
der Versformen (hundertdreissigerlei), so wie in Beziehung auf den Reim und den sprachlichen Ausdruck sind
sie ein epochemachendes Werk, welches unter den protestantischen Ungern bis auf den heutigen Tag ein unbe-
strittenes allgemeines Ansehen geniesst. Auf keinem der
damaligen Schriftsteller hat sein langer Aufenthalt im
Auslande so wohlthätig eingewirkt. Bei Albert Molnár
gibt sich zuerst jener feine Geschmack kund, jene Art

von Correctheit, welche einzig das Product bewusster
Selbstbildung und selbstbewussten Strebens ist. Seine
Psalmen sind demzufolge schon nicht mehr blos ein Werk,
sondern ein Kunstwerk, und er ist zugleich der Erste, der
im Vorworte dazu sich über die Theorie der Poetik
ausspricht. Dieses classische Werk wurde zugleich der
Schlussstein unserer Psalmendichtung, so wie andererseits
das „Grosse Graduale" hauptsächlich durch seine äussere
Autorität in der protestantischen kirchlichen Dichtung
für lange Zeit einen Stillstand erzeugte. Dieses bearbeitete zur Zeit Gabriel Bethlen's dessen Hofprediger, der
Superintendent Johann Dajka von Keserű, auf Grund
der alten kirchlichen Hymnen und der in Gebrauch befindlichen handschriftlichen Graduale's; nach seinem Tode aber
ward dasselbe durch Stephan Katona von Gelej beendigt, und Fürst Georg Rákóczi I. liess es in zweihundert
Exemplaren mit Musiknoten in Folio zum Chorgebrauch
in Karlsburg (Alba Julia) 1636 drucken. Dieses Buch
kam nicht in den Buchhandel, sondern der Fürst selbst
sandte dasselbe mit einem an die Kirchen der beiden ungrischen Länder gerichteten und eigenhändig unterschrie-
benen Empfehlungsbriefe den grösseren Gemeinden, welche
dasselbe von jener Zeit an benützten, während die kleineren Kirchen und Gemeinden das Göncische, von Zeit
zu Zeit veränderte, und durch die Psalmen von Albert
Molnár ergänzte Gesangbuch gebrauchten. Von jener
Zeit an machte sich in der protestantischen kirchlichen
Dichtung ein Stillstand fühlbar.

In der römischen Kirche mochten sich seit dem fünfzehnten Jahrhundert, um dessen Mitte die Kirchenge-
sänge ein Gegenstand der Feststellung durch offizielle
Autorität waren, zahlreiche in dogmatischer Hinsicht

nicht ganz correcte Gesänge einschleichen, weshalb die
Synode von 1560 jenes alte, hundertjährige, Hymnarium
nochmals bestätigte, und nur unter der Bedingung einer
solchen vorläufigen Genehmigung den neu entstehenden
Gesängen die Aufnahme in den Kirchen gestattete. Trotz
alledem sah sich die Tyrnauer Synode von 1629 genöthigt, jene Vorschrift zu erneuern, ja sogar zur practischen Feststellung der Sache, den Druck eines durch eine
Commission anzufertigenden Gesangbuches zu beschliessen, das aber erst ein halbes Jahrhundert später ins Leben
trat. Bis dahin machten unsere Kirchenmänner mehrere
Privatversuche durch eigenen Fleiss, welche aber schon
in die zweite Hälfte des XVII. Jahrhunderts gehören.
Die Gesänge des Jesuiten Mathias Hajnal (1629) habe
ich noch nicht zu Gesicht bekommen.

Dies ist der Zustand, welchen unsere poetische Literatur in der Mitte des siebzehnten Jahrhunderts zeigt:
ein Zustand des Rückschritts in der Erzählung, der Cul-
mination und damit des Abschlusses der Selbstthätigkeit
im religiösen Liede : während in der Mitte des neuen
halben Säculums der erste ungrische Kunstdichter in
bis dahin unbekannter Grösse auftauchte : Niklas Zrínyi,
mit dem ich den nächsten Cursus meiner Vorträge beginnen werde.

II.

Die ungrische Dichtung

von Zrínyi bis Alexander Kisfaludy.

1651—1808.

WIDMUNG

an

Frau Antonie Bohus-Szögyényi.

——⁓⁓⁓⁓——

Es wölbt in diesem Land sich eine Halle,
Von deren Wänden stumm in langer Reihe
Des Volkes Barden ernst hernieder seh'n.
Noch tönt der Hymnus, der zum Herrn des Himmels
Auf des Gebetes Wolkenfittig schwebt:
Das Lied, das still des Herzens süss' Geheimniss
Der mitternächt'gen Einsamkeit vertraut;
Noch rauschet in der Harfe Saiten leise
Zum Preis von Ungerns Helden der Gesang.
Doch selten nur betritt die Sängerhalle
 Der Sohn, die Tochter unsers Heimatlandes,

Und lauscht entzückt mit off'nem Ohr und Herzen
Der ernsten Schatten leisem Wink und Ton.
Den hält zurück des Busens starre Kälte,
Den eitler Tand, und Jenen das Vergessen.
Noch öfter blickt auf's Eig'ne Stolz und Hochmuth
Verachtend hin, und liebt das Fremde nur.
So steht die Halle des Gesangs verödet,
Und einsam trauernd schweigt der Sänger Schaar.

Doch Du, o edle Frau, um deren Seele
Sich nimmer noch so eis'ge Rinde schlang,
O komm! — ergreif die Hand des kund'gen Führers,
Lausch' jenen Mähren, die mit Sorgfalt er
Und treu berichtet, bring auch Deine Schwestern,
Und weih' den heim'schen Dichtern einen Kranz.

Hier siehst Du Zrínyi, der voll hohen Schwunges
Im Liede Sziget's wackre Helden preist.
Dort Gyöngyösi, Kemény's beredten Sänger,
Kohári, der in dunkler Kerkersnacht
Aus seiner Leyer Saiten Trost sich schöpft.
Hier Rádai mit des Glaubens heil'gem Psalm.
Dort Amade voll flatterhafter Liebe,
Auch Faludi mit süssem Liederspiel.
Und Orczy, ihn, den milden, heitern Greis,
Dess' Sang belehrt, beruhigt, Herzen heilt.
Hier steht, ein neues Feuer uns entzündend,

Der Weisheit sinn'ger Jünger : Bessenyei,
Indess in monderhellten Nächten Ányos
Um sein verlornes Glück voll Wehmuth klagt.
Dort nähret Fanny sterbend jene Wunde,
Die ach das Leben ihrem Herzen schlug;
Hier tönet Dayka's Schmerz, hier wälzt Vitéz
Im edlen Kampf den Stein des Sisyphus,
Und Himfy singt in Vaucluse' Schattenhain.

Es schuf der Herr der Welten eine Perle;
Nicht schimmert ihres Feuers sanfter Glanz
Am Halse des verschwenderischen Reichen,
Nicht ziert ihr Farbenschmelz des Stolzes Stirn:
Die Perle thaut beim Bild des bleichen Elends,
Thaut bei des Landes Noth, und seiner Blüthe,
Als Thräne mild aus zartem Frauenauge.
Und solche Perle sah auf Deiner Wange,
O edle Frau, vor Freud' und Schmerz ich glänzen.
Verscheuch' den Kummer, den das Schicksal beut,
Erheitre Deinen Blick an diesen Bildern,
Und was von ihnen, jener Sänger Schaar,
Ich unsers Landes hoffnungsreicher Jugend
Von Zeit zu Zeit mit treuer Lieb' verkündet:
O hör' es Du, o hör' es Dein Geschlecht,
Das unsers Stammes Loos im Herzen trägt,
Und ruf' vergangner Zeiten Liebe wach!
Dann lebt, was todt war, wieder freudig auf,

Und frommer Glaube und Vertrau'n, sie thauen
Des Friedens milden Balsam still auf Euch.
Das Volk vergeht nicht, das der Vorzeit Lieder
Als heiliges Vermächtniss wahrt und ehrt,
Das ihrem Wink gehorcht, sich selber treu bleibt.

Einundzwanzigste Vorlesung.

Poetische Zustände im siebzehnten Jahrhundert, und Niklas Zrínyi. Die Zrinyiade. Ihr erster Theil : I. — IV. Gesang.

Meine Herren!

Die ungrische Poesie war, wie ich dies in meinem
letzten Vortrage des vergangenen Halbjahres hervorgehoben, während des Verlaufs des siebzehnten Jahrhunderts
durch mancherlei wesentliche Veränderungen hindurch-
gegangen. Die wandernden Sänger waren verschwunden,
die Dichtung der Männer aus dem Volke war verstummt,
das nicht so schnell zum Schweigen zu bringende Bedürfniss half sich durch immer neue Auflagen des Vorhandenen, und nur hie und da liess sich noch mancher Nach-
zügler der frühern Schule vernehmen, welche aus der
alten Wurzel des geistigen Volkslebens in den Jahren
des XVI. Jahrhunderts so viele neue Schösslinge getrieben hatte. Die Poesie ward durch die gebildeten Stände
gepflegt, und demzufolge durch neue Einflüsse, nämlich
durch die europäische Wissenschaft und Kunstdichtung
künstlerischer, zugleich aber auch, ihres volksthümlichen
Charakters, und damit ihrer Popularität entkleidet, zu
einer eigentlich literarischen. Der Erste, der in dieser

Richtung, und zwar in überraschender Grösse auftrat, war Niklas Zrínyi; und wozu hätte unsere Kunstdichtung werden können, wenn sie treu seinen Spuren gefolgt wäre! Doch dazu bedurfte es seines Genie's; und es schien gleichsam, als ob der ungrische Geist in Erschaffung dieses Dichters auf anderthalb Jahrhunderte hinaus sich erschöpft hätte. So ist er selber ein Zeitalter, eine Schule, mit Nachfolgern, aber ohne würdige Nachkommen. Die nach ihm kamen, entlehnten von der Wissenschaft, was ihnen der Geist versagte. Wir werden ihn darum im Zusammenhange, sowohl als epischen, wie auch als lyrischen Dichter betrachten.

Zrínyi's Poesie steht im innigen Zusammenhang mit seinem Leben, darum ist es unerlässlich, dass wir wenigstens einen flüchtigen Blick auf dieses letztere werfen. Graf Niklas VII. Zrínyi, ein Sohn vom Enkel des Szigeter Niklas Zrínyi, jenem Georg, den Wallenstein 1626 durch Gift aus dem Wege schaffen liess, ward im Jahre 1616 geboren. Sein Leben weist eine ganze Reihe erfolgreicher Kriegsthaten auf, und er, der Schutz der Draugegenden und der Schrecken der Türken, durch seine Tapferkeit, seine Feldherrnweisheit und seine opferfreudige Vaterlandsliebe ein Gegenstand allgemeiner Achtung und Liebe, in seiner frühen Jugend schon Reichsbaron und Obergespan, ward später Banus von Kroatien und ein einflussreiches Mitglied des gesetzgebenden Körpers. Andererseits stand er auf dem Niveau der Bildung seiner Zeit, und war seit Mathias Corvin's Zeiten der erste ungrische Grosse, dessen Schloss zugleich ein Tempel der Musen ward, welchen eine Bibliothek, eine Antiquitätensammlung und eine Bildergallerie zierte, und der den Ruhm des Staatsmannes und Feldherrn mit dem des

Gelehrten und des Dichters vereinigte. Sein Tod ist bekannt. Nachdem ihn die Taktik Montecucculi's und des Hofkriegsraths, über welche er freimüthig aber vergeblich Leopold I. aufzuklären bemüht war, sich zurückzuziehen genöthigt hatte, ward der stets siegreiche Feldherr am 18. November 1664 auf der Jagd von einem wilden Eber tödtlich verwundet. Es gehört nicht in den Bereich dieser Vorträge, Sie mit seinen prosaischen Werken bekannt zu machen, deren grösserer Theil im Drucke eben jetzt an's Licht getreten; aber ich kann nicht unerwähnt lassen, wie es schwer zu bestimmen ist, ob diese Schriften seine wissenschaftliche Fachbildung, oder die poetischen das Genie des Dichters in hellerem Glanze zeigen. Hier kann nur von diesen letzteren die Rede sein. Der erste Gegenstand seiner Dichtungen war die Liebe; später ging er zum Epos über, und obgleich ich nicht zu behaupten wage, dass es Tasso's Meisterwerk war, welches in dem, öfter auf italienischem Boden verweilenden, und Tasso's schöne Episoden in mondhellen Nächten von den Lippen venezianischer Gondoliere's lauschendem Manne den Vorsatz gereift hat, die Literatur seines Vaterlandes durch ein ähnliches Werk zu bereichern : aber dass dieser ihm beim Entwurf seines Werkes vorgeschwebt — obgleich er auch Homer und Virgil sehr wohl kannte — das wird, glaube ich, aus dem Verlaufe meiner Vorträge klar hervorgehen, ohne dass sowohl diese Nachfolge, ohne welche in Beziehung auf seine Vorgänger auch nicht ein grosser Dichter ist, als die stellenweisen Reminiscenzen, Zrinyi's künstlerischer und dichterischer Grösse den geringsten Abbruch thun.

Betrachten wir vor Allem sein Hauptwerk, die sogenannte Zrinyiade, welche Freundes Hände in dem

ersten Jahre der zweiten Hälfte des siebzehnten Jahrhunderts herausgaben, wobei der Dichter derselben auf
dem Titelblatte „die Syrene des adriatischen Meeres"
genannt wurde. Er verherrlicht darin die unsterbliche
That seines Urgrossvaters, des Szigeter Helden Niklas
Zrínyi. Mit welchem sichern Kunstsinn er diese neue,
rein historische und in ihren Folgen nicht allzuwichtige
Begebenheit zum Gegenstand einer Epopöe zu erheben
wusste, — was schon an und für sich einen glänzenden
Beweis von seinem schöpferischen Dichterberufe liefert —
wird aus der ästhetischen Analyse der Dichtung hervorgehen. Dass wir dieselbe aber einer solchen unterwerfen,
erscheint durchaus nothwendig, theils um das erste classische Werk unserer Poesie näher kennen zu lernen, theils
um für die Beurtheilung der nicht geringen Anzahl der
nach ihm kommenden epischen Dichter die nöthige theoretische Grundlage zu gewinnen.

Die Zrinyiade, welcher der Verfasser nur den lateinischen Titel gab : „Obsidio Szigetiana," besteht aus
fünfzehn Gesängen, von welchen ich zunächst den Inhalt
im Einzelnen angeben und diesen mit einigen Bemerkungen begleiten, dabei zugleich stellenweise auf die Verwandtschaft mit den ihm vorangegangenen classischen
Dichtern hindeuten will; sodann gedenke ich von der
Anlage, der Maschinerie, den Episoden, der Charakterzeichnung, dem Styl, und zuletzt von der Sprache des
Werkes zu handeln.

Im ersten Gesange bereitet sich der Dichter, indem er auf seine Jugend, wo er die Liebe besang, zurück-
blickt, zu einem grössern Gegenstande vor, zur Besingung der kühnen That seines Ahnherrn. Darum ruft er
die heilige Jungfrau zu seinem Schutze an, auf dass er

seinen Helden, der für den heiligen Namen des Gottes-
sohnes fiel, würdig verherrliche. Nach diesem kurzen Eingang führt er uns sogleich in das Himmelreich, wo er uns
Gott sehen lässt, wie derselbe auf die Erde niederblickend,
seine Augen auf die Ungern richtet, durch deren moralische Versunkenheit zum Zorn gereizt, er den Erzengel
Michael zu sich beruft, und zu deren Strafe die Türken
ausersehend, ihm den Auftrag gibt, in die Hölle hinabzu-
steigen, und daraus die wildeste Furie in Solimans Brust
zu senden, um ihn gegen die Ungern aufzureizen. Michael
gehorcht dem göttlichen Befehl, und wählt die Alecto zu
seinem Zwecke, welche dem Soliman im Traume in der
Gestalt seines Vaters Selim erscheint, und ihm als Ziel
seiner Unterjochung die Ungern bezeichnet, welche die
Zwietracht ohnehin geschwächt habe. Soliman beschliesst
hierauf den Feldzug, beordert seine Heere nach Adrianopel, theilt dem Divan seine Absicht mit, welche zugleich auf einen Brief des Ofner Vezirs Arszlán sich
stützend, von den Veziren gebilligt wird. Es folgt die Beschreibung der versammelten Truppen und ihrer Führer.

Der Dichter, wie Sie aus dieser kurzen Skizze
des ersten Gesanges wahrnehmen können, erhebt mit
selbstbewusster Sicherheit seinen an sich nicht eben wichtigen Gegenstand — denn der Besitz oder Verlust einer
kleinen Festung, selbst wenn sie eine Grenzfestung wäre,
kann über das Schicksal eines Landes keineswegs entscheiden — er erhebt diesen Gegenstand, sage ich, zur
Höhe der Epopöe dadurch, dass er ihn zum Ausdruck
einer auf die ganze Nation einwirkenden grossen moralischen Idee macht. Er lässt nämlich diesen Feldzug Soliman's nicht als solchen erscheinen, dessen Ziel die Eroberung der kleinen Festung Sziget gewesen, wie er es

auch in der Wirklichkeit nicht war, und hätte Soliman
dabei nicht seinen Tod gefunden, wäre dies Ereigniss
auch nichts Anderes, als eine Episode eines grösseren
Kampfes gewesen; auch stellt Zrínyi diesen Feldzug nicht
dar als einen Kampf, der einerseits nur der Unterjochung,
andererseits der Vertheidigung dient, sondern als eine
von Gott angeordnete Züchtigung, zur Erweckung
und Besserung eines, mit allen Gaben des Körpers, der
Seele und des Glückes reichbegabten, aber in Sünden
versunkenen Volkes. Und diese Idee legt Zrínyi nicht
so in das Gedicht, wie die didaktischen Dichter zu thun
pflegen, als eine aus den Begebenheiten abgezogene Lehre:
sondern als wirkendes Princip, als That einer höhern
Macht, nämlich Gottes, der selbst den Sultan gegen die
Ungern aufregt, als Mittel seines strafenden Armes, und
andererseits im Blute seines erwählten Helden den Namen
seines „verrathenen" Sohnes verherrlicht, — wie der
eifrige, streng katholische Dichter die Reformation auf-
fasst. — Ein solches, gleichsam zur geistigen Erlösung
der Nation angeordnetes Ereigniss kann seiner Natur
nach nur durch grosse, aussergewöhnliche Mittel ins
Werk gesetzt werden : darum geht die Veranstaltung von
Gott selbst aus, alle Kräfte der Hölle werden in Bewegung gesetzt, damit der Widerstand des Gott getreu
gebliebenen und ihm vertrauenden Heeres, wie seines
heldenmüthigen Führers, desto grossartiger, und der Lohn,
womit er von Gott selbst gekrönt wird, desto glänzender
und verdienter sei. Hiedurch ist auch die Maschinerie
motivirt, nämlich das Wunderbare in dem Gedichte, und
dadurch wird das sonst einfache historische Heldengedicht
zur Epopöe erhoben. Dadurch wird auch die Invocation
motivirt, welche sich an die Mutter Gottes richtet. Denn

der christliche Dichter fühlt sich zur Besingung eines
Gegenstandes von so grossartiger Conception, in dessen
Verlauf die Mächte des Himmels und der Hölle hineingreifen, ohne höhere Hilfe zu ohnmächtig. Sie ist daher
nicht blosse Nachäffung seiner epischen Vorgänger, wenn
auch nicht geläugnet werden kann, dass der Dichter bei
der Concipirung derselben eben so Tasso folgte, wie in
der Anfangsstrophe Virgil. Die Verwandtschaft der Stellen springt in die Augen:

> Ille ego, qui quondam, gracili modulatus avena
> Carmen, et, egressus silvis, vicina coegi,
> Ut quamvis avido parerent arva colono:
> Gratum opus agricolis : at nunc horrentia Martis
> Arma virumque cano . . . . .

> Ich der ich, als mein Geist noch Jüngling sich gefühlt,
> Mit süssem Liebeslied und Vers voreinst gespielt,
> Der ich bekämpfet nur Viola's Grausamkeit,
> Hab jetzt Mars höherm Sang mein Saitenspiel geweiht.
> Von Waffen singts, vom Mann . . . . .

> O Musa, tu, che di caduchi allori
> Non circondi la fronte in Elicona.
> Ma su nel cielo infra i beati cori
> Hai di stelle immortali aurea corona;
> Tu spira al petto mio celesti ardori,
> Tu rischiara il mio canto, e tu perdona
> S'intesso fregi al ver, s'adorno in parte
> D'altri diletti, che di tuoi le carte . . .

> O Muse, die du nicht mit welken Lorbeers Zier,
> Auch nicht mit schwachem Reis das Haupt umkränzest dir,
> Nein, deren Krone hell mit Himmelssternen prangt,
> Von lichtem Sonnenstrahl und Mondesglanz umrankt. . .

Doch derlei Reminiscenzen in Nebensachen setzen den
Werth des Dichters keineswegs herab, vielmehr zeigt

15 *

die Art, wie Zrínyi dieselben weiter ausspinnt, besonders
in letzterer Stelle, dass er eben nur den Keim entlehnte,
aus dem er im Gartenbeete seiner eigenen Dichtung eine
eigenthümliche schöne Blume zu ziehen wusste. Tasso bittet nämlich im zweiten Theile seiner Anrufung die heil.
Jungfrau um Verzeihung, dass er sein Gedicht auch mit
weltlichen Dingen ausgeschmückt, während Zrínyi sich
auf sie als heilige Mutter beruft, für deren Sohn sein
Held gestorben:

Jungfräul'che Mutter Du, die einst den Herrn gebar,
Den Sohn, erbarmungsreich, der ewig ist und war,
Den Du gleich Deinem Gott und König betest an:
Dich heil'ge Königin ruf' ich um Hilfe an.

Gib meiner Feder Kraft, treu sie berichten lehr',
Von Ihm, der muthig starb für Deines Sohnes Ehr',
Verachtend kühn die Welt, worin manch Gut ihm winkt',
Für den die Seele lebt, ob hin der Leib auch sinkt.

Gib dass sein Nam' und Ruhm, noch jetzt von uns genannt,
So weit die Sonne scheint, sich mehr' von Land zu Land,
Auf dass der Türkenbund erkenn': wem Gott sein Hort,
Der stirbt nicht, sondern lebt für ew'ge Zeiten fort.

Tasso's Invocation ist schöner vorgetragen, die von
Zrínyi besser gedacht, da sie mit der Grundidee des Ganzen in nothwendiger Beziehung steht.

Die Scene im Himmel ist gleichfalls ohne Zweifel
durch die Tasso's angeregt worden, der seinerseits wieder
Virgil folgte.

Et iam finis erat : quum Iupiter aethere summo
Despiciens mare velivolum terrasque iacentis,
Litoraque, et latos populos, sic vertice coeli
Constitit, et Libyae defixit lumina regnis.

Quando de l'alto soglio il padre eterno
Ch'è nella parte più del ciel sincera;
E quanto è da le stelle, al basso inferno,
Tanto è più insù de la stellata sfera;
Gli occhi in giù volse, e in un sol punte, e in una
Vista mirò ciò che'in se il mondo aduna.
Mirò tutte le cose, et in Soria
S'affissò poi nè principi cristiani . . .

Und der Allmächtige zur Erde niederblickt,
Ein Zucken seines Augs die Welt ihm nahe rückt,
Doch sein Gedanke hält zunächst die Ungern fest . . .

Doch ihr Inhalt ist bei Zrínyi ganz anders. Besonders ist
die Auffassung des zürnenden und strafenden Gottes ganz
im Geiste der Bibel. Die Furie Alecto hat er zugleich mit
Tasso dem Virgil entnommen, und ganz nach Letzterem
gestaltet (VII. 324 ff.), aber sehr geschickt in die Person
Selim's gekleidet, unter dessen Bilde sie den sich gegen
die Perser rüstenden Soliman mit gewichtigen Gründen
aufstachelt, dass er alle seine Kraft gegen die Ungern
wende. Der Dichter lässt daher durch die Alecto vollbrin-
gen, wozu blos menschlicher Rath den willensstarken und
eigensinnigen Kaiser nicht gebracht haben würde, und
auch in dieser Beziehung hat er jene Gestalt nicht blos
aus Nachahmung, sondern als ein durchaus nothwendiges
Motiv in die Geschichte verwebt. Wir sehen hieraus, wie
Zrínyi schon im ersten Gesang dem ganzen Gebäude eine
höchst bedeutsame und feste Unterlage gibt. Handlung
folgt auf Handlung mit dramatischer Lebendigkeit, und
der Schluss des Gesanges versetzt uns bereits nach Adrianopel, wo er mit scharfen und charaktervollen Zügen uns
die Einzelheiten jener verderbendrohenden grossen Macht
vor Augen stellt, und unter den Führern mit geschickter

Hand schon hier den Sohn des Tartarenchans, Deliman, hervorhebt, der als Held einer schönen Episode später unsere Theilnahme so sehr in Anspruch nimmt.

Inmitten dieser Vorbereitungen führt uns der z w e i t e Gesang schon nach Ungern, wo der Obercommandant von Ofen, Arszlán Beg, dem Sultan in die Hände arbeitend, Palota angreift. Georg Túri macht zur Nachtzeit einen Ausfall, und haut viele der Janitscharen nieder. Arszlán stürmt am Morgen die Stadt, wird aber mit grossem Verlust zurückgeschlagen. Unterdessen bricht Soliman von Konstantinopel auf, worauf dessen Beschreibung und Charakteristik, so wie die Schilderung des ganzen Heeres folgt. Der Sultan sendet Petraf voraus nach Gyula, welches Ladislaus Kerecseni aufgibt, und trotz des von den Türken gegebenen Wortes sammt der Besatzung in ewige Gefangenschaft geräth. Soliman ist noch nicht entschieden, ob er Erlau oder Sziget angreifen soll. An letzterem Ort befehligt Niklas Zrínyi, den der Dichter hier zuerst in jenem Gebet vorführt, in welchem der, von dem Feldzuge des Sultans in Kenntniss gesetzte Feldherr sein Leben der Christenheit zu weihen verspricht. Gott redet hierauf vom Crucifix zu ihm, verheisst seinem frommen Diener das ewige Leben, und thut ihm kund, dass er erst nach der Tödtung Solimans und dem Untergange zahlreicher Türken mit Sziget zugleich fallen werde.

In diesem Gesang werden wir auf den Schauplatz der künftigen Kämpfe geführt, ja dieselben beginnen bereits mit zwei Festungsstürmen von verschiedenem Erfolge. Uebrigens tritt noch nichts Besonderes hervor, was sehr angemessen, damit die der Hauptbegebenheit aufzusparende Theilnahme durch vorbereitende Ereignisse nicht zu sehr in Anspruch genommen werde. Wir werden nun

der Hauptaction näher gerückt durch die Schilderung der
Hauptfactoren : der beiden Oberfeldherrn Soliman und Zrínyi, von denen der Letztere in seinem Verhältniss zu Gott
dargestellt, und dadurch der erste Theil der Maschinerie
mit tiefer Einsicht ergänzt wird. Beide Feldherren stehen
nämlich jetzt als Repräsentanten einer höhern Macht vor
uns, und werden dadurch zu Haupthelden der Epopöe
geweiht.

Im dritten Gesang setzt Soliman statt des geschla-
genen Arszlán den Mustapha Pascha von Bosnien ein,
nach Bosnien aber sendet er Mehmet. Dieser. auf dem
Wege nach seiner Provinz, macht bei Siklós Halt, und
schlägt, ohne auf die Warnungen des Szkender Beg von
Siklós zu achten, auf offenem Felde ein Lager auf. Zrínyi,
hievon unterrichtet, greift mit einer auserwählten Schaar
den Mehmet an, und nachdem er dessen Sohn Rézmán
und ihn selbst niedergestreckt, zerstreut er dessen Heer.
Olaj Beg von Fünfkirchen bringt zwar die flüchtigen
Türkenschaaren wieder zum Stillstand, aber ohne Glück
kämpfend, ergibt er sich auf Zrínyi's Aufforderung.

Das Interesse steigert sich immer mehr. Die Gespräche Szkender's und Mehmet's sind charakteristisch :
jener malt uns das Waffenleben zu Sziget, dieser reprä-
sentirt die türkische Denkungsart. Die Zeltscene, welche
die beiden Führer mit ihrem orientalischen Luxus darstellt, und das schöne Lied des türkischen Sängerknaben,
womit dieser seinen Herrn unterhält, bildet einen angenehmen Ruhepunkt in dem bewegten Bilde. Aber die
sichere Hand des Dichters verräth auch der Inhalt des
idyllisch schönen Liedes, worin der junge Sänger die
Treue seines Glückes verherrlicht, und auch dadurch mittelbar das Sicherheitsgefühl des Mehmet nährt. Während

dessen rüstet sich der wachsame Zrínyi zu seinem Zuge
nach Siklós, und bricht gegen die Türken auf, indem er,
als ein gottbegeisterter Held, seine Tapfern auf den
Schutz des Himmels hinweist. Die Schlacht beim ersten
Frühroth wird mit grösster Anschaulichkeit in ihren Einzelnheiten gemalt, und das Interesse durch Darstellung
jener Einzelnkämpfe erhöht, worin von Seiten der Türken
Rézmán und der um dessen Leichnam bis zum Tode kämpfende Vater Mehmet, von der andern Seite Zrínyi geschildert werden, welche, beiläufig bemerkt, an die Tödtung
des Mezentius und dessen Sohn Lausus durch Aeneas
(Virg. X. am Ende) erinnern. Eben so kämpfen der tapfere Olaj Beg und der weichherzige Paul Cserei, ferner
der riesenhafte Rahmat und der wuthentbrannte Farkasics; während Zrínyi nach erfochtenem Sieg den Olaj
Beg, der in dem heissen Kampfe all seine Waffen einbüsst,
aus Achtung gegen die Tapferkeit ungekränkt gefangen
nimmt, und das blutige Bild mit einem versöhnenden
Zug beschliesst.

Der vierte Gesang ist eigentlich die Fortsetzung
des dritten. Nach einem längern Passus über die Unbeständigkeit des Glücks — als Gegenbild zu der im dritten Gesang geschilderten Zuversicht — wird in sehr interessanter Weise der siegreiche Rückzug des Zrínyi nach
Sziget geschildert, wo den Gefallenen die letzte Ehre
erwiesen, und nach einem Kriegsbankett Olaj Beg gegen
den gefangenen Radován Vajda ausgewechselt und in
Freiheit gesetzt wird. Unterdessen entbrennt Soliman,
nachdem er die Siklóser Niederlage erfahren, von hefti-
gem Zorn gegen Zrínyi, und wendet seine für Erlau
bestimmten Truppen gegen Sziget, um sich an ihm zu
rächen, obgleich Kadilesker, der Obermufti, aus dem

Fluge der Vögel böse Zeichen für den Sultan voraussagt.
In der Nacht entsteht durch das Losreissen zweier Pferde
ein blutiger Wirrwarr im türkischen Lager, welches sich
von Zrínyi selbst angegriffen glaubt. Soliman stillt mit
grosser Mühe die Metzelei.

Die Glanzpunkte dieses Gesanges sind die Scenen
auf Sziget, besonders Zrínyi's Anreden an die Gefallenen,
an seinen kleinen Sohn Georg, und die Schilderung der
ritterlichen Behandlung, die er dem Olaj Beg angedeihen
lässt. Dagegen hängt die im Lager des Sultans entstandene Verwirrung nur in so weit mit der Haupthandlung
zusammen, als sie jenen Schrecken malt, den schon Zrínyi's
blosser Name unter den Türken hervorbrachte, aber da
dieser Zwischenfall ohne wichtigere Folgen bleibt, hätte er
kürzer behandelt werden, und nicht an so hervorragender
Stelle stehen sollen, als der Schluss eines Gesanges ist,
welcher stets entweder eine wichtige Begebenheit abschliessen, oder eine solche vorbereiten, und die Aufmerksamkeit darauf hinlenken soll. Auch das erscheint als
Fehler, dass der Dichter die durch das Siklóser Ereigniss
hervorgerufene Wendung in Soliman's Plan im Eingang
des dritten Gesanges voraus verkündet, anstatt dieselbe
aus dem Gang der Ereignisse sich entwickeln zu lassen,
und damit jenen wohlthätigen Eindruck, welchen dieser
Theil der Geschichte hätte hervorbringen können, ver-
kümmert. Die Auslassung einiger Strophen hätte der Sache abgeholfen.

Diese vier Gesänge bilden eigentlich den ersten,
vorbereitenden, Theil des Heldengedichtes; das nächste
Mal wollen wir den zweiten näher ins Auge fassen.

Zweiundzwanzigste Vorlesung.

Analyse des weitern Inhalts (V. — XIII. Gesang) der Zrinyiade.

Meine Herren!

Den ersten Theil der Zrinyiade, welcher die Prämissen der epischen Fabel aufweist, haben wir in den vier ersten Gesängen skizzirt, und gehen nun zum zweiten Theile über, welcher in neun Gesängen dessen Hauptkern : nämlich das, was zwischen dem Anfang und Ende in der Mitte liegt, abhandelt. Es heisst von Zrinyi:

> Sein sorgsam lauschend Ohr füllt des Gerüchtes Klang:
> Schon naht des Kaisers Macht zu Szigets Untergang.

weshalb er sich zu tapferm Widerstande rüstet, dessen Vorbereitungen den Inhalt des fünften Gesanges bilden. Er ruft seine Besatzung zusammen, hält an sie eine anfeuernde Rede, und sowohl er als die Besatzung schwören sich Ausdauer und Treue. Hier webt unser Dichter die Beschreibung der Hauptleute, der Mannschaft und der Kriegsvorbereitungen ein. Es folgt sodann Zrinyi's Brief an den König und Abschiedsrede an seinen kleinen Sohn, den er, obgleich derselbe neben seinem Vater kämpfen will, mit dem Briefe zu König Maximilian absendet.

Dieser Gesang beschäftigt sich, wie wir sehen, gänzlich mit Szigeter Vorgängen. Ausgezeichnet ist die An-

rede, in welcher sich ein weiser und gottesfürchtiger Führer ausspricht, der seine Schaaren auf den Beistand Gottes verweist, sie durch die Erinnerung an die über die
Türken erfochtenen Siege ermuthigt, und durch Beispiele
türkischen Verraths von der Eitelkeit jeder Hoffnung auf
Rettung überzeugt, ausser derjenigen, welche tapfere
Ausdauer bieten mag. Eben so ist die Beschreibung der
Hauptleute und Truppen mannigfaltig, charakteristisch
und lebendig. Der an den König gerichtete Brief zeigt
Zrínyi's Gefühlstiefe und Entschlossenheit in ihrer ganzen Herrlichkeit. Eine besondere Zierde des Gesanges
ist aber die Scene Zrinyi's mit seinem Sohne Georg, worin dieser an der Seite seines Vaters kämpfen will, und
bereit ist, wenn ihm die Erlaubniss dazu verweigert wird,
lieber selbst seinem Leben durchs Schwert ein Ende zu
machen, als, seinem Vater unähnlich, die Gefahr zu mei-
den. Sowohl Zrínyi's Ermahnungen, die sich über die
ganze Zukunft des Sohnes verbreiten, als seine letzte
Rede, worin er ihn zu überzeugen sucht, dass es seine
Pflicht sei, sich zu erhalten, um dem Vaterlande zu leben,
und der schöne Ausdruck zärtlicher Vaterliebe und patriotischer weiser Mässigung, ist zugleich voll Empfindung und erhebend, und wenn diese Scene auch an einer
Stelle an die Worte des Aeneas erinnert, die er an seinen
Sohn Ascan richtet (XII. 435. ff.), so ist dieselbe doch
im Wesentlichen verschieden, und nicht minder originell,
als ergreifend.

Im sechsten Gesang lässt Soliman, der bei Har-
sány Halt macht, Sziget durch Halul und Demirham zur
Uebergabe auffordern. Auf die schmeichelnde Rede des
Ersteren gibt Zrinyi eine verweigernde Antwort, auf Demirham's wilden Ausbruch antwortet von Seiten der Be-

satzung der laute Ruf : Zu den Waffen! Hierauf beschliesst
Soliman die Erstürmung der Festung, und sendet den
Vortrab unter Osman gegen Sziget, um die Stelle für
das Lager auszusuchen, wovon Zrinyi durch einen von
dem auf Recognoscirung ausgeschickten Haufen gefangenen Türken in Kenntniss gesetzt, Osman entgegenzieht,
und ihn bei dem Bache Almás schlägt. Vid besiegt Hamviván, den syrischen Königssohn, und den ihn rächen
wollenden Kamber.

Bei der Beschreibung der Gesandtschaft offenbart
sich besonders in der umgarnenden Rede Halul's des glat-
ten Diplomaten, und in Demirham, dessen auffallendem
Gegensatze, die Kraft und Geschicklichkeit der Charakterzeichnung bei unserm Dichter auf glänzende Weise. Jener,
in seiner langen schmeichelnden Rede, die Held Zrinyi
unter freiem Himmel in Gegenwart der Besatzung angehört, rühmt, um sich in Gunst zu setzen, die Tapferkeit
des Befehlshabers von Sziget, und seine Kriegsthaten, ermahnt ihn, seinen Ruhm nicht durch einen sichern Untergang auf's Spiel zu setzen, verspricht ihm im Namen
seines Herrn reichen Lohn, stützt seinen Vorschlag auf
Beispiele, und stellt diejenigen Gründe auf, die Zrinyi
zur Ausdauer antreiben könnten, um sie zu widerlegen.
Der Dichter lässt hier sehr geschickt den Demirham auftreten, um durch dessen wildes Gebaren die Aeusserungen der Besatzung hervorrufen zu lassen. Die ganze
Scene ist in Conception, Sprache und fein gedachter Beschaffenheit der Reden meisterhaft.

Von hier aus stürzt sich der Dichter in medias res ;
Thaten, Ereignisse, Verwicklungen folgen einander in
bunter Abwechslung. Der Plan zu einem überraschenden
Ueberfall der Vorhut, wie der Ruhm des Tages gehört

hier eben so, wie bei Siklós, dem Feldherrn. Der anziehendste Theil des Gesanges ist auch hier der letzte, nämlich, das jenseits des Almás gelieferte Gefecht des Deli Vid, für welchen der Dichter, nach Zrínyi, das lebhafteste Interesse zu erregen weiss. Derselbe zieht allein zum Angriff über den Bach, durch welche Tollkühnheit er den Feind fast gänzlich lähmt, tödtet den Hamviván, und schürzt dadurch den Knoten seines eigenen Schicksals, welcher sich am Faden der interessantesten Ereignisse durch das Ganze hindurchzieht, bis er endlich durch den Tod des jungen Helden gelöst wird. Hierauf wollte ich Sie im Voraus aufmerksam machen, damit Sie auch auf diesen Faden des vom Dicher tiefdurchdachten Planes schon jetzt achten. Uebrigens ist dieser Kampf eben so kühn gedacht, als mit lebendigen Farben geschildert. Aber von besonderer Schönheit ist jenes elegische Bild, welches der Fall des jungen Hamviván und die Gesinnung und aufopfernde Hingebung seines treuen Dieners Kamber uns entrollt, welchem der Dichter in wenigen Worten ein rührendes Denkmal setzt.

Der siebente Gesang führt uns in das Zelt des Sultans, wo Demirham schwört, den Hamviván zu rächen. Soliman schlägt sein Lager vor Sziget auf, wo eben Farkasics im Sterben ist. Zrínyi macht einen siegreichen Ausfall, und hier geschieht das erste Zusammentreffen Demirham's mit Deli Vid, welches ohne Resultat verläuft, und durch die Nacht unterbrochen wird, worauf die beiden Helden sich einander die Fortsetzung des Kampfes zusagen.

Der Dichter erweckt hier mit richtigem ästhetischen Takt ein menschliches Interesse für den von ungezügelter Wuth erfüllten Demirham durch den Zug jener Liebe,

womit dieser für Menetham und dessen gefallenen Sohn
Hamv̇vȧn erfüllt ist, dessen Rächung er nun zum Ziel
seines Lebens macht. Sein Kampf mit Deli Vid, zu welchem Zrínyi's Ausfall sehr bald Gelegenheit gibt, macht
einen höchst interessanten, mit wenigen, aber kräftigen Zügen geschilderten Theil des letzteren aus. Geschickt weiss
der Dichter die Aufmerksamkeit des Lesers gerade am
Schluss des Gesanges durch jenen Todesvertrag in Spannung zu erhalten, der unwillkürlich an den Zweikampf
Argands und Tancreds bei Tasso erinnert, aber in seinen
Einzelnheiten hier und später von dem Tasso's ganz unabhängig und durchaus originell ist. Der schönste Theil dieses Gesanges bleibt demohngeachtet dessen mittlerer
Abschnitt, die Episode von Farkasics Tode, welche gleichwohl in so weit fehlerhaft erscheint, dass sie mit den
Begebenheiten weder im motivirenden Zusammenhange
steht, noch irgend eine Folge hat, wenn wir nicht etwa
die Lücke dafür ansehen wollen, welche durch ihn in der
Reihe der Hauptleute Zrínyi's bleibt, was aber nirgends
hervorgehoben wird. Dieser Held, mit welchem der Leser
sowohl bei dem Siklóser Angriff (III. 69. 101. ff.), als
auch bei dem Szigeter Schwur (V. 39. ff.) bekannt wurde,
wo er der Erste sein Leben dem Feldherrn zum Opfer
darbietet, stirbt nicht in der Schlacht, nicht an seinen
Wunden, — denn von der durch den Riesen Rahmat erhaltenen Wunde wird er geheilt — sondern

> In schwerer Krankheit ach bereitet er zur Zeit
> Die grosse Seele vor für Gottes Ewigkeit.

Das Ziel des Dichters ist daher rein nur entweder die
Verherrlichung dieses Helden, oder er wünschte, um der
Abwechslung willen, der historischen Wahrheit Genüge

zu leisten, da ihm diese Gelegenheit zu einer herrlichen
elegischen Scene bot, bei welcher wir nicht wissen, ob
wir die Klage des sterbenden Helden, dass er nicht in
der Schlacht, sondern im Bette sterben müsse, oder die
Zrinyi's über den vor der Zeit heimgegangenen Kameraden schöner und ergreifender finden sollen.

Der achte Gesang dreht sich ausschliesslich um
türkische Vorgänge. Soliman, durch die fortgesetzten
Verluste betrübt, hält einen Kriegsrath, worin Rustan,
des Kaisers Eidam, die bisherige Art des Vorgehens
strenge tadelnd, eine ordentliche Belagerung nach den
nöthigen Vorbereitungen (Erdarbeiten) anräth. Deliman
stimmt in seiner höhnischen Erwiderung für einen plötz-
lichen Angriff, und entfernt sich ohne Rustan's Antwort
abzuwarten; eben so Demirham, während Petraf, indem
er seinen Schmerz über die herrschende Uneinigkeit ausspricht, Rustan's gründlichem Antrag zur Annahme verhilft. Deliman geht zum Sultan und gibt den Rath, dass
Zrinyi und seine Hauptleute zum Zweikampf aufgefordert
würden, und dass dessen Ausgang entscheiden möge; er
selbst will Zrinyi auf sich nehmen, aber Soliman gibt
Befehl die Festung zu beschiessen, und will den persönlichen Zweikampf auf später verschoben wissen.

Wenn gleich dieser Gesang seinem Inhalt zufolge
zu den weniger interessanten gehört, und dessen Einfluss
auf den Fortschritt der Handlung auch nicht augenfällig
ist, so ist er doch einerseits ein zum Ganzen nothwendiges Glied der Kette, indem dadurch die Art der Bestürmung der Festung bestimmt, und insbesondere indem
durch die zwischen Rustan und Deliman ausgebrochene
Feindseligkeit der Grund zu sehr wichtigen Folgen gelegt wird; andererseits bewährt der Dichter auch hier

seinen psychologisch treuen Pinsel in Zeichnung der Sprechenden, aber auch seine eigene Feldherrntüchtigkeit in der Art, wie er Rustan seinen Vorschlag vertreten lässt. Die Einleitung des Gesanges (1 — 10. St.), worin das Morgenroth personifizirt einen Blick auf Szigets Umgegend wirft, und im Herzen für die Ungern Partei nimmt, lässt, trotz ihrer schönen Fürbung, da dieselbe weder innere Wahrheit hat, noch mit dem Ganzen in strengem Zusammenhange steht, den Leser kalt, wie jede Personification, besonders wenn sie, als blosses Phantasiegebilde, keinen thätigen Antheil an der Handlung nimmt, und mehr nur zum Träger von des Dichters eigener Empfindung bestimmt ist, wie hier.

Der neunte Gesang führt uns nach einer kurzen subjectiven Abschweifung, woraus wir ersehen, dass während der Dichter fleissig gearbeitet, er in seiner Csáktornyaer Burg von einer Kriegstruppe der Kanizsa'er Türken beunruhigt wurde, in Zrínyi's Gemach, wo der Ban mit Deli Vid einen Scheinangriff verabredet, während dessen Verlauf ein Sendbote an König Maximilian geschickt werden könnte, um dringend Hilfstruppen von ihm zu fordern. Der unter der nächtlichen Wache sich befindende Woywode Radivoj, das Gespräch hörend, theilt seinem Freunde Juranics sein Vorhaben mit, durch das türkische Lager hindurch Zrínyi's Botschaft dem König zu überbringen. Dieser schliesst sich demselben an, und beide begeben sich zu Zrínyi. Ihr Anerbieten wird angenommen. Sie schleichen sich aus der Festung, und indem sie zwischen weinberauschten Türken dahin ziehen, können sie dem Verlangen nicht widerstehen, mehrere von ihnen zu tödten, unter denen auch Kadilesker, der Mufti. Zuletzt gelangen sie glücklich zwischen den türkischen

Zelten hindurch ans Ende des Lagers, wo sie von der ta-
tarischen Lagerwache bemerkt werden, und nach tapferer
Gegenwehr, wobei unter andern auch der Anführer Idriz
von einem Pfeile Radivoj's durchbohrt wird, fallen beide
in dem unglücklichen Kampfe. Radivoj erscheint noch in
derselben Nacht dem Deli Vid im Traume, und prophezeiht ihm sammt seinem Feldherrn den Märtyrertod. Die
Türken begraben ihre Todten.

Es ist sehr geschickt gedacht, dass Zrinyi nach mehr-
fachen glücklichen Gefechten noch die Hoffnung nährt, so
viel Zeit gewinnen zu können, um vom König Hilfe zu
erlangen. Diese Hoffnung, obwohl er zum Tode entschlos-
sen war, ist ein ächt menschlicher Zug, wie die Quelle
einer des Führers würdigen Sorgfalt, der auch vor einem
sichern Untergang nicht zurückschrecken darf, um nicht
durch Unthätigkeit die Entscheidung gegen sich selbst
und die Sache heraufzubeschwören. Sehr schön, und, obgleich Zug für Zug der Virgil'schen Episode von Euryalus und Nisus nachgebildet, dennoch im Charakter des
Ganzen ausgeführt ist die Geschichte der beiden Woywoden, worin zwei sich liebende Freunde gemeinsam ihr
Glück versuchen, und besonders die zärtliche Liebe und
Selbstaufopferung des ältern Radivoj für den jüngern Juranics rührend und ergreifend wirkt. Die Traumscene,
obgleich sie nichts motivirt, ist doch nicht fehlerhaft,
wenn man sie nicht für Maschinerie, sondern für das
nimmt, wofür sie der Dichter erdacht hat: als ein in Deli
Vid's Stimmung sehr natürliches Phantasiegebilde, dessen Schönheit eben darin besteht, dass es Deli Vid vor
dem Leser als einen dem Untergange geweihten Helden darstellt, und dadurch die Theilnahme für denselben
erhöht.

Im zehnten Gesang braust, nach einer abermaligen Abschweifung über die Unbeständigkeit des Glückes, der erste Sturm Szigets vor uns vorüber. Aus dem allgemein gewordenen Kampfe heben sich die persönlichen Gefechte zwischen Radovan und Demirham heraus, worin jener durch Burak von rückwärts durchbohrt wird. Radovan's Bastei vertheidigt jetzt Dandó. Den Ausfall von Peter Bot schlägt Deliman zurück, dagegen wird der durch das, von zwei Kroaten in Folge einer List geöffnete kleine Thor mit Deliman zugleich eindringende, Türkenhaufen umzingelt und niedergehauen, mit Ausnahme ihres Führers, der glücklich entrinnt. Unterdess eilt Zrínyi selbst dem in schwankendem Kampfe gegen Demirham begriffenen Dandó zur Hilfe herbei, und schlägt den Sturm gänzlich ab.

Die Beschreibung der Gefechte ist durchaus wahr, wie sich dies von einem soldatischen Dichter erwarten lässt, der die beiden Völker seines Gedichtes von Angesicht zu Angesicht kannte, dabei zugleich anschaulich und abwechselnd. Von türkischer Seite treten Demirham und Deliman hervor, aber vor allen Ungern und Türken ragt Zrínyi empor, vor dem selbst der kühnste Gegner Demirham erzittert (X. 95.). Die interessanteste Partie des Gesanges ist ohne Zweifel die Niederlage Deliman's in der Festung, insbesondere sein Rückzug, worin das Wogen seiner Seele psychologisch treu gemalt wird. Aber mit Recht können wir fragen : warum der Dichter bei dem Abschlagen des Sturms dem Deli Vid keine Rolle zugetheilt, nachdem er manche Helden zweiten und dritten Ranges in den Vordergrund treten lässt.

Der eilfte Gesang bewegt sich abermals im türkischen Lager. Deliman tödtet den ihn verhöhnenden

Rustan, und nachdem der Sultan auf Antrieb des Kaszum Pascha dessen Bestrafung beschlossen, bewegen Demirham und Halul den mit Widerstand drohenden Tartaren-Chan sich zu entfernen. Hierauf schickt Demirham einen Sendboten in die Festung, um Deli Vid zur Fortsetzung des Zweikampfes aufzufordern. Dieser geht auf dem Szigeter Felde in Gegenwart ungrischer und türkischer Truppen vor sich. Zrinyi sieht dem Kampfe von der Festung, Soliman von einem Hügel zu. Amirassen, der Oberste der Mohrenschaar, eilt Demirham zu Hilfe. Dieses wortbrüchige Verfahren bewegt Vid's kleine Schaar ihrem Hauptmann zu Hilfe zu eilen; der Kampf wird allgemein, wobei Deli Vid den Amirassen tödtet. Zrinyi, der den Strauss wahrnimmt, macht mit fünfhundert Mann einen Ausfall, und da er dabei Vid aus dem Auge verliert, beweint er denselben als einen Gefallenen, und richtet in seinem Schmerz fürchterliche Verwüstung unter den Feinden an.

Es ist dies einer der interessantesten Gesänge, sowohl in seinem ersten Theile, worin der Dichter die Trauer Deliman's bei seiner Flucht aus Sziget, sein Zusammengerathen mit Rustan, die Hofscene bei Soliman, und die Deliman's mit seinen Freunden mit tiefer psychologischer Einsicht und sicherer Hand zeichnet; wie in der zweiten, wo die Wechselreden und der Zweikampf Demirham's und Vid's zu den malerischesten Darstellungen gehören.

Der zwölfte Gesang führt uns in eine andere Welt. Cupido facht in der Brust des trauernden Deliman seine frühere Liebe zu Kumilla, der Tochter des Sultans und Rustan's Witwe, vom Neuen an, und führt ihn geradeswegs nach Belgrad, so wie er andererseits in Kumilla

die Liebe zu Deliman entzündet. Sie ladet den Helden zu
sich ein, und die beiden frühern Liebenden vereinigen
sich wieder. Unterdessen entsteht in dem türkischen
Heere, das so zahlreiche Führer verloren, wegen der Entfernung Deliman's ein Aufstand, und dasselbe verlangt
dessen Zurückberufung. Soliman kömmt dem zuvor, indem er Deliman durch einen eigenen Boten seine Gnade
und die Hand seiner Tochter anbieten lässt, worauf dieser,
gegen den Rath Kumilla's, die ihn vom Kampfe zurück-
zuhalten wünscht, eingeht, und Beide brechen gegen Sziget auf. Unterwegs trinkt Kumilla aus der Feldflasche
ihres Geliebten (einem aus Schlangenhaut bereiteten Rei-
sebecher) worin Drachengift gewesen, und stirbt unter
Qualen; worüber Deliman, in Wuth gerathen, seinen
Schmerz in Christenblut zu stillen gelobt.

Ohne Zweifel eine schöne Episode, welche einerseits
den Erfolg von Deliman's Zurückberufung sichert, andererseits dadurch, dass ein im ganzen Epos bisher unbe-
nütztes Motiv, die Liebe, in Wirksamkeit tritt, grosse
Anziehungskraft ausübt, besonders durch ihr tragisches
Ende. Aber obgleich der Dichter seine Meisterschaft in
der Zeichnung menschlicher Leidenschaften auch hier
bewährt, so gibt es gegen die Conception dieser Episode
doch mehr als ein Bedenken. Erstens: wissen wir nicht,
wie der Dichter die Wirksamkeit Cupido's in seine christliche Maschinerie mit Recht einzufügen vermag, von der
er sich im Uebrigen völlig frei bewegt, wenn wir nicht
auch ihn als ein Gedankenbild nehmen wollen, obgleich
er für ein solches etwas zu scharf und anschaulich gezeichnet ist. Das zweite ist Kumilla's Tod, welcher auf
einem Zufall begründet, eine Kunstregel verletzt, wonach
jedes wichtigere Ereigniss ein nothwendiges, also entwe-

der aus gegebenen Prämissen, oder aus innern Gründen
herzuleiten ist. Ausserdem will der Dichter durch Kumilla's Tod die neue Erbitterung Deliman's gegen die Christen motiviren, dessen es eigentlich nicht bedurfte, denn
Deliman's Dichten und Trachten war nach wie vor gleichmässig auf den Untergang der Christen gerichtet. Uebrigens erinnert die Entfernung Deliman's allerdings sowohl
an Achilles in der Iliade, wie an Rinaldo bei Tasso, ohne
dass gleichwohl weder in den Motiven, noch in den Einzelnheiten die geringste Aehnlichkeit hervortritt.

Im dreizehnten Gesang werden wir mit Deli
Vid's Gattin bekannt, welche aus einem Türkenmädchen
ein den ungrischen Helden treu liebendes Weib geworden.
Diese fasst, da ihr Gemal aus dem Kampfe mit Demirham
nicht wiederkehrt, den Entschluss, ihn aufzusuchen und
zu befreien, und mischt sich, als Mann verkleidet, in tür-
kischem Kriegeranzug in das feindliche Lager. Sie trifft
auf einen heransprengenden Mohren, und nachdem sie
von ihm vernommen, dass er zum Kaiser eile, um ihm an-
zuzeigen, dass Deli Vid im Lager sei, haut sie ihn nieder,
worauf Lärm entsteht. Der in der Nähe befindliche Vid,
der, um Manches zu erspähen, noch im türkischen Lager
geblieben war, sprengt hinzu, und da er sie durch List
nicht retten kann, reisst er sie nach einem riesenhaften
Kampf aus der Menge und rettet sich auf seinem guten
Rosse mit ihr glücklich nach Sziget. Während dessen
hält Soliman abermals Kriegsrath, welcher, nachdem Ali-
Beg zum Rückzug gerathen, durch Deliman's Heftigkeit
sich zwar wieder auflöst, aber da Ali Kurt, der Oberbe-
fehlshaber der Artillerie, durch eine Kugel des Paul Csontos fällt, und seine Kanonen durch einen glücklichen Ausfall Zrinyi's unbrauchbar gemacht wurden, so beschliesst

der alte Kaiser endlich bei sich, die Belagerung Sziget's aufzugeben. Da geschieht es, dass Soliman durch eine eingefangene Brieftaube aus einem an König Maximilian gerichteten Schreiben die zusammengeschmolzene Anzahl der Belagerten und den daselbst herrschenden Mangel an den dringendsten Bedürfnissen in Erfahrung bringt, und von Neuem ermuthigt, einen allgemeinen Sturm anordnet.

Wie wir der Katastrophe Schritt für Schritt näher rücken, so steigert sich auch von Schritt zu Schritt das Interesse. So wie das Abenteuer von Deli Vid's Gattin eine der anziehendsten Scenen bildet, so erweckt auch der Kriegsrath, obgleich in seinen Einzelnheiten und seinem Ausgang dem frühern ähnlich, doch durch die Ausführung neues Interesse. Meisterhaft weiss unser Dichter hier nach Tasso's Vorgang (XVIII. 49.) die Wendung durch die Benutzung der Taubenpost herbeizuführen, er stellt dieselbe in ihrer verhängnissvollen Nothwendigkeit dar, und bereitet den Leser, zu feierlichem Ernst gestimmt, auf die Katastrophe vor, womit wir uns das nächste Mal beschäftigen werden.

Dreiundzwanzigste Vorlesung.

Ende der Zrinyiade (XIV. und XV. Gesang). — Ihre Anlage. Episoden. Zrinyi als Charakterzeichner. Das Wunderbare in der Zrinyiade.
Darstellung, Versification, Sprache.

Meine Herren!

Wir sind endlich zum dritten Theil der Zrinyiade
gelangt, welcher in zwei Gesängen beendigt wird. Der
Dichter weist im vierzehnten Gesange mit zwei Stro-
phen auf die Entwicklung hin, und scheidet diesen letzten
Theil von den vorangegangenen durch eine persönlich
interessante Abschweifung von seinem Stoffe. Die erste
Hälfte des Gesanges versetzt uns in Soliman's Zelt, wo
der Zauberer Alderan dem Sultan seine Dienste anbietet,
den Teufel herauf beschwört, und mit dessen ganzer
Macht den nächtlichen Sturm unterstützt. Der zweite
Theil des Gesanges beschreibt diesen Sturm selbst. Die
Türken, und mit diesen um die Wette die höllischen
Heerschaaren, werfen Feuer in die Festung, nehmen die
äussere Burg im Sturm, und Zrinyi muss sich mit seinen
letzten fünfhundert Mann in die Citadelle zurückziehen.
Aber da er auch hier vor dem feindlichen Feuer keinen
Schutz findet, so ermuthigt er die Seinen zu einem

neuen entschlossenen Kampf, worauf er einen Ausfall auf
den äussern Schlosshof thut, und der Feind durch das
Schwert der Ungern und durch sein eigenes auf ihn zu-
rücksprühendes Feuer, trotz Demirham's Tapferkeit, hart
bedrängt wird. Doch Demirham, durch sein Schicksal
getrieben, ruft Deli Vid auf, und nachdem beide den allgemeinen Kampfplatz verlassen, und Demirham seinem
Gegner die Versicherung gegeben, dass er an dem Hilfs-
angriff Amirassen's keinen Theil gehabt, wird der zweimal unterbrochene Kampf fortgesetzt, in welchem Vid
den tapfern Mohren tödtet, aber selbst an den von ihm
erhaltenen Wunden stirbt.

Wir haben gesehen, dass alle bisherigen Versuche
der Türken an der übermenschlichen Tapferkeit der Ungern scheiterten, und nur ausserordentliche Verluste zur
Folge hatten. Der Dichter sah sich daher genöthigt, die
Kraft der Ungern gleichfalls durch übermenschliche Mittel zu brechen, und benützt sowohl vom christlichen Standpunkte, als nach der damaligen Volksauffassung mit
Geschick die höllischen Schaaren, und den sie heraufbe-
schwörenden und lenkenden Zauberer Alderan. Es ist
zwar kein Zweifel, dass unserm Dichter bei der Conception seines Alderan Tasso's Ismen vorschwebte; besonders
erinnert dessen erstes Auftreten bei Soliman an das gleichfalls erste Auftreten Ismen's bei Aladin, aber Zrinyi bildete die von seinem Lieblingsdichter in ihm angeregte
Idee mit völliger Selbstständigkeit aus, und wenn die
Einzelnheiten des Bildes dem heutigen Leser nur wenig
Interesse einflössen, so ist dies nur eine Folge der veränderten Denkungsweise. Wenn übrigens Alderan ausser
den höllischen Schaaren auch Ali, den heiligen Kaliphen
mit heraufcitirt, der jedoch die Erfolglosigkeit seiner Be-

mühungen und den Untergang Soliman's prophezeiht und darum seine Hilfe verweigert:

Doch dass mein grünes Schwert dafür ich zieh', nicht glaub'!
Denn all' dies ward schon längst nach Gottes Rath zu Staub.

so sehen wir weder den Grund, noch die Folgen dieser Scene ein. Das Anziehendste in diesem Gesang ist das Zusammentreffen Deli Vid's und Demirham's, wobei die Entschuldigung des Letzteren, dass er an der Unterbrechung des letzten Zweikampfes durch Amirassen, weder mit Wissen noch mit Willen Theil gehabt, in diesem stolzen Charakter einen ritterlichen Grundzug enthüllt. Der Kampf selbst wird in grossen Zügen gegeben, und der Untergang Beider als eine durch das Verhängniss bestimmte, und dadurch nothwendige Entwickelung des Vorangegangenen, ist ein neues Zeugniss von der tiefen Einsicht des Dichters.

Der funfzehnte Gesang führt uns den Ban in seinen letzten Stunden vor, der in letzter Rede an den kleinen Rest seiner Getreuen dieselben zu einem rühmlichen Heldentod ermuntert. Gott sendet zur Verherrlichung der für ihn so tapfer Streitenden den Erzengel Gabriel mit der Engelslegion, welche Alderan's Teufel zerstreuen, und in die Flucht schlagen, während Zrinyi mit seinen übriggebliebenen Fünfhundert einen Ausfall thut, Deliman und Soliman mit eigener Hand tödtet, und zuletzt mit seinen Helden fällt, deren Seelen sämmtlich von den Engeln Gabriels vor Gott gebracht, und mit der Märtyrerkrone gekrönt werden.

Dieser Gesang, als der letzte, ist zugleich der gewichtigste, und bezeugt das in Darstellung des Erhabenen seltene, vorzugsweise epische, Talent des Dichters auf

das Glänzendste. Ausgezeichnet ist besonders die letzte
Rede des Bans, worin er seine frühere Entschlossenheit,
in der entscheidenden Stunde, im Gefühl seiner Mission,
auf's Schönste besiegelt; und wahrhaft erhaben erscheint
jene Himmelsscene, wo Gott durch die treue Aufopferung
seiner Kämpfer versöhnt, sie mit der ewigen Glückseligkeit des Himmels belohnt. Auch die Erscheinung Gabriels
bei dem sein letztes Gebet schliessenden Zrínyi ist schön
gedacht, dem er neue Kraft einflösst, und ihm, als Be-
schluss seiner grossen Thaten, die Tödtung Soliman's
aufträgt. Die Himmelsscene erinnert wieder an Tasso
(IX. 55—60.), wie die Erscheinung Gabriel's an den
Erzengel Michael, der dem Gottfried Bouillon gleichfalls
prophezeihend erscheint (XVIII. 92.) : aber jene,
obgleich theilweise wirklich dem italienischen Dichter nachgebildet, zeigt doch andererseits auch wieder
viele eigene Züge, unter denen besonders derjenige hervorgehoben zu werden verdient, wonach der Dichter den
Willen Gottes mächtig genug schildert, um auch ohne
Worte von seinen himmlischen Dienern verstanden zu
werden. So sprach er — singt der ungrische Dichter
von Gott : —

„So sprach er — doch kein Wort von seinen Lippen schallt —
Mit seines Willens blosser Gottesallgewalt." (X. 33.)

Der italienische einfach:

Qui tacque (IX. 60.)

Auch Bouillons Vision ist nur weissagend, und darum
nicht so wirksam, nicht so nothwendig, wie die Zrínyi's,
welche einen Befehl bringt (die Tödtung Soliman's), und
dem Helden neue Kraft einflösst — zur Märtyrerschaft.

Auch Zrínyi's letzter Ausfall ist kraft- und seelenvoll geschildert. Ihm hat der Dichter den Ruhm aufgespart, dass
Deliman, der Kühnste der Kühnen, vor ihm erbebt, und
zuletzt auch durch ihn fällt, so wie Soliman, vor und
nach ihm der gefährlichste Feind der Ungern. Die ganze
türkische Heeresmacht weicht vor ihm zurück.

Und Keiner wagt dem grossen Banus sich zu nab'n (XV. 106.)

Janitscharenkugeln strecken ihn nieder.

Eine Apotheose schliesst die erhabenste der ungrischen Epopöen.

Ich kann den Umstand nicht stillschweigend übergehen, wonach der Dichter Soliman's Tod Zrínyi zuschreibt.
Es war ohne Zweifel ein kühner Gedanke in dieser Beziehung von der allgemein bekannten historischen Thatsache.
dass Soliman vor dem letzten Sturm an einer Krankheit
verschied, abzuweichen; aber es ist zugleich ein von tie-
fem künstlerischen Bewusstsein zeigender Gedanke. Soliman's natürlicher Tod, als mit den Begebenheiten in
durchaus keinem ursachlichen Zusammenhang stehend.
und darum rein zufällig und ohne innere Nothwendigkeit.
wäre ein hors d'oeuvre gewesen : während er hier . als
nothwendige Ergänzung der Mission des ungrischen Helden erscheint, als eine That, statt eines Ereignisses; der
Held des Epos als wirklicher Befreier seines Vaterlandes
von dessen, zwar gealterten, aber durch die Kraft seines
Willens noch immer furchtbarsten Gegner; sein Tod aber
als ein würdiger Preis solchen Opfers : während in der
Geschichte das erfolglose Opfer dem erhebenden Gefühl
der Bewunderung das der Bitterkeit beimischt. Zrínyi
wusste darum die poetische Wahrheit sehr gut von der
historischen zu unterscheiden, und wenn er sich in seinem

Vorworte diesfalls entschuldigt, indem er sich auf kroatische und italienische Chroniken, so wie auf die türkische Sage beruft, deren Entstehung zu jener Zeit sehr leicht möglich — denn welche von einander abweichende Erzählungen pflegen nicht unter dem Kriegsvolke im Schwange zu gehen selbst über die wichtigsten Ereignisse der Zeit! — so bedurfte er dessen doch nur in soweit, als unser Volk von den damals herrschenden Reimchroniken nicht dichterische, sondern historische Wahrheiten beanspruchte. Wir können darum Dasjenige, woran Zrínyi's Zeitgenossen einen Anstoss nehmen konnten, nur als eine sichere Bürgschaft seines künstlerischen Taktes mit freudiger Anerkennung begrüssen.

Sie haben aus der bisherigen Darlegung des Inhalts ersehen können, wie consequent die religiöse Idee der Epopöe durchgeführt erscheint, welche keine andere, als die geistige Erlösung des sittlich gesunkenen Volkes, wofür eine Schaar vaterlandstreuer und gottesfürchtiger Helden ihr Leben aufopfert : eine Idee, welche theils mit dem damaligen Volksbewusstsein sehr schön zusammenstimmt, wovon die gesammte Literatur des sechzehnten Jahrhunderts, wie Sie dies auch aus den bisherigen Vorträgen abnehmen konnten, Zeugniss gibt, und welche auch durch die Begebenheiten selbst, in soweit mit dem vor Sziget gestorbenen Soliman zugleich die türkische Macht ihrem Verfall entgegenzugehen begann, eine nachträgliche Bestätigung fand.

Wie von der Conception, können wir auch von der Ausführung nur lobend sprechen. Einheit, Durchdachtheit, Planmässigkeit in Allem; was in unsern grössern Dichterwerken bis auf den heutigen Tag so selten genügend. Der Dichter legt gleich anfangs zu seinem Gebäude

einen sichern Grund; er bringt nichts vor, was nicht als
Ursache oder Wirkung mit dem Ganzen in Zusammenhang stünde, — einige kleine Einzelnheiten abgerechnet,
welche ich stellenweise vielleicht mit allzu grosser Strenge
rügte, — oder was nicht wenigstens zu dessen Aufklärung
und angemessener Beleuchtung diente, wie wir sogleich
sehen werden, wenn wir einen besondern Blick auf die
Episoden werfen. Auch die Anordnung ist so natürlich
und einfach, dass sie leicht den Ueberblick über das Ganze
vermittelt, dasselbe gleichsam durchsichtig macht; ausserdem sind die Einzelnheiten so neben einander gestellt, dass
eine die andere motivirt; die richtige Vertheilung von
Licht und Schatten ist wie bei einem gut gruppirten und
beleuchteten Bilde; das Interesse steigert sich. trotz dem
sich schon sehr frühe kundgebenden Vorgefühl der Katastrophe, von Schritt zu Schritt, bis der Leser zuletzt,
trotz des traurigen Ausgangs, mit religiös-erhobener Befriedigung das Werk aus der Hand legt.

Die Episoden hängen, wie wir gesehen haben,
lockerer mit der Fabel zusammen, als die Kunstrichter
dies gewöhnlich wünschen. Wir haben deren vier wahrgenommen, und keine davon greift tiefer in das Gewebe
des Ganzen, sei es hemmend oder fördernd, ein; gleichwohl würden wir sie ungern missen, denn sie dienen theils
zur näheren Charakteristik der handelnden Personen,
theils bringen sie in das Ganze eine angenehme Mannigfaltigkeit und Abwechslung. Solche sind besonders die
Freundschaft zwischen Radivoj und Juranics, die Liebe
von Deliman und Kumilla, die eheliche Treue Deli Vid's
und seiner Gattin, welche dem Dichter zu so interessanten Situationen und so schönen psychologischen Gemälden Veranlassung boten. Ausserdem halten dieselben den

Gang der Handlung nicht nur nicht auf, sondern sie sind vielmehr mit geschickter Hand gerade an solchen Stellen eingeschaltet, wo sie sich als Ruhepunkte fühlbar machen, und auch sonst weder zu umfangreich, um die Aufmerksamkeit von der Hauptsache abzulenken, noch erregen sie so viel Interesse, um das an der Haupthandlung zu schwächen, vielmehr kehren wir von ihnen immer wieder mit neuer Lust und Spannung zu dieser zurück.

Die Hauptstärke Zrínyi's besteht in der Charakterzeichnung. Das ist die Seite, welche in ihm den, die Triebfedern des menschlichen Herzens, die Denk- und Empfindungsweise der Volksstämme genau kennenden, auf dem Felde der Thaten vielerprobten Feldherrn und Denker kund gibt. Es bedurfte nebst der schaffenden Phantasie seiner gereiften Lebenserfahrung, Welt- und Menschenkenntniss, und seines, an der Spitze der poetischen Bildung seines Zeitalters stehenden, durchgebildeten Geistes, um dasjenige, was bisher noch kein ungrischer Dichter auch nur versuchte, so glücklich und musterhaft zu handhaben : die Charakteristik. Demzufolge sind seine Gestalten nicht nur poetisch wahr und interessant, sondern sie sind es auch in äusserlicher Beziehung. Er kannte die Gesinnung und die Gewohnheiten, die Ansichten und das Kriegsleben des türkischen wie des ungrischen Volkes aus eigener Erfahrung, daher sind seine Gemälde desselben ausser jener innern Lebenswahrheit, welche die Kunst verleiht, auch in historischer Hinsicht von Werth. Allerdings ragen nur wenige Gestalten aus der Schaar der einzelnen handelnden Personen hervor; aber diese sind sämmtlich Individuen, von den Uebrigen verschieden, sie besitzen eigenes Leben und sind mit sicherer Hand und Folgerichtigkeit gezeichnet. Von Seite der Ungern ward nur

Zrínyi eine mehrseitige Entwicklung zu Theil. Es ist
aber ganz angemessen, dass Zrínyi über Alle hervorragt:
er ist so nicht nur dem Namen, sondern auch der That
nach der Hauptheld, hinsichtlich dessen unser Interesse
durch keine andere Gestalt geschwächt wird, wie wir dies
z. B. bei Tasso sehen, wo Rinaldo den Gottfried zeit-
weise in den Hintergrund drängt, oder gar bei Virgil,
wo geradezu der feindliche Held Turnus von Zeit zu Zeit
unserer Theilnahme für Aeneas nur allzusehr Abbruch
thut. Zrínyi ist nicht nur der kühnste, der furcht-
barste Held im ganzen Epos, vor dem selbst Deliman
Furcht empfindet, und durch dessen Arm die Besten der
Gegner fallen, sondern er ist als Feldherr zugleich die
Seele seines Heeres. Für Alle sorgt er, jedem weist er
seine Stelle an, alles organisirt er, und in seinen Helden
halten seine Reden den Geist aufrecht, welche stets den
Aeusserungen eines im Vertrauen auf Gott ruhigen, weisen, gemässigten, aber starken und entschlossenen Mannes
sind. Und seine Hoheit und Grösse lässt uns nicht kalt:
als Vater sehen wir ihn auf die Rettung seines kleinen
Sohnes mit zärtlicher Liebe bedacht, und denselben durch
Lehren und Ermahnungen für's Leben vorbereiten, welche
in ihm nicht nur den Kriegshelden, sondern zugleich den
klugen und verständigen Patrioten erkennen lassen; als
Freund seinen Farkasics und den für todt gehaltenen Deli
Vid beweinen, und in seiner Trauer um so verderblicher
gegen den Feind kämpfen; als Ritter auch im Gegner die
Tapferkeit achten, indem er den heldenmüthigen gefangenen Olaj Beg edel behandelt, ihn an seinem Tische
freundlich tröstet, und die ihm angebotenen Schätze zurückweisend, gegen Radován in Freiheit setzt. Die übrigen
ungrischen Helden haben nur die eine oder die andere

Seite Zrinyi's, aber einige treten doch auch durch besondere Züge aus der Allgemeinheit heraus. Am meisten
erregt unser Interesse Deli Vid, an Tapferkeit der Erste
unter den Uebrigen, indem von ihm Demirham zweimal
besiegt wird, so wie an Liebe zu seinem Feldherrn und
an Erfindungsgeist in dem Abenteuer seiner Gattin. Nach
ihm ist Farkasics, Zrinyi's Untercommandant, der ent-
schiedenste Mann im ungrischen Heere, der Erste, der
den Todesschwur leistet, und später, nachdem er mehrere
glänzende Proben seines Heldenmuthes gegeben, unsre
Theilnahme durch seinen Schmerz über seinen frühen und
ruhmlosen Tod gewinnt. Hierher gehören auch Radivoj
und Juranics, die ihrer Liebe für ihren Herrn und zu
einander zum Opfer fallen. Die kleine Zahl vermehren
der in ungrischer Soldatenweise launige Artillerist Paul
Csontos, Barbara, Deli Vid's liebende und in ihrer
Liebe kühne und erfinderische Gattin, so wie der kleine
Georg Zrinyi, der, trotz seines zarten Alters, die an-
gestammte Tugend seiner Familie, die Entschlossenheit,
schon in so ausgeprägter Weise zeigt, dass er mit Selbst-
mord droht, wenn ihm sein Vater nicht gestatten wolle
an seiner Seite zu kämpfen.

Manigfaltigere und verschiedenartigere, obgleich
nach dem geringeren Umfang des Epos gleichfalls nicht
zahlreiche Charaktere finden wir von Seite der Gegner
gezeichnet, wie dies die unvergleichlich grössere Zahl der
türkischen Truppen, und besonders das ihnen gegönnte
freiere Feld der Bewegung im Vorhinein begünstigte. Voran steht auch hier, wenn auch nicht mehr an äusserer
Thatkraft, aber an geistigen Eigenschaften, Soliman, der
einerseits als ein in seinen Entschliessungen von Leidenschaft und Rache beherrschter, eigensinniger Graukopf

geschildert wird, andererseits aber, wo er selbst persönlich
nicht unmittelbar berührt ist, wie in Beziehung auf die von
Leidenschaft und Uebereilung eingegebenen Rathschläge
und Absichten Deliman's und Demirham's, die ruhige
Waffe der Klugheit geschickt gebraucht, und zuletzt, da
er die Uneinigkeit seiner Feldherrn, die Verluste unter
ihnen, die Verwüstungen seiner ungezügelten Schaaren
mit der Klugheit der Ungern vergleicht, und ihre, grosse
Erfolge mit verhältnissmässig kleinen Opfern erzielende,
Tapferkeit sieht, verzweifelt, und im Begriffe steht, die
Belagerung aufzugeben, wenn er nicht durch die uns
bereits bekannte Taubenpost über den wirklichen Zustand
der Belagerten noch zeitig genug Kunde erhalten hätte.
Gegen diese Zeichnung können wir nichts einwenden,
vielmehr ruht dieselbe auf der psychologischen und er-
fahrungsmässigen Thatsache, wonach auf die Täuschung
einer übertriebenen Hoffnung leicht Erschlaffung folgt,
wenn nicht eine kräftige Seele als Grundlage vorhanden, die
hier schon in Folge des hohen Alters fehlte. Wir müssen
es als einen Mangel bezeichnen, dass der Dichter nicht
einen sichtbaren Vertreter und Vermittler des im türkischen Lager wirkenden ei n en Gedankens und ei n en
Willens herstellt. Zu dieser Rolle wäre Mehmet Szoko-
lovics, der Grossvesir, nach der Geschichte wie durch
seine Stellung besonders berufen gewesen; er erscheint
dagegen nur ein paar Mal und zwar blos als der Verkün-
diger der Befehle des Sultans : und eben darum erscheinen
die Anstrengungen der Türken mehr nur als die eines
schlecht geführten Heeres und als Thaten, welche durchaus von der Willkür und den Grillen der Unterfeldherrn
abhängen, und des organischen Lebens entbehren. Doch
in der Reihe der Führer treten schon mehrere mit scharfen

Zügen gezeichnete Persönlichkeiten hervor. Die Männer
des Rathes, besonders Rustan, des Kaisers Eidam, ist
eine vom Verstand, nicht vom Gefühl geleitete, und demgemäss die Umstände ruhig ins Auge fassende, mit richtiger Einsicht beurtheilende, und die That mit Besonnen-
heit ins Werk setzende, bedächtige Natur; Petráf, ein
umständlich beweisender, klar auseinandersetzender Red-
ner; Halul, ein schlangenkluger, falscher, berechnen-
der, glatter Diplomat; auf der andern Seite erblicken
wir die natürlichen Gegensätze derselben, besonders den
jungen Tartarenchan Deliman, den Sarazenen Demirham : jener der kühnste, dieser der wildeste Führer im
türkischen Lager, auf die Stimme des Verstandes und der
Klugheit nicht achtende, unruhige stürmische Naturen. Bei
alldem erweckt Deliman lebhaftes Interesse vor Allem
mit seiner ritterlichen, durch einen rein menschlichen Zug
gemässigten, Tapferkeit, besonders in jener interessanten
Scene, wo er nach Sziget eindringt, und seine Angreifer
alle niedermachend, zwar vor Scham erröthend, dass er
den Gegnern den Rücken zeigen müsse, aber doch von
der Liebe zum Leben angetrieben, welches hier zwecklos
aufgeopfert worden wäre, sich zurückzieht, später gleichwohl im Bewusstsein seines Rückzugs sich grämend und
von Rustan, Kumilla's verhasstem Gemahl, gehöhnt, diesen
niedersticht : deshalb auf den Rath seiner Freunde das
Lager verlässt; aber er interessirt auch als Liebekranker,
später durch seinen Kummer über das Verhängniss, welches ihn seiner endlich errungenen Geliebten nach kurzer
Glückseligkeit wieder beraubte. Auch Demirham ist
anziehend mit seinem unter afrikanischem Himmel sie-
dend erzeugten schäumenden Blute, er, der trotz seiner
Wildheit doch eben so ritterlich, wie für das Gefühl der

Freundschaft empfänglich : Um Hamviván zu rächen,
besteht er jenen dreifachen Zweikampf, dem er zuletzt
als Opfer fällt. Interessante Gestalten sind ferner Mehmet, der Pascha von Bosnien, der üppige und unbedacht-
same Lebemann, der aber durch die Gefahr seines Sohnes
und später durch dessen Fall zu einem aussergewöhnlichen
Kampf ermuthigt wird, wobei das durch ihn beinahe schon
über Zrínyi gebrachte Verderben in wunderbarer Weise
auf sein eigenes Haupt zurückfällt; ferner Kamber, der
väterliche Begleiter Hamviván's, der nach dessen Fall
seine Treue mit dem Tode besiegelt; Kumilla, die heiss
Liebende; endlich einige, auf beiden Seiten nur wenige
Augenblicke vortretende und darum auch nur mit ein
paar Zügen, doch kräftig, skizzirte Gestalten. Was aber
die Art und Weise der Charakterzeichnung bei unserem
Dichter betrifft, so prägt er dieselbe weniger durch Beschreibungen, als durch Situationen, Thaten und Reden,
also durch Selbstäusserungen aus, weshalb seine Gestalten nicht nur scharfumrissene, anschauliche, sondern häufig
wahrhaft dramatisches Leben besitzende Bilder sind.

Auch auf das Wunderbare, auf die sogenannte
Maschinerie, in der Zrinyiade müssen wir noch einen
flüchtigen Blick werfen. Es ist wohl nicht erst nöthig zu
bemerken, dass der Dichter wohlgethan hat, als er dieselbe in die Grundidee seines Werkes aufnahm. Der Charakter der Epopöe verlangte dies : das Aussergewöhnliche
der Handlung, so wie das Zeitalter derselben, worin die
Mehrheit des Volkes noch von lebendigem religiösen Gefühl durchdrungen war, gestattete es. Wie Zrínyi dieselbe
in Ausführung brachte, haben wir gesehen, und uns überzeugt, wie dieselbe nicht irgend ein äusserer Schmuck,
den man auch vom Werke ablösen könnte, sondern die

Idee selbst, die Seele der Dichtung. Gleichwohl benützte Zrínyi dieses Motiv mit sparsamer Hand : der Protestantismus hatte den Glauben an das Wunderbare erschüttert, und darum konnte er in einem, dem Kerne nach damals noch protestantischen Lande nur mit Vorsicht und Schonung sich jenem Glauben zuwenden, und hielt sich vorzugsweise an die rein biblische und allgemein christliche Ansicht.

Ich sage, mit sparsamer Hand hat der Dichter dies Motiv benützt, denn nachdem Soliman zum Kriegszug gegen die Ungern gestimmt worden (I.), Zrínyi aber durch eine Gottesstimme in seinem selbstaufopfernden Entschlusse bestärkt und zum Märtyrer geweiht worden ist (II, 78), greift nur einmal in einem Augenblicke grosser Gefahr die göttliche Macht unmittelbar in die Ereignisse ein, wo nämlich im Siklóser Gefecht Mehmet, in Verzweiflung über den Untergang seines Sohnes, einen tödtlichen Streich nach Zrínyi's Haupt führt; doch

> Ein Engel Gottes hielt den Streich unsichtbar auf,
> Und dreht in Mehmets Hand herum des Säbels Knauf. (III, 86.)

Von da angefangen, reicht er mit menschlichen Kräften aus, denn die begeisternde Kraft von Zrínyi's begeisterten Reden können wir nur als moralische Factoren betrachten; und nur nachdem eben diese moralischen Kräfte solche aussergewöhnliche, gleichsam übermenschliche Wirkungen hervorgebracht, mischt sich die Hölle in den Verlauf der Dinge, und verursacht bei dem letzten Sturm jene grosse Verwüstung in der Burg, deren unmittelbare Folge der letzte Ausfall der Szigeter Besatzung : damit aber diese erhabene That vor sich gehen, damit die Macht der Türken noch nach Möglichkeit geschmälert, und So-

liman mit seinen Besten dem Kreuz zum Opfer fallen
können : sendet Gott himmlische Legionen, um die höllischen Schaaren zurückzuschlagen. Und dies ist hier ganz
am Platze. Wogegen wir aber einen Einwand erheben
können, das ist die Vermengung der classischen Mythologie mit der christlichen Anschauung, welche besonders
da ihre Ungehörigkeit fühlbar macht, wo Alderan den
Pluto und die übrigen Geister des Orkus an den von
Christus über sie errungenen Sieg erinnert, und sie dadurch gegen die Christenheit aufreizt (XIV : 42. ff.).
Auch das gläubigste Gemüth frägt gewiss : was haben
Pluto und Briareus, Lykaon und die Eumeniden, Geryon
und Mezantius u. s. w. bei den Türken und gegen Sziget
zu schaffen, da weder Jene noch Diese ihre Macht
kennen und vielmehr Anbeter Eines Gottes und Veräch-
ter der falschen Götter sind? Doch dieser Fehler gehört
nicht eigentlich Zrínyi an. Im Zeitalter der wiederauf-
lebenden classischen Literatur war die griechische Mythologie nicht nur mit dem Bewusstsein der gebildeten
Welt verschmolzen, sondern sie drängte sich als bildlicher
Ausdruck so sehr in jede Darstellung ein, dass man selbst
im gewöhnlichen Gespräch der auf Bildung Anspruch
Machenden die Wörter Mars statt Krieg, Amor statt
Liebe u. s. w. hören konnte. Eben so ging dieselbe in die
poetische Anschauung aller europäischen Völker über,
und es treten die griechischen Götter bis ins achtzehnte
Jahrhundert nicht nur als blosse Namen, sondern als handelnde Mächte auf, obgleich — was die Verkehrtheit nur
noch mehr hervorhob — sie das Reich mit dem christlichen Mythus theilen mussten, wie wir dies namentlich
seit Dante bei den italienischen Dichtern, besonders bei
Tasso, wahrnehmen.

Noch einige Worte über die **Darstellung.** Sie ist im Ganzen objectiv, mit epischer Ruhe und plastischer Abrundung fortschreitend; und wenn der Dichter gleichwohl öfters aus der Rolle des reinen Erzählers heraustritt und den Ton von seinen eigenen Gefühlen und Reflexionen entlehnt, so ist das nur dem vorzugsweise subjectiven Standpunkt der christlichen Dichtung zuzurechnen, und kann, in so weit es mit Mässigung, und gleichsam als Ergebniss des behandelten Gegenstandes erscheint, nachgesehen werden. Nur wenn derlei Abschweifungen mit dem Gegenstande in keinem Zusammenhange stehen, sind sie als Auswüchse mit Recht zu tadeln, und als solchen müssen wir den übrigens sehr schönen Eingang des eilften Gesanges allerdings missbilligen, worin der Dichter inzwischen von einer Reise nach Italien zurückkehrend, die ihn erwartenden Freunde begrüsst, und sie, besonders seinen Bruder Peter, verherrlicht. Im Uebrigen ist Zrinyi's Darstellung ohne Breiten, leicht und frei, geistvoll, mit kräftigen Farben malend, zuweilen durch überraschend schöne Beschreibungen erfreuend; häufig gebraucht er Gleichnisse, Bilder, bildliche Ausdrücke, welche meistentheils die Farbe der Neuheit tragen. Er ist's, der die charakterisirenden und malerischen Epitheta des classischen Epos in unsere Poesie einführte : das weltzerstörende Lager (der Türken), der weltenbezwingende Kaiser, der heereschlagende Gott, der welterschütternde Tod, der todtbringende Zrinyi, der grosse, grausame, tapfere Deliman, der kluge Ajgas, die erdaufzehrenden Schaaren, der truppenzerstreuende Gott, der waffentragende Adler, der menschentödtende Spiess u. s. w. : dies sind die kräftigen Pinselstriche, womit er seinen Personen und Gegenständen häufig einen gewichtigern Ausdruck verleiht, ohne dass dieselben dadurch stereotype und zuletzt leere und hohle Redensarten würden.

Weniger befriedigend, ja, im Verhältniss zu seiner dichterischen Grösse grösstentheils schwach, ist dagegen Zrínyi's Versbau und seine Sprache. Er fühlt dies selbst, und darum entschuldigt er sich sehr naiv im Vorworte zur Zrinyiade : „Virgil schrieb zehn Jahre an der Aeneide, ich aber war genöthigt mein Werk in einem Jahre, ja in einem Winter zu vollenden. Mit Keinem von ihnen (es war nämlich früher auch Homer erwähnt worden) kann sich meine Feder vergleichen, aber dessen kann ich mich vor ihnen rühmen, dass meine Profession oder Kunst nicht die Poesie, sondern im Dienste unsers Landes eine grössere und bessere als sie. Was ich geschrieben, habe ich des Vergnügens halber geschrieben, ich erwarte keinen Lohn dafür. Sie hatten keine andern Sorgen, mir war diese die allerletzte. Ich habe geschrieben, so wie ich konnte, obgleich ich an manchen Stellen vielleicht besser gekonnt hätte, wenn ich meine Mühe nicht gespart hätte.... Ich habe mein Werk nie corrigirt, denn ich hatte keine Zeit dazu. Es ist die erste Frucht meines Geistes...." Bei alledem trübt diese Vernachlässigung der äussern Form, wie nicht geläugnet werden kann, selbst dem hauptsächlich auf die innere Schönheit achtenden Leser nicht selten seine Freude. Ich denke hierbei weniger an die zuweilen gezwungene Wortfügung, an die hier und da vorkommenden Sprachfehler, ja nicht einmal an den in der Gewohnheit des Zeitalters liegenden häufigen Gebrauch der Fremdwörter, — obgleich ein solcher Fleck oft die erhabensten Stellen ihrer Schönheit zu entkleiden vermag — ich denke auch nicht an die schlechte Reimerei — häufig kommen doch auch sehr

schöne und correcte Reime vor — : sondern ich verstehe
darunter bei der von ihm eingeführten zwölfsylbigen vierzeiligen Stanze von trochäischem Fall (vor ihm hatte unsere epische Stanze choriambischen Rhythmus) die Vernachlässigung ihrer Hauptschönheit, so zu sagen ihres
punctum saliens, der Cäsur, ohne welche sehr häufig der
Vers nicht nur aufhört Vers zu sein, sondern auch nicht
einmal Prosa wird, da er jedes Numerus entbehrt. Andererseits kann nicht geläugnet werden, dass überraschend
schöne einzelne Zeilen und Strophen nicht eben selten,
aber diese vermögen den einmal gestörten Genuss nicht
wieder zu einem reinen umzuwandeln.

Uebrigens nimmt trotz dieser Mängel und der im
Verlaufe meiner Vorträge gerügten kleineren Fehler,
welche ich mit kunstrichterlicher Strenge hervorgehoben,
die Zrinyiade sowohl als Original-Dichtung, — denn bei
allen, stellenweise nachgewiesenen und leicht noch zu
vermehrenden Reminiscenzen, von welchen es bei Virgil,
Ariost, Tasso und andern grossen Dichtern, in Bezug auf
ihre Vorgänger, wimmelt, glänzt Zrínyi doch als einer
unserer originellsten Dichter — so wie als eine, durch
geniale Conception, wohldurchdachte, sichere und schö-
pferisch-talentvolle Durchführung ausgezeichnetes natio-
nales Kunstwerk einen vornehmen Rang in unserer epischen Literatur ein, und verdient als solches, dass es
keinen gebildeten Unger gebe, der, die rauhe Schale
durchbrechend, den edlen Kern nicht erkenne, geniesse
und würdige.

Vierundzwanzigste Vorlesung.

Zrínyi als lyrischer Dichter. — Ladislaus Liszti und „die Niederlage bei Mohács." Analyse und Kritik dieses Epos. Liszti's
kleinere Gedichte.

Meine Herren!

Bevor wir zu den zwei andern berühmten epischen
Dichtern des siebzehnten Jahrhunderts übergehen, müssen wir Zrínyi noch als lyrischen Dichter ins Auge fassen,
um ihn in seiner Totalität aufzuweisen, von dem ich
gesagt, dass er in unserer Literatur isolirt dasteht, und
seiner Zeit voraneilend, weder von ihr massgebend beein-
flusst wurde, noch einen — wenigstens erfolgreichen —
Einfluss auf seine schriftstellernden Zeitgenossen ausübte, und also auch keine Schule bildete.

Während die Zrinyiade objective Behandlung und
epische Ruhe auszeichnen, erschliesst uns unser Dichter in seinen lyrischen Werken die ganze Tiefe und
das verzehrende Feuer seiner subjectiven Empfindung.
Wir haben Ursache anzunehmen, dass er eine viel grössere
Anzahl von Liebesliedern gedichtet. Er begann seiner
eigenen Aussage nach *) frühe Alles, was sein Herz be-

---

*) Ich, der ich, als mein Geist noch Jüngling sich gefühlt,
  Mit süssem Liebesreim und Vers dereinst gespielt.....
  Hab' jetzt Mars höherm Sang mein Saitenspiel geweiht,
  Von Waffen singts, vom Mann ...   (Zrinyiade I, 1. 2.)

wegte, in Töne zu fassen ; aber da eines der unter seinen lyrischen Werken befindlichen Gedichte mit der Zrinyiade, welche er im Alter von dreissig und einigen Jahren schrieb, gleichzeitig ist,*) so kann man die Zahl der zwischen jene zwei Zeitpunkte fallenden Jahre etwa auf zehn ansetzen. Und wenn es kaum einem Zweifel unterliegt, dass die neben der Zrinyiade erschienenen Stücke, die sowohl in der Behandlung, als in Beziehung auf Gegenstand und Empfindung verwandt sind, auch zu gleicher Zeit, d. h. damals, als er das Epos schrieb, entstanden: so können wir nur bedauern, jene jugendlichen Stücke entbehren zu müssen, welche der Ban und Feldherr wahrscheinlich nur darum nicht veröffentlichte, weil er sie für, seiner Stellung unangemessene, Spiele hielt, um so mehr, als er in ihnen den Empfindungen seines eigenen Herzens Ausdruck geliehen, während er in jenen neuern durch die Wahl der Idyllenform sich hinter den Personen seiner Jäger und Hirten verbergen konnte. Wir aber erkennen ex ungue leonem ! und können, nach jenen späteren zu urtheilen, den Verlust nicht hoch genug anschlagen.

Solcher Idyllen liegen uns vier vor : Der Jäger, An Viola, Tityrus und Viola, und Der Jäger und das Echo. Wenn Tiefe des Gemüths, reiche Phantasie und bilderreiche Sprache vorzugsweise Erfordernisse der Lyrik sind, so nimmt Zrínyi nach dem Masse, in wel-

---

*) Ich singe jetzt den Mars mit Waffen blank von Erz,
Um zu vergessen drob der Liebe Pein und Schmerz :
Der kleine Gott bricht sich in Waffen zu mir Bahn,
Und hebt entbrannt den Kampf mit meinem Herzen an.
(Ariadne's Klage, 4.)

chem diese Eigenschaften in den genannten, wie in seinen übrigen Liedern vorhanden sind, auch unter unsern Lyrikern einen hohen Rang ein. Im ersten Idyll klagt „der Jäger über Viola's Grausamkeit." Beim Anbruch des Lenzes ist Alles froh, Alles voll von Liebe, nur ihm kommt kein Frühling, nur gegen ihn ist diejenige grausam, die er liebt, doch möge auch Viola der Vergänglichkeit ihrer Schönheit gedenken, und in ihrer Blüthe die Rosen pflücken. Am Schlusse spricht er die Hoffnung auf die Zuwendung ihrer Gunst aus. In der zweiten sucht er sie durch Bitten zu erweichen, und droht zugleich mit seinem Abfall. Im dritten necken sie sich bereits; Vorwürfe, Zorn, Geständnisse und Versöhnung folgen auf einander. Im vierten forscht der der Gegenliebe noch nicht ganz gewisse Jäger das Echo hinsichtlich Julia's Liebe aus, und als ihn dieses ermuthigt, sendet er seiner Geliebten durch dasselbe ein Lied. Auch Arianna's Klage ist nur eine Einkleidung seiner eigenen Empfindungen. Im Auftrage Cupido's besingt er Ariadne's Schmerz über Theseus Treulosigkeit, um seine unerbittliche Geliebte zu rühren; der es eben so ergehen könne, wenn sie ihn, den treuen Liebenden, einem Andern aufopfere. Auch in Orpheus Klage leiht der Dichter seinem eigenen Schmerz Ausdruck, der, wie es scheint, Viola eben so verlor, wie jener Eurydice. Eine stürmische, ihr eigenes Bett zerstörende Flut der Leidenschaft ist es, was in diesen grossen Gedichten dahinbraust, bald wieder, wo diese ruhiger fliesst, in süssen, bezaubernden Tönen rieselt. Nichts aber kann naiver, empfindungsvoller und süsser sein, als jene kleinen Lieder, welche den Idyllen eingestreut sind. Andererseits weist unsere ganze religiöse Poesie kein Gedicht auf, worin mehr Glut, eine tiefere, inbrünstigere Frömmigkeit, grössere Gedanken und schönere Bilder enthalten wären, als in dem Gesang an den Gekreuzigten. Die von ihm sogenannten Epigramme sind nichts anderes, als kleine Denkmäler auf einige seiner, auch in der Zrinyiade gefeierten, Lieblingshelden. Es sind eben so viele anspruchslose schöne Gedanken, gefühlvolle Nachklänge; das „Auf Buda" eine Gnome, auch das „Auf Attila" : aber in letzterem begegnen wir im Eingange wieder den ihm eigenthümlichen grossen Bildern. Bei Zrínyi ist jeder Zoll ein Dichter!

Auf Zrínyi folgte unmittelbar Liszti, und bald darauf Stephan Gyöngyösi. Dieser Letztere verdrängte Zrínyi auf lange Zeit aus dem Gedächtniss der Nation. Es fehlte die Empfänglichkeit für wahre Poesie. Gedeon Ráday war der Erste, der Zrínyi's Grösse erkannte, und ihn zuerst in einer hexametrischen, später in einer Bearbeitung in Prosa, von Neuem der Aufmerksamkeit der Nation zu empfehlen gedachte. Doch er starb über seinem Werke, und nur der I., III. und V. Gesang der Zrinyiade traten als Proben im Kaschauer „Ungrischen Museum" an das Licht. Nach ihm, und zwar durch Ráday aufmerksam gemacht, gab Franz Kazinczy Zrínyi's Dichtungen 1817 neu heraus, mit Beibehaltung der ursprünglichen Schreibart. Dreissig Jahre später wieder Paul Székács, aber nicht nur mit Erneuerung der Orthographie, sondern auch hier und da mit unberufenen Veränderungen des Ausdruckes und mit stellenweiser Verbesserung der Verse; zuletzt gab ich ihn selbst zweimal nach einander heraus, und in diesem Augenblick ist eine neue Ausgabe mit Anmerkungen von Greguss unter der Presse.

Zwei Jahre nach der Zrinyiade veröffentlichte der Freiherr Ladislaus Liszti seine Werke; ein junger

Mann, der auf in- und ausländischen Schulen eine sorgfältige gelehrte Bildung sich erworben, dessen edle, sittliche Grundsätze und eine männliche Gesinnung athmenden
Schriften, jedoch zu seinem, von Sünden aller, auch der
niedrigsten Art entweihten Leben einen traurigen Gegensatz bilden, bis er zwischen 1659 und 1662 zum Lohne
dafür unter dem Henkerbeil verblutete. Unter seinen
Schriften nimmt besonders sein Heldengedicht : „Die
Niederlage bei Mohács" in dreizehn Gesängen unsere
Aufmerksamkeit in Anspruch. Dieses Werk trägt unstrei-
tig die Spuren des Eindruckes, welchen Zrínyi auf den
Verfasser hervorgebracht, aber dieser konnte sein Genie
nicht auf seinen Nachfolger vererben, und so sind diese
Spuren nur im Gedankengange des ersten Gesanges, in
Namen und hier und da in einzelnen Reminiscenzen wahrzunehmen. Sein Inhalt ist, nach der Reihenfolge der Gesänge kurz dieser : Nach einer langen Einleitung, worin
er den Werth der Tapferkeit und des Ruhmes besingt,
lässt er sich lang und breit über die bei den Römern
gebräuchlichen Siegesfeierlichkeiten, über die Verherrlichung der Männer der alten Welt, die neun Musen und
die griechische Götterwelt aus, dann geht er auf sich
selbst über, und indem er Melpomene zu Hilfe ruft, kommt
er endlich, spät genug, zu seinem Gegenstand, und erzählt,
wie Gott, um die Ungern zu erproben, die Türken über
sie geschickt, und besonders den Soliman wider dieselben
aufgereizt habe. Nachdem dieser die Thaten seiner Vorfahren und seine bisher vollbrachten eigenen Thaten sich
in die Erinnerung zurückruft, lenkt er seinen Geist auf
die Eroberung Ungerns, versammelt den Divan, dessen
Räthe, den einen Olaj Pascha ausgenommen, dem Kriegszuge beistimmen; er ruft sein Heer zusammen und bricht

mit dem Beginn des Frühlings auf. Nachdem der Dichter
die türkischen Truppen hergezählt, ruft er aus :

> Nach welchem Reichs-Gebiet, zur Gränze welchen Land's
> Zieht sich jene Schreckensmacht ?
> Die Erde unter Dir, o Ungern, ist ein Ast,
> Den der Feind zu Fall gebracht.
> Vertheid'ge Dich, Dein Land, o träge Adelsschaar,
> Denn nicht ferne ist die Schlacht.
>
> Das Lager schlägt der Türk auf Adri'nopels Feld,
> Sieh, sein Zelt ist aufgespannt,
> Mit Ungerns König, ach, und seinen Helden all
> Will er kämpfen um das Land.
> Welch Blutbad wird daraus, wie sinkt so manch' Geschlecht
> In dem armen Ungerland.

was nicht wenig an Zrínyi erinnert, der, als er die gleichfalls zu Adrianopel versammelten Türkenschaaren beschrieben, also ausruft:

> Wohin ergiesst sich wohl der dunkeln Wolke Schoss ?
> In welches Eck der Welt bricht's berstend aus ihr los ?
> Wer wird des grossen Gottes mächtig Zürnen seh'n u. s. w.

Und damit schliesst der erste Gesang. Im zweiten
geht unser Dichter nach Ungern über, und beschreibt
König Ludwig und seinen Hof. Unterdessen nahen sich
die Türken unsern Grenzen, und brechen durch Syrmien
ein. Paul Tömöri (so nennt er Tomori beständig) der Erzbischof von Kalocsa und Oberkapitän der Donau-Theile,
geht nach Visegrad, um den König von dem Vorgefal-
lenen zu benachrichtigen. Während der Reichstag zusam-
menberufen, eine allgemeine Insurrection angeordnet und
von den fremden Fürsten Hilfe erbeten wird, und unter
andern Vorbereitungen, setzt Soliman über die Save. Der

dritte Gesang beschäftigt sich blos mit der Beschreibung von Ungern. Nachdem im vierten Gesang die vier Zeitalter nach Ovid beschrieben werden, ohne dass dies mit dem Verlauf des Gedichtes in irgend einen Zusammenhang gebracht wird, trifft der von jenem Uebergang benachrichtigte König seine Anordnungen; aber Szapolyai ist an der moldauischen Grenze, der Adel rührt sich nicht, Soliman steht bereits vor Peterwardein, und nirgends her irgend eine Hilfe. Ludwig bricht daher auf, in der Hoffnung, dass sich unterwegs die Ungern um ihn schaaren werden. Er macht zu Érd Halt, wo aus dem Tode seines Pferdes Viele Böses ahnen; nur Andreas Bátori schliesst sich dem Könige an, während Szapolyai in Siebenbürgen die Sache in Bewegung bringt. Schon naht sich Soliman Ujlak. Der fünfte Gesang beschreibt die fruchtlosen Anstrengungen Paul Tömöri's bei der Vertheidigung Peterwardeins, auf welche Nachricht hin der König gegen Tolna vorrückt, wo einige Haufen adeliger Truppen und etliche wenige päpstliche und polnische Hilfsvölker zu ihm stossen. Nun will der König den Palatin zur Vertheidigung Essegg's absenden, aber die Grossen, die sich darauf berufen, dass sie nicht verpflichtet seien vom König getrennt zu kämpfen, weigern sich, worauf Ludwig nach einer strengen, vorwurfsvollen Rede, selbst vorrückt, Tömöri und Georg Szapolyai zu Feldherrn ernennt, welche sich nach Mohács wenden, dessen Beschreibung den fünften Gesang schliesst. Im sechsten Gesang wird nach einer langen Beschreibung des dortigen Kriegslagers Podmaniczky dem König entgegengesendet, um seine Gegenwart und den Kampf dringend zu fordern, während die Boten des Woywoden (Johann Szapolyai) und Frangyepán's den König bitten, ihre Heere

abzuwarten, die mit grossen Kräften auf dem Zuge sind.
Ludwig schickt daher Brodericus, den Kanzler, in das
Lager nach Mohács mit dem Rath, man möge die heran-
nahenden Truppen abwarten. Im siebenten Gesang
ermahnt der ankommende König selbst die ungeduldigen
Ungern. Auch Tömöri geht auf das Abwarten der Hilfstruppen ein, als dessen Heer Abgesandte in den Rath
schickt, und durch sie die Schlacht fordert, die denn auch
endlich beschlossen wird. Indess lässt der Ban (Frangyepán) sein Herannahen melden, und räth dringend Aufschub; auch Andere in gleicher Weise; Franz Perényi
prophezeiht in Sehersweise den Untergang, wenn man
mit so schwacher Kraft sich in den Kampf einlasse, aber
vergeblich. Im achten Gesang, der zuerst mehrere
lange Abschweifungen über die Verderbtheit Ungerns,
über die Unbeständigkeit des Glückes u. s. w. enthält,
bringt Tömöri seine Schaaren dahin, dass sie sich vor den
Türken zurück nach Mohács ziehen, und sich denen des
Königs anschliessen. Nachdem die Kroaten und einige
andere Truppen und das nöthigste Kriegszeug angelangt,
wird die Schlacht geordnet. Dieses Thema setzt nach
langen Betrachtungen auch der neunte Gesang fort.
Der zehnte lässt, nach einer Abschweifung über die
Sterblichkeit, den Palatin auftreten, wie dieser den König
im Lager herumführt und ermuthigende Reden an die
Truppen hält. Unterdessen erscheinen die Türken, und
obwohl es bereits Abend, ertönt auf Tömöri's Drängen
das Schlachthorn (im elften Gesang), das Heer betet,
Soliman aber, nachdem er ein Opfer gebracht, und eine
Sternschnuppe, die sich über seinem Zelt gezeigt, vom
Oberpriester als Siegeszeichen dem Türkenheer ausgelegt
wurde, gibt auf die Nachricht, dass die Ungern in seiner

Vorhut bereits grosse Verwüstungen angerichtet, den
Befehl zum Angriff des ganzen Heeres. Anfangs wird
dasselbe von den Ungern zurückgedrängt, schon dringt
des Königs Garde vor, als das türkische Geschütz den
rechten Flügel in Unordnung bringt, hiemit der Ban zurückgedrängt wird; der König verschwindet, und nach
einem langen Intermezzo, worin der Dichter die Ungern
entschuldigt, und vorgibt, dass nicht sie ihren König verlassen, sondern dass Gott selbst sie wegen ihrer schlechten Sitten gestraft habe u. s. w., beschreibt er die letzten
Kraftanstrengungen des ungrischen Heeres, während dasselbe, in den Schlund der türkischen Kanonen gerathend,
theils sich in Flucht auflöst, theils niedergehauen wird.
Der zwölfte Gesang enthält in seiner ersten Hälfte
nach einer langen Abhandlung über die sieben Verdienst-
kronen der Alten, die Apotheose des Königs Ludwig,
und die zweite Hälfte beschreibt, gleichsam nachträglich,
sein Ertrinken im Bach Csele, gibt hierauf Tömöri's Tod,
ein langes Verzeichniss der gefallenen Grossen, und schildert die Verwüstungen der Türken nach der Schlacht.
Daran reiht sich zum Schlusse noch ein dreizehnter
Gesang an mit den unmittelbar auf die Schlacht folgenden Ereignissen : Szapolyai in Szegedin, die von allen
Seiten ankommenden Hilfstruppen, die Flucht der Königin, Soliman's Ankunft in Ofen, seine Verwüstungen,
Rückkehr; — Schluss.

Siehe da — Liszti's „Niederlage bei Mohács." Was
hat Zrínyi aus dem Szigeter Ereigniss geschaffen, und zu
was ist der grossartige Stoff vom Untergang auf Mohács
unter Liszti's Hand zusammengeschrumpft! Ein Ge-
schichtsschreiber, nicht ein Dichter, ordnet hier das Ma-
terial; er gibt die Begebenheiten in strenger historischer

Reihenfolge, indem er von ihnen erzählt, nicht sie schildert, alles nur ganz allgemein, ohne individuelles Leben athmende Zeichnung und Färbung, mithin ohne Anschaulichkeit. Es fehlt auch die parallele Darstellung der beiden streitenden Parteien. Von den Türken lernen wir kaum eine oder die andere Gestalt näher kennen, eben so wenig ihre Kräfte, ihre Vorbereitungen und Kriegspläne. Keine Episode unterbricht den Gang der Hauptgeschichte, um Abwechslung in das sonst so einförmige Ganze zu bringen, angenehme Ruhepunkte zu gewähren, und die ermüdende Aufmerksamkeit mit neuem Interesse zu beleben. Aber desto reichlicher ist das Ganze mit langen Beschreibungen und Betrachtungen durchwebt, die mit dem Gegenstande in gar keinem unmittelbaren Zusammenhange stehen, und welche um so verwirrender und ermüdender wirken, als sie gerade an den Stellen eines erweckten Interesses von dem liebgewonnenen Gegenstande abführen. Charaktere werden nicht gezeichnet, denn jene Beschreibungen sind nicht Charakterzeichnungen zu nennen; es fehlt ferner, was das historische Epos zur wirklichen Epopöe machte, das Wunderbare, das der Verfasser zwar nach Zrínyi's Beispiel anstrebte, aber nicht zu schaffen vermochte; denn dass Gott die Ungern durch jenen Schlag strafen wollte, dass Gott den Soliman gegen die Ungern aufgestachelt, sagt zwar der Dichter, aber wir sehen es nicht. Die guten und bösen Vorzeichen auf beiden Seiten sind nicht Glieder einer im Grossen wirkenden Maschinerie; und Ludwigs Apotheose ist eine sehr ungeschickte Nachahmung der Apotheose der Szigeter Helden am Ende der Zrinyiade, und steht mit dem Vorangegangenen durchaus nicht im Zusammenhang. Somit ist dieses Werk mehr eine mit Erdichtungen und andern Nebenwerken

vermehrte Reimchronik, als ein Epos, welches übrigens
in Folge des ungeschickt gewählten Schema's — nämlich
der durch Mittelreime in neun kurze Zeilen zerstückelten
Terzine — von Wortschwall überfliesst, und sich nur selten
zu erheben vermag.

Bei alle dem ist diese Arbeit für uns nicht ohne
Werth, obgleich dieser Werth ganz ausserhalb der Grenzen der Dichtung liegt. Zahlreiche nicht bekannte Daten,
welche blos traditionell erhalten, oder vielleicht geradezu
in der Sage ihren Ursprung haben, sind durch das Ganze
verstreut; selbst die Auffassung des Gegenstandes und die
Weltanschauung des Verfassers, als Abspiegelung der
Ansichten seines Zeitalters, sind von Interesse, und seine
ziemlich sorgfältige Darstellung bietet der Aehrenlese
des Sprachforschers manches fruchtbare Korn. Darum war
es wohl der Mühe werth Liszti's Werke, welche in der
ersten Wiener Ausgabe von 1653 zu den seltensten ungrischen Büchern gehören, in der „National-Bibliothek"
von Neuem herauszugeben.

Es gibt ausser der „Mohácser Niederlage" auch
noch andere Gedichte Liszti's : Die ungrischen Könige
und Fürsten in 57 Kapiteln, deren jedes aus sechs vierzeiligen Strophen besteht; ein Lehrgedicht „Ueber die
Unbeständigkeit des Glückes", zwei Gesänge an die heilige Jungfrau und an das ungrische Wappen. In allen
diesen herrscht gleichermassen die beschreibende und
betrachtende Richtung vor, und die achtungswerthe Gesinnung, die stellenweise sich erwärmende und zierliche
Darstellungsweise können den Mangel des wahren dichterischen Funkens nicht ersetzen.

Fünfundzwanzigste Vorlesung.

Der versificirte Roman : Stephan Gyöngyösi. „Die Murányer
Venus." „Johann Kemény." Chariklia. Rosenkranz. Cupido. Pali-
nodia Hungariae. Gyöngyösi's Zeitgenossen als Fortsetzer der
Reimchronisten des sechzehnten Jahrhunderts. Gyöngyösi's
Bedeutung.

Meine Herren!

Die ungrische Epopöe, welche mit Zrínyi geboren
wurde, und zugleich in ihm ihren Höhepunkt erreichte,
mit Liszti aber sogleich herabsank, ging durch Stephan
Gyöngyösi in den versificirten Roman- über. Dieser
Schriftsteller, welcher an hoher poetischer Weihe in
eben dem Masse unter Zrínyi stand, als er ihm in allem,
was zum Aeussern der Poesie, und zur Technik gehört,
überlegen war, ward durch diese technische Virtuosität
— denn Völker von geringer künstlerischer Ausbildung schätzen gerade diese Fertigkeit am höchsten —
ein epochalischer Autor, und durch fast anderthalb
Jahrhunderte ziemlich allgemein als Fürst des ungrischen Parnasses anerkannt. Darum dürfte es nicht ohne
Interesse sein seine Werke näher kennen zu lernen.

Stephan Gyöngyösi ward um 1620 geboren. Wo er
seine Ausbildung, die eine gelehrte war, erhielt, ist unbekannt. Seine erste Verwendung fand er bei dem Palatin

Graf Franz Wesselényi, der damals noch Kapitän von
Fülek war, 1640, als Kammerdiener, in welcher Eigen-
schaft er während und nach der Zeit der berühmten Eroberung von Murány fungirte (1644), als sein Herr sich
mit Maria Szécsi verheirathete. Damals und dort nahm
er seine „längst niedergelegte Leyer" wieder auf, und
schrieb die „Murányer Venus," wofür er von seiner Her-
rin mit dem Dorfe Babaluska belohnt wurde. 1653 verliess er, wie es scheint, den Hof Wesselényi's, verehelichte
sich, und betrat als Assessor des Gömörer Comitats die
öffentliche Laufbahn. Von Seiten dieses Comitats war er
auf dem 1681 das Vaterland rettenden Reichstage als
Deputirter zugegen, seit 1686 war er mehrere Male Vice-
gespan, 1687 wieder Deputirter. 1704 lebte er nicht mehr.
Von seinen älteren Werken gab er selbst nur seine
„Muranyer Venus" heraus und zwar 1664. Sein zweites
bekanntes Werk, die Keményiade, blieb lange als Handschrift liegen, ja dies wurde seinem Verfasser sogar ent-
wendet, und gelangte nur zerrissen und verstümmelt zu
ihm zurück. Durch einige ältere Bruchstücke ergänzt,
gab er es endlich 1693 in Leutschau heraus. Die übrigen
Werke entstanden bereits in seinem Alter: Die Palinodia 1681 (gedruckt 1698), der Rosenkranz 1690, Cupido
1695, die Chariklia 1700, von denen wir nun einzeln handeln wollen.

Der Inhalt der Muranyer Venus ist die Einnahme
der Festung Murány durch die Liebesintrigue zwischen
Wesselényi und der Gräfin Maria Szécsi. Der Dichter
behandelt diesen Stoff in drei Gesängen, in deren erstem
die Prämissen, im zweiten die Liebe, im dritten die
That dargestellt werden. Nach einer langen Einleitung,
worin er die Entstehung des Krieges von 1644 (Gyön-

gyösi schreibt aus einem Gedächtnissfehler 1646) erwähnt, und daran patriotische Klagen und Vorwürfe an den unter sich uneinigen Adel knüpft, erhält im ersten Ge- sang Wesselényi einen Befehl vom Palatin Niklas Esz- terházy Murány zu belagern. Er ist in Sorge wegen der Schwierigkeit des Unternehmens, bei welcher Gelegen- heit, nach einer Beschreibung dieser Felsenburg und ihrer Besitzer, darunter auch der Maria, die unter mannigfachen Hindernissen stattfindende Rückkehr der Letzteren aus Siebenbürgen dargestellt wird. Endlich

> Dass Wesselényi's Fleh'n von banger Sorg erregt,
> Der hohen Götter Herz im Himmel mild bewegt,
> Und sie ob ihrer Hilf' bei solchem Wagestück
> Nun also im Gespräch berathen sein Geschick....

Die Götter (welch andere, als die griechischen Götter?) übertragen diese Angelegenheit dem Mars und der Venus. Diese Letztere geht zu ihrem Sohne Cupido — hier wird Cupido's Wohnung lang und breit beschrieben, nach ihren beiden Theilen, wo nämlich die glücklich Liebenden sich erfreuen, und die unglücklich Liebenden gepeinigt werden — und beauftragt ihn, Wesselényi mit Liebe zur Maria Szécsi zu erfüllen, was der kleine Gott, nach Fülek eilend, und den Helden mit seinem Pfeile verwundend, allso- gleich vollbringt. Den zweiten Gesang eröffnet eine lange Beschreibung der Morgenröthe und der Liebe. Wesselényi ist ängstlich besorgt, wie er zu Maria gelan- gen könne : ob er selbst gehen, ihr schreiben, oder eine Botschaft senden solle. Er wählt das Letztere, und bittet um eine geheime Zusammenkunft, und als er sich eben darüber den Kopf zerbricht, durch wen er seinen Brief ihr übersenden solle, tritt plötzlich „dazu bewogen wohl

durch Venus stille Macht" Johann Nagy, ein Beamter
der Gattin des Franz Kürti, einer Freundin der Maria,
herein, der gegen eine Belohnung die Einschmuggelung
des Briefes in die Festung vermittelt. Cupido hat indess
auch Maria verwundet, und diese sendet ihren treuen
Diener Kádas mit einer günstigen Antwort, und bestimmt
den Ort der Zusammenkunft. Hierauf bricht Wesselényi,
ohne sich durch ein dazwischen kommendes starkes Gewitter abhalten zu lassen, gegen Murány auf, und trifft,
nachdem er hiebei allerlei Schwierigkeiten und Drang-
sale glücklich überwindet, mit Maria in dem unterhalb
der Festung befindlichen Walde zusammen; gewinnt dieselbe seinem Herzen und seiner Partei, und erhält ihre
Zusage hinsichtlich ihrer Hilfe bei Eroberung ihrer Festung, deren Besatzung dem siebenbürgischen Fürsten
(Georg I. Rákóczy) treu ergeben. Im dritten Gesang
kämpft Maria mit Unruhe, worin sie zuletzt eine List
ersinnt und vorbereitet, und ihren Geliebten abermals
durch Kádas davon unterrichtet. Dieser kommt mit einer
Abtheilung seiner Truppen in stiller Nacht vor Murány,
und nachdem sie lange herumirren, und seine Leute bereits einen Hinterhalt befürchten, kommt der Abgeord-
nete Maria's, zeigt an, dass sie erwartet werden, und nachdem sie mit grosser Mühe den zum heimlichen Eindringen
bezeichneten Ort gefunden, klettern sie auf Strickleitern
empor. Unterdessen lässt Maria, die Stille der Nacht benützend, ihre Getreuen schwören, durch dieselben die
Wachen einzeln gefangen nehmen, und nachdem der mit
banger Angst erwartete Wesselényi, durch Kádas geführt,
mit seinen Freunden endlich erscheint, lässt sie den Fes-
tungscommandanten, den Kerkermeister, den Befehlshaber der Truppen mit seinen Offizieren einzeln zu sich

rufen, wo sie durch Wesselényi, der angeblich die Festung durch Ueberrumpelung bereits eingenommen hätte, mittelst Drohungen zur Treue für den Kaiser und König in Eid und Pflicht genommen werden. Endlich werden die Schlüssel der Eva Szécsi abgenommen, und die Truppen Wesselényi's eingelassen. Die Hochzeit, das Lob des Heldenpaares und die Aufzählung von Wesselényi's später erlangten Würden (wahrscheinlich nachträglich beigerügt) beschliessen die Dichtung.

Wir sahen gleich Anfangs, dass der Dichter eine Epopöe schreiben wollte, da er eine Maschinerie schuf, und den Olymp in seinen Plan sich mit einmischen liess, indem er der Venus, dem Cupido und Mars zueignet, was durch menschliche Kraft recht wohl zu Stande gebracht werden konnte : wie denn auch wirklich, Cupido's Pfeile abgerechnet, die Götter nirgends unmittelbar eingreifen, ja zuletzt nur zu bildlichen Ausdrücken der Liebe und tapfern Kühnheit zusammenschmelzen. Es wäre jedenfalls von grösserer Wirksamkeit gewesen, die Neigung des Heldenpaares aus dem Innern ihrer Herzen zu entwickeln, wozu der am Ende des dritten Gesanges erwähnte, wahrscheinlich auf thatsächlichem Grunde ruhende Umstand einen Faden hätte darbieten können, wonach die erste Gemahlin des Helden, Sophie Bosnyák, dieses Verhältniss gewissermassen schon im Voraus ahnete. Die Ueberflüssigkeit des Wunderbaren bei einer Geschichte, die durchaus neu, und weder grossartig, noch auf das Schicksal der Nation von Einfluss und Bedeutung; wo ausserdem sich Manches dem Komischen nähert; endlich auch die der Volksauffassung ganz fremde Natur dieser Maschinerie vermindert eher das in der Natur des Ereignisses liegende Interesse, als dass es die Wirkung erhöhte.

Was die Anlage betrifft, so bewegen sich die Begebenheiten in ihrer natürlichen Reihenfolge. Eine eigentliche
Verwicklung ist nicht da, die Gegenpartei verhält sich
rein leidend, und so fehlt das Ringen der mit einander in
Conflict gerathenden Kräfte, das der Handlung Leben
und Lebhaftigkeit zu geben vermag, und den Leser durch
die wechselnden Stadien der Erwartung und Hoffnung,
der Furcht und Freude, auf- und niederwogen lässt. Episoden sind nicht eingewebt, welche Abwechslung in das
ziemlich ausgedehnte Ganze brächten, und von denen wir
mit neuem Interesse zur Haupthandlung zurückkehrten,
indem sie dieselbe von einer oder der andern Seite neu
beleuchten und ergänzen. Um so häufiger sind dagegen
die lang und breit beschreibenden und reflectirenden Abschweifungen, welche vom Gegenstande abziehen und ermüden, und zwar um so mehr, da sie nicht selten gerade
an solchen Orten angebracht sind, wo die zur Entscheidung hindrängende Handlung unser Interesse lebhafter
fesselt. Die Charakterzeichnungen sind ohne scharfe,
individuelle Züge : hier ein Liebender, dort ein treuer,
und wieder ein eigennütziger Diener, wie jeder Liebende,
jeder treue, und jeder eigennützige Diener. Die Färbung ist nicht nationell, nicht zeitgetreu, überhaupt nicht
die eines Lebens- und Weltmenschen, sondern die eines
Gelehrten, und zwar die eines Gelehrten des siebzehnten
Jahrhunderts, der seine ganze Weltanschauung aus den
Ueberresten der classischen Literatur schöpft. Die Helden führen in den beängstigendsten Momenten Beispiele
aus der griechischen Mythologie und Geschichte an,
nehmen ihre Motive und Bilder nicht aus der Erfahrung
und aus der sie umgebenden Gemüthswelt, sondern aus
Ovids Metamorphosen. Am meisten macht sich aber jene

Schuldichtung in den Beschreibungen fühlbar, zu welchen Gyöngyösi eben so viel Neigung als Geschick besass, welche aber den heutigen Leser mit ihrer schwächlichen Weitschweifigkeit ermüden und langweilen.

Dennoch wurde die Muranyer Venus allgemein gelesen, gepriesen, bewundert, und zwar mehr als die Zrinyiade, für welche die Schule die Empfänglichkeit weder weckte, noch heranbildete. Ein Theil dieses allgemeinen Beifalls ist noch Gyöngyösi's sprachlicher Gewandtheit, so wie seiner leichten und gefälligen Versification zuzuschreiben, worin er seine Vorgänger übertraf, und seinen Nachfolgern lange als Muster galt.

Das Glück dieser romantischen Dichtung theilte, ja verdunkelte beinahe sein zweites Epos : „Der aus seiner Asche wiederbelebte Phönix", d. h. die Keményiade.

Ich gedenke Sie nicht mit einer in's Einzelne gehenden Exposition der in drei Bücher vertheilten zwanzig Gesänge zu ermüden, denn aus der Muranyer Venus ist die Art und Weise Gyöngyösi's klar genug abzunehmen. Der Unterschied liegt nur im Stoff, welcher hier reicher, ernster, wichtiger, nach seinem Schauplatz mannigfaltiger, dessen handelnde Personen zahlreicher, dessen sittliche Motive ergreifender und mehr zum menschlichen Herzen sprechend, dessen Katastrophe tragisch, und darum von tieferer und nachhaltigerer Wirkung ist. Die Eifersucht und der Lohn der Liebe, die Pein der gewaltsamen Trennung, grosse Gefahren und Leiden, Reichszustände und Interessen, Krieg und Tod spinnen sich hier vor unsern Augen ab. Eben dieser Reichthum des Stoffes hielt unsern Dichter von seinen beliebten Abschweifungen mehr zurück, zu welchen es wohl auch hier an Gelegenheit nicht fehlte. Doch diese Vortheile gehören alle dem Stoffe an : das

Verdienst des Dichters um dieselbe ist um nichts grösser,
als in der Murányer Venus. Das Wunderbare lässt er
zwar nicht in Wirksamkeit treten, was sehr wohl gethan,
aber die Conception ist, weil er sich von seinem Stoffe
fortreissen liess, statt ihn zu beherrschen, fehlerhaft. Es
gebricht nämlich an dem ersten Erforderniss jeder Dichtung, an der Einheit. Das erste Buch schildert die Liebe
Kemény's zu Anna Lónyay, deren Entstehung und Anstrengungen, bis es ihm gelingt, das Herz des geliebten
Weibes zu besitzen; aber — und hier beginnt das zweite
Buch — sie können einander noch nicht angehören, denn
der Krieg folgt auf die goldene Zeit des Friedens. Die
Pflicht ruft Kemény in dem Kriegszuge Georg Rákóczy II. auf das Feld der Ehre. Dort geräth er durch List
in die Gefangenschaft des Tartarenchans, woraus er endlich nach langen Leiden, die nur durch den unausgesetzten Verkehr mit seiner Geliebten, durch Briefe und Sendboten gemildert werden, unter vielen Hindernissen und
grossen Opfern befreit wird und zurückkehrt, worauf
denn nach dieser langen, peinlichen Trennung das liebende Paar in seiner endlichen Vereinigung den Lohn
seiner Treue findet. Hiemit ist ein vollkommen abgerundetes Ganzes gegeben, das Bild einer, mit Erwartung,
Hindernissen und marternden Qualen kämpfenden unglücklichen, doch endlich beglückten und beglückenden
Liebe. Ganz für sich allein steht im dritten Buche ein,
mit dem Vorangegangenen, ausser dem, dass der Hauptheld ein und dieselbe Person ist, durch nichts zusammen-
hängendes, kleines historisches Epos, von dem das vorige
eben so wenig Vorspiel ist, als dieses sich aus jenem entwickelt, und darum sind beide zwei von einander völlig
unabhängige Ganze, in deren zweitem die kurze Regie-

rung Kemény's als Fürst von Siebenbürgen, der zu deren
Aufrechthaltung geführte Krieg, und sein dabei erfolgter
Tod beschrieben wird. Auch hier finden wir eine streng
historische Ordnung in der Erzählung, ohne den Ausdruck irgend einer beherrschenden poetischen Idee. Die
Poesie besteht auch hier in äusserm Schmuck, nämlich
in Beschreibungen, Gleichnissen, Bildern und der rhyth-
mischen Darstellung. In Folge des Mangels einer solchen
Idee fehlt auch das poetische Interesse und die Grossartigkeit der Epopöe; in Folge der rein historischen Erzählung die epische Würde und das Erhabene. Aber es
besitzt dieses Werk eine Art Werthes, der zwar ausserhalb des Gebietes der Poesie liegt, jedoch bleibend ist:
jenen Werth, der in der historischen Treue und Glaubwürdigkeit hinsichtlich der Darstellung der Begebenheiten und Motive, der Persönlichkeiten und Sitten, der
Costume und der Gesinnungen liegt, welcher bisher
durchaus nicht gewürdigt worden, dem aber jene grosse
Wirkung zuzuschreiben ist, welche dieses Werk noch in
spätern Zeiten instinctartig auf den ungrischen Leser
ausübte.

Von dem dritten epischen Gedicht Gyöngyösi's,
der „Chariklia" in dreizehn Büchern, habe ich nur wenig zu sagen. Es ist ein Roman in Versen, der unserm
Dichter nur seine äussere Einkleidung verdankt. Des Heliodor berühmte „Aethiopika", der schönste griechische
Roman, der auch seinen Nachfolgern so lange Zeit als
Muster galt, wurde von einem Ungenannten im siebzehnten Jahrhundert frei bearbeitet, der aber, nach Dugonics
Meinung beim achten Buche darüber starb, worauf ein
gleichfalls Unbekannter, der das Original nicht besass,
das Bruchstück mit den letztern fünf Büchern nach eige-

ner Erfindung ergänzte. Ob diese Genesis des Werkes wirklich die richtige, wage ich nicht zu entscheiden, aber soviel ist gewiss, dass der ungrische Bearbeiter schon von Anfang an viel Lust zeigt seiner eigenen Phantasie zu folgen, und dass das Werk in dieser Form von Hand zu Hand ging, und weit und breit gelesen ward, als Gyöngyösi dasselbe auf den Wunsch Mehrerer neu bearbeitete. Ob unser Dichter etwas daran geändert, ob er sich an die Composition selbst gewagt, wissen wir nicht. So viel ist jedoch ausgemacht, dass er den Heliodor nicht gekannt, denn jenes Nichtzusammenstimmen, welches in den zwei Theilen hinsichtlich der Idee, der Fabel und der Zeichnung der handelnden Personen wahrzunehmen ist, und das schon von Dugonics wahrgenommen wurde, zeigt, dass dem Dichter nichts Anderes, als ein zerlottertes Exemplar jener alten ungrischen Chariklia vorgelegen. Dagegen unterliegt es keinem Zweifel, dass die Einkleidung des Werkes, wie es jetzt vor uns liegt, ganz Gyöngyösi angehört, nämlich die sprachliche Darstellung, und dass er von seinem Eigenen nicht viel dazu that. Darum ist auch dieser versificirte Roman objectiver gehalten, und nicht mit so viel langen Beschreibungen und reflectirenden Abschweifungen überladen, als es die Originalwerke unsers Dichters sind.

Noch zwei erzählende Werke Gyöngyösi's gibt es, welche jedoch ihrer Tendenz nach nicht sowohl zur epischen, als zur didaktischen Poesie zu rechnen sind : Der Rosenkranz 1690, und Cupido, oder, wie er überhaupt längere Titel liebte : „Der die Grausamkeit des falschen Cupido erkennende und seine giftigen Pfeile meidende Genius des reinen Lebens“, aus dem Jahre 1695. Der „Rosenkranz“ besingt nach einer langen und langwei-

ligen „Vorbereitung" in drei Gesängen das Leben des
Erlösers. Im ersten („die Rosen der Freude") wird sein
Kindesalter abgehandelt, von seiner Empfängniss bis zu
seiner Auffindung im Tempel; im zweiten („die Rosen
der Schmerzen") sein Leiden und Tod, im dritten („die
Rosen der Herrlichkeit") seine Auferstehung, Himmel-
fahrt und die Lobpreisung seiner heiligen Mutter. Das
Ganze spinnt sich also an rein historischem Faden ab, doch
ist die Darstellung mehr beschreibend als eigentlich er-
zählend und handelnd, und auch diese Erzählung ist nicht
um ihrer selbst willen da, sondern besonders als Ausgangs-
und Stützpunkt jener religiösen Betrachtungen und frommen andächtigen Ergiessungen, welche dem Ganzen einen
lyrischen Charakter verleihen. Dem gemäss ist auch eine
lyrische Form gewählt, nämlich jene sechszeilige Strophe,
welche in zwei Theilen aus zwei achtfüssigen und einer
siebenfüssigen Zeile besteht, und für kürzere Gesänge
durch ihr melodioses Wesen sehr geeignet erscheint; ein
so langes Werk aber ermüdend machen würde, auch wenn
diese reimreiche Form den ohnehin zu derlei geneigten
Dichter nicht nothwendig zur Breite verführen musste.
Und wirklich ist es diese Weitschweifigkeit, verbunden
mit der mystischen Richtung, welche den reinen Eindruck schwächt, der sonst von der das Ganze durch-
wärmenden tief religiösen Empfindung erwartet werden
könnte.

Reiner und gleichmässiger in seiner Form ist „Cupido", ein 1695 verfertigtes, aber, wenn dessen erste Ausgabe nicht verloren ging, erst 1734 zu Oedenburg und
bald nachher noch zweimal anonym erschienenes Lehrgedicht in vier Abtheilungen. Ich theile die Fabel desselben darum mit, weil Gyöngyösi hier nicht einen gege-

benen, sondern selbst erfundenen Stoff bearbeitete, und
derselbe darum in Bezug auf ihn, charakteristischer und
lehrreicher ist. Der Dichter begegnet an einem Winter-
morgen, auf waldigen Höhen spazierend, der um ihren
verlorenen Sohn trauernden Venus, auf deren Bitte er den
nur aus ihrer Beschreibung gekannten Amor aufzusuchen
geht. Nach der Richtung des Echo's vorwärts ziehend,
erblickt er einen Jüngling, der ihm seine, durch Cupido
veranlassten Leiden schildert, und den ihn suchenden
Dichter anweist, den Berggipfel zu überschreiten. Da
dieser hier das Elend von Cupido's vielen Gefangenen
kennen lernt, so sehnt er sich vom Sohne der Venus nach
Diana, der Göttin des reinen Lebens, welche er (II. Gesang) auch findet, und von ihr wider den, ihn verfolgen-
den, Cupido beschützt wird. Er nimmt im Gefolge der
Diana Theil an ihren Jagden, und es gibt der Göttin der
Schuss eines Fasans Gelegenheit (im III. allerlängsten
Gesang) die Mythe von Tereus zu erzählen, damit ihre
Zuhörer „auch dadurch lernen mögen, wer Cupido sei."
Nach dieser Erzählung (IV. Gesang) zeichnet Diana in
zahlreichen einzelnen Beispielen Cupido's Falschheit,
worin sie durch den kleinen Gott selbst unterbrochen wird,
der aber auf die Drohung der Göttin sich entfernt. Der
Dichter trifft auf seiner Rückkehr alsbald wieder die
Venus, welcher er, sie beschämend, gesteht, dass er im
Dienste der Diana stehe. — Die Erfindung ist, wie Sie
sehen, arm genug : in Cupido's Bild vor der unreinen
Liebe zu warnen, und in Diana's Bild das reine Leben zu
empfehlen, ist die moralische Idee des Gedichtes. Diese
Idee wird nicht in psychologischer, sondern in symbolischer Darstellung ausgeführt, und die Vertreter seiner
mythologischen Dichtung werden nicht selbsthandelnd

aufgeführt, sondern sie erzählen entweder selbst, oder lassen ihre Thaten erzählen. Auf die Motivirung ist von Anfang an nicht die geringste Sorgfalt verwendet. Venus, die Göttin! findet ihren Sohn nicht, und wendet sich an einen Sterblichen um seine Hilfe... obgleich wir hier Venus mehr als Theilnehmerin eines Complotes betrachten können, was aber nirgends ausgesprochen ist. Auch alle spätern Vorkommnisse werden mehr zufällig, als nothwendigerweise in die Handlung verwebt, und der bekannte Mythus von Tereus mit seiner unverhältnissmässigen Breite lässt uns beinahe den Faden des Gedichtes ganz verlieren. Ich schweige von der Absonderlichkeit des Gedankens, wonach der Dichter selbst als Träger der ganzen Handlung eine Rolle spielt, und von dem Gemengsel heidnischer, christlicher und symbolischer Auffassung, wonach von Diana's Lippen folgende Belehrung höchst sonderbar klingt:

> Der rechte Glaube, der, mit Gottesfurcht im Bund,
> Als Liebe, Hoffnung und Barmherzigkeit wird kund,
> So Fasten, wie Gebet, und Nachsicht und Geduld
> Sind Dir ein kräft'ger Schutz und Schirm vor jeder Schuld.

Ich schweige von andern Anachronismen, zu welchen Gyöngyösi, den Kenner des Alterthums, nur eine durch ungemeine Leichtigkeit erhöhte Sorglosigkeit verführen konnte.

Noch besitzen wir von Gyöngyösi ein Gelegenheitsgedicht, die sogenannte Palinodia Hungariae, worin Ungern in dem Bilde einer Nymphe über seine schutzlose Verlassenheit trauert und unter die Flügel des schwertumgürteten Greifs — d. h. des Palatin Paul Eszterházy — sich flüchtet. Abgesehen von der symbolischen Form, welche, so natürlich dieselbe auch sei, doch jeden modernen Gegenstand übel kleidet, ist der Inhalt interessant, und die patriotischen Klagen sind stellenweise ergreifend. Gyöngyösi dichtete dasselbe 1681 als Reichstagsdeputirter des Gömörer Comitats an den neugewählten Palatin, auf welchen die allgemeine Besorgniss damals mit Vertrauen blickte, als den beinahe einzigen Anker des Schiffes der Nation.

Dies sind die erschienenen und sicher von ihm herrührenden Werke Gyöngyösi's. Dass die Murányer Venus nicht sein erstes Gedicht, geht unter Anderm auch aus den folgenden Zeilen hervor:

> Du meine Muse die dem Parnass längst entfloh'n,
> Wenn Du noch etwas weisst, was Du von dort gebracht,
> So sieh' zu Deinem Werk.

Und wirklich schreibt ihm die Tradition ein, während seines Lebens ungedruckt gebliebenes, Jugendwerk zu, das den langen Titel führt: „Der in der Stadt Kumae von Daedalus erbaute Tempel, wohin König Aeneas bei seiner Flucht aus Troja gegangen war, und wo ihm die Sibylle Apollo's verschiedene Bilder zeigt, und deren Geschichte der Reihe nach erzählt." (Unter vielen Ausgaben die neueste 1840) welche in jeder Zeile den Stempel der Darstellungsart vom Erzähler der Tereus-Mythe an sich trägt. Doch die Uhr mahnt mich nach einigen allgemeinen Bemerkungen unseren Gegenstand mit Erwähnung der epischen Zeitgenossen Gyöngyösi's zu beschliessen.

Ich war strenge in der Beurtheilung des so lange vergötterten Dichters. Aber gewiss nicht ohne Grund. Zrinyi wurde von seiner Zeit nicht verstanden, und nur

von wenigen für die Poesie wahrhaft empfänglichen Geistern, zu denen auch Liszti und Gyöngyösi selbst gehör-
ten, mit Vorliebe gelesen, von dem Ersteren aber nur
nachgeahmt und nicht vollkommen erfasst, von dem zweiten eben nur in seinen Spielereien zum Muster genommen.
Erinnern wir uns z. B. an die häufige Verwendung des
Echo in Daedals Tempel, in Cupido, ja sogar in der
Keményiade! Allgemein wurden daher nur einige volksthümliche Dichtungen des sechzehnten Jahrhunderts in
neueren Ausgaben gelesen, nebst deren Nachahmern, wie
unter den Letzteren : Johann Köröspataki, mit seiner
Geschichte des Wojwoden Lupuly (1655), Christoph
Paskó, mit seinem Klagegesang über den Tartarenein-
fall von 1658 (1663), die Geschichte Stephan Kádár's von
einem Ungenannten (1660), die Reimchronik eines andern Ungenannten von dem berühmten, namhaften,
edlen, ehrenfesten und ritterlichen Samuel Túnyogi (1689),
jene Trauerchronik von Michael Tésla (1696) u. s. w.
Derlei Producte hatten die ungrische Poesie in jenem
gelehrt-geschulten Zeitalter zum Gegenstande der Geringschätzung gemacht : Gyöngyösi, selbst ein Sohn dieses Schul-Geistes, war dazu berufen, durch die Schöpfung
einer neuen, dem herrschenden Zeitgeschmack zusagen-
den poetischen Richtung, die Poesie in Ansehen zu bringen, und derselben die Gunst der Gebildeten zuzuwenden.
In dieser Art ist er, gerade so wie Opitz bei den Deutschen, der Vater einer neuen, gelehrten und regelrechten
Dichtung geworden. Mit wenig Erfindungs-, aber mit
desto mehr Schilderungsgabe ausgestattet, sagte ihm besonders jene Gattung der Poesie zu, welche der Beschreibung ein weites Feld öffnete, und das war eben die erzählende. Seine Stoffe waren die, der Theilnahme des

Zeitalters sich erfreuenden Begebenheiten, ihre Färbung
ward aus der allgemein verstandenen Mythenwelt entlehnt; die Composition war nicht seine starke Seite, dies
wurde aber auch nicht gefordert von einem Publicum,
welches mehr Kenntnisse als Geist besass. Seine Richtung
ist die didaktische, welche seiner eigenen, wie der Neigung seiner Zeitgenossen zur Reflexion entsprach. Sein
wirkliches Verdienst besteht aber in der Sprache und
Technik. Gyöngyösi war nämlich in Wahrheit ein ele-
ganter, zierlicher, und im Verhältniss zu seiner Zeit ge-
schmackvoller Schriftsteller. Bei ihm ist Ausdruck, Bild,
Reim, Alles mit Bewusstsein gewählt, seine Sprache ist
bilderreich, lebendig, in ihren Wendungen zierlich; seine
Versification correct, fliessend und klangvoll. Zur Metrik
hat er sich noch nicht erhoben, aber er empfand den Reiz
des Rhythmus und die Cäsur machte er zu einem unaus-
weichlichen Gesetz der Zrinyi'schen Stanze. Man fühlt
seinen Werken eine gewisse Regelmässigkeit in jeder
Beziehung an, wodurch er die bisherige nur dilettanten-
hafte Poesie zur Kunst erhob. Nur Wenige wagten es
neben dem massgebenden Meister aufzutreten : und die
Auftretenden waren bemüht, ihm zu folgen; ihn übertreffen zu wollen hatte Niemand den Muth. Demnach
wurde er durch länger als ein Jahrhundert als Gesetzgeber unserer Poesie, und als der einzige classische ungrische Schriftsteller angesehen. So viel ist gewiss, dass
er der neuen Zeit die Uebergangsbrücke schlug, und somit den Dank der Nation verdient. Das achtzehnte Jahrhundert sah zahlreiche Ausgaben seiner Werke. Wir
verdanken Dugonics eine schöne Gesammtausgabe (1796),
aber vollständig ist sie nicht. Cupido gab er nicht nach
den alten Ausgaben, sondern nach einer castigirten Hand-

schrift des Dichters, welche derselbe, vielleicht auf Antrieb allzu scrupulöser Freunde, selbst verstümmelte.
Daedals Tempel fehlt gänzlich. Ausserdem, von den
vielen Druckfehlern und andern wesentlichen Mängeln
abgesehen, erlaubte sich Dugonics zahlreiche Veränderungen, die Gyöngyösi's Sprache von vielen ihrer zeit-
thümlichen und individuellen Eigenthümlichkeiten beraubten, und darum eine neuere und treue Ausgabe
wünschenswerth, ja nothwendig machen. Und eine solche
verdient Gyöngyösi.

Sechsundzwanzigste Vorlesung.

Uebergang zur didaktischen Poesie. Die „dreifache Historie"
von Johann Haller. Graf Stephan Kohári. Wissenschaftliche Lehrgedichte. — Die Gelegenheitspoesie. — Die lyrische Poesie : Freiherr Valentin Balassa II. Graf Peter Zichy. Kirchenlieder.
— Theater und Theaterdichtung.

Meine Herren!

Den Uebergang von der epischen zur didaktischen
Literatur bildet Johann Haller von Hallerkő durch sein,
während seiner Gefangenschaft auf der Burg Fogaras
verfertigtes, damals allgemein beliebtes prosaisches Volksbuch : Die „dreifache Historie", welche im ersten
Buche die Thaten Alexander des Grossen, im zweiten die
von ihm sogenannten Sprichwörter, d. h. als Beispiele
aufgestellte Erzählungen, der Zahl nach 181, im dritten
den Untergang Troja's nach Guido Colonna in sich fasst.
Das erste Buch gibt eine der mittelalterlichen Redactionen der Geschichte Alexander des Grossen, weder Geschichte, noch Roman, sondern eine trockene und ge-
schmacklose Zusammenstellung von halb wahren, halb
erdichteten Begebenheiten, nach dem, jedenfalls einem
frühern, als dem zwölften, Jahrhundert angehörigen Buche,
welches den Titel führt : „Liber Alexandri de proeliis"
und nach Haller's eigener Anmerkung zu Strassburg 1494

erschien. Interessanter als dieses ist der Untergang Troja's, von dessen Original bereits früher bei Gelegenheit der trojanischen Sage die Rede war. Das Interessanteste aber, welchem die „dreifache Historie" vorzugsweise, und zwar länger als hundert Jahre, ihre wohlverdiente Popularität verdankte, ist das zweite Buch, welches nichts anderes enthält, als eine hier und dort abgekürzte und veränderte Uebersetzung der Römischen Gesten, jede mit einer moralischen und religiösen Ermahnung und Lehre versehen. Ob diese Letztern von Haller selbst herrühren, weiss ich nicht zu sagen : in den mir bekannten Bearbeitungen der Gesta fehlen sie. Diesen so ergänzten Gesta-Erzählungen nach gehört dieses Buch zur didaktischen Poesie, so wie seinem dritten Theile nach zum Roman. Unsere Aufmerksamkeit verdient, ausser seiner grossen Wirkung und Verbreitung — denn von 1690 bis 1795 hat es, trotz seines grossen Umfanges, fünf bis sechs Auflagen erlebt — jene einfache, natürlich fliessende, gesunde Darstellung und Sprache, durch welche es sich von den Werken seiner in Prosa schreibenden Zeitgenossen vortheilhaft unterscheidet. Uebrigens suchen wir auch hier noch vergebens den belletristischen Erzählungsstyl : es ist seinem ganzen Wesen nach historisch, und unterscheidet sich gerade dadurch von unserer Romanprosa des sechzehnten Jahrhunderts, welche noch ganz in der biblischen Sprache befangen ist, von der die Prosa bei allen christlichen Völkern ausging, und von der jedes neue Volk sich so schwer zu emancipiren im Stande war.

Die eigentliche didaktische Poesie beschäftigte sich in diesem Zeitalter bald mit Stoffen der Gedankenwelt entnommen, wie Gott, Welt, Menschenleben, bald mit Gegenständen des Wissens, also mit Kenntnissen.

Zur ersteren Gattung gehören vor Allem, als grössere
Werke, die bereits von mir besprochenen beiden Werke
Stephan Gyöngyösi's : Cupido, und der Rosenkranz, mit
ihrer moralischen und moralisch-religiösen Richtung. Nach
ihm verdient Graf Stephan Kohári unsere Aufmerksamkeit, der 1648 geboren und in Wien erzogen, schon
frühe ganz jene gelehrte Richtung verfolgte, welche damals die Schulen, und, von den Literaturen, vornehm-
lich die deutsche Poesie beherrschte. Indess brachte er
aus der Schule nur seine wissenschaftliche Grundlage
und Neigung zum Denken mit : poetische Empfindung
und den Fleiss zum Schaffen weckte in ihm das Leben.
Als Commandant von Fülek wollte er die von der Partei Tököly's belagerte Festung nicht übergeben ; von
der Besatzung dem Feinde ausgeliefert, wurde er von
Tököly in der Festung Munkács gefangen gehalten, wo
er durch Hunger, Durst und schwere Ketten in gleichem
Masse gemartert ward, besonders da er trotz aller drin-
genden Aufforderungen in seiner Treue gegen den König
standhaft blieb. Noch drückender ward seine Haft, als er
die Freiheit selbst nicht einmal unter der Bedingung annehmen wollte, ferner nicht mehr gegen Tököly zu kämpfen. Seine Noth stieg jetzt auf das Höchste. Er ward in
das tiefste Gefängniss geworfen, und nicht nur von allem
Verkehr mit der Aussenwelt abgesperrt, sondern auch
aller zur Gesundheit nothwendigsten Behelfe beraubt.
Dieser unwürdigen Behandlung setzte Kohári eine seltene
Seelenstärke entgegen, und fand seine einzige Linderung
während seiner drei Jahre dauernden Gefangenschaft in
der Poesie. Die Eitelkeit aller irdischen Güter, und die
Wandelbarkeit des Glückes : dies ist der Gedankenkreis,
der ihn in seinem Unglück absorbirte, und den Gegen-

stand seiner Dichtungen bildet, den er in allen Adern
lebendig durchdringend, durchfühlend und durchleidend,
mit Nachdruck und Schönheit besang. Später selbst der
Werkzeuge zum Schreiben beraubt, konnte er seine Verse
blos im Gedächtniss behalten. Nach Tököly's Sturz ward
er befreit, Leopold I. berief ihn nach Wien, umarmte ihn
für seine männliche Ausdauer, und ernannte ihn zum
Obercapitän der Theile diesseits der Donau und der
Bergstädte, in welcher Stellung ihm 1687 bei Erlau eine
türkische Kugel die rechte Hand zerschmetterte. Trotz
dem stieg er zur Feldmarschall-Lieutenantswürde empor,
sein Rath wurde unter Leopold und Joseph bei allen Frie-
densunterhandlungen erbeten; unter Karl III. ward er
Ober-Reichsrichter und Mitglied der Pesther Commission;
1730 beschloss er im 83. Jahre seines Alters sein thätiges,
einflussreiches und theilweise den Wissenschaften geweih-
tes Leben. Kohári ist ein ernster, philosophischer Geist,
und so bot ihm in der Gefangenschaft, wie in der Freiheit, insbesondere unter den Verhältnissen seiner hohen
Stellung, „das Leben" Stoff zu seinen Betrachtungen und
Gedichten. Die Speculation ist eine der Hauptquellen
seiner Poesie, gepaart mit tiefer Empfindung, und jenem
elegischen Ton, wozu Anfangs seine Leiden, später seine
Erfahrungen sein Gemüth stimmten. Auch er liebt gleich
Gyöngyösi, mit welchem er eine gleichmässige Ausbildung gewann, und dessen jüngerer Zeitgenosse, so wie
Verehrer und Nachfolger in der Poesie er gewesen, das
Symbolische, die Exemplification, die mythologische Aus-
drucksweise, wird aber wegen der Beschränktheit seines
Gesichtskreises häufig breit und matt, zwar weniger in
der Zrínyi'schen Stanze als in den kurzzeiligen Versarten,
welche seit Balassa so ziemlich zur Herrschaft gelangten,

und durch das häufige Vorkommen des Reims den Schriftsteller zur Wortfülle verführen. Sein Vortrag ist edel,
regelrecht, von Fleiss zeigend.

Eine andere Gattung des Lehrgedichtes, welche wir
erwähnten, die wissenschaftliche nämlich, bestand theil-
weise nur aus Gedenkversen, theils hatte sie ein wissenschaftliches System zum Gegenstande, und war, der
Idee und Behandlungsweise nach, durchaus unpoetisch.
Grössere derartige Werke in Versen waren : „Der sanfte
Baum der wilden Wälder", oder vom Nutzen der Tanne
(1655) von Michael Oroszhegyi; Geistliches Magazin, d. h. kurzer Inhalt der kanonischen Bücher von
Franz Molnár von Örvend (1666 und noch öfter);
Arithmetik in zwei Theilen von Johann Ónodi (1693);
Tripartitum des ungrischen Rechtes von Franz Szent-
páli (1701), wohin noch, obwohl Uebersetzungen, zu
rechnen sind : Sittenregeln von Franz Tolvaj von Menyö
nach Samuel Enyedi's Praecepta morum (1690), das Buch
der Salernitaner-Schule über die Erhaltung der Gesundheit,
von Georg Felvinci (1693 und noch öfter); wobei ich
Felvinci's übrige eigene Gedichte nur darum nicht erwähne, weil mir dieselben blos dem Titel nach bekannt sind.

Von der Gelegenheitspoesie, welche, aus Empfindung und Gedanken geschöpft, den Uebergang von
der didaktischen zur lyrischen Poesie bildet, hier nur so
viel, dass dieselbe in dieser Zeitperiode sehr in Aufnahme
kam, und zwar nicht blos in den Kreisen des häuslichen
Lebens, wo sie den Freuden und Leiden der Familie
Ausdruck lieh, sondern auch im öffentlichen und Staatsleben, wo wichtige und interessante Ereignisse oder Stim-
mungen durch sie zu Worte kamen. Auf diesem Felde
trieb neben den ernsten, häufig leidenschaftlichen Aus-

brüchen des patriotischen Gefühls und des religiösen
Parteieifers auch die Laune, der Scherz und Spott sein
heiteres, nicht selten muthwilliges, selbst unsauberes, zuweilen witziges, aber immer häuslich ungezwungenes
Spiel. Aber eben diese Erzeugnisse, obwohl, als sie entstanden, nur von ephemerem Interesse, gleichwohl in
culturhistorischer Beziehung von hoher Wichtigkeit,
wurden fast niemals gedruckt, und was in einzelnen
Sammlungen handschriftlich übrig blieb, wartet noch bis
jetzt auf einen Würdiger und Herausgeber. Die Dichter
traten hier nicht als Schriftsteller, sondern als Dolmet-
scher der Meinungen eines Kreises, eines Standes, einer
Gegend auf. Ihr Publicum war eben jener Kreis, jene
Gegend, wo derlei dann von Hand zu Hand ging, ja oft
auch gesungen ward, bis ein neues Interesse das alte in
Vergessenheit begrub.

Eine solche unmittelbar aus dem Leben und der individuellen Empfindung des Schreibers hervorgegangene,
und mit seinem persönlichen Interesse auf's Engste ver-
bundene Gattung der Poesie waren auch die Liebes-
gedichte, welche Anfangs nur dem heimlichen Austausch der Gefühle liebender Herzen zur Vermittlung
dienten, und in Folge dieser ihrer Privatnatur lange nicht
an das Licht der Oeffentlichkeit traten. Ich bin ausser
Stande, diese Art Dichtung in ältere Zeiten hinauf zu verfolgen, als bis zur Zeit des Freiherrn Valentin Balassa,
des Zweiten dieses Namens, der unter Ferdinand III. und
Leopold I. blühte. Wir müssen diesen geist- und talentvollen Dichter von Valentin I. unterscheiden, von welchem,
als vom eigentlichen Vater der ungrischen Lyrik, ich in
unsern Wintervorlesungen gesprochen habe; und wir
fehlten Alle, die wir das Verhältniss mit der schönen

polnischen Gräfin Sophie Tarnowska auf Valentin I. zurück führten, und insbesondere ich, der ich, das im
Jahre 1828 von mir zuerst ans Licht gestellte Gedicht
„der Fluch" dem Helden von Gran zugeschrieben. Beides
gehört Valentin II., dem Obergespan von Hont, dem Verehrer und Nachfolger seines Grossoheims, des Dichters,
an, dessen zärtliche Lieder an die genannte Gräfin ich seitdem bei dem wackeren Nachkommen der beiden Balassa,
dem Freiherrn Anton, einsehen konnte, der sie eben auch
herauszugeben gewillt ist. Und dies sind die ältesten Liebeslieder, welche ich — nicht hierher gerechnet nämlich
die der Volkspoesie — nach denen des ungrischen Renegaten Dévényi Mehmet gesehen habe.

Der Zeitgenosse dieses Balassa, Niklas Zrínyi.
ist wieder der Erste, der einige — ganz gewiss nicht alle
— seiner glühenden Gesänge drucken liess, und von da
an ist wieder eine lange Pause in der Liebespoesie, näm-
lich bis zum Ende des XVII. Jahrhunderts, wo Andreas
Kazinczy an Elisabeth Ödönffy von Vinna und Graf
Peter Zichy an Klara Drugeth von Homonna ihre ge-
müthreichen Liebesepisteln schrieben. Zichy gab auch
Lieder, in welchen er keine alltägliche Routine, und guten
Geschmack an den Tag legt, besonders den lyrischen
Ton gut trifft. Alles das blieb sammt vielem andern un-
gedruckt: erst von Franz Kazinczy wurden Erstere, die
Letzteren von mir, schon nur als interessante literarische
Denkmäler aus dem Dunkel von anderthalb Jahrhunder-
ten hervorgezogen.*)

_____

*) Gegenwärtig ist der Verfasser mit dem Sammeln der nicht
edirten Ueberreste der, wie es scheint eben nicht armen, Liederdichtung des XVII. Jahrhunderts beschäftigt.   D. Uebers.

Die öffentlich auftretende Lyrik beschäftigte sich noch immer nur mit religiösen und moralischen Stoffen. Die römische Kirche war bestrebt an die Stelle theils veralteter, theils von Laien verfasster, häufig dem Dogma nicht entsprechender und nur handschriftlich circulirender Gesänge, ein durch allgemeine Autorität zu bestätigendes Gesangbuch zu erlangen. Aber die diesfällige Anordnung der tyrnauer Synode von 1628 blieb ohne Erfolg. Nur sehr spät kam unter dem Primas Georg Szelepcsényi jenes Cantionale zu Stande, das 1672 erschien und in der römischen Kirche bis auf die neuesten Zeiten massgebend ward. Es enthält grösstentheils die alten Breviergesänge, doch hier und da erneuert, oder gänzlich neu bearbeitet. Die hiedurch begonnene Bewegung blieb nicht blos auf den Graner Erzsprengel beschränkt. Es folgte alsbald ein zweites, auf Antrieb und unter dem Schutze des Erlauer Bischofs Leonhard Szegedi entstandenes, Gesangbuch zu Kaschau 1674, welches nicht nur um Vieles reicher, als jenes Erstere, sondern nach dem Urtheil des gelehrten Kenners der ungrischen Kirchenmusik und Kirchendichtung, des Bischofs Michael Haas, rücksichtlich der Melodieen den Vorzug vor der Szelepcsényi'schen Sammlung verdient, indem sie den alten ungrischen Charakter rein, einfach und ungekünstelt bewahrten. „Hinsichtlich des Contextes sind die Rosen heiliger Freude, die Trauer über die Sünde, die Stacheln eines marternden Gewissens in reicher Abwechslung in jenen Gesängen zu finden, und Manche unter ihnen durchweht der erhabenste Geist der christlichen Vaterlandsliebe." Dieses Urtheil gilt auch sowohl von den alten, als von den im sechzehnten Jahrhundert hinzugekommenen neueren Gesängen. Neben diesen beiden Sammlungen

von officieller Autorität kann ich noch als Früchte ver-
einzelter Bestrebungen aus jenem Zeitalter die Gesang-
buchausgaben der, unter Verfolgungen gleichwohl eifrig
thätigen, Franziskaner von Csík erwähnen, welche unter
der Redaction von August Balás zu Csík 1681, 1685 und
neuerdings 1719 an's Licht traten. Ferner die Psalmen-
und Leichengesänge des Graner Grossprobsten Stephan
Illyés (Tyrnau 1693, und seitdem öfter); die „Lyra
Coelestis" des Graner Domherrn Georg Náray, Tyrnau 1695, und die „Alten und Neuen Gesänge" des Siebenbürger Bischofs Andreas Illyés, Tyrnau 1703, unge-
rechnet eine Anzahl kleinerer Gesanghefte. Durch die
Thätigkeit dieser und anderer Liederdichter erhob sich
der katholische Kirchengesang in diesem Zeitraum zu
seiner zweiten Blüthe; während die heilige Poesie der
Protestanten ihr goldenes Zeitalter bereits hinter sich
hatte, so, dass dieselben ausschliesslich ihre alten Psalmen und anderweitigen Gesänge gebrauchten, und dieselben von Zeit zu Zeit von Neuem, aber unverändert,
abdruckten.

Ich habe nun noch vom Theater und der Theater-
Dichtung in diesem Zeitraume zu sprechen. Wegen
Mangel an Daten weiss ich nicht, ob die im sechzehnten
Jahrhundert noch bestandenen wandernden Schauspieler-
truppen sich während des Verlaufes dieser Periode er-
halten haben, und in welcher Ausdehnung, mit welchem
Repertoire. So viel ist gewiss, dass jene schweren Schläge,
welche Ungern und Siebenbürgen durch bürgerliche,
Religions-, Türken- und Tartarenkriege in jenen bluti-
gen Zeiten unausgesetzt erlitten, dem Bestande jener Wan-
derkomödie wenigstens in keiner Weise günstig waren.
Bei alledem fristete dieselbe doch ihr Dasein, oder er-

neuerte dasselbe; wenigstens in Siebenbürgen, sobald
dieses Land von der Oberherrschaft der Ungläubigen frei
ward, und unter Leopold I. von seinen alten Wunden
einigermassen zu genesen begann. Jetzt aber wurde das
Theater unter behördliche Aufsicht gestellt, ja es wurde
von höherer Genehmigung abhängig. Sehr lehrreich ist
jenes von Endrödy mitgetheilte Privilegium, welches der
Kaiser 1692 einem studirten*) Klausenburger Bürger
gab, das wohl verdient hier näher betrachtet zu werden.
Er ertheilt ihm die Erlaubniss : „die nöthigen Dichtungen oder Rhythmen (denn die Stücke waren grösstentheils in Versen) sowohl in lateinischer als in ungrischer
Sprache abzufassen, zusammen zu stellen, zu ordnen, und
diese komisch-tragischen Spiele und Komödien, in Aufzüge und Scenen getheilt, in Form des Gesprächs, in Siebenbürgen und den damit verbundenen Theilen, seinen
Städten, Marktflecken, Schlössern und Dörfern, bei Gelegenheit von Landtagen, Jahr- und Wochenmärkten, und
bei was immer für anderen Versammlungen mit den dazu
gedungenen Genossen zur Aufführung zu bringen. Aber
sie sollen anständig und nicht mit schmutzigen Spässen
und andern derlei Dingen angefüllt sein, und die öffentlichen Behörden sollen jene Rhythmen oder Dichtungen,
wenn es für nothwendig erachtet würde, prüfen und verbessern. Dabei ist der Bittsteller, da er kein Vermögen
hat, und durch jenes Unternehmen sich zu erhalten und
seine Schulden zu tilgen beabsichtigt, von allen Abgaben
und was immer für Lasten freigesprochen, bis er nicht
einen liegenden Grund erwirbt, und unter der Bedingung,

---

*) „Commodam literaturae dispositionem assecutus", so nennt
ihn die Urkunde.

dass er in freien Orten der Behörde, auf den Gütern der Adeligen den Grundherrn ein Theilchen seiner Einnahmen, welches aber den zehnten Theil nicht überschreiten dürfe, zu zahlen schuldig sei." Die Schauspieler selbst waren also auch jetzt die Verfasser der Stücke, wahrscheinlich ehemalige Studenten, da sie auch lateinische Stücke gaben, welche in den Schulen bei gewissen feierlichen Gelegenheiten herkömmlich waren. Ob ein solches Theaterstück im Druck erschienen, weiss ich nicht, wenn es aber geschah, mochte es nur ausnahmsweise geschehen. Auch haben wir gesehen, dass bald Tragikomödien, wie wir im vorigen Zeitraum eines haben kennen gelernt, bald Komödien gegeben wurden, welche zuweilen mit schlüpfrigen Spässen vermischt waren, weshalb es nöthig schien, dieselben einer behördlichen Censur zu unterwerfen. Endlich musste damals die wandernde Schaubühne auch noch einträglich sein, da der Unternehmer sich dadurch zu helfen hoffte, ja sogar die Erwerbung liegenden Grundes als möglich vorausgesetzt wird.

Neben dieser halb volksthümlichen Bühne blühte auch das Schultheater. Seitdem die Jesuiten die katholischen Lehranstalten versahen, sprach die Thalia der Gymnasien zwar meist lateinisch, doch tauchen seit 1629 auch Spuren von derlei ungrischen Theaterstücken auf. Indess haben wir nur eines davon in Druck, nämlich von Georg Felvinci, Stuhlrichter des Klausenburger Comitats, die „Tragödie von dem Streite zwischen Pluto und Jupiter" 1693, von dem ich, da es mir noch nicht zu Händen kam, ausser dem Titel nichts weiter mittheilen kann. Die Stoffe zu derlei Schuldramen wurden meistentheils aus der biblischen, mythologischen, griechischen, römischen, zuweilen auch aus der vaterländischen Ge-

schichte genommen, und waren dem Geschmacke solcher
Zuschauer angepasst, die selbst auch eine gelehrte Schulbildung erhalten hatten.

Das ist Alles, was ich von jenem Zeitraum, der
zwischen den Wiener und Szatmárer Frieden fällt, rücksichtlich der Poesie zu sagen weiss. Wir haben gesehen,
dass dieselbe an Reichhaltigkeit hinter der poetischen
Literatur des sechzehnten Jahrhunderts zwar zurück
blieb, und dem öffentlichen Leben sich entfremdend, ihren
volksthümlichen Charakter und ihre Popularität einbüsste,
aber in den Händen der gebildeten Stände theils zur
Kunst sich erhoben, theils wenigstens den Ansprüchen
der damaligen wissenschaftlichen Cultur huldigend, fortwährend gepflegt wurde, und dem, zunächst gefolgten
Zeitalter des Verfalles Erzeugnisse hinterliess, durch welche sie in der ungünstigsten und unfruchtbarsten Zeitperiode das literarische Leben einigermassen nährte, ja
demselben sogar den Uebergang zu einer besseren Zeit
ermöglichte und sicherstellte.

Siebenundzwanzigste Vorlesung.

Zeitalter des literarischen Verfalls. Seine Ursachen. Zustand der
Poesie. Erzählende Poesie : Graf Johann Lázár. Graf Ladislaus
Haller's Telemach. — Didaktische Poesie. — Liederpoesie:
Baron Ladislaus Amade, Franz Faludi. Kirchliche Lyrik : Paul Rá-
dai, Benjamin Szőnyi. — Theaterdichtung. Das Schuldrama :
Faludi, Kunics, Illei. „Moralitäten". — Die Vorzeichen einer neuen
Zukunft.

Meine Herren!

Der Szatmárer Friede machte den hundertjährigen
Revolutionen ein Ende. Joseph I., einer der edelherzig-
sten Regenten, welche auf dem Throne unsers Landes
sassen, versöhnte die nationale Rückwirkung, und Karl,
so wie dessen grosse Tochter, überkamen von ihm eine,
ihre Fürsten aufrichtig liebende, in allen Schicksalen
treue, und in ihren Opfern ausdauernde Nation. Auf das
stürmisch bewegte Zeitalter der Revolutionskriege folgte
das stille, heilsame Werk des Aufbauens, und wenn sich
dasselbe weniger auf die Interessen der Nationalität, als
der verfassungsmässigen Organisation richtete, so war
dies eine natürliche Folge jener Anschauungsweise, welche
die Erstere unter dem Schutze der Letzteren am besten
gesichert glaubte. Auch haben nicht sowohl Regierungs-
massregeln, als vielmehr das in Folge der neuen Verhält-

nisse veränderte Leben und das Auftauchen verschiedener fremder Elemente in diesem, jenen Verfall der National-sprache und damit der Literatur und insbesondere der Poesie hervorgerufen, welche jene sechzig Jahre, die von Karl III. bis zum literarischen Auftreten der Leibgarde verflossen, in trauriger Weise bezeichnen. Nachdem die höheren Stände in immer engere und häufigere Beziehun-gen und Familienverbindungen mit dem benachbarten Westen traten, kamen in den höhern Kreisen französische Gouvernanten und Abbé's, Kammerdiener und Köche, französische Sprache und Sitten, und damit die, damals Europa beherrschende französische Literatur allmälig und immer mehr in Aufnahme; bei dem mittlern Adel gelangte durch den Eifer der Jesuiten die lateinische Literatur zur ausschliesslichen Herrschaft; durch den stets häufi-geren Verkehr mit Wien, durch die wachsende Bedeutung der Städte, die Einwanderung zahlreicher Beamten und Handwerker verbreitete sich das deutsche Wort : die be-sten Köpfe, durch innere tief eingreifende Ereignisse — denn bei den für die Königin Maria im Auslande bestan-denen Kriegen war das Interesse der Nation nicht unmit-telbar betheiligt — nicht mehr, weder zum Lied, noch zur Ausübung der Rednerkunst angeregt, begnügten sich mit der Lectüre ausländischer Literatur, und gewöhnten sich, ihre Empfindungen und Gedanken in den Sprachen der Schule oder der Mode auszudrücken. So blieb denn die ungrische Literatur, obgleich ihre Erzeugnisse von Jahr zu Jahr sich mehrten, blos auf die ewigen Bedürf-nisse der Religion und auf einige wenige des Lebens be-schränkt. Die Poesie gehörte nur mehr zu den Genüssen der mittlern und untern Stände, welche sich, ausser den historischen Gesängen des sechzehnten Jahrhunderts, mit

den Werken Balassa's, Rimay's, Beniczky's und Gyöngyösi's nährten. Die erzählende Dichtung ward nur durch
ein paar Volksbücher vermehrt, wie z. B. — um der
Stilfrid's und Genossen zu geschweigen — das beliebte
Volksbuch von Johann Kolumbán, worin er „die
Schwänke des Kriegshauptmannes weiland Georg Vida
von Torda,.. während seiner Melancholie, in seinem Hause
zu Szödemeter in ungrische Verse fasste" (1758) in fünf
Gesängen ; Stephan Csízi's Reimchroniken , welche
Ofen's Befreiung besangen (1763. 1767); des Grafen Johann Lázár, Präsidenten der siebenbürgischen Stände,
einst so berühmte „Florinda" (1766), worin er die Unterjochung Spaniens durch die Mauren beschreibt, und als
Motiv die Sage vom König Rodrigo benützt. Der Verfasser hat zwar nicht ohne alles poetische Talent, aber
ohne Ahnung von den Anforderungen der Kunst, sein
Werk in fünf Gesängen mit Beschreibungen und Episoden
angefüllt, die ohne allen Zusammenhang mit seinem romantischen Stoff sind, bis er endlich diesen selbst im
sechsten abhandelt. „Ungern's Könige" von dem gelehrten Historiker Stephan Veszprémi (1752) erheben
sich nicht über historische Denkverse. Desto mehr verdient Erwähnung die Uebersetzung von Fenelon's Telemach durch den Grafen Ladislaus Haller (1755, in
20 Jahren viermal), denn damit erschien die französische Literatur zuerst im Ungrischen, und durch seine,
noch ein wenig breite , aber edle und geschmeidige
Prosa · gewann die Sprache der schönen Literatur wesentlich.

Noch grössere Unfruchtbarkeit zeigte sich auf dem
Felde der didaktischen Poesie. Ausser einigen unbe-
deutenden religiösen Lehrgedichten nämlich, wie z. B.

eines Ungenannten „das Schifflein eines seligen Todes"
(1737), Paul Bertalanfi's „der Ehrgeizige" (1750), dessen : „Neider des Glückes" (1751) u. s. w.; ausser einigen
Gelegenheitsgedichten, unter denen Georg Verestói's
Verse (1762) zu jener Zeit für etwas Ausserordentliches
galten; ausser einigen Gedenkversen, wie Stephan Pap's
„Ungern" (dritte Ausgabe 1763); endlich ausser einigen
Uebersetzungen von sehr verschiedenem Werthe, — wie
z. B. der Heptalogus eines Ungenannten, worin die
Lehrsprüche der sieben Weisen und des Cato in der Form
des Gyöngyösi'schen „Rosenkranzes" bearbeitet enthalten sind (1750), dem Cato von Ludwig Nagy von Fel-
söbük (1756), und von Pius Füsi (1768), welche mehrere
Auflagen erlebten, dem Boethius des Johann Illei (1766),
einer der hervorragenderen Erscheinungen jenes Zeitalters, endlich dem Klausenburger illustrirten Aesop (1767)
— zeigte sich durchaus keine Neigung zur poetischen
Reflexion, wenn wir nicht das, aus mehreren tausend
Hexametern bestehende Lehrgedicht des Sprachforschers
Georg Kalmár „vom Menschen" et de quibusdam aliis
mit hierher zählen, welches aber, als Dichtung, unter dem
Gefrierpunkt steht, als Sprachwerk dagegen bereits der
Anfang einer neuen Bewegung ist, deren Schwerpunkt
in den folgenden Zeitraum fällt.

Bei dieser verzweifelten Armuth ist es die Lyrik,
welche zwar gleichfalls nur wenige Blüten trieb, aber er-
freuliche Vorboten eines nahenden Frühlings. Der Freiherr Ladislaus Amade und der Jesuit Franz Faludi
sind es, welche aus dem ganzen Zeitraume allein Werke
von bleibendem Werthe hinterliessen. Amade (geboren
1703) nicht nur ein Mann des practischen Lebens, das er
als Mitglied der höheren Stände, als Offizier und später

als Beamter höheren Ranges kennen gelernt, sondern
auch ein Lebemann, lies dem Ergusse seiner dichterischen Ader nicht nur aus innerm Drange freien Lauf,
sondern unterstützte damit zugleich seine verliebten
Wünsche und Abenteuer. Mit grosser Leichtigkeit schuf
er seine, bald melancholischen und schmachtenden, bald
wieder feurigen und trotzigen, bald neckischen, süssen
und kindlichen Lieder, welche grösstentheils gut gedacht,
in anschaulicher, dichterischer Sprache vorgetragen sind,
und sowohl durch ihren warmen Fluss, als auch durch
ihre zwar incorrecten, aber melodischen Versmasse, besonders an die italienischen Lieslieder erinnern. Und
wir dürften auch kaum irren, wenn wir dieselben, zu ihrer
Zeit beliebten italienischen Sängerweisen angepasst halten. Wie mächtig hätten diese, ganz neue Saiten an-
schlagenden Lieder wirken, wie gewaltig anregen müssen,
wenn sie nicht blos in Abschriften circulirt hätten, sondern durch den Druck veröffentlicht worden wären! So
aber traten sie fast erst nach einem Jahrhundert einzeln,
endlich (1836) gesammelt, an's Licht! Und selbst diese
Sammlung ist keineswegs vollständig. Wir vermissen darin
seine „Szerelmek", einen lyrischen Roman, worin Amade
seine eigenen Liebesabenteuer, deren er viele hatte, erzählt; wir vermissen die 1755 erschienenen, aber eine
handschriftliche Seltenheit bildenden religiösen Lieder;
auch fehlen darin jene Satyren, deren eine : „Klagegesang
über die durch die Ehe verlorene Freiheit" Stephan Sándor herausgab (Sokféle IV.) und die, wenn auch nicht
buchstäblich, aber doch wenigstens den Grundzügen nach
wahrscheinlich sein erstes Ehebündniss malt, jedenfalls
aber in einem interessanten Genrebilde das leichte, flotte
Leben eines verschwenderischen jungen Cavaliers aus

der Mitte des vorigen Jahrhunderts darstellt, so lange er
ledig, und seinen Aerger, nachdem eine sorgsame Hausfrau ihm die Zügel der Ordnung und Regelmässigkeit
anzulegen trachtet. (Durch Verwechslung dieses in vieler
Beziehung beachtenswerthen Stückes wurde dem Baron
Amade fälschlich beigelegt : „das Hauskreuz“. Dieses gehört vielmehr Andreas Poocs an, und findet sich unter
dessen Gedichten herausgegeben 1791.)

Diese Gluth, diese reiche Phantasie, diese Fruchtbarkeit findet sich bei Faludi nicht, aber eine Vollkommenheit
der Form, welche seinen Gedichten einen bleibenden
Werth sichert. Ohne Zweifel hat die erwählte Lebensweise
und die klösterliche Erziehung Faludi's hervorstechendes
lyrisches Talent nicht zur Ausbildung kommen lassen.
Gleichwohl lockte der italienische Himmel dasselbe aus
dem schlummernden Keime. Faludi war, 1704 geboren,
schon 36 Jahre alt, als er nach Rom kam. Hier, fern von
seiner Heimat, fühlte er die Liebe zum Vaterlande heiss
in seiner Brust erwachen, hier setzte er fort oder begann
er vielmehr erst jene Werke, wodurch er ein wahrer Restaurator der, seit Pázmány wieder herabgesunkenen Prosa
wurde, und hier erinnerten ihn die nächtlichen Serenaden
an jene, bald melancholischen, bald muthwilligen Lieder,
welche er einst, in seinen Jugendjahren, an den Ufern der
Raab und der Gyöngyös, und in mondhellen Nächten auf
den grauen Schiffen der Donau gehört hatte. Unter dem
erwärmenden Einfluss der Erinnerung an jene Volksklänge, und der geschmackbildenden Einwirkung der
italienischen Arien und französischen Chanson's schrieb
er von Zeit zu Zeit seine Lieder, die eine durch Laune,
Humor und heitere Lebensweisheit verschönerte Seelenruhe athmen, welche die ersten classischen Muster des ung-

rischen Liedes, überhaupt die ersten Kunstlieder in unserer Literatur, sind.

Faludi ist unter allen unsern Lyrikern der objectivste. Längst über jene Kämpfe hinaus, welche seine lebhafte Natur mit den Regeln des Ordens zu kämpfen hatte, bis er zu jener Beruhigung gelangte, die er von den Lippen seines „Einsiedlers" so wahr und ergreifend ertönen lässt : beobachtet er blos mehr, und schafft diese seine Beobachtungen dichterisch von Neuem. Nicht von subjectiven Empfindungen, sondern von dichterischen Standpunkten ausgehend, erhebt er seine Beobachtungen zur concreten Wirklichkeit, und weil er sich nicht von seinem Stoff beherrschen lässt, sondern ihn beherrscht, darum ist er so plastisch, sind seine Gestalten so von allen Seiten ausgebildet, so lebendig, und aus ihrem poetischen Hintergrunde hervortretend. Die Freuden des Naturlebens, die er im „Frühling", im „Morgenroth" besingt, die Eitelkeit der menschlichen Dinge, die seine beiden Lieder vom Glücke, seine „Fröhlichkeit" und sein Rauchlied zum Gegenstande haben, sind wahrhaft poetisch objectivirte Aeusserungen individueller, aber durch Erfahrung und Nachdenken beruhigter und über die Einflüsse der Welt erhobener, Empfindungen. Am schönsten sind jedoch die Darstellungen der Liebes-Neckerei (Aufforderung; Antwort), der Eifersucht und Versöhnung, der idyllischen Unschuld und des Vertrauens (Klorinda), so wie die symbolische Darstellung der Freiheit (der bunte Vogel), worin Gemüthlichkeit und Naivität sich vereinen; ganz und gar Kraft- und Feuer athmet sein „Nádasdi-Lied", launige Satyre seine „Phyllis" und „Sie hat keinen Namen", welch Letzteres, so wie seine „Wegzehrung" den ächten Volkston treffen. Seltener erhebt er sich zu religiösen Empfindungen, aber in zweien seiner religiösen Lieder (An den Herrn Jesus, und : An den Gekreuzigten) athmet tiefe Andacht, und macht dieselben mit zu den schönsten unserer heiligen Gesänge. Seine Gelegenheitsgedichte sind unbedeutend: ihre Gegenstände ohne poetische Seiten, und darum ohne Begeisterung geschrieben. Sehr schön sind aber seine Hirtengedichte, welche, einst so sehr bewundert, jetzt so wenig geachtet werden. Gedanke, Leben und Namen sind uns fremd, gleichwohl lässt sich nicht läugnen, dass ihre Einkleidung national, und nur der Mangel an Einklang die Wirkung herabstimmt.

Eines der bis jetzt nicht genug gewürdigten Verdienste Faludi's beruht in der Form. Seine Lieder sind ein, in Gedanke und Darstellung trefflich ausgebildetes Ganze, seine Schemen so melodiös, so leicht und rein, dass man Faludi als den wahren Vorläufer wie dem Geiste nach der französischen, so der Form nach der neuen Schule betrachten kann. Der grösste Theil seiner Lieder hat nämlich reinen trochaischen Rhythmus, zuweilen fast mit metrischer Reinheit; doch gibt es auch solche von so ausgeprägter jambischen Hebung (der siegende Nádasdi; der Einsiedler), andere, welche so daktylisch dahinschweben (Klorinde, das wetterwendische Glück) : dass von hier aus zu der reinen Metrik der Anhänger der deutschen Schule nur noch ein halber Schritt übrig war.

Auch seine Lieder circulirten, so wie die Amade's, lange Zeit nur in Abschriften, und wurden gleichfalls erst sehr spät (1786) durch Révai veröffentlicht; und so musste das Zeitalter des Verfalls gerade die beiden lyrischen Dichter entbehren, welche dessen grössten Reichthum bildeten.

Die kirchliche Lyrik war nicht einmal so glücklich. Bei den Katholiken war nach den Bestrebungen des
XVII. Jahrhunderts ein Stillstand eingetreten. Was zu
Stande kam, war kaum der Erwähnung werth (Martin
Bíró, Bertalanfi u. A.). So ist auch bei den Evangelischen
die „Seelenuhr" des Johann Sartorius (1730), in so weit
sie Neues gibt, sowohl dem poetischen Inhalte, als der
Form nach gleich schwach. Nur bei den Reformirten
strahlte noch einmal der Schimmer der religiösen Poesie,
und zwar in einem, ihre ältern Hymnologieen verdun-
kelnden Glanze in jenen Gesängen, welche Paul Rádai,
Franz Rákóczy's II. Secretär, seinem allbeliebten, unter
dem Titel „Seelenhuldigung" (1715) erschienenen Gebet-
buche einfügte, und die sich durch wahre religiöse Innig-
keit, durch wirksame Gedanken und eine edle Sprache
auszeichneten. Von gleichem Charakter ist Benjamin
Szőnyi, der in seinem, bis auf den heutigen Tag berühmten und beliebten Buche : „Die Cyther der Heiligen"
(1762) in Beziehung auf den Inhalt, besonders in den das
christliche Leben behandelnden Gesängen, ein würdiger
Nachfolger Rádai's ist, aber trotz seines ücht christlichen
Geistes- und Gedankenreichthums, ja trotz einzelner
wahrhaft poetischer, der Form nach glücklicher Stellen,
wegen seiner holprigen, häufig prosaischen Sprache und
seiner unharmonischen Versification die Kunst der Lyrik
in keiner Weise gefördert hat.

Was soll ich zum Schlusse von der Theaterdichtung sagen? Zu Pressburg ward ein deutsches Theater
errichtet; von ungrischen Volksschauspielern keine Spur
mehr. Das Schuldrama allein blühte fort. Grösstentheils sprach dasselbe auch in diesem Zeitraum, wie in
dem vorigen, lateinisch, wie dies die, seit 1713 hier

und da erhaltenen Programme in Form von Theaterzetteln nachweisen, ausnahmsweise deutsch, (das Programm der ältesten deutschen Vorstellung ist aus 1758), aber häufig, in Folge des Eifers der Jesuiten und hier und da der Pauliner, ungrisch. Ihre Stoffe wurden aus der alten und neuen, der vaterländischen und fremden Geschichte, so wie aus der Bibel entnommen, zuweilen wurden allegorisch-moralische Stücke gegeben mit Gesang, Musik, Kampf und Tanz vermischt, ja sogar mit unterhaltenden Intermezzo's bunt durchwebt. Dergleichen Stücke wurden meist von den betreffenden Lehrern geschrieben oder übersetzt, und statt des Theaterzettels dienten zuweilen kurze, häufig auch längere, den Inhalt jeder Scene entweder in der betreffenden Sprache, oder — bei lateinischen Stücken nämlich — ungrische, seltener auch deutsche Programme, diese letzteren bei denjenigen Stücken, welche bei offener Thüre gegeben wurden, aus Rücksicht für das des Lateinischen unkundige, namentlich weibliche, Publicum. Die ungrischen Stücke, deren Programme oder Texte sich erhalten haben, sind folgende: Konstantinus Porphyrogenitus, in fünf Acten, gegeben 1750 in dem Tyrnauer, 1754 in dem Erlauer Jesuiten-Collegium; Friedrich der Sachsenherzog in drei Aufzügen, gegeben 1753 in dem Sárospataker Jesuiten-Collegium, ein wahres dogmatisch-polemisirendes Tendenzstück; sein Stoff ist die Bekehrung des sächsischen Churfürsten und polnischen Königs zum römischen Glauben; „Cyrus" gegeben 1758 zu Tyrnau im erzbischöflichen Convict; „Semiramis", Trauerspiel in drei Acten, gegeben 1758 von der Raaber Jugend; „Der sich selbst besiegende Tamerlan", Trauerspiel in drei Acten, gegeben 1761 bei den Paulinern zu Pápa; „Joachaz", Trauerspiel, gegeben

1762 bei den Jesuiten zu Erlau; „Emrich und Konrad“, gegeben 1765 in der Jesuiten-Akademie zu Kaschau; „Alifeld“, Lustspiel, gegeben 1767 im Trentschiner Convict. In Handschrift werden in der Bibliothek der ungrischen Akademie aufbewahrt : „Paul“, Trauerspiel in drei Acten mit Gesängen; ein Intermezzo in drei Acten und Gesängen, das in den Zwischenacten eines lateinischen Stückes gegeben wurde ; „Bachus“, mythologisches Schauspiel in drei Acten mit Gesängen : alle diese Werke des Pauliner Professors Melchior T á n c z wurden 1761 bis 1765 auf den Gymnasien zu Pápa und Újhely aufgeführt. Von den gedruckten sind zu erwähnen : „Jekonias“, ein Schauspiel in fünf Acten, von einem Jesuiten. Es erschien zu Raab ohne Jahreszahl, aber ohne Zweifel in den ersten Jahren der Regierung Maria Theresia's; „Sedecias“, Trauerspiel in fünf Acten von dem Jesuiten Franz Kunics, Kaschau 1753; „König Salomon von Ungern“, Trauerspiel in einem Act; „Ptolomäus“, Trauerspiel in fünf Acten, beide vom Jesuiten Johann Illei; „Titus der Gütige“, in drei Acten, nach Metastasio, von demselben, unter dem Titel : „Drei Trauerspiele“ Kaschau 1767; „Kaiser Moritz“, Trauerspiel in drei Acten; „Cyrus“, Trauerspiel gleichfalls in drei Acten : beide Uebersetzungen von dem Jesuiten Adam K e r e s k é n y i, Kaschau 1767. F a l u d i's Konstantinus trat später 1786 zuerst an's Licht.

Diese kleine dramatische Literatur war, nach den erschienenen Stücken zu urtheilen, in mehr als einer Beziehung die Glanzseite der ungrischen Poesie jenes Zeitraumes, und macht auf den unbefangenen Leser noch jetzt einen erfreulichen Eindruck. Besonders der Jekonias des ungenannten Raaber Jesuiten, Faludi's Konstantinus, F r a n z K u n i c s Sedecias, und J o h a n n

Illei's Ptolomaeus stellen deren Verfasser als geschickte und vielleicht geübte dramatische Bearbeiter ihres gewählten Stoffes dar. Alle vier — ja, nach den Programmen zu urtheilen, auch die übrigen, deren Text wir nicht besitzen — gehören zu den Intriguenstücken, worin der Dichter nicht sowohl vom Charakter, als von dem äussern Conflict der Interessen ausgehend, den Knoten schürzt, und so fehlt wohl der innere dramatische und dichterische Werth, aber es lässt sich nicht in Abrede stellen, dass dieselben, trotz ihrer überall nur geringen historischen Grundlage und trotz des Mangels eines, aus begreiflichen Gründen fehlenden, dramatischen Hauptmotivs, der Liebe, in der spannenden Verwicklung, und in dem Verweben interessanter Situationen nicht wenig Erfindungsgabe, in der Entwicklung der fortschreitenden dramatischen Handlung, ja sogar in dem fremdartigen, von epischen und lyrischen Elementen freien, und dem, rein aus der Situation hervorquellenden, lebendigen Dialog keinen gewöhnlichen innern Beruf beurkunden. Besonders ist das Streben wahrnehmbar, die Sprache des wirklichen Lebens wiederzugeben, obgleich dies im Allgemeinen noch nicht recht gelingen will, und die Verfasser häufig in eine zu ihrem Stoffe nicht passende Alltäglichkeit verfallen lässt, während andererseits gerade in dem Bestreben dies zu vermeiden, ihre Sprache gesucht und rhetorisch erscheint. In den erstern Fehler verfällt Illei, in den zweiten Kunics, der besonders an den malerischen Epithetis Gefallen hat. Am glücklichsten ringt sich unter den Genannten der ungenannte Verfasser des Jekonias zwischen den beiden Klippen hindurch, obgleich sein inhaltsvoller und frischer Dialog doch hier und da ein wenig breit wird. Aber wenn alle, selbst den nach dem Höheren strebenden Kunics nicht ausgenommen, und dieser sogar in den pathetischen Ergüssen des Jeremias, die Würde und Erhabenheit der Tragödiensprache nicht erreichen, so erkennen wir darin nur das allgemeine Loos der bahnbrechenden Bestrebungen, und die Folgen einer noch nicht geförderten Ausbildung der dramatischen Sprache und des Geschmacks. Uebrigens verdienen in sprachlicher Hinsicht gerade diese Dramen unsere Beachtung vor allen übrigen poetischen Werken. Ihre Verfasser sind gelehrte Kenner der classischen Sprachen, sie lassen eine gewisse künstlerische Behandlung des Styls erkennen, aber noch im Besitz des urwüchsigen volksthümlichen Idioms, so wie unserer alten Schriftsprache, ist derselbe von jenem fremdartigen Anhauch frei, welcher später bei den Anhängern fast aller Literaturschulen in grösserem oder geringerem Masse wahrzunehmen ist. Und so bieten unsere Dramendichter aus diesem Zeitraum, sowohl bei ihren vielen einzelnen stylistischen Schönheiten, als in den Redensarten den Stylisten und Sprachforschern zugleich nicht wenig Stoff zu einer werthvollen Aehrenlese. Uebrigens müssen wir bei Betrachtung des dramatischen Lebens, so wie der Form unwillkürlich ausrufen : Welche Theaterdichter sind in diesen Verfassern verloren gegangen, wenn dieselben eine andere Lebensrichtung erhalten, die verborgenen Tiefen des menschlichen Herzens aus eigener Erfahrung kennen gelernt, und zur Zeit eines überwallenden Nationallebens und eines blühenden Theaters gearbeitet hätten!

Aber leider hatten die Werke dieser talentvollen und gelehrten Dichter — meist wieder nur vor gelehrten Zuschauern dargestellt, und in Folge ihres Stoffes, so wie der damals noch ungewohnten, dramatischen

Form und Darstellung in Prosa, nur von Wenigen gelesen — keine nachhaltige und ausgebreitete Wirkung.
Um so beliebter waren, ja blieben bis auf den heutigen Tag bei dem gemeinen Lesepublicum, die nach
Art der alten volksthümlichen Moralitäten verfertigten, in behäbiger Breite und Sentimentalität in Versen
geschriebenen Stücke, wie : „Der Spiegel wahrer Freundschaft und aufrichtiger Liebe" von Z. Sz. J.; „Die Verbannung der Gerechtigkeit", von E. S. F.; „Isaak und
Rebekka", von einem Ungenannten u. s. w.; aber obgleich
in Scenen und Acte eingetheilt, waren sie doch nichts
Anderes, als in Gesprächen aneinander gereihte, ja stellenweise durch Erzählung unterbrochene Belehrungen;
und da der Stand der Zitherspieler, welche sie einst dar-
stellten, schon verschwunden war, dienten dieselben blos
zur erbaulichen Lectüre der untern Stände.

Wie wenig ist darum, Alles zusammengenommen,
Dasjenige, was in diesem Zeitraume in einer oder der andern Beziehung der Beachtung werth erscheint! Das
Beste, entweder ausschliesslich zur Literatur des unmittelbaren Bedürfnisses gehörig, oder nur in Abschriften
circulirend, oder, wenn auch gedruckt, ohne Einwirkung
auf die Gesammtnation!

Sprache, Literatur, insbesondere die Poesie schienen ausgestorben.

Es musste irgend ein Ereigniss eintreten, um den
Beweis zu liefern, ob die ungrische Literatur wirklich
todt, oder ob sie wieder zum Leben erweckt werden
könne, und nur eine schlummernde Kraft sei. Dieses Ereigniss trat endlich in der zweiten Hälfte des achtzehnten
Jahrhunderts ein, und der Leichnam begann sich zu er-
wärmen. An die Schwelle dieser Zeit sind wir nun gelangt.

Aber es gibt auch in der Welt des Geistes keinen
Sprung. Weder jene ansehnliche Reihe trefflicher Männer,
welche neben und nach Bessenyei voll Thatkraft auf das
Feld der Literatur traten, noch jene, jetzt allerdings nur
erst sehr mässige, aber doch wachsende Empfänglichkeit,
welche seit 1772 sich bemerkbar machte, kam ohne alle
Vorbereitung. Wie nämlich der Winter den Frühling,
so trägt auch der Verfall zugleich die Keime des Auf-
schwungs in sich, wenn er nicht mit der Vernichtung der
bisherigen geistigen Errungenschaften, der historischen
Erinnerungen und des durch sie genährten Nationalbe-
wusstseins Hand in Hand ging, sondern mehr nur die
Folge der Erschlaffung, des Zusammentreffens ungüns-
tiger äusserer Umstände war. So bei uns. Jenes Geschlecht, welches die Katastrophe von 1711 erreichte,
ging unter, oder verzweifelte, oder entartete; das darauf
folgende ward seinem Vorfahrer unähnlich; aber in Einzelnen pochte bei dem Bewusstsein des allgemeinen Verfalls das trauernde Herz auf: es begann die Rückwirkung
des Lebens : aber zuerst nur in den stillen Kreisen des
häuslichen und Privatlebens. Der Anfang war damit
gleichwohl gemacht. Johann Illei, einer jener eifrigen Jesuiten, denen die Nationalität im vorigen Jahrhundert so
viel zu verdanken hatte, der Schützling des Freiherrn Lorenz Orczy, konnte 1764 vor seinem Boethius schon
schreiben : „Unsere Sprache ist seit einigen Jahren fast zu
Grabe gegangen, aber sie ist doch noch nicht völlig begraben, sie rafft sich von Tag zu Tag mehr auf, und fängt
an immer schöner zu blühen. Denn die Zahl unserer Bücher beginnt sich zu mehren, so wie die Zahl derer, die
sich daran erfreuen. Mit einem Wort : es scheint, dass
die ungrische Sprache wieder wie in früheren Zeiten im

ganzen Vaterlande geehrt wird; wir lernen sie nicht
mehr, wie vor noch nicht langer Zeit, sondern wir saugen
sie, gleich unsern grossen Voreltern, mit der Muttermilch
ein. Und wem haben wir Alles dieses zu danken? Wahr-
lich niemand Anderem, als jenen patriotischen Grossen,
welche mit ihrem eifrig anspornenden Beispiel und ihrer
Freigebigkeit nicht aufhören die Federn der ungrischen
Schriftsteller zur Hervorbringung ungrischer Werke zu
ermuntern, indem sie sehr wohl und weise einsehen, wie
treffliche und erfolgreiche Werkzeuge die Bücher zur
Förderung was immer für einer Sprache seien." Also in
den Reihen derselben höhern Stände erwuchsen die Gönner der verlassenen heimischen Muse, welche dieselbe
dem äussern Glanze aufgeopfert hatten. Sie war erkannt,
die Panacee, welche, wenn auch nur langsam und allmälig, aber sicher, alle Wunden des Nationallebens zu hei-
len vermochte; der Keim war geboren, der, wenn er mit
Feuchtigkeit und Wärme zusammentraf, ausschlagen
musste. Die Natur fand ihren Weg, eine neue Zeit musste
folgen. Das nächste Mal werden wir es mit dem Erwachen
derselben zu thun haben.

Achtundzwanzigste Vorlesung.

Die neueste Zeit. Ihr Charakter im Gegensatze zu den vorangegangenen; ihre Epochen. Ihr Anfang oder das Zeitalter der Wiedergeburt: Literarisches Auftreten der adeligen Leibgarde. Allgemeine Bewegung und deren Mittel.

Meine Herren!

Wir sind zum Anfang der neuesten Literatur, zu dem
epochemachenden Jahre 1772, gelangt.

Es war nicht irgend ein erschütterndes politisches
Ereigniss, oder eine besonders wirksame Verordnung,
was in dem letzten Jahrzehend der Regierung Maria
Theresia's, die bereits dem Untergange nahe gebrachte
ungrische Literatur zu neuem Leben erweckte. Bis jetzt
war die Literatur stets ein Ausfluss des Nationallebens
gewesen; mit seinem Aufschwung hob auch sie sich, mit
seinem Verfall war auch sie gesunken, während sie in
dem von uns jetzt zu behandelnden Zeitalter sich durch
ihre eigene Kraft erneuernd, Sprache und Nationalität
selber in ihren Schutz nahm, und so der Regenerator des
nationalen, und zuletzt auch einem grossen Theile nach
des politischen, Lebens wurde. Dies ist aber zugleich das
unterscheidende Kennzeichen der neuesten Literatur im
Gegensatze zu der der vorangegangenen Zeitperiode.

Von da an beginnt die Literatur dem äussern practischen Leben das zurückzugeben, was sie einst von ihm empfing. Sie ist nicht mehr blos ein untergeordneter Zweig des öffentlichen Lebens, sondern ein, den übrigen äussern Factoren an Macht völlig gleichstehender Factor desselben: von dieser Zeit an beginnt die selbstständig, durch sich selbst als solche wirkende Literatur, die vierte Periode in der Geschichte unserer gesammten Literatur, oder das Zeitalter der neuesten Literatur. Wir beginnen dasselbe also nicht mit der Reaction gegen die berühmten Josephinischen Verordnungen, welche grösstentheils politischer Natur, und selbst möglich geworden war, durch jene zwölf glänzende Jahre, welche dieser Reaction vorangingen (1772—1784); weder mit der Rückwirkung des merkwürdigen Reichstages von 1790, welche, in soweit sie vorzüglich national war, sich gleichfalls schon als Ergebniss der Literatur herausstellte : es beginnt vielmehr dieses Zeitalter, wie bereits bemerkt, mit jenem merkwürdigen Jahre 1772 : mit dem literarischen Auftreten der adeligen Leibgarde, als Georg Bessenyei seine mächtige Drommete erschallen liess, an welcher sich seine Kameraden und Nachfolger in der Garde entzündeten : Báróczy und Barcsay, der Freiherr Naláczi und Harsányi, Czirjék und Alexander Bessenyei, ja zuletzt auch Alexander Kisfaludy, und in Ungern und Siebenbürgen Graf Adam und Joseph Teleki, Zechenter und Baron Stephan Dániel, Ányos und Péczeli, Baron Lorenz Orczy, Franz Kovács, Göböl, Samuel Szilágyi u. A.; nicht hierhergerechnet, die andern Richtungen folgten : die Classicisten, die Volksthümlichen, die Modeliteratur und die Anfänge der neuen Schule, welche besonders von der Erschütterung des, durch den mächtigen Agitator gegebenen Stosses erwachend, zur neuen Bereicherung der Poesie, und zwar in allen möglichen Formen, angeregt wurden.

Dieser Zeitraum, der mit Bessenyei beginnend, bis Alexander Kisfaludy reicht, und sich in seinen Richtungen und Bestrebungen auf reiche 35 Jahre erstreckt, ist recht eigentlich das Zeitalter der Wiedergeburt unserer Literatur, insbesondere unserer Poesie. Diesem folgte das Zeitalter der Neologie, worin ausgezeichnete Geister mit Feuer und Selbstbewusstsein die Sprache in ästhetischer Beziehung ausbildeten, während Andere dieselbe zum Gegenstande gelehrter Forschungen machten, indem sie deren Natur und Gesetze untersuchten und feststellten. Dies ist das Zeitalter der Kazinczy und Révai, Berzsenyi und Karl Kisfaludy, Kölcsey und Vörösmarty, das wahrhafte goldene Zeitalter unserer Poesie, an welches sich seit 1830 der dritte Zeitabschnitt der neuesten Literatur anschliesst. Dieses zeigt die allgemeine Ausbildung der Sprache in der schönen Literatur, wie im Leben und in der Wissenschaft; neben der Poesie beginnt auch eine vielversprechende Entfaltung der wissenschaftlichen Literatur; die Sprache tritt nach allen Richtungen hin in festbestimmten Formen auf, und gelangt im öffentlichen, wie im gesellschaftlichen Leben zur Herrschaft. Dieses Zeitalter — Széchenyi's im Leben, der Akademie in der Wissenschaft, der Epigonen in der Poesie — fand kaum zwanzig Jahre später in der Revolution seinen Abschluss.

Der Verlauf dieser meiner Vorträge umfasst nur das Zeitalter der Wiedergeburt, aber es war nothwendig Ihnen schon im Voraus diejenigen Wendepunkte aufzuweisen, innerhalb welcher sich jene reiche und höchst

interessante geschichtliche Entwicklung abspinnt, ehe ich
die erste Periode derselben, die zugleich die Mutter der
übrigen, ausführlich erörtere.

Maria Theresia bot durch Errichtung der adeligen
Leibgarde 1760 vielen ungrischen adeligen Jünglingen
Gelegenheit eine Erziehung zu erlangen, wie sie früher
nur Söhnen grosser und reicher Häuser, und zwar ausserhalb des Vaterlandes, möglich war. Schon daheim in die
classische Literatur eingeführt, wie dies unsere, unter der
Leitung der Jesuiten stehenden Schulen gestatteten,
wurden dieselben in Wien mit der deutschen und französischen Sprache, der französischen Literatur, dem feinen
Ton der höheren Stände, der Hofetiquette, mit Europa
selbst, bekannt gemacht. In Wien schmachtete damals die
deutsche Literatur noch in den Fesseln der französischen.
Die Vornehmen redeten, ihre eigene Sprache verachtend,
französisch: französische Kammerdiener und Geistliche,
Erzieher und Erzieherinen, Secretäre und Köche waren
in den deutschen grossen Häusern die einflussreichsten
Personen. Im deutschen Hoftheater herrschte das französische Drama, im Opernhause die italienische Oper, die
deutsche Sprache war auf die Schaubühne des Leopold-
städter Hanswursts verwiesen. Draussen „im Reich“
rührten sich bereits Wieland, Klopstock und Lessing:
doch vermochten sie noch nicht sich zum Range von Na-
tional-Autoritäten zu erheben, besonders in den deutschen Hauptstädten, in deren einer der französische
Franz I. von Lothringen, in der andern der deutsche,
aber die deutsche Literatur verachtende und französisch
schreibende Friedrich II. residirte; und obgleich die Bestrebungen jener Männer begeistert und mächtig waren,
so entbehrten sie doch festbegründeter literarischer For-

men und Tendenzen : Alles war Gährung, Alles bahn-
brechender Eifer, Alles im Werden : jene edle Classicität, zu welcher einige Jahrzehende später Herder, Goe-
the und Schiller die deutsche Literatur erhoben, lag noch
in Geburtswehen. Dagegen hatte die französische Literatur schon ein Jahrhundert früher in Alles verdunkelndem
Glanze des Hofes Ludwigs XIV. den Höhepunkt ihrer
Ausbildung errreicht : Corneille, Racine hatten bereits
ihre in französischem Geiste meisterhaften Tragödien,
Molière seine genialen Komödien geschrieben, Boileau
seine feinen Satyren und Briefe, La Fontaine seine reizenden Contes, Johann Rousseau seine schwunghaften
Oden, Fenelon seinen Telemach, ja selbst die Epigonen
derselben, die Männer der Nachblüthe unter Ludwig XV.,
welche nicht weniger Geist besassen, in denen aber ein
philosophisches Zeitalter an die Stelle des rein poetischen
trat, waren in den Händen aller Gebildeten von Europa:
Montesquieu und Helvetius, Voltaire und der Genfer
Rousseau, Diderot und d'Alembert; und Friedrich II.
gab das gefährliche Beispiel der Stammverläugnung, der
Selbstentäusserung im Reiche des Geistes. Auch die
Schule unserer adeligen Landsleute war die, England und
Spanien, Italien und Deutschland damals in Abhängigkeit
haltende, wahrhaft universelle französische Literatur.
Aber, wie es scheint, begannen sie in der Demüthigung
der deutschen Literatur in deren eigenem Vaterlande, das
Loos ihrer eigenen in der Heimath zu erkennen : ausserhalb der Grenzen ihres Vaterlandes fingen sie an sich als
Ungern zu fühlen, fingen an jenen Werth zu empfinden,
der darin liegt, die Söhne einer, in ihrem Grunde so edlen,
von der Natur zu allem Guten, Schönen und Grossen berufenen Nation zu sein; sie fingen an in der Ferne zu

erkennen, was sie daheim, in den Fesseln der allgemeinen Erschlaffung kaum bemerkt hatten : Das Ruhmlose der Selbstvergessenheit, das Gefährliche der Ruhe.

Als Bessenyei Mitglied der adeligen Leibgarde ward, verstand er weder Deutsch noch Französisch, Latein wenig und schlecht. In Wien ward er Alles, in Folge jener Kraft, welche ihm, vor seinen Genossen, in so seltenem Masse zu Theil ward. Erweckt durch die französische Literatur, besonders durch Montesquieu und Voltaire, welche seiner eigenen poetisch-philosophischen Zwillingsnatur am Meisten entsprachen, fing er an zu schreiben, in seinen Kameraden, selbst den ältern, den Gedanken und die Hoffnung einer neuen ungrischen Literatur zu erwecken, und jenen literarischen Kreis zu gründen, der unter dem Namen der Georg Bessenyei'schen Gesellschaft bekannt, und fünfzehn bis zwanzig Jahre später zur Retterin der ungrischen Literatur wurde. Aber die Bessenyei'sche Gesellschaft wirkte noch nicht unmittelbar auf die gesammte Nation ein. Nur die geistvollern Köpfe, die wärmer schlagenden Herzen, welche mit einem, für den Ruhm der Nation empfänglicheren Gemüthe begabt waren, wurden zur That angeregt, nur sie betraten voll Eifer die Bahn, und machten den Unger auf das einzige Mittel seiner Rettung aufmerksam, welches in nichts anderm bestand, als in der gemeinsamen Ausbildung der Intelligenz und Nationalität.

Inzwischen war Maria Theresia gestorben, und der neue Regent erliess als Ausfluss seines, auf philosophischem Wege gewonnenen Systems, die ewig denkwürdigen Verordnungen von 1784, welche der ungrischen Sprache und Verfassung das Todesurtheil sprachen. Seine Absicht war edel, über seine Mittel hat die Geschichte

gerichtet, ja auf dem Todtenbette er selbst. Durch die
Gefährdung ihrer heiligsten Interessen ward die Nation
zuerst auf die wahre Tragweite jener Verordnungen aufmerksam, und von den Männern der Literatur darüber
belehrt, dass ihre gesammte Existenz wanke, wenn die
Nationalität nicht deren Grundlage bilde, gab dieselbe
Aeusserungen kund, welche zuletzt auch von dem gross-
herzigen Fürsten gewürdigt wurden. Es folgte hierauf
die zwar kurze, aber aufbauende und beruhigende Regierung des ewig glorreichen Leopold II., welche die Nationalsprache unter den Schutz des Gesetzes stellte.

Die Literatur wirkte auf jene mächtige Bewegung,
deren Einzelnheiten nicht streng hierher gehören, durch
die ergriffene Initiative, zugleich vorbereitend, und als
moralischer Führer nachdrücklich ein. Abgesehen von der
Bücherliteratur, übte sie auf dreifachem Wege einen erfolgreichen Einfluss auf das Leben aus : durch die perio-
dische Presse, durch die Vereinsbestrebungen, und durch
die Wiedererweckung des ungrischen Theaters ; die Zei-
tungsliteratur begann Mathias Ráth 1780, welche
auch die Literatur getreulich vertrat; die nichtpolitischen
und grösstentheils belletristischen Blätter nahmen mit der
„Magyar Músa" (Ungrische Muse) von Alexander Szacs-
vai 1787 ihren Anfang, auf welche das, von der Kaschauer
ungrischen Gesellschaft (Baróti, Bacsányi, Kazinczy)
herausgegebene „Magyar Museum" (Ungrische Museum)
1788, Péczeli's „Mindenes Gyüjtemény" (Sammlung von
Allerlei) 1789, Kazinczy's Orpheus 1790, Kármán und
Pajor's Urania 1794, und Kazinczy's und Johann Kis's
almanachartige Bändchen folgten. Den Gedanken einer
ungrischen Akademie nach dem Muster der französischen regte beim Herannahen der Gefahr 1781 Bes-

senyei an, aber seine Schrift konnte damals nicht an's Licht treten. Révai gab dem Kaiser selbst den Plan einer solchen nach dem Erscheinen der Verordnungen von 1784 ein, — als Demonstration oder Schutzmauer, — wer mag es bestimmen? aber dieser Plan blieb, wie es voraus zu sehen war, ohne Resolution. Den werthvollsten Theil der sehr lebhaften Reichstagsliteratur von 1790 bildeten die Schriften über den Schutz der ungrischen Sprache und die Errichtung einer ungrischen Gelehrten-Gesellschaft, wie aus dem nun schon zu erscheinen möglich gewordenen Pamphlet Bessenyei's, und aus den Schriften von Révai, Báróczy, Gáti, Vedres, Vályi, und besonders Dr. Samuel Decsi erhellt. Während so die Ausbildung der ungrischen Sprache, deren Vorbereitung zur offiziellen Sprache, und der Gedanke einer Sprachakademie vielfach abgehandelt wurden, führte ein junger Schüler des Oedenburger Gymnasiums, der später in so hellem Glanze strahlende Johann Kis, dies im Kleinen aus, und es entstand 1790 die Oedenburger ungrische Gesellschaft, welcher an der Pester Universität die unter dem Vorsitze von Anton Cziráky, und anderwärts mehrere andere nachfolgten. Mit mehr Glück, als Révai in Ungern, betrieb Georg Aranka diese Sache auf dem Siebenbürger Landtag. Derselbe ging darauf ein, und unterbreitete diese Angelegenheit der königlichen Sanction. Bis dieselbe erfolgt sein würde, begannen, gleichfalls in Siebenbürgen, die Gesellschaft zur Pflege der ungrischen Sprache und die historische Gesellschaft als Privatinstitute ihre Thätigkeit. Auch das ungrische Theater riefen die Beschlüsse der Pressburger, Klausenburger und Ofner Reichstage (1790—1792) von Neuem ins Leben. Auch hier waren es Schriftsteller, die nicht nur bei der Hervorbringung eines Repertoires, sondern auch bei der Leitung und Organisirung das Meiste thaten, und obgleich unsre ungrische Thalia in der Hauptstadt Ungerns mit unglaublichen Hindernissen zu kämpfen hatte : ihr Keim schlug dennoch Wurzeln, und sie wurde, obgleich wandernd, aber eben auf diesem Wege überall den nationalen Genius kräftigend und das Interesse am Ungerthum und dem Theater verbreitend, eine mächtige Bahnbrecherin der Literatur und Nationalität.

Darauf beschränkt sich hauptsächlich das vor uns befindliche Zeitalter der Wiedergeburt. Wir werden nun nach den verschiedenen Schulen jene patriotischen Bestrebungen besonders erörtern, deren Endzweck die Erschaffung einer neuen Poesie war.

Mit der, der Zeit nach ersten, französischen Schule werde ich den Anfang machen.

Neunundzwanzigste Vorlesung.

Der Begründer der neuesten Literatur G e o r g B e s s e n y e i. Uebersicht seiner weitverzweigten Thätigkeit. Bessenyei als dramatischer
Dichter. Als Didaktiker. Sein Einfluss auf die Poesie und überhaupt
auf die Literatur. Sein Zurücktreten und seine nachgelassenen Werke.

Der Mann, meine geehrten Zuhörer! dessen rich-
tunggebende Thätigkeit den Gegenstand unserer heutigen Unterhaltung bildet, schien gleichsam vom Schicksal
selbst zur Uebernahme jener einflussreichen Rolle bestimmt, welche ihm zur Zeit der Wiedergeburt unserer
Literatur im vorigen Jahrhundert zu Theil ward. G e o r g
B e s s e n y e i wurde 1742 zu Bercel, im Szabolcser Comitate, geboren. Er war der Sprosse eines alten, adeligen
Hauses, gleichwohl verwendeten seine, mit Kindern reich-
gesegneten und der Wirthschaft nicht eben kundigen, Eltern nur geringe Sorgfalt auf seine Erziehung. Er ward
auf die Schule nach Patak gesendet, aber schon nach den
vier ersten Classen, im dreizehnten Jahre seines Alters,
zu Hause behalten, wo er das Bischen Latein, das er sich
während jener wenigen Jahre im Collegium angeeignet
hatte, wieder vergass. So begann seine Jugend zu ver-
streichen, ohne Nahrung für die in ihm schlummernden

Talente. Er wäre auch sicher geistig ganz und gar ver-
kommen, wenn nicht das Szabolcser Comitat ihn, den
schönen athletischen Jüngling, in die eben errichtete
ungrische adelige Leibgarde empfohlen hätte. Neun-
zehn Jahre zählte Bessenyei, als er nach Wien kam. Hier
sah er, wie weit er in seiner Bildung zurückgeblieben,
und während andere Jünglinge sich den Freuden der
Hauptstadt hingaben, begann der, der Schulbildung er-
mangelnde Jüngling das Werk des Selbstunterrichtes,
und machte sich nicht nur die neuern Sprachen zu eigen,
sondern war auch mit deren Hilfe, wie er selbst schreibt.
eilf Jahre lang eifrig, und mit Anstrengung aller Kräfte
bemüht, die Mängel und Lücken seines ersten Unterrich-
tes auszufüllen. Er machte tiefe und ausgebreitete Studien, besonders in der Philosophie und Geschichte, und
stand in seinem dreissigsten Jahre als einer der, nicht nur
geistreichsten, sondern zugleich ausgebildetsten Gelehrten
da, als er zur Hebung der ungrischen Literatur auftrat.

Georg Bessenyei begann allerdings als Dichter seine
öffentliche Laufbahn, aber seine Seele war stets getheilt
zwischen Kunst und Wissenschaft. In seinem „Johann
Hunyadi" versuchte er eine künstlerische Behandlung der
Geschichte; in seinen „Fliegenden Blättern", in seinen
Briefen unter dem Titel : „Mütterlicher Unterricht", in
seinem „Ungrischen Zuschauer", seinem „Holmi", ja
schon im Anhange zu seinem Lehrgedicht über den Menschen, brachte er Gegenstände der höhern Philosophie zur
Sprache, und zwar mit einer Selbstständigkeit und Tiefe.
wie sie bis dahin noch kein Unger auf diesem Gebiet entwickelt hatte. Aber unter den damaligen Censurverhält-
nissen mussten die besten Schriften des Schülers von
Montesquieu und Voltaire im Dunkeln bleiben. Seine

philosophische Geschichte des ungrischen Volkes, sein
Europa im XI. Jahrhundert, sein „Weg des Gesetzes",
sein Gespräch über die Beglückung des Menschenge-
schlechtes wurden verboten, und er legte dieselben mit
schwerem Herzen 1778 in einer Klosterbibliothek nieder.
Es ist hier nicht der Ort Bessenyei als Philosophen zu
würdigen, und zu beurtheilen wie er theils auf philosophischem Wege das Verhältniss zu Gott und den Neben-
menschen, theils letztere practisch, und in der Geschichte,
in den Sitten und bürgerlichen Einrichtungen auf historischem Wege untersucht : aber es war nothwendig, seine
diesfällige Richtung, so wie seine Versuche auf diesem
Gebiete zu erwähnen, denn dies war die vorwaltende
Neigung seiner Seele. Er gehört in Hinsicht auf eindringende Geistesschärfe, das Umfassende seiner Untersuchungen, und die für's Leben berechnete practische Richtung seiner Philosophie zu unsern ausgezeichnetsten
Denkern, und auch als Dichter war er dem Wesen nach
Philosoph.

Sein erstes Auftreten geschah 1772 unter dem be-
günstigenden Schutze Maria Theresia's, der er auch sein
erstes gedrucktes Werk, seine Tragödie „Agis", widmete.
Dieser folgten schnell hinter einander noch in demselben
Jahre „Ladislaus Hunyadi", ein Trauerspiel, „Versuch
über den Menschen", frei nach Pope, vermischte Gedichte
als Anhang zu den beiden Frühern, die „Lustbarkeiten zu
Eszterház", „Delfin" und sein Heldengedicht „König Mathias" in sechs Gesängen; doch durfte Letzteres nicht
erscheinen. 1773 folgte seine Tragödie „Buda", 1776
das erste Buch von Lucans Pharsalia, als Versuch einer
Kunstübersetzung, „der Philosoph", ein Lustspiel, kleinere Lehrgedichte in den „Fliegenden Blättern" und

Episteln in „Bessenyei's Gesellschaft"; endlich 1779 Voltaire's Triumvirat in freier Uebersetzung. Hierauf beschränkt sich Bessenyei's dichterische Thätigkeit in der ersten Periode seines Lebens.

Wie wir sehen, sind unter seinen poetischen Werken fünf Dramen, ja im Manuscript hinterliess er noch mehrere Theaterstücke, von denen ich nur ein's kenne und besitze, unter dem Titel : „Lais, oder die moralische Eigensinnige." So wie ihn nicht das Leben, nicht das äussere Bedürfniss diese Form wählen liess, sondern das Vorbild der Franzosen : so gehören auch diese Stücke zu seinen schwächsten Werken. Im Agis fordern zwei edle Vaterlandssöhne an der Spitze des empörten Volkes von dem König Leonidas die Wiederherstellung der Lykurgischen Gesetzgebung, und dringen damit auch wirklich durch, aber, da sie sich durchaus nicht als schuldig bekennen und um Verzeihung bitten wollen, wird Kleombrot, des Königs Schwiegersohn, verbannt, Agis aber getödtet. Die wirkenden Hauptmotive sind hier die List des Agesilaus, und die Schwäche des Königs, welche in Aeusserungen der beiden Patrioten : wonach der König zwar auf ihre Treue zählen kann, sie aber ihre, auf das allgemeine Wohl abzweckende That, so wie sich selbst, keineswegs anklagen können, keine Beruhigung, sondern vielmehr Grund zum Gegentheil findet. Was ward bei solcher Conception der schöne Stoff, was durch die Ausführung, welche, statt ein grossartiges historisches Bild aufzustellen, dasselbe zu einer Hofintrigue zusammenschrumpfen lässt! Aber was liess sich zwischen den Schranken der nach den Regeln der französischen classischen Schule festgehaltenen falschen Gesetze der Einheit von Ort und Zeit anders machen? Indessen finden wir hier bei ihm gleichwohl Etwas, was man Charakterzeichnung nennen kann, obgleich dieselbe weder historisch treu, wie wir dies bei den Hauptpersonen eines historischen Stoffes mit Recht verlangen können, noch erschöpfend ist. Das Nachspiel „Agiaris Trauer“, worin dieses treue Weib, welche die Tröstungen ihrer Freundin Telonis (Chelonis), so wie deren Verheissungen eines neuen Glückes standhaft zurückweist, auf den Wink des erscheinenden Schatten ihres Gemals beiden plötzlich ihr Herz eröffnet : ist sowohl psychologisch als dramatisch verfehlt, da es einer eigentlichen Handlung entbehrt, und mit der Tragödie in keinem Zusammenhange steht. Noch schwächer sind Bessenyei's zwei Nationaldramen : Ladislaus Hunyadi und Buda. Hier wie dort fehlt die dramatische Handlung. Die Sache steht am Anfange der Stücke gerade dort, wo an deren Ende, und so kann man mit Recht fragen : wozu, besonders in Buda, durch fünf Aufzüge hindurch die viele Declamation, welche an der Sache durchaus nichts ändert? Im Hunyadi begnadigt der König, nachdem er die Ermordung Cilley's aus Hunyadi's eigenem Munde erfahren, diesen, aber da erscheint Garai, erpresst vom König die Unterschrift des Todesurtheils, und dass dasselbe vollstreckt worden, erfahren wir von einer über die Bühne eilenden Person. Die Klage der Mutter und ihrer beiden Söhne, der Eifer Rozgonyi's, die Halsstarrigkeit der Anna Garai gegen ihren Vater, ruft bei Niemandem auch nur einen Schatten von Widerstand hervor, noch weniger verzögert oder erschwert sie die Erfüllung des Geschickes. Buda konnte sich im gleichnamigen Stücke zehnmal dem Zorne Attila's entziehen, aber er, so wie die Seinigen und seine Freunde, haben nur Klagen. Von der geringsten Kraftäusserung keine Spur, und zuletzt tödtet Attila bei einer zufälligen Zusammenkunft Buda, er selbst aber erstickt auf Befehl des „Jupiter" in Folge eines, den Untergang Buda's feiernden Gelages in seinem eigenen Blute. In Agis finden wir wenigstens die Charaktere von Agis, Kleombrot und Agesilaus befriedigend, aber im Ladislaus Hunyadi ist keine Spur jener derben Jugendkraft, ohne welche wir uns einen jungen Helden gar nicht denken können; bei Attila wissen wir aber in der That nicht, ob seine blutgierige Feigheit, oder seine Thatenlosigkeit uns grössern Widerwillen einflössen, die, wie sie vom historischen Standpunkte aus durchaus unwahr sind, eben so auch mit jenem Selbstgefühl in Widerspruch stehen, welches die Brust des grossen Eroberers schwellt. Gleichwohl wurden diese Werke einst mit Begeisterung gelesen. In der Zeichnung der Gemüthsbewegungen und noch mehr der Leidenschaften ist Bessenyei zuweilen glücklich, und seine sentenziöse, glänzende Diction, seine prachtvoll tönenden Verse liessen seine Zeitgenossen die Fehler der Anlage und Auffassung übersehen, und gestattete ihnen nicht, Empfindsamkeit von Pathos, Schwulst von Erhabenheit, welche sich bei ihm häufig begegnen, gehörig zu unterscheiden, und ihr noch nicht ausgebildeter Geschmack nahm an der nüchternen Prosa keinen Anstoss, zu welcher der erhabene Schwung bei ihm so oft herabsinkt. In dem Triumvirat gehört, obgleich er selbst von diesem Stücke bemerkt : „es sei eine Uebersetzung und auch keine Uebersetzung", ausser dem Dialog ihm nichts weiter an; dieser aber ist holprig, kraftlos, gerade das Gegentheil dessen, was er selbst von dieser Arbeit hielt. Aber ein bemerkenswerther Schritt auf Bessenyei's dramatischer Laufbahn war das (in Prosa geschriebene) Lustspiel : der Philosoph, denn, obgleich

in den langen fünf Acten nichts weiter geschieht, als dass
Parmenio, der junge Philosoph, und Sydalis, die Philo-
phin, mit einander bekannt werden, sich lieben und ver-
mählen, wobei nicht das geringste Hinderniss in den Weg
tritt, ja, worauf alle auftretenden Personen nur fördernd
einwirken; obgleich bei dem Mangel aller Knotenschür-
zung von einer eigentlichen Anlage gar nicht die Rede
sein kann, und der Dialog häufig, wenn nicht leer, doch
breit ausgesponnen ist, so trägt doch eben der Dialog
den Charakter der aus dem Leben geschöpften Wirklichkeit an sich, was eine der wesentlichen Anforderungen
dramatischen Lebens; und die Charaktere, obgleich ohne
dramatische Entwicklung, da wir dieselbe von Anfang
an fertig überkommen, sind doch, wie nicht zu läugnen,
dem Leben entnommen, und hinlänglich scharf und wirksam gezeichnet. Unter den Gestalten des Stückes ist die
des Pontyi mit Recht sprichwörtlich geworden, da in ihm
ein ehrlicher, aber seinem Standpunkte nach beschränkter
ungrischer Landedelmann, in Denkart, Empfindung und
Formen bis zum Dialekt, lebenstreu gezeichnet erscheint.
Dramatisches Leben ist übrigens nicht in ihm. Er hat im
ganzen Stücke eigentlich nichts zu thun, als zu reden : er
handelt nicht, verwickelt nicht, und verändert sich auch
nicht.

So führte sich bei uns in jener Periode die dramatische Muse ein : stolpernd und ungeschickt, denn ihre
Grundlage war nicht die Schaubühne. Das Drama bildete aber eine Glanzseite der Literatur Ludwigs XIV.
und — was Wunder, dass der Schüler dieser Literatur,
der ohnedem Neigung, ja sogar Beruf für jene Form in
sich spürte, an dem es ihm auch nicht fehlte, den er aber,
in Ermangelung einer practischen Schule nicht ausbilden

konnte — gerade damit die neuere Literatur in Gang zu
bringen wünschte?

Im Lehrgedicht war Bessenyei in so weit glücklicher, als er hier gegen eine freiere, leichtere und nicht so
heikle Form thatsächlich nicht verstossen konnte. Auch
gereicht die Reflexion, welche in seinen Dramen so häufig eine Rolle spielt, hier nicht zum Anstoss. Er ist hier
reich an kräftigen Gedanken, tief und gehaltreich; aber
zu seinem Unglück war der Engländer Pope hierbei sein
Vorbild, nach welchem er sein erstes grösseres Lehrgedicht verfertigte, dessen Werke, so geistreich, witzig
und durch ihre elegante Darstellung gewinnend dieselben
auch sein mögen, doch weder in der Anlage, noch in der
Ausführung, Aeusserlichkeiten ausgenommen, poetisch
sind. Auch Bessenyei besass Geist, eindringenden Verstand, einen ernsten Hang zur Untersuchung der wichtigsten geistigen und materiellen Interessen der Menschheit, auch er arbeitet in fleissig gefeilten, schön klingenden
Versen, aber er ist in seinen Lehrgedichten weit weniger
poetisch, als in seinen dramatischen, beschreibenden und
vermischten Gedichten, z. B. in den Heroiden und einigen seiner Episteln. Schon die Auffassung ist bei Pope
nicht dichterisch, und Bessenyei trat ganz und gar in
dessen Fusstapfen. Seine Darstellung ist aber in einigen
seiner kleinen prosaischen Stücke nicht weniger lebendig,
witzig und anschaulich, als in den versificirten, wo er
überdies mit einer zu tieferen metaphysischen Erörterun-
gen noch ungebildeten Sprache, und zugleich mit der
äussern Form zu ringen hatte, und deshalb häufig dunkel
und unverständlich wird. Nicht der Mangel gründlichen
Wissens, wie Paul Balogh in seiner Geschichte der ungrischen Philosophie behauptet, verursachte demgemäss

den Mangel an Klarheit bei Bessenyei, und wenn derselbe Kritiker auch systematischen (!) Zusammenhang,
Ordnung und eine durchdachte Darstellungsweise bei ihm
vermisst, so beurtheilt er den Dichter und den geist-
reichen Weltweisen vom Standpunkte der Schule aus;
andererseits würdigt er nicht hinlänglich jene Schwierigkeiten, mit welchen der klare Ausdruck bei dem Nichtvorhandensein des, der Speculation dienenden Werkzeu-
ges, einer genau bestimmten Kunstsprache, auf einem so
wenig bebauten Felde zu kämpfen hatte.

Bei alle dem war die Einwirkung Bessenyei's auf
die Poesie eine tiefe und heilsame. Er befruchtete dieselbe mit Ideen, und wie in Beziehung auf die Formen —
ausser den lyrischen — so erhob er sie auch hinsichtlich
des Inhalts aus jener engen Sphäre, worin sie sich bisher
bewegte. Die Darstellungsweise wusste er, mit Beseitigung der zur Breite verführenden, ja zwingenden, vierzeiligen Zrínyi-Stanze, nach dem Beispiele von Johann
Illei, durch Einführung des zwölfzeiligen gepaarten Verses, zu verschönern, zu veredeln und gedrungener zu machen; aber wie viel mehr hätte dieser Vers noch gewonnen,
wenn Bessenyei seinen falschen Alexandriner nicht mit
trochäischen, sondern wie dessen Natur und Bestimmung
es erfordert, in so weit er nämlich in der Tragödie, im
Lehrgedicht, in der Epistel gebraucht wurde, mit jam-
bischem Versmasse gebildet hätte!

Bessenyei's Einfluss beschränkt sich übrigens keineswegs blos auf seine poetische Wirksamkeit, auch nicht
auf seine philosophischen und historischen Werke : er
wirkte, abgesehen davon dass er eine Masse neuer Ideen
und Kenntnisse in Umlauf setzte, insbesondere, Beispiel
und Richtung gebend, und anregend sowohl in seinen

Schriften, als auch in seinen Briefen, und mit lebendem
Wort. Er ermunterte, agitirte, leitete; er sprach es zuerst
aus, dass eine Nation sich durchaus nur in und mit ihrer
Sprache bilden könne, dass sie zwar mit Hilfe fremder
Literaturen eine Menge Gelehrte haben könne, aber dass
die fremde Wissenschaft nie in das Blut der Nation selbst
übergehen werde. Er war der Erste, der eben darum die
Pflege der Wissenschaften in ungrischer Sprache, und zu
diesem Zwecke die Errichtung einer gelehrten Gesellschaft, öffentlich empfahl und zu fördern suchte; er war
es, der durch seine allbezwingende Persönlichkeit eine
Schaar begeisterter und hervorragender Männer zur
schützenden Begünstigung, ja zur thätigen Pflege der
Nationalsprache und Literatur gewann, mit Verachtung
jener Kurzsichtigkeit, womit viele, die Tragweite dieser
neuen Bewegung nicht erfassende, geborne Ungern, und
selbst Freunde der Wissenschaft, ihn rücksichtslos verfolgten.

Bessenyei's Rolle als Schriftsteller brach, überraschend genug, gleichsam plötzlich mit seiner Verwendung
bei der Hofbibliothek ab, von der er 1784 scheidend, nach
beinahe fünfundzwanzigjähriger Abwesenheit aus seinem
Vaterlande, hieher zurückkehrte, und auf seinem Gute zu
Berettyó-Kovácsi in völliger Zurückgezogenheit lebte.
Aber auch hier konnte sein rastlos thätiger Geist nicht
ruhen. Eine ansehnliche Reihe dichterischer, philosophischer und historischer, meist umfangreicher, Werke entstand in dieser zweiten Periode seines Lebens. Diese letztern sind folgende : Von der Entstehung und Verwaltung
der Gesellschaft; die gesetzliche Stellung Ungerns, zwei
Bände; der Biharer Eremit, zwei Bände; Römische Geschichten, zwei Bände; Sully's Leben u. s. w. Die poe-

tischen, und zwar didaktische : „Die Bitterkeit der
Würde", erstes Buch; Die Naturwelt, in drei Büchern;
der Mensch, nach Pope, neu bearbeitet; ein beschrei-
bendes Gedicht : Debrezins Klage (zur Zeit des grossen
Brandes von 1802); ein philosophischer Roman : „Die
Reise des Tarimenes", woraus die „Szépirodalmi Lapok"
(Belletristische Blätter) kürzlich ein interessantes und
charakteristisches Bruchstück mittheilten, und mehrere
Theaterstücke. Alle diese Schriften blieben aber Manuscript, und warten bis heute der Herausgabe. Dem
grössten Theile nach kenne, theilweise besitze ich dieselben. Jene Kenntnisse, welche die Grundlage von Bessenyei's gelehrten Werken bilden, sind heutzutage bereits
Gemeingut, aber die Persönlichkeit des genialen Mannes
ist darin so ausgeprägt, so gewichtig und anziehend, dass
ich mit Verlangen der Zeit entgegensehe, worin ich in
der Lage sein werde, die ungedruckten Werke des alten
Philosophen-Dichters zum Gemeingut der Nation zu
machen. Dann wird es an der Zeit sein kritisch von ihnen
zu sprechen : zur Geschichte dieses Zeitalters gehören sie
nicht, da sie, nicht an's Licht getreten, auch nicht zur
That, zum Ereigniss, wurden.

Das nächste Mal will ich von Bessenyei's Nachfolgern, und von dem Einfluss dieser Schule sprechen.

Dreissigste Vorlesung.

Die übrigen Schriftsteller der französischen Schule : O r c z y , Barcsai; Á n y o s , unser ausgezeichnetster elegischer Dichter; Joseph
Teleki, Péczeli. Uebersetzungen französischer und englischer Werke:
Dramen, Epopöen, Romane. A l e x a n d e r B á r ó c z y , der Schöpfer
der ungrischen schönen Prosa. Lehrgedichte. Lyrische Gedichte.

Meine Herren!

Unter denjenigen, welche in Georg Bessenyei's Gesellschaft auftraten, obgleich einige seiner Gedichte erst
1777 das erste Mal im Drucke erschienen, muss ich doch
vor Allen den Freiherrn Laurentius Orczy besprechen,
als der nicht nur seinem Alter, sondern auch seiner Wirksamkeit nach, den übrigen Männern der neuen Bewegung
um ein gutes Stück voraneilend, eigentlich schon im frühern Zeitraume zu berücksichtigen gewesen wäre, wenn
jene Zeit mit ihrer furchtsamen Zurückhaltung nicht auch
ihn veranlasst hätte, seine Dichtungen der Oeffentlichkeit
vorzuenthalten. Schon im Jünglingsalter opferte der 1718
geborne Mann den Musen, aber da in Folge des denkwürdigen Reichstages von 1741 auch er unter die Fahnen
der, zum Schutz der schönen jungen Königin sich erhebenden, adeligen Insurrection trat, und seitdem dem Vaterlande im Felde diente, so gab er für längere Zeit die

Poesie auf. Nur von 1756 an stossen wir auf Dichtungen
von ihm, welche nach wenigen Jahren zu einem Bande
angewachsen waren. Auch hatte er auf das Drängen seines
alten Freundes, des Primas Grafen Franz Barkóczy bereits beschlossen dieselben zu veröffentlichen, als der
Tod des Kirchenfürsten dazwischen trat, und sie länger
als zwanzig Jahre in Dunkelheit begrub. Während dessen
erfolgte das Auftreten Bessenyei's. Ob dieser Orczy's Gedichte gekannt, ob er von ihm den Alexandriner angenommen, ist mir unbekannt, doch war, wenn ich nicht
irre, Orczy der Erste, der die vierzeilige Zrínyi-Strophe
gegen paarweise Alexandriner vertauschte, und den sein
Günstling Johann Illei von ihm lernte und in seinem
Boethius (1764) hier und da in Anwendung brachte, obgleich noch, so wie Orczy selbst, mit Festhalten der Strophe. Uebrigens beschränkt sich Orczy's Verdienst keineswegs blos auf jene technische Neuerung, der er, da er
nicht öffentlich auftrat, ohnehin keine allgemeinere
Geltung erringen konnte; vielmehr war er einer jener
wenigen eifrigen und weitsehenden Patrioten, welche die
Stumpfheit der vorigen Periode schmerzlich empfanden,
und schon damals anfingen die Liebe zur Nationalsprache
und die practische Tragweite ihrer Ausbildung, wenngleich nur noch in Privatkreisen, zu verkünden, Schriftsteller zu unterstützen, und deren Werke drucken zu lassen.
Als Bessenyei und seine Genossen mit Kraft und jugendli-
chem Feuer ihre schaffende Wirksamkeit begannen, so
mischte sich Orczy, der durch den Glanz seiner Geburt,
seiner ausgedehnten Besitzungen, seiner militärischen
und bürgerlichen hohen Stellung einer der angesehensten
Männer des Vaterlandes war, mit väterlichem, ja mit
freundschaftlichem Wohlwollen unter sie, und nährte in

den, mit Tadelsucht, Geist- und Geschmacklosigkeit Ringenden den hohen Vorsatz und die Ausdauer. Auch diese Art von Wirksamkeit mit Aufmerksamkeit zu verfolgen und mit pietätvoller Würdigung zu verkündigen, ist eine heilige Pflicht des Geschichtsforschers, weil das Verdienst der Aufmunterung oft nicht geringer als das Derjenigen. welche in ungünstigen Zeiten einen Theil ihrer schaffenden Kraft oft aus solchen Aufmunterungen schöpften.

Doch auch als Schriftsteller verdient Orczy Beachtung. Seine Werke wurden von Révai 1787 und 1789 in zwei Bänden veröffentlicht. Sie bestehen aus grössern und kleinern Lehrgedichten, unter denen dreiundzwanzig aus Boethius, und zahlreiche Episteln. Orczy's Verdienst beruht nicht auf dem poetischen Element, und seine Leichtigkeit verführte ihn häufig, entweder zur Weitschweifigkeit, oder zur prosaischen Nüchternheit; aber um so achtungswerther erscheint er durch jene hohe Gesinnung, welche jedes seiner Gedichte athmet. Ihn beschäftigen nicht abstracte Gegenstände der Philosophie, wie so oft Bessenyei ; vielmehr ist ihm diese ein geistiger Luxus, welcher den Forschungsdurst des menschlichen Geistes nur erregt, ihn aber nie zu löschen vermag, das Gemüth durch Zweifel beunruhigt, sie aber nicht zu beschwichtigen im Stande ist. Seine Philosophie ist rein ethisch und practisch : „Lerne Gott und Dich selbst erkennen, und lebe auf Grund dieser Erkenntniss so, dass Du glücklich zu werden und zu beglücken vermögest"; lehre die Menschen ihr Glück in der Tugend finden, rüge und bestrafe die Fehler und Sünden : — diese Richtung verfolgt jedes seiner Werke. Eine auf reinem Selbstbewusstsein begründete Seligkeit und Gewissensruhe ist ihm das höchste Ziel des Lebens ; was nicht dazu führt,

gehört zu den tausend Eitelkeiten und Thorheiten dieser
Welt. Dabei aber betrachtet er fremdes Elend nicht mit
selbstsüchtiger Gleichgiltigkeit. Seine politischen Ansichten sind aristokratisch : seine Sitten aber einfach; in
den Palästen der Könige und Grossen ist es das ländliche Stillleben, was der alte General und Obergespan über
Alles schätzen lernte, und in seinen zahlreichen Berüh-
rungen mit den nicht bevorrechteten Ständen erregen
deren Leiden sein Mitleid, deren Arbeiten und Tugenden seine Achtung. Er ist Mensch im edelsten Sinne
des Wortes, und vor Allem Unger. Jeder Pulsschlag
seines Herzens gilt Ungern : dies ist ihm ein Eldorado,
welches darum auch verdient, dass wir dafür leben und
sterben. Eine solche Persönlichkeit ist achtungswerth, er-
wärmend, einnehmend, und daher stammt jene Werth-
schätzung, womit die Persönlichkeit und die Gedichte
dieses seltenen Menschen und Patrioten geliebt wurden.

Wenn von Bessenyei und Orczy die Rede ist, so
schliesst sich diesen beiden Namen gleichsam von selbst
der Abraham Barcsay's an. Jenem als Freund und Gefährten, diesem als Verehrer, Beiden durch die innigsten
freundschaftlichen Empfindungen eng verbunden, stand
er mit beiden, aber am häufigsten mit dem alten Orczy,
in einem gemüthlichen Briefwechsel, worin er die während seines wechselreichen Lebens empfangenen Ein-
drücke mit anmuthigem Geplauder wiedergibt. In ihm
prägt sich nicht jene scharf bezeichnete entschiedene Persönlichkeit aus, wie in den Gedichten des Philosophen
Orczy, dagegen besitzt er eine lebhaftere Phantasie, weshalb auch seine Sprache sinnlicher, bilderreicher und ge-
schmackvoller, so wie eben darum seine Darstellung nicht
so weitschweifig ; sein Vers regelrechter, von leichterem

Fluss und reinerer Sprache. Barcsay wurde von Bessenyei entzündet, seine ersten Versuche sind an ihn gerichtet, und haben in dessen „Gesellschaft" 1777 das
Licht erblickt. Eine grössere Anzahl seiner Dichtungen
gab erst Révai 1789 im zweiten Bande der Orczy'schen
heraus, und einige Kleinigkeiten aus seinem Nachlasse
Döbrentei.

Alle diese überragte an Glanz und Popularität
Paul Ányos, eine der poetischsten Seelen, die jemals
in ungrischer Sprache ihren Empfindungen Worte
gaben. Sein Inneres ist ganz Glut und Sehnsucht nach
Genuss. Wir wissen nicht, was ihn bestimmte, als er
1772, ein noch nicht sechzehnjähriger Jüngling, in den
Paulinerorden trat. Das erste Jahr konnte dem sinnigen,
die Welt nicht kennenden Gemüthe in der romantischen
Einsamkeit von Maria-Nostra anziehend erscheinen, und
so wurde er denn, nachdem das erste Jahr des schweren
Noviziats glücklich überstanden war, nach Ablegung des
zweiten Gelübdes auf die Universität nach Tyrnau ge-
sandt, wo er, nachdem er die philosophischen Studien
durchgemacht hatte, 1776 zum Doctor promovirt wurde.
Im folgenden Jahre siedelte er sammt der Universität
nach Ofen über, wo er 1781, nach absolvirten theologischen Studien, zum Priester geweiht, und in das, im
Felsö-Elefánter Walde gelegene Kloster, nach Beendigung
des letzten Probejahres 1782 aber als Lehrer der ersten
Gymnasialclasse nach Stuhlweissenburg versetzt wurde.
Er erkrankte, und schwand von Tag zu Tag mehr dahin; so, dass alle Lebenshoffnung erlosch. In Vesprim
schmeichelte man ihm noch mit der Aussicht auf Genesung,
er liess sich 1784 im Juli dahin bringen, und im September
ward der noch nicht 28jährige junge Mann begraben.

Ányos ward hauptsächlich ein Opfer seiner verfehlten Lebensbestimmung. Als er zum Bewusstsein derselben erwachte, wollte oder konnte er keine Aenderung mehr herbeiführen. Seine glühende Brust konnte nur sündhaft ihre Wünsche befriedigen. Ueberlieferungen weisen darauf hin, dass seine unbezwungenen Leidenschaften jenen Wurm in ihm nährten, der frühe sein Leben verzehrte. Einen Ersatz für das verlorne Glück versprach ihm die Freundschaft, Ruhe die Philosophie. Jenen fand er bis zu einem gewissen Punkte in dem Verhältniss mit jenen trefflichen Männern, die damals dem Vaterlande unter der Fahne literarischer Bestrebungen dienten, aber diese konnten ihm seine Tag und Nacht emsig betriebenen Studien nicht gewähren. Sein forschender Geist schöpfte aus dem Wissen Schmerz, die Kenntniss des Weltlaufes erzeugte einen Zwiespalt zwischen seinem Kopf und seinem Herzen; jene elegische Ruhe, welche in seinen Werken sich kund gibt, war nicht die Ruhe der Versöhnung, sondern der Resignation. Das quälende Bewusstsein der Vergänglichkeit webt sich als rother Faden durch seine Empfindung, und wird zur Quelle eines geheimen Schmerzes, denn es ward in seiner Anwendung auf sich selbst zum Vorgefühl seines frühen Todes. Die Freude über den Aufschwung seiner Nation erhielt noch seine Seele, und als diesem Hindernisse in den Weg traten, ward auch sie von Trübsinn und Traurigkeit vergiftet. Sein letzter Anker blieb die Freundschaft.

Die Sammlung, welche Bacsányi 1798 unter mühevollen Anstrengungen veranstaltete, erschöpft nicht die Früchte von Ányos dichterischer Thätigkeit : viele seiner Arbeiten liess Unachtsamkeit verloren gehen, viele derselben raubte uns eine falschverstandene Anständigkeit vielleicht für immer; anderes verurtheilte die Zeit zur Verborgenhaltung; von seinen religiösen Gesängen, welche 1785 in einem besondern Bande ohne seinen Namen an's Licht traten, gänzlich abgesehen. Und so geben seine erschienenen Werke nur ein unvollkommenes Bild der Phasen jenes ausgebrannten Vulkans; nicht den Liebesschmerz, nicht die Zornergüsse des gekränkten Patrioten: nur die Klagen und Seufzer des Leidenden. Aber diese Poesie der Klage erweckt ein tiefes Mitgefühl durch die Wahrheit seiner Motive, sie fesselt durch den Gehalt seiner Reflexion, sie erfreut mit allem Zauber der dichterischen Darstellung, der anschaulichen, sinnigen, bilderreichen Sprache. Dabei ward Ányos, wenn wir sein frohnmässig gearbeitetes Gesangbuch ausnehmen, bei seinen Productionen von jenem freien Gefühl für das Schöne geleitet, welches nirgendwo einen störenden Fleck duldet, und in Gedanken, Bildern und Worten Reinheit und Einklang sorgsam bewahrt. Seine Versification ist, ausser den lyrischen Schema's, melodisch und leicht, und zwar keineswegs auf Kosten der Gedrängtheit des Ausdruckes, wie dies der durchgängige Fehler seiner Zeitgenossen war. Selten, aber zuweilen dennoch, erlaubt er sich nicht nur kühne, sondern auch unstatthafte Inversionen, um der von ihm nie vernachlässigten Cäsur willen.

Ányos ist mehr seines Ursprungs, als dem Geiste seiner Schriften wegen der französischen Schule zuzuzählen. Bessenyei weckte in ihm die Aufmerksamkeit und Neigung für die Literatur, Barcsay nährte durch persönliche Freundschaft seinen Muth, und wie dieser, so pflegte auch er die Epistel, und zwar in den Formen, welche diese Schule fest hielt. Die französische Literatur war ihm bekannt, aber nicht mehr, als die classische und die deutsche,

und er entlehnte daraus nichts; er gab nur sich selbst
und stets sich selbst. Er gehört zu den subjectivsten lyrischen Dichtern; seine Reflexionen nehmen stets den Weg
durch sein Herz. Er gab immer empfundene Gedanken.

Zu derselben Zeit, 1779, zog Graf Joseph Teleki I.,
Obergespan von Ugocsa und Kronhüter, durch die auf den
Tod seiner Schwester, Gräfin Esther Teleki, geschriebene
Elegie in hohem Grade die allgemeine Aufmerksamkeit
auf sich. In dem über fünfhundert Verse enthaltenden
Gedicht verschmilzt die Beschreibung und Reflexion in-
nerlich mit dem Gemälde elegischen Schmerzes, und das
Ganze enthält so viel schöne und ergreifende Gedanken,
dass, wenn der Verfasser alles dasjenige, was in diesem
Werke zum prosaischen Detail des Gelegenheitsgedichtes
gehört, glücklicher mit dem dichterischen Bilde zu verschmelzen gewusst hätte, dasselbe gewiss unter unsere
Meisterwerke zu zählen wäre. So wie wir dieses schöne
Gedicht mit tiefer Bewegung aus der Hand legen, so erfüllt uns in demselben Masse ein anderes Gedicht desselben Verfassers „vom menschlichen Leben" mit einer
herben Empfindung. Derselbe schildert darin blos die
Schattenseiten aller Zustände des menschlichen Daseins,
und auch diese von Anfang bis zu Ende mit dunkeln Farben. Doch dürfen wir nicht vergessen, dass dieses Gedicht
nur als Fragment auf uns gekommen, dass wir besonders
den letzten Theil desselben nicht besitzen, welcher um
so gewisser dazu bestimmt war, diese Dissonanzen auf-
zulösen und uns mit dem Leben zu versöhnen, als wir dies
nicht nur von der Gemüthlichkeit und der geläuterten
Weltanschauung des Verfassers, sondern auch von seinem
richtigen Tacte erwarten durften, da dieses Gedicht an
seinen kleinen Sohn gerichtet ist, und es demnach unmög-

lich seine Bestimmung sein konnte, den das Elend und
den Jammer des Lebens wohlthätig bedeckenden Schleier
vor ihm in der Absicht zu lüften, dass die jugendliche
Brust sich über kurz oder lang mit tiefer Erbitterung in
der wirklichen Welt auffinde, sondern vielmehr deshalb,
um sie mit den Uebeln zugleich die sittlichen Heil- und
Schutzmittel kennen zu lehren, und sie zu der Ueberzeugung zu führen, dass in der menschlichen Seele solche
Kräfte wohnen, welche aller Kälte, ja allen Verfolgungen
der Welt zum Trotz, im Stande sind, schon hienieden,
zwar nicht das goldene Zeitalter der Dichter, aber ein
sehr erträgliches Erdendasein, ja sogar eine gewisse Stufe
der Glückseligkeit, dem Sterblichen zu sichern. Wir können daher mit Recht nur beklagen, dass wir nicht das
ganze Gedicht besitzen, und überhaupt dass nicht Meh-
reres aus dem Nachlasse des Dichters zur Herausgabe
gelangte, denn dass er einen solchen wirklich hinterlassen, wissen wir nicht nur aus den Schriften seines Sohnes
Ladislaus, sondern es beweist uns dies auch jene leichte,
sichere und geübte Hand, welche die uns bekannt gewordenen Stücke verrathen. In Teleki verlor die Nation
gewiss einen trefflichen didaktischen Dichter. Aber er
machte kein Handwerk aus dem Dichten : er schrieb nur
für sich selbst, und was Kazinczy im Kaschauer Ungrischen Museum von seinen Gedichten herausgab, erschien
so zu sagen nur verstohlen.

Noch gehört Joseph Péczeli I., der Vater des
Geschichtschreibers, reformirter Prediger zu Komorn,
in diese Reihe. 1750 geboren, im Auslande, namentlich
auf schweizerischen und holländischen Akademieen ausgebildet, kehrte er gegen Ende des Jahres 1783 in die
Heimat zurück, und begann hier allsogleich neben seinem

Predigeramt alle Kraft und Zeit der Literatur zu widmen. In demselben Jahre 1784, als Péczeli sich zuerst
mit seiner Voltaire'schen Zayre seinem Vaterlande bekannt machte, hatte sich Bessenyei auf sein Gut an der
Theiss zurückgezogen, war Ányos gestorben, und die
Literatur entbehrte gleichsam eines Hauptes und einer
thätigen Notabilität. Péczeli, der seine Wirksamkeit auf
mehrere Zweige der kirchlichen und weltlichen Literatur
ausbreitete, ward bald Gegenstand allgemeiner Achtung,
und der Mittelpunkt des heranblühenden Geschlechts.
1789 begründete er eine literarische Zeitschrift vermischten Inhalts, das „Mindenes Gyűjtemény", und setzte dieselbe eifrig und aneifernd bis zu seinem Tode fort, der
ihn schon 1792 hinwegriss, nachdem er in acht kurzen
Jahren mehr und Mehrfacheres geboten, als vor ihm irgend ein anderer Schriftsteller dieses Jahrhunderts. Seinen
poetischen Uebersetzungen begegnen wir noch heutzutage öfters; von seinen selbstständigen Schriften sind
hier seine Fabeln zu erwähnen (1788), welche theilweise
originell, theilweise Ueberarbeitungen aesopischer Motive, durch ihre leichte und gefällige Erzählungsweise beliebte Jugendschriften wurden.

Diese sechs Schriftsteller erschöpfen die Original-
production unserer französischen Schule; die übrigen
wirkten durch Uebertragung französischer Meisterwerke
oder durch deren Nachahmung. Im Anfang erweckte namentlich das Drama die Thätigkeit unserer Schriftsteller. Und hier muss vor allen Anton Zechenter erwähnt
werden, der Sohn deutscher Eltern zu Ofen, der sich mit
solchem Eifer der neuen Bewegung anschloss, dass er,
obwohl wegen seiner Incorrection häufig unbarmherzig
angefochten, gleichwohl mit unermüdeter Ausdauer seine

Bahn verfolgte. Kaum war das Banner durch Bessenyei aufgepflanzt, als er mit der rastlosesten Thätigkeit mehrere Trauer- und Lustspiele übersetzte, von denen jedoch nur die folgenden an's Licht traten : Guesclin Adelaide von Voltaire (1772), Phaedra und Hippolytus von Racine (1775), Mahomet von Voltaire (ohne Jahreszahl), die Horatier und Curiatier von Corneille, und Mithridates von Racine (beide 1781), sämmtlich in Prosa, mit Ausnahme des Corneille'schen Stückes. Eine Thätigkeit ohne Segen, und nur als Werke eines seltenen patriotischen Eifers zu erwähnen, der den Verfasser, obwohl sein amtlicher Beruf ihn frühzeitig dem Vaterland entrückte, bis zu seinem Tode nicht verliess. Er starb zu Prag im Alter von mehr als achtzig Jahren. Mit desto grösserem Beruf und Glück wirkten auf diesem Gebiete zugleich Graf Adam Teleki und Joseph Péczeli. Jener übersetzte 1773 Corneille's Cid, und zwar, in Anbetracht der Kraft des Originals und des damaligen Zustandes unserer Sprache, mit überraschendem Glück. Gedrängtheit, Kraft, edle Sprache erheben dieses Werk über alle Genossen jener Zeit. Auch Péczeli wandte sich mit Glück Voltaire zu in seinem ersten Versuch der versificirten Uebersetzung der Zayre (1784), doch hatte der, auf allen Gebieten eine ausgebreitete Wirksamkeit anstrebende, Mann in seinen spätern prosaischen Uebertragungen, wie die der Merope, des Tancred (1789), der Alzire (1790), alle Schönheit des Originals verwischt. Des von Bessenyei bearbeiteten Voltaire'schen „Triumvirats" haben wir schon gedacht. Glücklicher als Voltaire, war der bei weitem geringere d'Arnaud, dessen sentimentale zwei Trauerspiele : Euphemia (1783), und Graf Cominge (1793) der Freiherr Joseph Naláczi mit vieler Empfindung übertrug.

Auf dem Felde des Epos zog natürlich die Henriade
vor allen die Aufmerksamkeit unserer Schriftsteller auf
sich. Péczeli brachte dieselbe zuerst 1786, bald darauf
folgte die Uebersetzung des Superintendenten Samuel
Szilágyi des ältern (1789), und da beide sehr bald ver-
griffen waren, folgte die Péczeli's zum zweitenmal und
überarbeitet (1792). Beide Arbeiten verdienen Beachtung.
Die von Szilágyi ist treuer, gedrängter, wirksamer, aber
nicht selten hart; die von Péczeli besitzt mehr Leichtigkeit und Eleganz, aber sie ist weniger poetisch und
ungebührlich frei. Beide Ansichten, die der Freunde einer
strengen, und einer mehr umschreibenden Uebersetzung,
fanden dadurch ihre Befriedigung. Daneben fand auch
David Durand's, bis jetzt schon vergessenes, didaktisches
Epos : „Der Fall der ersten Menschen“, in sieben Gesängen, seinen Bearbeiter in Caspar Göböl (1789). Hier
muss ich Ihnen auch die Uebersetzungen von Milton's
Verlorenem Paradies und Wiedergewonnenem Paradies
erwähnen, durch Alexander Bessenyei, Georgs Bruder, denn auch dieses erhielten wir auf französischem
Wege nach einer französichen Uebersetzung (1796).
Diese Arbeit ist nicht nur nicht treu, sondern sie lässt
nicht einmal von Ferne jene Würde und Majestät, jene
Kraft und Gedrungenheit ahnen, welche das Original zu
einem der Hauptwerke der Weltliteratur machen. Die
Uebersetzung ist nicht blos in ungebundener, sondern
auch in völlig prosaischer Sprache, ohne alle Schönheit,
Kraft und Poesie. Wir glauben eine Geschichte, stellenweise eine Abhandlung zu lesen : nicht der leiseste Wi-
derhall jener grossartigen, überirdischen Musik, welche
aus Milton's ausserordentlichem Werke uns anspricht.
Ein komisches Epos : Boileau's berühmten Lutrin gab

Franz Kovács (A Pulpitus 1789), treu und nicht ohne
Laune, aber, da er jeden Vers des Originals mit zweien
wiedergab, auch in sehr bequemer Breite, wodurch das
Belustigende des Gegensatzes zwischen dem hochernsten
Ton und dem geringfügigen Gegenstand zum grossen
Theil verloren geht.

Wichtiger ist die Uebertragung des französischen
Romans und der Erzählung in unsre Literatur. Schon
im frühern Zeitraum geschah die erste Probe dieser Gattung durch Fenelon's Telemach vom Grafen Ladislaus
Haller, welcher zugleich der erste glücklichere Versuch
belletristischer Prosa in unserer Sprache war. Jetzt trat
Alexander Báróczi auf. Franz Kazinczy spricht von
ihm als einem grossen Schriftsteller : Dieses Urtheil über
einen blossen Uebersetzer gefällt, scheint heutzutage unbegreiflich : gleichwohl spiegelt es jenen in der That
ausserordentlichen Eindruck wieder, welchen dieser, jeder
eigenen schöpferischen Kraft entbehrende, aber mit einem
seinem Zeitalter weit vorauseilenden feinen Geschmack
begabte Schriftsteller auf das gesammte Publicum, und
besonders auf eine, das Schöne so tief empfindende, Seele
wie Kazinczy, hervorbrachte. Jener feinfühlende, aber
schüchterne und zurückhaltende Mann gab endlich dem
Drängen Bessenyei's nach, und veröffentlichte seine Arbeiten. So erschien 1774 Calprenede's Kassandra in sieben Bänden, 1775 Marmontel's Contes Moreaux und die
Moralischen Briefe von Dusch, (alle diese zum zweiten Mal
1794, 1786, 1784, und zum dritten Mal 1814). Von dem
ersten Werke spricht unser Zeitalter mit Unrecht gering-
schätzend. Es hat die grossen Fehler der französischen Poesie
des XVII. Jahrhunderts, doch zugleich auch deren Vorzüge.
Wir werden in der Kassandra hinsichtlich der Sitten- und

Charakterzeichnung eben so wenig historische, ja selbst
psychologische Wahrheit finden, als bei den grossen
Dramen-Dichtern jenes Zcitalters, aber Calprenede ist
vom Scheitel bis zur Sohle ein Dichter, und glänzender
Darsteller, weshalb jener grosse Roman, den Báróczy
in unsere Literatur in einer Prosa von bis dahin unbekannter Schönheit überpflanzte, das ungrische Publicum nicht weniger elektrisirte, als der Originalverfasser
einst die schöne Welt von Paris. Eine glücklichere Wahl
war die von Marmontels kleinen Erzählungen, und nur
Báróczy war zu dieser Zeit im Stande, jenen leichten, gebildeten Ton wiederzugeben, welcher dieselben, neben
der gelungenen Sittenschilderung, so anziehend macht.
Dusch's Moralische Briefe ernteten in Báróczy's Bearbeitung mehr Beifall, als im Original, vermöge jener
Sprachkunst, die er darauf verwendete. Báróczy ist der
Schöpfer jener eleganten, reinen, rhythmisch dahinfliessen-
den, und zugleich den Ton des Lebens veredelt wieder-
gebenden Prosa, worin er bei uns durchaus keinen Vorgänger hatte, und worin er allein in unserer belletristischen
Prosa das bewirkte, was sonst nur ein ganzes Zeitalter
auszubilden vermag. Der Zeit nach gingen ihm zwei
Landsleute voran in der Uebersetzung des gerade damals
erschienenen und von der ganzen gebildeten Welt bewun-
derten Belisar von Marmontel, nämlich Baron Stephan Dániel 1769 (herausg. 1776) und Peter Zalányi 1773, ja noch
viel früher Joseph Zoltán, der noch 1753, also vor Ladislaus Haller, und mit nicht geringem Verdienst, besonders
hinsichtlich der Treue, den Telemach übertrug, welcher
aber wegen des dazwischen gekommenen Todes des Verfassers erst nach 30 Jahren an's Licht trat. Mit diesen muss
man Báróczy vergleichen, um die Grösse jenes Fort-

schrittes zu ermessen, welchen die Sprache durch ihn gethan; und in welch' ganz anderer Sprache reden die selbst
nach Báróczy auftretenden Schriftsteller, als dessen Zeitgenossen : jener Ungenannte, der 1793 Voltaire's Candide,
und besonders Samuel Harsányi, der 1794 d'Arnaud's
Erzählungen gab! — um nicht Anderer, andern Schulen
Angehöriger, hier vorausgreifend zu gedenken.

Was in diesem Zeitalter unsere Schriftsteller auf
dem Gebiete des Lehrgedichtes übertrugen, ist meist
englischen Ursprungs, aber es kam, wie Milton, gleichfalls auf dem Wege der französischen Paraphrase zu uns.
Young, Pope, ja vorübergehend sogar Hervey, glänzten
zu jener Zeit in dieser Gattung. Die Unsern zögerten
nicht dieselben zu übersetzen. Pope folgte, wie wir sahen,
Bessenyei in dem „Versuch über den Menschen"; später
gab ihn Stephan Pápai, Prediger zu Hermannstadt (1798).
Desselben Versuch über die Kritik bearbeitete die Pester
ungrische Gesellschaft aus dem Französischen (1792);
Youngs Nächte und übrige Gedichte Péczeli (1787, von
Neuem 1792, und 1815), abermals die Nächte der Freiherr Joseph Naláczi (1801 aber nur dreizehn Gesänge);
Hervey's Grabhügel gleichfalls Péczeli (1790, von Neuem
1821), sämmtlich in Prosa. Péczeli's Young ist dieses
Schriftstellers vorzüglichste Arbeit. Sie ist weit entfernt
von der concisen und ermüdenden, aber kraftvollen Gedrungenheit des Originals; lange Wörter, eine umständliche Ausdrucksweise, Eigenthümlichkeiten jener Zeit,
machen sie schwächer, häufig prosaisch; hier und da
missversteht auch die Uebertragung den Dichter; aber
dessen religiöse Begeisterung, ernste Erhabenheit, Alles,
was in ihm ergreifend, herbe, erschütternd und wieder
erhebend wirkt, hat der Uebersetzer tief nachempfunden,

23*

und so weit die Kraft der Mittel reichte, die ihm die Sprache seiner Zeit darbot, wiedergegeben. Nach Ányos, von dem einige prosaische Stücke trotz der Form durchaus poetisch sind, ist dieser Young Péczeli's bei uns die erste Probe einer poetischen Prosa. Hierher gehört das von Louis Racine mit vieler Wärme und stellenweise mit Erhabenheit geschriebene didaktische Gedicht von der Religion in sechs Gesängen, welches Joseph Kovács, Prediger zu Nagykőrös (1798) übersetzte, und nicht ohne Glück, wenn er nicht statt des ruhigen jambischen, oder auch trochäischen (ungrischen) Alexandriners jene choriambisch sprunghafte fünfzehnsylbige Zeile gewählt hätte, der wir später bei Besprechung eines andern literarischen Kreises in tadelnder Weise wieder begegnen werden.

Von der französischen Lyrik fand nur eine Form Liebhaber und Uebersetzer : die Heroide. Michael Czirjék gab vier Gedichte dieser Gattung : Heloise an Abelard nach Colardeau, Abelard an Heloise nach Dorat, die Herzogin Valière an Ludwig XIV. nach Blin de Sain-More, und Barnevelt an Truman, wieder nach Dorat, frei, mit vielen schönen Stellen, aber im Ganzen mit sichtlich schwerem Ringen. Die Palme auf diesem Gebiete gebührt Gabriel Dayka, dem wir später in einem andern Kreise begegnen werden. Zechenter's Lieder des Anakreon (Prag 1785) erwähne ich hier nur in so weit, als auch sie in französischer Manier modern zugestutzt wurden. Werth haben sie keinen.

Einunddreissigste Vorlesung.

Die classische Schule; deren Prämissen. Ihre Begründer : David
Szabó von Barót, Niklas Révai, Joseph Rájnis. Virgil in ungrischer
Sprache. Prosodische Federkriege. — Zweites Stadium : Die classische Richtung gelangt zu allgemeiner Geltung. Fruchtlose Versuche
hinsichtlich hellenischer Dichter. Die Schule in ihrer Selbstständigkeit : Benedict Virág. Horaz in ungrischer Sprache.

Meine Herren!

Während die in der grossen Welt und meist in vornehmer Stellung sich bewegenden Männer der zu Wien
entstandenen französischen Schule unsre vernachlässigte,
ja fast gänzlich verstummte Literatur auf Grundlage der
damals ganz Europa beherrschenden französischen Poesie
zu regeneriren sich bemühten, und mit ihren, neuen Gattungen angehörigen, Geistesproducten die abgestumpfte
Aufmerksamkeit der Nation schärften, begründeten einige Ordensgeistliche, Zöglinge der classischen Literatur,
unter dem Einflusse eines andern Geschmacks, aber gleichen patriotischen Eifers, eine zweite, neuere, Schule, welche neben der an der Spitze der Zeit stehenden
Partei bald zu einer gefährlichen Nebenbuhlerin empor-
wuchs.

Die weitgreifende Neuerung nahm ihren ersten Ausgang von den antiken Versformen, deren erste Spuren

bis ins sechzehnte Jahrhundert zu Johann Erdősi zurück
reichen, der zuerst die prosodische Natur unserer Sprache, und demgemäss ihre Befähigung zur antiken Versform, erkannte. Sie werden sich seiner noch aus unsern
Wintervorlesungen erinnern. Er hatte Nachahmer gefunden, und zwar, im Verhältniss der damaligen Zeit und
ihres geringen literarischen Verkehrs, nicht wenige. Der,
Erdősi's Vorgang folgenden Verskünstler zählen wir aus
dem sechzehnten Jahrhundert fünf, aus dem siebzehnten
achtzehn, aus der ersten Hälfte des achtzehnten wiederum
fünf, unter denen die sapphischen, alkäischen und anakreontischen Formen einige, wenn auch im Ganzen noch
schwache, Versucher fanden. Den Faden des Aufeinander-
wirkens können wir jedoch nur bis auf Samuel Szilágyi,
den Uebersetzer der Henriade, zurückführen, der nach
einer Mittheilung von Franz Kazinczy, ohne zu wissen
dass Gedeon Ráday schon 1746 die Zrinyiade in Hexametern zu übertragen versuchte, noch vor 1750 Oden aus
Horaz und Klopstock übersetzte. Seinem Beispiel folgte
Georg Kalmár 1760; aber alle diese erschienen entweder
gar nicht, oder erst um Vieles später. Der Polyhistor Johann Molnár trat im Verlaufe seines Werkes von den aus-
gezeichneten Baudenkmälern (1760) nicht nur mit neuern
glücklichern Beispielen auf, sondern empfahl diese Neuerung, sowohl privatim als in der Vorrede zu dem genannten Werk, und stellte auch eine Theorie derselben auf,
wenngleich nur sehr kurz. Mit mehr Feuer und plan-
mässig verfolgte diesen Weg der Jesuit Joseph Rájnis
von Kőszeg, dessen erster Versuch aus 1760 stammt,
und der, aufgemuntert von Molnár und Mártonfi, dem berühmten siebenbürgischen Bischof, denselben fortsetzte,
indem er besonders aus den alten Classikern Uebertra-

gungen lieferte, und endlich 1773 seinen, in mehr als einer Hinsicht bemerkenswerthen „Kalauz" (Führer nach dem ungrischen Helikon) ausarbeitete. Doch hatte derselbe das Licht noch nicht erblickt. Uebrigens können wir dies letztere Jahr als Geburtsjahr unserer classischen Schule betrachten. Da begann nämlich die beachtenswerthe Trias: Rájnis, David Szabó von Barót und Nikolaus Révai — die zwei Letztern fern von einander, und ohne sich zu kennen — Baróti durch einen Ordensbruder zu Bistritz, der Molnár's Versuche sicherlich kannte, aufgemuntert, Révai, zu Vesprim, direct Molnár als seinen Meister bekennend — in classischen Formen zu arbeiten. Der Erste, der auftrat, war Baróti 1777, der Zweite, ein Jahr später, Révai, zuletzt der, die Priorität so stolz für sich fordernde Rájnis 1781.

David Szabó's von Barót „Vermischte Dichtungen nach neuen Massen" enthalten in drei Büchern Gedichte in Hexametern, Elegieen, Eklogen, beschreibende Lehrgedichte, Epigramme, Oden theilweise aus Horaz. Ein grosser Theil davon ist zu besondern Gelegenheiten gedichtet, und sie sind nebst dem Uebrigen, vom Standpunkte des heutigen Lesers betrachtet, nichts anders, als ziemlich nüchterne linguistische Versuche ohne Begeisterung, dichterisches Gefühl und Erfindung. Selbst die Sprache ist noch holprig, die Wortverbindung oft gezwungen, dem Geiste des ungrischen Idioms nicht entsprechend, die Versification zwar nach den vorangeschickten Regeln correct, aber — was den correctesten Versen erst der ausgebildete Geschmack gibt — ohne Numerus. Eine der Eklogen nimmt sogar dramatische Form an (das Hirtenspiel), eines der beschreibenden Gedichte „das Erd-

beben zu Komorn" hat epische Form, in so weit diese berühmte Katastrophe als Gegenstand und Wirkung einer
Intrigue dargestellt wird, welche von einem der (natürlich
griechischen!) Götter ausgeht. Baróti's Auftreten übte,
trotz des sehr mässigen Werthes seines Buches, doch
grosse Wirkung auf das gesammte latinisirende Publicum, was wichtig erschien in einer Zeit, worin dieses die
Wissenschaft und Literatur repräsentirte. Für dasselbe
existirten die modernen Literaturen gar nicht. Diese günstige Aufnahme ermunterte Baróti, das, bei den Schul-
männern damals noch ziemlich beliebte Lehrgedicht von
Vanière „die ländliche Maierei" in XVI Büchern, in
ungrische Hexameter zu übersetzen, das 1779 und 1780
in zwei Bänden erschien. Dies Werk vermehrte Baróti's
Ansehen und machte seinen Namen im ganzen Lande
berühmt, obgleich dasselbe nichts anders war, als ein mit
poetischen Beschreibungen geschmücktes landwirthschaft-
liches Handbuch. Aber in Beziehung auf Sprache und
Technik war der Fortschritt unverkennbar, und die
Freunde jener Form fanden in ihr zu jener Zeit die Poesie selbst. Seine Gedichte erlebten in kurzer Frist (1786,
1789 und 1802) noch drei Auflagen, in welche der Verfasser von den alten Stücken immer wenigere, und auch diese
sorgfältig überarbeitet, zugleich aber desto mehr neue aufnahm, welche, wenn auch nicht eine Vermehrung des
poetischen Capitals, aber doch die Kraft des beständigen
Vorwärtsstrebens und unbefangener Selbstausbildung
fühlbar machen. Unter diesen neuern Arbeiten ist der
Beachtung am würdigsten „der Fall unserer ersten
Eltern", ein Epos in sechs Gesängen, welches zwar nur
nach dem von Neumann epitomirten Milton abgefasst
wurde, doch auch auf diesem langen Wege noch viele

Schönheiten des „Verlornen Paradieses", und in Anbetracht des damaligen Standes unserer dichterischen Sprache, nicht ohne Verdienst, übertrug. Auch die patriotische Richtung trat immer kühner hervor. Die Krone der
Werke des alternden Dichters war aber doch Virgil's
Aeneide, welche er zu Virt im Hause Benedict Pybers,
seines einstigen Schülers, später Freundes und endlich
des Greises Stütze, unter dessen ermunterndem Einflusse
1806 vollendete (erschienen 1810—1813). Beigefügt waren Virgil's Eklogen. Das Verdienst Baróti's bei diesem Uebersetzungswerke tritt besonders durch die Vergleichung mit den Virgil'schen Uebersetzungen Rájnis's
hervor, der zwar hier und da leichter, kräftiger und weniger frei hinsichtlich der Sprache erscheint, während
die Uebersetzung Baróti's poetischer, und einen gebilde-
teren Geschmack beurkundet.

Anspruchslos trat 1778 Niklas Révai mit einem
Buche Elegieen auf. Unter diesen sind einige Gelegenheitsgedichte, die übrigen Episteln an Freunde, und
Uebersetzungen aus Catull, Tibull, Properz und Horaz.
Neun Jahre später gab er in einem grössern Bande „Vermischte Gedichte", deren Inhalt die zu drei Büchern vermehrten Elegieen, ein Buch Lieder, der Gesang des
Moschus über Bion in Alexandrinern u. s. w. ausma-
chen. Auch Révai besitzt keine poetische Schöpferkraft,
aber er hat viel poetische Empfindung, er hat Leidenschaft, und geläuterteren Geschmack als seine Mitkämpfer.
Darum weiss er öfters zu ergreifen, und stets zu interessiren. Seine Elegieen sind von wahrhaft elegischem Hau-
che durchweht. Man sieht, dass ihn das Leben, vielleicht
auch der erwählte Lebensberuf, keineswegs befriedigt,
dass jene vielfachen kleinen Leiden, welche damit ver-

knüpft waren, seine Empfindlichkeit verletzten; auch der
langsame Fortschritt der Nation stimmt ihn schmerzlich;
desto wärmer hängt er Denen an, welche ihm die Freun-
deshand bieten, desto inniger freut er sich, wenn er die
vaterländischen Angelegenheiten in Schutz genommen
sieht. Auch hinsichtlich der Sprache und des Verses
übertrifft er seine Gefährten : Beide sind bei ihm nicht
nur correct, sondern auch schön. Im Lied sahen wir seit
Faludi nicht mehr so beachtungswerthe Versuche. Hier
verlässt er die Ausschliesslichkeit seiner Schule, und
bewegt sich nicht nur in antiken, sondern auch modernen Formen, und ob er nun selbsterfundene oder entlehnte Stoffe zu Liedern formt, er thut dies stets mit
Empfindung und Geschick, und weiss besonders den
Liederton glücklich zu treffen. Auch kann ich die Uebersetzung des grössern Theils vom ersten Buch der Iliade
nicht unerwähnt lassen (1801), worin er gleichfalls
die Versuche seiner Genossen übertraf. Révai hat
seine Originale empfunden, nicht nur verstanden, und
darum haben seine Uebersetzungen auch selbstständigen
Werth.

Rájnis war der letzte, der die Herausgabe seines
Werkes ermöglichte. Sein Kalauz gibt „Beispiele und
Regeln der ungrischen Prosodie." Auch Baróti hat der
ersten Ausgabe seiner poetischen Werke eine ungrische
Prosodie vorangestellt. Die von Rájnis ist detaillirter,
ausführlicher, und mit mehr philologischer und literarischer Kenntniss ausgestattet. Rájnis hielt nur den metrischen Vers für einen wirklichen Vers, und wollte, um
ihm Eingang zu verschaffen, durch zahlreiche Beispiele
beweisen, dass der Grundsatz der Zeitmessung bei dem
Unger so wenig etwas Neues sei, dass derselbe in der

alltäglichen Rede, und in seinen Sprichwörtern, fortwährend, wenn auch ohne Bewusstsein, Verse nach grie-
chischem Schema spreche. Die der Abhandlung vorangehenden Gedichte als „Beispiele" bilden den grösseren
Theil von Rájnis's poetischer Production; diese besteht
aus Oden und Epigrammen, zu denen noch in demselben
Jahre einige, dem Kalauz beigegebene Uebersetzungen
aus griechischen und römischen Dichtern kamen. Aus
seinen wenigen Gedichten ist ersichtlich, dass Rájnis
besondern Sinn für das Erhabene und Kräftige hatte, demselben aber bei seinem wenig geläuterten Geschmack mitunter durch gemeine Bilder bedeutenden Eintrag thut. Ausserdem fehlte es ihm an Erfindungskraft und an Gefühl,
somit an Allem was das Wesen des Dichters ausmacht.
Trotz alledem wollte er durchaus als Dichter gefeiert
sein, und so entschloss er sich zuletzt zur Uebersetzung
des Virgil, denn die Classicisten glaubten auch durch
Uebersetzungen Dichterruhm erringen zu können. Doch
Rájnis arbeitete langsam, und nach den 1789 erschienenen Buccolischen Gedichten des römischen Dichters wurden die Georgica sehr spät fertig. Mitten in der Bearbeitung der Aeneide ereilte ihn aber der Tod im 71.
Jahre seines Alters, ohne dass er sich jener Kränze erfreuen konnte, welche, um seiner letzten Arbeit willen, der
gelehrte Theil der Nation auf sein Grab niederlegte, denn
die Herausgabe der Georgica verdanken wir nach seinem
Tode der anhänglichen Fürsorge Kondé's. Rájnis entbehrte gerade dessen, was ein Uebersetzer des Virgil
vor allem Andern besitzen muss : der Eleganz, übrigens
ging er bei dieser Uebersetzung verständig zu Werke,
und wenn auch Baróti ihn in seinen später bearbeiteten
Eklogen an Schönheit und Anmuth übertrifft, so hat doch

Rájnis, obwohl deutscher Abkunft (er hiess ursprünglich Rheinisch) vor dem „Szekler Poeten" ohne Zweifel die ächt ungrische, wirksame, und dabei keineswegs gezwungene Behandlung der Sprache voraus. Seine Kraft bestand überhaupt vorzüglich in der Sprache, und wenn wir die Last der neuen Fessel berücksichtigen, so können wir der, schon bei seinen ersten Arbeiten sich zeigenden freien und sichern Behandlung unsere Anerkennung nicht versagen.

Diese drei Männer haben den Grund zu jener grossartigen Umgestaltung der poetischen Diction gelegt, welche die unerlässliche Bedingung des reicheren Aufblühens war, dem sie gegen Ende des achtzehnten Jahrhunderts entgegen eilte. Die Leichtigkeit, womit das Schreiben ungrischer Verse bei den ältern sowohl, wie bei den Dichtern der französischen Schule von Statten ging, nachdem der Reim durch kein Gesetz geregelt war, wurde Ursache, dass die Grenzen der poetischen und prosaischen Sprache noch nicht gezogen waren. Der Grundsatz der prosodischen Messung führte zur Beobachtung des Wohlklanges, das Studium der classischen Muster, deren Nachahmung und immer treuere Uebertragungen, zur Auffassung und Wiedergabe der Schönheiten der classischen Diction. Und während Anfangs sowohl die Dichter, als das lesende Publicum bei der Entdeckung der glücklichen prosodischen Natur der ungrischen Sprache sich deren freuten, gab sich allmälig und unbemerkt auch jene der römischen Sprache analoge Fähigkeit der ungrischen kund, wonach kaum irgend eine neuere Sprache geeigneter erscheint, jenen feierlichen Ernst, jene gedrungene Kürze und gewaltige Kraft auf's Treueste wiederzugeben, welche die gesammte neuere Zeit bei den römischen Schriftstellern mit Recht bewundert. In dieser Beziehung gebührt das Verdienst zum grossen Theile gerade Rájnis, jedenfalls ihm mehr, als Baróti, ja sogar mehr als Révai, dessen Seele der des Ovid verwandter, der mehr Anmuth und Grazie besitzt, als seine Gefährten, aber überströmender, ausführlicher, und bei seiner lyrischen Stimmung mehr der neuern Poesie sich zuneigt, weshalb er denn auch häufig deren Formen zu gebrauchen liebt.

Nicht wenig verdankt die ausgebreitete Theilnahme an den classischen Formen jenem Federkriege, wodurch Rájnis die Aufmerksamkeit des Publicums auf sich und die von ihm vertretene Sache lenkte. Kaum war nämlich der Kalauz erschienen, als seine, den Widerspruch, oder auch nur den Zweifel nicht ertragende stolze Seele über jene wohlwollenden und unschuldigen Bemerkungen in Hitze gerieth, welche Mathias Ráth in seinem Blatte „Hírmondó" darüber veröffentlichte. Und alsbald erschien jener berühmte „Anhang zum Kalauz", worin er den armen Ráth, so wie den von diesem in Schutz genommenen Georg Kalmár unbarmherzig und wirklich in roher Weise geisselt, der aber zugleich zahlreiche, die Sprache angehende Bemerkungen enthält, welche, gegründet oder nicht, doch zum Nachdenken anregten, und Anhangsweise mit mehreren Uebersetzungsbeispielen und einigen Bruchstücken aus Gyöngyösi in elegische Verse übertragen, ausgestattet war, welche, neben Anderm, unsre Schriftsteller überzeugen konnten, welchen Vorzug die antiken Versmasse vor jener überaus freien Versification hinsichtlich der poetischeren Gestaltung der Sprache voraus haben, da die Letztere zu wässriger Wortfülle verführt, während die Ersteren den Schriftsteller zu gewählter Handhabung des Ausdrucks und zu kräftiger Kürze gleichsam zwingen. Der zweite Federkrieg ward mit Baróti geführt. Dieser liess sich in seiner Streitschrift : „Wer ist der Sieger in der Prosodie?" (1787) in eine gelehrte polemische Untersuchung in Betreff der im Kalauz enthaltenen zahlreichen prosodischen, und damit in innigem Zusammenhange stehenden linguistischen Behauptungen ein, wogegen Rájnis in der, dem ersten Bande seines Ungrischen Virgils (zu den Eklogen 1789) beigefügten „Geharnischten Rechtfertigungsschrift" den Handschuh aufhob, gegen deren persönliche Beleidigungen Baróti von Bacsányi im „Anhang" zum „Ungrischen Museum" (II. Quartal) in Schutz genommen wurde. Baróti schwieg damals, und erörterte erst in seinen 1800 erschienenen „Orthographischen und Grammatikalischen Bemerkungen", woran sich abermals eine kurze ungrische Prosodie schloss, mit Ruhe und unter Anführung vieler schätzenswerther Daten, die damals in Frage stehenden Sprachpunkte. Auch Révai hatte mit Baróti einen beiläufigen Streit, der aber durch einmalige Erklärung beendigt wurde (in den Révai's Vermischten Gedichten eingeschalteten Briefen 1787), hinsichtlich dessen ich hervorhebe, dass hier von Révai zuerst ausgesprochen wurde, dass das h nicht ein blosser Hauch, wie er und seine Gefährten es bis dahin betrachtet hatten, sondern ein wirklicher Consonant sei. Doch blieb die auf das Zusammentreffen der stummen und flüssigen Consonante bezügliche lateinische Regel noch in Kraft.

Kaum war unter solchen Bewegungen das erste Jahrzehent seit dem Auftreten der classischen Schule verflossen, so begann bereits das gesammte jüngere Ge-

schlecht deren Formen zu gebrauchen, und zugleich jene
neue Sprache anzustreben, ·welche die Schönheiten der
römischen einzubürgern sich bemühte. „Die ungrische
Muse" 1787 liess bereits die neue Zeit empfinden. Michael Szathmári gab die erste Horaz'sche Satyre in
einer schön versificirten Paraphrase, Karl Döme eine
Elegie, Franz Kazinczy seine erste Ode (die Abend-
röthe), Johann Földi erregte Aufmerksamkeit durch
seine Abhandlung über die ungrische Versification, und
empfahl die metrischen Verse wegen ihrer „charakteristischen", d. h. malerischen „schönen und anmuthigen Eigenthümlichkeit." Selbst Adam Horváth, der im Widerspruch gegen Földi, dieselben verwarf, „denn nicht in
jede solche Versgattung passt jedes Wort", pries dennoch „wegen ihrer doppelten Schönheit" die Leoninischen Ausschweifungen, durch welche Johann Gyöngyössi
gerade damals so viel Kränze zweideutigen Werthes
erntete, bis endlich derselbe Adam Horváth einige Jahre
später seine Behauptung selber durch jene schöne Epistel
widerlegte, welche er im Orpheus an Kazinczy richtete.
Auch Péczeli's „Mindenes Gyüjtemény" brachte von Zeit
zu Zeit metrische Versuche, und hier trat mit seinem, die
Eroberung Belgrads behandelnden, Hymnus Johann Kis
zuerst auf. Nicht nur häufiger, sondern auch glücklicher
ward diese Richtung vertreten in dem von 1788 bis 1792
erschienenen „Ungrischen Museum" und im „Orpheus"
1790, wo der alte Ráday mit seinen Versuchen in verschiedenen antiken und neuen Formen auftrat, Kazinczy
Dayka, Földi, Virág lyrische Stücke gaben; Döme,
Dayka, Franz Szuhányi Elegieen, die beiden Erstern
mit ziemlichem Glück an Tibull und Ovid sich versuch-
ten, der Letztere ihnen nachfolgte. Bacsányi brachte ein

Ossian'sches Fragment in Hexametern, und Verseghy erregte mit seiner, 1790 auf den Reichstag geschriebenen, zwar nicht eben poetischen, aber wohl patriotischen Werth in sich tragenden Elegie, Aufsehen, so wie er in seiner 1791 erschienenen „Satyre aus gutem Herzen" in Hexametern, die damaligen literarischen Klopffechter, besonders Rájnis, geisselte, und ein grösseres Lehrgedicht „die Schöpfung" gleichfalls in Hexametern begann, wovon das „Ungrische Museum" den ersten Gesang brachte. Sein dichterischer Werth ist gering, es ist mehr eine naturgeschichtliche Abhandlung in Versen, als eine dichterische Conception wissenschaftlicher Wahrheiten. Doch hatte Verseghy noch 1792 den kühnen Gedanken mit Aeschylus gefesseltem Prometheus einen Versuch zu wagen, und es ist nicht zu läugnen, als erster Versuch verdient diese Arbeit Beachtung, da sie trotz der damaligen bequemen Breite unserer Sprache, besonders die Chöre ziemlich gut wiedergab. Franz Nagy von Vály arbeitete schon damals, mit Hintansetzung der von ihm früher eifrig in Schutz genommenen leoninischen Geschmacklosigkeiten, an den ersten seiner Oden, womit er einst, wenn auch nicht Ruhm, doch Lob mit Recht geerntet; so Csokonai, von dem später noch die Rede sein wird, und Berzsenyi. Doch fällt deren Glanzpunkt in eine spätere Periode.

Alle diese Dichter nahmen die antiken Formen als eine Bereicherung der ungrischen Poetik, nicht als Stellvertreter der bis jetzt herrschenden an, und gebrauchten sie mit ihnen und andern zugleich, je nach dem Charakter des Stoffes, des Gedankens und der Dichtungsart. Nur Einer war unter ihnen, der den Alexandriner, womit er, Bessenyei nachfolgend, aufgetreten war, bald gänzlich verwarf, und das Banner eines ausschliessenden Classicismus entfaltete : B e n c d i c t V i r á g, nicht nur der geschickteste und geschmackvollste Handhaber der äusseren Form unter seinen Zeitgenossen, sondern auch zugleich der reinste Ausdruck jenes Geistes, welcher das classische Alterthum für immer als Muster und Regel aufstellt. Bei Virág ist die Form nicht mehr ein grammatisches oder technisches Factum, obgleich sie auch als solches bei ihm zuerst zu wahrer Selbstständigkeit gelangt, sondern eine wirkliche poetische Gestaltung, ein äusserer und nothwendiger Ausdruck des classischen Geistes, welcher bei ihm nicht etwas Angeeignetes war, sondern als Keim mit ihm geboren, durch das zum Stoicismus erziehende Mönchsleben entwickelt, und durch das Studium der ihm geistesverwandten römischen Philosophen und Dichter, insbesondere des Horaz, genährt wurde.

David Szabó von Barót war blos Linguist, Révai besass mehr das Gefühl des Anmuthigen : Virág war mit dem des Erhabenen ausgestattet, und so ward er der Schöpfer unserer philosophischen und heroischen Ode. Wer seine Gedichte heutzutage liest, nachdem Berzsenyi diese Gattung auf den höchsten Standpunkt erhoben, wird kaum ahnen, wie dieselben ihr Mitalter hinrissen als poetische, wie sie auf die Sprache einwirkten als linguistische Werke : und seitdem die patriotische Dichtung einen langen offenen Kampf mit feindlichen Elementen aller Art glücklich bestand, ahnet man kaum, welche aufrüttelnde Macht jene, mit Selbstmässigung, aber ununterbrochen vorwärtsdrängenden Klänge auf die Herzen ausübten, wie jedes kühnere Wort des Dichters das Vaterland durchflog, als Parole und Losungswort, obwohl, gleich

dem elektrischen Strome, leise und unsichtbar. Aber eben
darum dürfen die Begründer von Blütenzeitaltern der
Literatur niemals blos vom ästhetischen, sondern sie müssen nothwendig zugleich vom historischen Standpunkte
aus beurtheilt, und es müssen die Hindernisse gewürdigt
werden, welche zu besiegen waren. Der Dichter, der an
der Schwelle einer neuen Zeit steht, hat vor Allem mit
seinem Ausdrucksmittel, der Sprache, zu kämpfen, und
in diesem Kampfe verzehrt sich grossentheils seine edelste Kraft. Welchen Reichthum an Gedanken, Gefühl und
Phantasie musste Virág in diesem Kampfe einbüssen,
nachdem so viel übrig geblieben : während in dem Zeitalter der ausgebildeten Sprache mit den fertigen Formen
auch fertige Gedankenkeime und Bilder sich selbst dem
weniger Begabten in die Feder drängen. Diese äussern
Schwierigkeiten sind der Grund, dass in solchen Zeiten
selbst die wirksameren Kräfte sich auf andere Kräfte
stützen, um so, gleichsam Rücken an Rücken, desto glücklicher mit der Hauptschwierigkeit zu ringen, die fortwährend in der Sprache liegt. Virág nahm darum seinen
Ausgangspunkt von Horaz, aber nicht, weil Horaz der
Mann seiner freien Wahl, sondern weil er sein Geistes-
verwandter war. Die Form, und mancher in seine Seele über-
gegangene Gedanke erinnert an den römischen Sänger,
aber diese warme Vaterlandsliebe, diese Lebensweisheit,
diese philosophische Ruhe, Heiterkeit, und bei aller sittlichen und Gefühlsstrenge, diese klare und wohlwollende
Lebensansicht gehört Virág eben so eigenthümlich an,
als sein Körper und sein Temperament ihm angehörte.
Virág war darum ein Originaldichter — wie Horaz selbst
es war, der die Griechen gerade so benützte wie Virág
ihn, und Berzsenyi beide.

Virág war der Sänger der Vaterlandsliebe und
Tugend. Das kriegerische und bürgerliche Verdienst,
die echte Tugend im Gegensatz zu jedem falschen
Glanze, die Freiheit mit Loyalität gepaart, waren die
Hauptgegenstände seiner Verherrlichung. Der Ruhm
und gute Name, durch edle Thätigkeit erworben, wird von
ihm eben so als höchstes irdisches Gut hingestellt, als
er die Gesinnungslosigkeit, den Mangel an Patriotismus, und die Zwietracht bald in seinen Oden schalt,
bald in seinen Episteln mit Hohn zu geisseln wusste.

Die beiden Hauptformen, in denen er sich bewegte,
war die Ode und die poetische Epistel. Dort, besonders
in seinen heroischen Oden, ist er ernst, gehoben, senten-
tiös, von lyrischem Schwung; seine Sprache gewählt,
fliessend, aber weniger bilderreich, als die der Ode sein
darf, ja stellenweise zur Prosa herabsinkend, wie bei Beginn der Geschmacksentwicklung selbst die der grössten
Geister : dagegen ist sein Rhythmus stets klangreich, voll-
tönend, häufig kraftvoll dahin stürmend. Von seinen Oden
durchzogen manche, Flugblattweise abgedruckt, weit und
breit das Land, und waren bereits allbekannt, als sie zuerst gesammelt erschienen (1799). Desto ruhiger und lieb-
licher ist der Gang seiner philosophischen Oden: sie gleichen einem silbernen Weiher, über welchem unschuldige
Insekten im Strahl der Sonne tanzen. Seine ältern Episteln sind gehaltvolle, launige, zuweilen satyrische Producte der pedestren Muse; die spätern, welche in der
zweiten Sammlung seiner poetischen Werke stehen
(1823), beschäftigen sich häufig auch mit solchen Gegenständen, welche, besonders bei einer nüchternen Behandlung, alles poetischen Verdienstes ermangeln. Zum grossen
Theil sind es wirkliche Briefe, welche ohne Kenntniss des

24*

Verhältnisses zwischen Briefsteller und Empfänger, so wie tausend kleiner Umstände und Beziehungen, stellenweise völlig unverständlich werden. So weit wir sie verstehen, sind sie wohl willkommen, doch nur in biographischer Hinsicht, während die Epistel zunächst zwar zu dem sprechen soll, an den sie gerichtet ist, und sich mit der Individualität des Briefschreibers und Empfängers zu verschmelzen hat, überdies aber auch jedes empfängliche Gemüth ansprechen muss, da sie sonst sowohl des allgemeinen, als des poetischen Werthes entbehren wird. Ausserdem lieferte Virág auch noch eine Tragödie : „Hunyadi László", die aber nichts anderes ist, als eine Umarbeitung des Bessenyei'schen Stückes in Jamben; endlich auch noch Apologe, die aber schon zu einer Zeit erschienen (1817—1819) als der Senarius durch Berzsenyi's und Kazinczy's regelrecht gleitenden Quinarius vollkommen verdrängt und unpopulär geworden war, und darum brachten sie eben so wenig Wirkung hervor, wie „die Ungrische Leyer" (1826), worin Virág die Psalmen mit der Schwäche des überhandnehmenden Alters in sanft fliessenden Trochäen, theilweise in der Form philosophischer Oden, gab. Demnach ist des Dichters poetische Blüte in die Zeit der ersten Ausgabe seiner poetischen Werke zu setzen (1799). Alles was später folgte, zeigte die welke Farbe des Spätherbstes. Doch brachte dieser Herbst noch eine edle Frucht : Horazens sämmtliche Werke, desselben Horaz, mit welchem Virág durch so anhaltendes Studium gleichsam in Eins verschmolzen war. Schon 1801 gab er dessen „Poetik" heraus, noch in Prosa, mit Einleitung und Anmerkungen; später in einzelnen Heften (1804—1814) die Episteln, Satyren, bis endlich Erstere 1815, die Satyren 1820, die Oden 1824 in eben so viel besondern Bänden vollständig folgten. Virág stellte alle seine Vorgänger in Schatten, die den römischen Dichter theilweise oder ganz gaben, sowohl hinsichtlich der Treue — da Niemand Horaz je besser verstand und empfand — als hinsichtlich der Schönheit; und obgleich die rasch fortschreitende Zeit auch diese Uebersetzung in vieler Beziehung veralten liess, so lässt sie dennoch bis auf den heutigen Tag einen treuern Nachfolger erst noch erwarten.

So setzte denn in dem, von uns erörterten Zeitraume Benedict Virág dem Gebäude der classischen Schule seine höchste Spitze auf. Noch muss ich einige Uebersetzer classischer Werke nennen, und zwar zuerst Joseph Fábchich, den zwar weder poetische Befähigung, noch sein Erfolg, wohl aber sein Eifer der Erwähnung werth macht, so wie das Streben, die Meisterwerke der griechischen Dichtung bei uns einzubürgern. Aber ausser der Sprache und der realen Seite drang er nicht in seine Originale ein. Ihre Schönheiten empfand er nicht, und war noch weniger im Stande sie wiederzugeben. Er übersetzte den ganzen Pindar und die Fragmente der neun Lyriker in den Formen der Originale mit aufklärenden Erläuterungen (Raab 1804), aber des Uebersetzers Geschmacklosigkeit schreckte den ungrischen Leser eher von dem ohnehin schwer zu verstehenden Dichter zurück, als dass er ihn angezogen hätte. Fábchich übersetzte auch die sämmtlichen Tragödien des Aeschylus und Sophokles, fand aber dafür keinen Verleger mehr. Ich habe seine Manuscripte durchgesehen. Unsere Literatur hat daran eben so wenig verloren, als sie verloren hätte, wenn jene Erstern ewig ungedruckt geblieben wären. Von den Römern machte sich Alexander Kovásznay an Plautus und Terenz (1782):

deren Mostellaria und das Mädchen von Andros er in Prosa,
und ohne den Geist des Originals wiederzugeben, übersetzte. Johann Nagy aber, Stuhlrichter des Raaber
Comitats übersetzte die Aeneide, der Zeit nach Baróti
vorangehend, aber da seine 1806 in einem Bändchen erschienenen Proben davon sich nicht über dilettantische
Versuche erhoben, trat das Ganze nicht an's Licht. Die
Heroiden des Ovid von Franz Sturmann und Stephan
Kulcsár blieben gleichfalls ungedruckt.

Zweiunddreissigste Vorlesung.

Die volksthümliche Schule. — Dugonics. Dessen historische
Romane und Dramen. Das volksthümliche Epos : Die neue Zrinyiade
von Kónyi; die Hunniade von Adam Horváth; Ungerns Fall, von
Etédi; Nagy von Vály, Stephan Gáthi u. A.

Meine Herren!

So nahe auch jedem Dichter sein eigenes Volk und
dessen Vergangenheit in Geschichte und Dichtung liegt:
so dienen ihm dennoch, wenn die Dichtung der Gegenstand selbstbewusster literarischer Thätigkeit wird, in der
Regel andere blühende Literaturen als Vorbild, und erst
dann entledigt sich die neue Literatur der Herrschaft
fremder literarischer Autoritäten, wenn sie deren Kreis
durchlaufen, ohne das Ziel, welches stets nur das Schaffen
einer selbstständigen, das eigene Gefühl des Volkes in
eigenen Formen widerspiegelnden Dichtung sein kann,
erreicht zu haben. Diese Emancipation pflegt zuerst eine
unbewusste, mehr instinctartige zu sein, und nur später,
nachdem die Erfolge der verschiedenartigen Versuche
eine vollständigere Orientirung zulassen, wird das Nationale zum bewussten und beabsichtigten Gegenstand
des schriftstellerischen, und vorzugsweise des dichterischen Strebens. Aber dieser Weg ist ein langer und lang-
samer. Diesen Gang zeigt auch unsere Poesie im Zeitalter

ihrer Wiedergeburt im vorigen Jahrhundert. Die französische Schule stand in voller Blüte, die Classicisten besassen bereits die Bürgschaft einer glänzenden Zukunft,
und erst damals traten die Volksthümlichen hervor,
nicht gerade als Reaction wider die, fremden Vorbildern
Nachgehenden, wohl aber als deren Negation, indem sie,
von den Reformen derselben gleichsam gar keine Kenntniss nehmend, die Formen der ältern ungrischen Literatur fortsetzten, bis sie endlich, indem sie unmittelbar
volksthümliche Elemente in ihre Dichtung aufnahmen,
dieselbe verjüngten, ihr zugleich eine neue Ausbreitung
gaben, und sie mit neuen Formen und Stoffen bereicherten.

Der Erste, der in dieser Richtungauftrat, war Andreas Dugonics. 1740 zu Szegedin geboren, und frühe
in den Piaristenorden getreten, begann er seine Laufbahn
als Lehrer zu Meggyes in Siebenbürgen. Auf diesem classischen Boden, unter dem Einfluss der Erinnerungen des
alten Daciens, erwachte in ihm eine besondere Neigung
für die Alterthümer, und Anfangs bearbeitete auch er,
wie alle unsere Geistlichen in die classische Literatur versunken, in seinen ersten Werken dem classischen Sagenkreise entnommene Stoffe : Troja's Untergang 1774, bald
darauf die Abenteuer des Ulysses (herausgegeben erst
1780) und den Argonautenzug (für jetzt noch lateinisch):
im erstern Virgil, im zweiten Homer frei folgend, und
beides in vierzeiligen Zrínyistrophen. Aber seine unausgesetzten Studien der alten ungrischen Geschichte, wozu
er in jenem kleinen Vaterlande angeregt worden war, wo
die Alterthümer der ungrischen Literatur häufiger vorkommen, liessen ihn bald die fremden Stoffe aufgeben,
und all' sein Streben auf genauere Kenntniss, Verbreitung und Popularisirung der ungrischen Nationalge-

schichte und Alterthümer concentriren. Sein erstes Werk in dieser Richtung, welches denn auch einen aussergewöhnlichen Erfolg hatte und den Ruf des Dichters rasch und dauernd begründete, war Etelka 1788, dem bald „die goldenen Armbänder" folgten, 1790, später: Jolánka 1803, und Cserei 1808 : sämmtlich Romane, deren erster im Zeitalter Árpád's und Zsolt's spielt; Jolánka in dem Zsolt's, Cserei in dem des Grossfürsten Taks (Toxus), die goldenen Armbänder in dem des Fürsten Achatius Barcsai. Es lässt sich nicht läugnen, Dugonics war kein gewöhnliches poetisches Talent. Er war erfindungsreich, und wusste Seelenzustände mit breitem, kräftigen Pinsel zu malen, aber seine historische Auffassung erhob sich nicht zu den Resultaten einer unbefangenen Geschichtsforschung; und er war als Dichter zu sehr Historiker, als Historiker zu sehr Dichter. Er machte Geschichte und Geographie, und knüpfte beide oft, ich möchte sagen, in kindischer Weise an Namen der Ortschaften, an Redensarten, Sprichwörter und fragmentarische Traditionen; er schöpft seine reichen Kenntnisse aus Quellen, liebte sie aber durch Erfindungen seiner lebhaften Phantasie und durch etymologische Spielereien umzuformen, zu ergänzen, und gab sie gleichwohl nicht in dichterischer, sondern in mehr wissenschaftlicher Behandlung, als reine Geschichte. Andererseits sind, da er die Welt und den Menschen mehr von der Schaubühne und aus Büchern, als durch lebendige Erfahrung kannte, seine Sitten- und Charakterzeichnungen eben so anachronistisch, wie seine glänzendsten Gemälde bald psychologisch unwahr, bald bis zur Carricatur übertrieben erscheinen. Auch sein Styl spricht nicht in der Sprache des Lebens und der Gesellschaft, sondern nach Art der classischen

Schriftsteller, häufig, ohne Frage, kräftig und edel, womit
jedoch die volksthümliche, nicht selten gemeine Ausdrucksweise einen schneidenden Gegensatz bildet. Gleichwohl
übten diese Werke eine ausgebreitete und tiefe Wirkung
auf die gesammte Nation. Ihre Tendenz, welche in jeder
Beziehung die Verherrlichung des ungrischen Namens
war, fand eine lebhafte Empfänglichkeit bei den vorge-
fassten Meinungen und Wünschen der meisten Leser,
denen der Dichter fortwährend schmeichelte : dadurch
schärfte oder nährte er mächtig das patriotische Gefühl
und das stolze Nationalbewusstsein, und kaum gelang es
einem Schriftsteller in diesem Masse Liebe für vaterländische Geschichte zu erwecken, und so viel archäologi-
sche Kenntnisse zu verbreiten, wie ihm, indem er dieselbe
seinen Romanen in langen und häufigen Anmerkungen
einwebte, obgleich diese gar oft auch, aus Mangel an stets
sorgsamer Vergleichung der Quellen entstandene, Irr-
thümer und leere Träume verbreiteten. Bildend wirkte er
weniger, da trotz seiner im Allgemeinen ehrenwerthen
Gesinnung seine Sitten nicht eben fein, sein Geschmack
ungeläutert, und seine Derbheit an vielen Orten oft bis
zum Anstoss laut wird : bald im Ausdrucke, so, dass seine,
auch für das weibliche Publicum bestimmten Romane von
Frauen nicht überall ohne Unwillen gelesen werden können, bald in jener Unduldsamkeit, die er gegen Völker
fremder Zunge hegt, und die heutzutage selbst der eifrig-
ste Leser zu stark finden dürfte. Seine Sprache macht,
trotz der, bereits erwähnten Anlehnung an den altclassi-
schen Styl, theils durch Einweben von Sprichwörtern,
theils durch die Wahl der Ausdrücke und den Gebrauch
des Szegediner Dialektes, seine Werke heutzutage, besonders für höhere Classen von Lesern ungeniessbar : die-

selben Werke, welche einst in Folge der neuen Welt, die
sie einem grossen Theile der Leser eröffneten, von so
grosser Bedeutung waren, und eine so gewaltige Wirkung ausübten, dass man Dugonics in unsrer neuern Literatur wohl als den ersten und mächtigsten Wecker der
nationalen Richtung betrachten kann. Und seine Romane
wurden nicht nur gelesen, sondern „Etelka" und „die
goldenen Armbänder" wurden auch für die Bühne bearbeitet, jene von Martin Soos, diese durch Johann Endrődy,
und auf den Theatern zu Pest, Ofen, Klausenburg gerne
gesehen. Dies veranlasste Dugonics, selbst für die Bühne
zu schreiben. So erhielten wir von ihm (1794—1795) den
Niklas Toldi in drei, die „Etelka in Karjel" in vier,
die Maria Bátori in fünf, den Kún László in vier
Aufzügen, von denen nur die nach Inez de Castro ange-
legte Maria Bátori sich allein längere Zeit hindurch auf
der Bühne erhielt. Auch im Toldi ist die Erfindung nicht
sein Eigen; eben so Cserei nicht, den er selbst eine Uebersetzung nennt : doch magyarisirte Dugonics nicht blos
die Namen, wie die, damals und noch lange nachher in
die Mode gekommenen „Magyarisirer," sondern seine
kräftige Individualität wusste diesen nicht rein originel-
len Geburten doch ungrischen Anstrich zu geben, wenn
er auch nicht neue Charaktere schuf, worin er ohnehin
in Beziehung auf die Sitten der betreffenden Zeit nicht
glücklich war. So wie die Zeichner auf den Titelkupfern
von Dugonics Werken seine Gestalten aus dem Alter-
thume auffassten : in eben so moderner Weise malte sein
dichterischer Pinsel dieselben aus. Dieselbe Tendenz, die
Dugonics in seinen Romanen und Theaterstücken verfolgte, hielt er auch in seinen historischen Werken ein,
wie da sind : „Die Herrschaft der Ungern" (1801),

worin er die ungrischen Gebietstheile kennen lehrt, besonders deren Alterthümer, und seine „Geschichten der
Scythen" (1806), welche die Begebenheiten der Hunen
und Magyaren bis zum Tode Árpád's zum Gegenstande
haben, und sich auf Quellenstudium gründen. Gleichwohl
sind dieselben, da an ihnen auch die Phantasie einen starken
Antheil hat, weniger als historische, denn als Tendenz-
schriften zu betrachten, und habe ich sie an diesem Orte
eben nur ihrer Form wegen, als Zwillingsbrüder seiner
Romane, angeführt. Auch die „Radnaer Geschichten", ein
für die Wallfahrer bestimmtes Büchlein, suchen dem historischen Bedürfniss zu entsprechen.

Die angeführten Werke erschöpfen übrigens Dugonics Thätigkeit keineswegs. Zwei Romane gehören noch
hierher, aber fremden Stoffes : Die Argonauten (1793),
und die Mohren (1798), von denen der erstere nach
seinem eigenen, bereits erwähnten, lateinisch geschriebenen, Argonautenzug, der letztere nach Heliodor's
Aethiopischen Geschichten frei bearbeitet ist. In beiden
findet sich jene volksthümliche Darstellungsweise, welche
die zuerst angeführten charakterisirt, und kein geringe-
res Interesse, besonders im letzteren. Seine „Römische
Geschichte", seine „Berühmten Feldherrn" gehören, als
rein historische Arbeiten, nicht weiter hierher. Um so
werthvoller ist sein letztes Vermächtniss, welches uns der
achtundsiebenzigjährige Greis hinterliess : die Sammlung
ungrischer Sprichwörter, und Kernsprüche, welche für
die Sprach- und Volkskunde viele der Literatur unge-
kannte Schätze öffnete, und die wir durch einen seiner
Ordensbrüder nach seinem Tode erhielten.

Dugonics hat in vieler Beziehung eine tiefe und
bleibende, wenn auch nicht in jeder Hinsicht heilsame

Wirkung auf unsere Literatur, und durch diese auf das Volk, ausgeübt. Seine historischen Träumereien haben viele falsche Ansichten, sein übertriebener Nationaleifer etwas zu viel Selbstvertrauen und hochmüthiges Herabsehen auf andere Völkerschaften erweckt oder genährt, sein unentwickelter Geschmack machte zwischen dem Volksthümlichen und Pöbelhaften keinen Unterschied, und diese dreifache Einwirkung auf die Literatur, namentlich der der volksthümlichen Schule, blieb für längere Zeit bemerkbar. Dagegen lässt sich nicht läugnen, dass er seit der Wiedergeburt der Literatur der erste und mächtigste Wecker der nationalen Richtung war, dass er mit seinen, dreiundzwanzig Bände füllenden Werken, von denen mehrere eine zweite, ja dritte Auflage erlebten, nicht nur durch das kräftig vertretene sittliche und nationale Element eine unterhaltende und belehrende Lectüre bot, nicht nur practisch auf das Leben einwirkte, sondern auch durch Einführung der, bei dem mittlern Adel und dem Volke am reinsten erhaltenen, ungrischen Denk-, Gefühls- und Ausdrucksweise in die Literatur, dieselbe eben so nützlich befruchtete, als er seinen Mitschriftstellern einen nie mehr zum Schweigen zu bringenden Wink gab, dass der Pol, nach welchem das Schiff der Literatur zu steuern hat, kein anderer : als die nationale Wesenheit. Endlich gebührt Dugonics auch in der Geschichte der Sprachreinigung ein ehrenvoller Platz, worauf wir noch zurückkommen werden.

Um das von ihm aufgepflanzte Banner sammelten sich nicht wenige Getreue. Wir werden deren Bestrebungen nach den Gattungen abhandeln, um einen leichtern Ueberblick dessen zu gewinnen, was diese Schule mit mehr oder weniger Erfolg zu Stande brachte. Beson-

ders vier Zweige der Literatur sind es, worin die Volksthümlichen eine Rolle spielten : der versificirte Roman,
das Epos, die didaktische, und lyrische Dichtung. Das
Drama hatte nur ein paar schwache Versuche aufzuweisen.

Der Zeit nach steht das Epos voran. Dugonics, ja
noch vor ihm Graf Johann Lázár, von dem wir im frühern Zeitraum gesprochen, waren vorangegangen, dieser
mit seiner Florinde, jener mit Troja's Untergang : beide
charakterisirt, ausser der unkünstlerischen Sprache und
der vierzeiligen Strophe, die streng chronologische Behandlung. Es folgten nun 1779 Johann Kónyi mit seiner
neuen Zrinyiade, 1787 Adam Horváth mit seiner Hunniade und bedeutend später (1815) mit seiner Rudol-
phiade, 1790 Stephan Kulcsár mit dem Siege zu Belgrad, 1792 Stephan Gáti mit seinem „Joseph II. in der
Hungersnoth zu Marmaros", und Martin Etédi mit
Ungerns Fall; 1793 Franz Nagy von Vály mit Ladislaus Hunyadi und 1799 mit seinem „Empörten Jerusalem"; 1801 Nagy von Perecseny mit seinem Szakadár;
ja, auch Joseph Kovács, der Prediger zu Kőrös, gehört
in diese Zahl durch seine in eigenthümlicher Weise behandelte Aeneide (1799).

Der Reihe nach war, wie wir sahen, der Erste der
das ungrische Epos wieder auf seinen heimatlichen Boden, der der ungrischen Geschichte, zurückführte : Johann Kónyi.

Meine Herren, es war in vieler Beziehung eine
schöne Zeit, diese Zeit der Wiedergeburt der ungrischen
Literatur ! als jene ritterlichen Jünglinge am Hofe,
die Grossen in ihren Schlössern, so viele Adelige auf
ihren einfachen Curien, arme Mönche in ihren Zellen,
endlich Johann Kónyi, „der einfache Kriegsknecht des

ungrischen Vaterlandes", wie er sich selbst nannte, in
seiner Wachtstube, als Apostel einer weittragenden Idee,
ohne Anspruch auf Belohnung, ja auch nur auf Arbeits-
sold, aber mit der Hoffnung einer glänzenden Zukunft
ihrer Nation im Herzen, Hand in Hand an der Verjüngung der Literatur arbeiteten! Ihr Verdienst ist nach
Massgabe ihrer Fähigkeiten und ihrer Bildung sehr verschieden, aber in Ansehung ihres Zieles das gleiche, und
dadurch entstand zwischen dem Herrn und gemeinen Soldat
eine Art der Freundschaft und gegenseitigen Anerkennung, welche sie unter einander als Gleiche erscheinen
liess, und den, den untern Ständen Angehörigen einen
reichen Ersatz für ihre Aufopferung darbot.

Dieser Eifer, diese rastlose Thätigkeit, diese seine
aufgeopferten Nächte, während seine Gefährten auf ihren
Bretterlagern ihre müden Glieder ausruhen liessen, machen Kónyi in der Geschichte der Literatur bemerkenswerth; nicht sein Talent, das nur mittelmässig, ja selbst
weniger als das war. Er fühlte dies, und trat in die Literatur als Uebersetzer ein, und lieferte in grosser Anzahl
unterhaltende, belehrende und gemeinnützige Sachen.
Bei der damaligen Armuth, da man in der Literatur nicht
nach dem Taufschein eines Buches fragte, war schon die
Quantität ein Verdienst, besonders wenn das Gebotene
gut oder doch geniessbar war, obschon fremden Ursprungs.
Seit 1774 kamen nach einander seine erzählenden und
dramatischen Uebersetzungen heraus: „Die unterhaltende
Uhr", „die Unterhaltung auf der Wache", „Die unschuldigen Unterhaltungen", Marmontels Contes (er nennt sie
„feine Sitten lehrende Erzählungen"), Gellert's Fabeln,
Abels Tod, und der erste Schiffer von Gessner, Orpheus
und Eurydice, Graf Waltron, Bellebelle und Carpilio, der

lachende Demokrit, unter denen mehrere in zahlreichen
Ausgaben verbreitet waren, und theilweise noch jetzt gedruckt werden; Anderer, wie z. B. : Die christlichen Betrachtungen, Ganganelli's Briefe, Tessedik's landwirth-
schaftliche Werke u. s. w. als nicht hierher gehörig, zu
geschweigen. Indem ich diese Sachen als Erinnerung an
diesen treuen Arbeiter flüchtig erwähne, habe ich bei den
„tapfern Thaten des Niklas Zrínyi in Sziget" länger zu
verweilen.

Zur Abfassung dieses Buches hat Kónyi, wie er in
der Vorrede angibt, die aufzufrischende Erinnerung an
den Ruhm der ungrischen Waffen bewogen, als sein Geschick ihn in die Festung Sziget führte. Er gesteht, dass
er eine alte Originalschrift benützt habe, aber er blieb
nicht dabei, weil, wie er sagt, „sowohl die Verse, als die
Geschichte selbst geschmacklos waren, vielmehr blieb, indem er vieles ausliess, vieles aus andern historischen
Schriften verbesserte, auch nicht ein Vers in der alten
Form". Diese alte Originalschrift ist keine andere als —
die Zrinyiade! Dieser folgt Kónyi Schritt für Schritt,
aber mit neuer Einleitung, und sein Original bald abkür-
zend, bald erweiternd, überdies den achten und neunten
Gesang desselben in einen zusammenziehend, vom zweiten Theil des dreizehnten Gesanges an aber sein Original ganz verlassend und die Katastrophe rein der Geschichte nachbildend. Die Episoden, wie die Siklóser
Scene, die Abenteuer Deli Vid's und seiner Gattin, den
Zweikampf Vid's und Demirham's, die Liebe Deliman's
und Kumilla's : diese romantischen Bestandtheile hat er treu
behalten, denn er wollte ja einen „Kriegsroman" in Versen geben; aber was Zrínyi's Werk zur Epopöe erhebt,
den Grundgedanken des Gedichtes, und das Wunderbare

schied er sorgfältig aus. Dies war ohne Zweifel dasjenige, was ihm als geschmacklos erschien, so wie seiner Zeit, welche längst das Epos mit dem Roman vertauschte. Was ward demnach in Kónyi's Händen aus der Zrinyiade? Ein, dem Geschmack seines Zeitalters angepasster — zwar nicht Roman — aber ein mit Liebe und poetischen Bildern gewürztes, seinem Wesen nach höchst nüchternes, übrigens ziemlich gut zu lesendes, in vierzeiligen Strophen geschriebenes geschichtliches Epos! und selbst in dieser Gestalt, seiner Hauptreize entkleidet, wie unendlich viel Schönheit blieb ihm noch übrig! bedeutend mehr, als allen epischen Gedichten der damaligen Zeit zusammen genommen.

Und gerade das bezeugt die Geschmacklosigkeit jenes Zeitalters, dass selbst diese, seinem Gaumen angepasste, Zrinyiade unbemerkt verhallte, dass dagegen ein so unpoetisches Werk wie die Hunniade von Adam Horváth von Pálócz mit allgemeiner Begeisterung aufgenommen wurde. Betrachten wir nun diese genauer. Der Inhalt des Gedichtes ist folgender : Nach der Invocation der Muse begegnen wir im ersten Buche Johann Hunyadi am Abend des Tages von Rigómező, als er im Walde von zwei Wegelagerern überfallen, nachdem er sich von ihnen befreit, einen Hirten trifft, und in dessen Hütte Aufnahme findet. Dieser Hirt erkennt in dem Schlafenden Hunyadi an seinem Ringe, Hunyadi aber in dem Hirten aus dessen Gesprächen den jüngsten Sohn Drakula's. Sie schliessen Freundschaft, und Drakula bittet Hunyadi, ihm die Niederlage bei Várna zu erzählen, auf welchen Wunsch der Feldherr eingeht. Diese Erzählung macht den Inhalt des zweiten Gesanges aus. Im dritten setzt Hunyadi seine Erzählung bis zur Schlacht auf Ri-

gómező fort. Im folgenden setzt sich, nachdem beide
schlafen gegangen, der Neid in Drakula's Herzen fest,
und bewegt ihn, Hunyadi, der einst seinen Vater tödten
liess, statt ihm den Weg nach Ungern zu weisen, nach
Semendria zu führen, und dort dem Woywoden Georg
auszuliefern. Unterdess kündigt König Ludwig der Grosse
dem kleinen Sohne Hunyadi's, Mathias, im Traume das
Schicksal seines Vaters an, und dieser geht mit seinem
Bruder Ladislaus und dem Erzbischof Dionys nach Semendria, wo sie ein Bündniss vermitteln. Ladislaus bleibt als
Geissel zurück, Mathias aber wird mit der Tochter des
Georg Brankovics verlobt. Der glücklich heimgekehrte
Hunyadi nimmt die ungrischen Güter des verrätherischen
Woywoden in Besitz, gibt dieselben jedoch, auf die Bitten seiner Freunde, nicht nur wieder heraus, sondern
bricht auch auf Georgs Flehen gegen die ihn bekriegen-
den Türken auf, schlägt dieselben, und schliesst, nachdem
er Fric Beg gefangen genommen, mit Georg ein neues
Bündniss, indem er ihm die Gefangenen schenkt. Im fünf-
ten Gesang verschwören sich der Stolz, der Neid, die
Zwietracht und die Empörung wider Hunyadi; und so
lassen die Seinigen den wider Giskra aufgebrochenen
Feldherrn im Stich, bis dieser mit neuer Kraft ihn
angreift und den tschechischen Räuber zum Frieden
nöthigt. Unterdess wird König Ladislaus Posthumus
durch die Oesterreicher aus Friedrich's Händen befreit,
Hunyadi ist in Wien bei dem Rath der drei Nationen :
Ungern, Oesterreicher und Böhmen gegenwärtig, und
Ladislaus ernennt ihn zum Grafen von Bistritz und be-
ständigen Gubernator. Darauf zieht der Neid in das Herz
Ulrich Cilley's und hetzt ihn gegen Hunyadi auf; doch
Ludwig der Grosse —

Der diesen Führer nie verliess in der Gefahr,
Macht auch die ihm gegrab'ne Grub' ihm offenbar,
So, dass, nachdem der Neid sich weidlich abgemüht,
Und die Empörung auch ihr falsches Gift versprüht,
Doch Beides nur zu Hunyad's höherm Ruhm gedieh'n,
Und Mátyás, seinem Sohn, den Königsthron verlieh'n.

Das sechste Buch führt Mohammed nach Belgrad, wo Hunyadi in Capistran's Begleitung siegt; dann erkrankt;
Ludwig der Grosse zeigt ihm die künftige Erhebung
seines Sohnes auf den Königsthron an, lässt ihn dessen
Reich sehen, und verschwindet; Capistran entdeckt ihm
seinen wahren Ursprung, wonach Hunyadi — der Sohn
König Siegmund's und der Maria, somit Ludwig's Enkel! Hierauf ertheilt der sterbende Heerführer dem Mathias noch eine lange Reihe guter Lehren, — das Fieber
übermannt, und die Umstehenden beweinen ihn.

Das, meine Herren! ist keine Epopöe, das ist eine
Carricatur derselben. Vor Allem fehlt die eine Grundidee,
denn was der Verfasser in seinem Vorworte dafür aus-
gibt : „dass nämlich die Thaten Hunyadi's ein unwider-
stehliches Werkzeug zur Erhebung seines Sohnes auf den
Königsthron waren", liegt nicht in der Dichtung, sondern
ist blos an's Ende angehängt. Es fehlt die Einheit der
Handlung, denn sie erstreckt sich auf verschiedene, unter einander gar nicht zusammenhängende Abschnitte
aus Hunyadi's Leben. Es fehlt der belebende Hauch des
Epos : das Wunderbare, und an dessen Stelle spielen, nach
Voltaire's Vorgang, die Träume bis zum Uebermass eine
Rolle; und so wie dort der heilige Ludwig den Heinrich,
so umgibt hier Ludwig der Grosse den Hunyadi fortwährend, ohne etwas zu bewirken; dabei sind die allegorischen Personen der Dichtung : der Neid, der Stolz, die

25*

388

Zwietracht u. s. w. eigentlich nur mit grossen Buchstaben geschriebene Leidenschaften *), und haben nicht einmal so viel Persönlichkeit, wie beim Verfasser der Henriade. Von Motiven ist bei Horváth keine Ahnung. Der junge Drakula scheint mit Hunyadi nur darum Freundschaft zu schliessen, um ihn seine früheren Thaten sich erzählen zu lassen, oder — denn diese sind ja in keiner Weise scenenerhebend — um als Seitenstück zur Erzählung der Aeneide im zweiten Buche Virgil's zu dienen. Hunyadi's Geburt, so wie die Geheimhaltung derselben und die Kenntniss Capistran's davon erscheint — nicht darum, weil sie sich historisch nicht rechtfertigen lässt, sondern weil sie jeder angemessenen Motivirung entbehrt — als Ungereimtheit schon an sich, hat aber auch gar keine weiteren Folgen, es sei denn die ungeschickte Rede des Hunyadi an Mathias. Die Beschreibung der Begebenheiten ist ohne alle Anschaulichkeit : flüchtige Skizzen, ohne Detail, ohne individuelle Zeichnung; dafür desto mehr Reden, und dabei ein gänzlicher Mangel an poetischer Charakteristik. Was konnte daher das Zeitalter an diesem verfehlten Werke lieben ? Vielleicht die Diction? Aber wenn ich behaupte, dass dieselbe nicht nur alles poetischen Schwunges ermangelt, sondern statt der epischen Würde alltäglich, ja selbst in prägnanten Momenten mitunter gemein ist : was bleibt anders übrig, als der historische Stoff der Hunniade, welche den Unger stets begeistert hat, die anregenden Gedanken, die patriotischen und moralischen Reden, für die der ungrische Leser eine

*) Als Personificationen nämlich ; da sie sonst, als blosse Appellativa im Ungrischen mit kleinen Anfangsbuchstaben geschrieben werden.　　　　　　　　　　　　　Anmerk. d. Uebers.

specielle Empfänglichkeit besitzt; die zahlreichen, dem Nationalstolz schmeichelnden Züge — obgleich hier nicht zu begreifen, warum gerade die Niederlagen Hunyadi's eine Rolle spielen, welche mit der angeblichen Grundidee durchaus nicht in Verbindung stehen, und weshalb statt ihrer nicht lieber seine grossen glänzenden Thaten gezeichnet werden — endlich die leichte Versification, und die, um nicht zu sagen gemeine, Diction, da ein grosser Theil des Publicums keine Empfänglichkeit für eine höhere hatte.

Es ist dies ohne Frage ein trauriges Bild eines Zweiges der Literatur und einer grossen Classe des Publicums, aber ein wahres. Dieses Zeitalter hätte an Vörösmarty eben so wenig Geschmack gefunden, als Zrínyi's Zeitalter an dem Dichter der ersten Zrinyiade, ja selbst ein Jahrhundert später Kónyi's Publicum an dessen zweiter Zrinyiade fand — denn es fehlte zwischen einem hochgestimmten Dichter und den damaligen Lesern jenes geistige Band, welches allein im Stande ist den Erfolg desselben zu vermitteln.

Welch ein Epos Adam Horváth geschaffen, können Sie aus dem Bisherigen abnehmen. Ihm folgte bald nachher Martin Etédi mit „Ungerns Fall", dessen Gegenstand die Niederlage bei Mohács. Eine grosse Begebenheit also, von der allgemeinsten nationalen Bedeutung, und in so fern ist die Wahl glücklicher als bei Horváth, der das halbe Leben seines Helden besang. Auch die Behandlung ist correcter, in so fern sie statt Horváth's ungeschickter Anlage und statt seiner Maschinerie ohne Blut und Leben, rein und streng den geschichtlichen Verlauf einhält: doch verfällt sie gerade in den entgegengesetzten Fehler, und gibt, was der grösste Verstoss, selbst die die Katastrophe bildende Begebenheit nicht als ein Geschehendes, sondern lässt sie durch den Kanzler Broderics als etwas bereits Geschehenes erzählen. Das Gedicht beginnt auch nicht mit den unmittelbaren Prämissen der Mohácser Niederlage, sondern mit dem Falle von Szabács und Belgrad, welcher derselben um mehrere Jahre vorausging. Hierauf erzählt der Dichter in schöner chronologischer Ordnung Solimans Kriegs- und Ludwigs Reichstags-Vorbereitungen, die auf letzterem gehaltenen Reden, Ludwigs Auszug nach Tolna — und hier, um doch auch den Ansprüchen der Poesie gerecht zu werden, erscheint König Mathias dem Ludwig II. im Traume, und gibt ihm Anweisungen!! (Solche Früchte trug das Beispiel Voltaire's und der Hunniade!) — doch ohne Erfolg, denn es erscheint Zápolya's drängender Brief. Tomori zerreisst ihn, und sendet den Gesandten mit einer beleidigenden Antwort zurück. Zápolya erschrickt, eilt persönlich in's Lager: während dessen ist jedoch die Schlacht bereits geschlagen, und als solche erzählt sie ihm der Kanzler. Was für ein Epos dies sei, ist aus dieser kurzen Skizze zu ersehen. Aber das wird Ihnen unbegreiflich dünken, wie „Ungerns Fall", welcher ausserdem mit Beziehungen auf die griechische Mythologie vollgepfropft war, über ein Menschenalter hinaus eine Lieblingslectüre eben der mittleren Stände bleiben konnte, so, dass noch vor wenig Jahren eine neue Ausgabe des Buches nöthig wurde! Das Interesse knüpft sich auch hier rein nur an den Stoff, und abgesehen von den fremden Elementen, an die volksthümliche Darstellung, welche diese Schule charakterisirte.

Eine solche rein historische Erzählung ist auch die von Franz Nagy von Vály, wie schon ihr Titel andeutet: „Geschichten Ladislaus Hunyadi's". Hier

die Geschichte selbst so vollständig und einheitlich, dass
es der falschen Ansicht der Schule bedurfte, dieselbe aus
ihrer dichterischen Abrundung herauszuheben und mit vorangehenden und darauffolgenden Dingen bis zu Mathias Erhebung ausstaffirt, eine versificirte Biographie daraus zu
machen. Uebrigens fehlt auch hier, nach Horváth's Beispiel,
die Maschinerie nicht. Ulrich Cilley, dessen Widerstreben
gegen das Haus Hunyadi auf sehr menschliche Weise motivirt werden konnte, wird hier von Erinys bewegt!

Ladislaus Nagy's von Perecseny episches Gedicht „Szakadár" in sechs Gesängen erregt durch seinen
Gegenstand einiges Interesse. Szakadár, der Fürst der
„esthnischen Ungern", zieht auf vierzig Schiffen aus, eine
glücklichere Heimath zu suchen. Aus einem Schiffbruch
gerettet, kehrt er nach Hause zurück, wo er, von den sein
Land angreifenden Russen besiegt, flieht, und nach mehreren glücklichen Treffen mit den Gothen nach Grönland,
endlich nach Nordamerika vordringt, wo er nach heldenmüthigen Kämpfen unter den Amazonen fällt! Die Erfindung
ist mehr die eines Romans, als eines Heldengedichtes; den
Mangel einer historischen Grundlage ersetzt Perecsenyi's
mittelmässiges poetisches Verdienst keineswegs. Das Interesse schrumpft zu einem literarischen zusammen: das
Gedicht ist die Frucht der Aufmerksamkeit, welche Saj-
novics auf die finnisch-ungrische Frage gelenkt, und Dugonics auch auf dem poetischen Gebiet ausbeutete.

Ich habe auch einige erzählende Gedichte erwähnt,
welche gleichzeitige Begebenheiten behandeln. Welche
Wirkung in Kulcsár's Sieg bei Belgrad Jupiter's —,
in Gáti's Joseph II. der Cybele Einmischung hervorbringen mochte, lässt sich vorstellen. Ohne das Wunderbare
gibt es allerdings keine Epopöe, aber dieses allein macht

sie noch nicht. Auch Gáti's Gedicht in neun Gesängen,
obwohl hier die alte Göttin uns öfters belästigt, und Joseph sehr bunte und beziehungsvolle Traumgesichte hat
(ihm erscheint Maria Theresia), ist gleichwohl nichts anders, als eine historisch-statistische Beschreibung, welche
ausführlich und pünktlich genug, um die Marmaroser
Hungersnoth und die Geschichte der bezüglichen admini-
strativen Thätigkeit (!) daraus treu abnehmen zu können;
das ist aber dann freilich ein seltsames Gedicht!

Noch zwei, fremde Stoffe behandelnde, epische Dichtungen gehören hierher : Vályi-Nagy's Empörtes Jerusalem in neun Gesängen, und — womit Adam
Horváth dreissig Jahre nach der Hunniade seine Laufbahn beschloss — die Rudolfiade in sechs Gesängen.
Der Gegenstand der ersteren ist wieder nicht eine Begebenheit, sondern es werden die sämmtlichen jüdisch-
römischen Kriege treulich nach Josephus Flavius beschrieben! In dieser beginnt der Verfasser mit Kaiser Friedrich II. als König von Jerusalem, und erzählt die paläs-
tiner Kriegsthaten Alberts von Habsburg, führt auch
dessen Sohn Rudolf dahin, lässt ihn mit einem scythischen Oberpriester das Land bereisen, und nachdem er
ihm eine Menge schöne und unwahre Dinge gezeigt, von
des Elias Höhle an bis auf Kaiser Franz, kehrt Rudolf
nach Hause zurück, wird zum Kaiser gewählt, schlägt
Ottokar und gibt Oesterreich seinem Sohne zum Lehen.

Genug! So endigte der gefeierte Epiker der volksthümlichen Schule das von ihm geschaffene Epos. Die
Planlosigkeit ward hier endlich zur Auflösung.

Das nächste Mal sprechen wir vom versificirten Roman.

Dreiunddreissigste Vorlesung.

Fortsetzung der volksthümlichen Schule. Der Roman in Versen:
Poocs, Etédi, Perecsenyi, Graf Joseph Gvadányi: Die Trilogie
des Dorfnotars. „Rontó Pál". — Didaktische Dichtung. — Lyrische Dichtung : Adam Horváth's volksthümliche Lieder. — Die
Leoninisten. — Der Debreziner Kreis. Földi. Fazekas: „Ludas Matyi." Joseph Kovács der Jüngere.

Meine Herren!

Das durch Adam Horváth volksthümlich gewordene
Epos ging, wie einst zu Gyöngyösi's Zeiten, unter dem
Einfluss des Zeitalters, das fern dem kriegerischen Leben,
mehr von Schilderungen des Privat- und des Gemüth-
lebens angezogen wurde, bald wieder in den versificirten
Roman über. Schon bei Vályi-Nagy finden wir dessen
Ladislaus Hunyadi mehr als Familien-, denn als Reichsge-
genstand behandelt; auch bei Perecsenyi-Nagy ist Szakadár
mehr ein Romanenheld, als der Träger einer National-
sache. Alle diese übertraf an innerm Beruf zur erzählenden Dichtung Andreas Poocs von Csenkeszfa, dessen
Lucretia von Siena, nach Aeneas Sylvius völlig frei bearbeitet (1791), zwar nicht der Erfindung, wohl aber der
Darstellung nach das Hervorragendste der hierher gehörigen Werke ist. Poocs besitzt Phantasie und Humor, und
kennt das menschliche Herz. So ist seine Darstellung,

wenn seine Leichtigkeit und Fülle ihn auch gewöhnlich breit werden lässt, doch nicht ohne Interesse. Aber auch er leidet an dem gemeinsamen Mangel seiner Schule : an dem des Geschmackes; und wenn er ausserdem sich in der Widmung damit schmeichelt, dass, „wenn er auch hässliche Dinge aufzuzeichnen hatte, er sich doch mit mehr Schamhaftigkeit ausgedrückt, als Aeneas Sylvius", so ist er in grosser Selbsttäuschung befangen. Er ist um nichts rücksichtsvoller, als Ovid, er verweilt gerne bei den schlüpfrigen Scenen, malt dieselben mit Vorliebe aus, stets ohne zarten Rückhalt, und lässt unter dem Schleier mehr sehen, als der gelehrte Pabst, der die Ausschwei-fungen der Leidenschaft um der Leidenschaft, nicht um der Ausschweifungen willen, und deshalb mit Ernst, zeichnet. Poocs ist ein lüsterner Faun, der, sich hinter den Vorhang drängend, an der Scene sich belustigt, ohne Theilnahme für jene Flamme zu fühlen, welche ihr eige-nes Haus verzehren sollte. Er war berufen eine zweite Pucelle zu schreiben : seine Lucretia war zwar, wie nicht zu läugnen, mit Beherrschung des Stoffes, aber mit un-zartem Gemüth von neuem geschaffen. — Den versificir-ten Roman von Martin Etédi „Der scythische König" (1796) erwähne ich nur wegen der damaligen Berühmt-heit des Namens seines Verfassers. Die Fabel ist eigene Erfindung, worin auch der Held, jener „Herzog Záton", eine erdichtete Person; doch spielen darin Anacharsis, Tomiris, Cyrus, Crösus u. A. eine Rolle; ein wunderbares Gemisch von historischen Elementen und schlecht erfun-denen, besonders in Beziehung der Sittenzeichnung schwa-chen, Erdichtungen. Auch Perecsenyi-Nagy versuchte sich auf diesem Feld, und obwohl mit mehr Erfindungs-gabe, doch keineswegs mit mehr Erfolg, in seinem „Léta"

(„des ungrischen Ritters Léta und der pannonischen Maid Zamira Abenteuer zu Land und See", 1800).

Weit übertraf die genannten Dichter Graf Joseph Gvadányi, der berühmte Verfasser des Notars von Peleske, und des Rontó Pál, von denen wir ausführlicher sprechen müssen. Das erste seiner Werke, womit der alte General allgemeines Aufsehen erregte, war „die Ofner Reise eines Dorfnotars", welche „dieser selbst, sammt seinen dabei erlebten Abenteuern, zur Auffrischung und Unterhaltung eingeschlafener ungrischer Herzen in Verse gefasst." Der Notar von Peleske, Herr Zajtai — denn wer könnte es anders sein — entschliesst sich zu einer Reise nach Ofen, um den Geschäftsgang der dahin versetzten Landesgerichtshöfe zu erlernen, und sein Dorfgericht darnach einzurichten. Die Reise geschieht zu Pferde, mit der nöthigen Vorbereitung, aber darum doch nicht ohne alle Schwierigkeiten und Abenteuer. Hier treiben ihn auf der Hortobágyer Puszta weidende Stiere in die Flucht; dort zwingen ihn deutsche Kürassiere zu singen und zu tanzen; auch ein Gewitter ereilt ihn, ja selbst der Csörszgraben*) spielt eine Rolle, wobei der Reisende, als er des Nachts hinein fällt, sich bereits im Flussbette der Theiss glaubt. Tantae molis war es Ofen zu erreichen, wo jedoch seine Angelegenheiten glücklicher von Statten gehen. Einer seiner ehemaligen Schüler verhilft ihm zu einem Gratislogis, und es beginnen die lehrreichen Wanderungen in den Schwesterstädten. Doch nur allzubald bemächtigt sich des guten Notars Seele die Trauer, denn wo er nur ächtes Magyarenthum zu finden

---

*) Avarenring zwischen der Donau und der Theiss.

Der Uebers.

hoffte, findet er allerlei von ihm noch nie gesehene fremde Trachten, von ihm noch nie gehörte Sprachen, bei der Gerichtstafel, im Theater, in der Kirche, auf den Spaziergängen, in der Hetze, und auf dem Balle. Unser Notar lässt sich im Gefühl seines Rechtes und seiner ungrischen Aufrichtigkeit mit einem oder dem andern Herrn, mit einer oder der andern Dame in ein Gespräch ein, und zwar in ein kühnes Gespräch über die furchtbare Verdorbenheit; einige Mal kommt er fast übel an, aber er feiert auch Siege, denn es gelingt ihm, Manchen von jenen neumodischen Ungern, besonders Frauen, zu bekehren. Da bricht aber gerade der Türkenkrieg aus — unser Notar macht nämlich unter Kaiser Joseph 1788 seine merkwürdige Reise — er hat daher nichts Eiligeres zu thun, als nach Hause zu reisen, wo die Rekrutenstellung und nicht minder sein Sohn Alexander seine Anwesenheit dringend erfordern, damit der Letztere nicht etwa einen dummen Streich begehe. Und das Erste, was er in Szatmár zu Gesichte bekömmt, ist wirklich sein Sohn, der in der That bereits als Husar sich anwerben liess. Da der betrübte Vater aber bedenkt, dass er noch einen Sohn habe, der seinen Stamm aufrecht erhalten kann, begibt er sich ruhig nach Hause, wo er von seiner Gemeinde feierlich empfangen wird.

Sie sehen aus dem Verlauf des Gedichtes, was Sie schon aus seinem Titel abnehmen konnten, dass wir es hier nicht mit irgend einer viel verzweigten, streng zusammenhängenden, einheitlichen Fabel zu thun haben. Der Notar geht die Welt zu sehen; was ihn unvermuthet trifft, erzählt er in treuherziger Weise, und seine Abenteuer hängen durch nichts, als die Identität der Hauptperson, zusammen. Aber dennoch ist in ihm die Einheit der Idee nicht zu verkennen. Nämlich : was konnte der ehrliche Dorfnotar von der Hauptstadt seines Landes, wo „König Mathias Schloss‟. steht und die Regierungsstellen alle bei einander sind, anders erwarten, als dass er daselbst in das wahre und wirkliche Herz des Landes gelangen werde, in den Mittelpunkt des Magyarenthums, zu dem Prototyp der Nationalität, aber überall — Täuschung! und diese Täuschung wählt sich mit patriotischer Einfalt gepaart ihre Rolle : Der Notar predigt allerwegen, und beendigt seine Mission nicht früher, bis ihn seine väterlichen und amtlichen Pflichten von seiner neuen Laufbahn abrufen. Das Ganze zielt darauf ab, das am Heimatlich-Ueberkommenen festhaltende, einfache ungrische Leben im Gegensatz zu dem Ausländischen zu preisen. Ob sich dieser Zweck durch eine komische Person erreichen lasse, ist wohl die Frage. Dass Gvadányi hier nicht weiter geht, als zur Forderung der ungrischen Tracht, thut, bewusst oder unbewusst, wohl, da nicht er selbst, sondern ein Dorfnotar spricht. Uebrigens war die damals verbannte National-Tracht, als das sichtbare Zeichen des unsichtbaren Geistes, wichtiger als zu andern Zeiten, wo dieser Geist stark genug erschien, sich auch ohne äussere Sinnbilder geltend zu machen. Was übrigens die Ausführung betrifft, so lässt sich nicht läugnen, dass die Sache interessant erscheint, aber an sich, und nicht in Folge der Darstellung. In den Reisebildern und kleinen Abenteuern zeigt sich eine überraschende Wahrheit, ein materiell treues Bild des niederungrischen Lebens, mit Allem, was darin bezeichnend und zufällig ist : dagegen fehlt die poetische Idee, wie bei jener Gattung von Portraiten, welche zwar ihre Originale klar erkennen lassen, aber nicht deren Geist und das Wesen wiedergeben, sie nicht zur

Idee erheben. In den Erzählungen herrscht eine naive Gemüthlichkeit, welche gefällt, doch fehlt die Tiefe, und
darum reisst sie nicht hin. Unser Dichter war ein
grosser Herr, aber er verbrachte die entscheidendsten
Jahre seines Lebens im Lager unter Soldaten zu, und
seine Weltanschauung hat sich nie über diesen Standpunkt
erhoben. Daher rührt sein Cynismus, daher kommt es, dass
hier das Komische (wie auch anderswo bei ihm) in der
Verkehrtheit liegt, welche sich aus dem Zusammenstoss
der auftretenden Persönlichkeit mit dem objectiven Leben ergibt. Doch ist dasselbe niedriger Art, bloss stoff-
lich, nur eine aus dem Gegensatz zwischen Idee und
Wirklichkeit hervorgegangene Gattung desselben, nicht
des Dichters Werk. Seine Excellenz war durchaus Natu-
ralist, andererseits streng conservativ, und obgleich die
französische Literatur ihm bekannt gewesen, so hat er
doch gegen die französische Schule in seinen Briefen und
Vorreden gekämpft. Omnis mutatio periculosa! Per-
ditio tua ex te Israel! seufzte er; Gyöngyösi und dessen ihn nicht von fern erreichende Nachahmer waren
Gvadányi die alleinigen kanonischen Muster der ungrischen
Poesie. Darum hing er mit leidenschaftlicher Vorliebe an
der Zrínyi-Stanze, und obwohl er den Damen, die ihn
mehr als einmal zum Schreiben drängten, als wahrhafter
Cavalier nachgab, und die spätern Theile seines Notars,
ja selbst seinen Rontó Pál nach Bessenyei's paarweisen
Alexandrinern schrieb, so that dies der gute alte Herr
doch niemals ohne sanftes Schmollen.

Unser Notar traf übrigens mit seiner Tendenz so
sehr die wunden Stellen des Zeitalters, und seine volksthümlichen Genre-Bilder fanden in jenen Tagen, da unsre
erzählende Dichtung besonders aller aufs practische Le-

ben gerichteten Tendenzen entbehrte, so viel Beifall, dass
derselbe während weniger Jahre zu einer ganzen Trilogie
sich erweiterte. Der Ofner Reise des Notars folgte nämlich durch einen Ungenannten 1792 die Höllenfahrt
des Pelesker Notars, 1796 endlich dessen Betrachtungen, Krankheit, Tod und Testament, wieder
von Gvadányi. Der Notar träumt von der Hölle. Zwei
Wege öffnen sich aus einem Thale, ein enger, schwieriger,
der der Tugend; ein anderer, breit, bequem : hieher
drängt sich die ganze Welt, durch diesen gelangt sie zur
Hölle, und hier ist es bald er, der mit den Verdammten
spricht, bald sind leibhafte Teufel die Cicerone's. Es ist
eine moralische Satyre : lehrhaft, ohne Witz und Composition, doch gut geschrieben (in Prosa). Der dritte
Theil ist seinem Wesen nach gleichfalls mehr Lehrgedicht, als Roman. Was darin Geschichte, ist weniger um
seiner selbst willen da, sondern mehr um als Träger der
Lebensansichten des Verfassers, unter welchem hier weniger Herr Zajtai, obwohl dieser grösstentheils selbst
sprechend eingeführt wird, als vielmehr Gvadányi zu
verstehen ist. Und dies bildet den Hauptfehler des Werkes, denn unser Notar ist zwar ein Studirter, und war
einst sogar Praeceptor, gleichwohl übersteigen alle diese
Kenntnisse und Ansichten, welche hier zur Aeusserung
kommen, seine Wissenschaft und beschränkte Lebenserfahrung.

In vieler Hinsicht ist der „Ofner Reise" analog
Gvadányi's „Satyrisch - kritische Beschreibung
des jetzt versammelten Reichstages" (1790), welche, statt des Pelesker Notars, ein ehrlicher Palócz (Po-
lowce) von Istenmező zeichnet. Dieser reflectirt, po-
litisirt, polemisirt, höhnt und tadelt schon ziemlich viel,

im Uebrigen ist das Werk, auch dem Titel gemäss, mehr Beschreibung, als Erzählung. Als Tendenzschrift brachte es zu jener Zeit nicht geringere Wirkung hervor, als jenes Heer von Flugschriften, welche so wichtige Organe der unter Leopold II. stattgefundenen Bewegungen waren; heutzutage haben sie blos noch als Sittengemälde einiges Interesse.

Am längsten hat sich erhalten : „Das Leben des ungrischen gemeinen Husaren Paul Rontó und des Grafen Moriz Benyovszky", (erste Ausgabe 1793, letzte 1816). Gvadányi war in nichts schwächer als in der Anordnung seiner Stoffe. Hier erzählt er die Fahrten und Erlebnisse der beiden Abenteurer mit strengem Festhalten der historischen Wahrheit, grösstentheils so, wie er dieselben von ihnen selbst vernommen, und zugleich in strenger Zeitfolge. Demgemäss sind die beiden Theile des Buches in Wirklichkeit zwei besondere Werke, in deren erstem Paul Rontó sein Leben, seine Schul- und Soldatenstreiche, von seiner Geburt an bis zu seinem Zusammentreffen mit Graf Benyovszky erzählt; in dem ersten Capitel des zweiten folgt die Fortsetzung der Geschichte, wie er zu dem Grafen kam, im zweiten Capitel übernimmt sodann der Dichter die Rolle des Erzählers, und beschreibt die mit dem Vorhergehenden gar nicht zusammenhängenden Begebenheiten Benyovszky's bis zu dessen Tod in eilf langen Capiteln ; nämlich : dessen Theilnahme an dem Kriege der polnischen Conföderation, seine russische Gefangenschaft, seine Verbannung nach Sibirien, Benyovszky's Seefahrten, dessen Erlebnisse auf Japan und andern Inseln, seine Rückkehr nach Europa, sodann seine Ansiedlung auf Madagascar, seine Kriege, seine zweite Reise nach Frankreich, seine Rückkehr nach

Ungern zugleich mit Paul Rontó, der hier bleibt, endlich Benyovszky's letzte Fahrt nach Madagascar bis zu seinem Tode. So beliebt dies Werk auch war, heutzutage hat nur der erste Theil noch Interesse, und auch dieser nur in Folge der frappanten, portraitähnlich sittenschildernden Erzählung Paul Rontó's, welche auch hier weitschweifig und wässerig, und worin die Belehrungen den fehlenden poetischen Gehalt ersetzen sollen.

In die Reihe dieser Arbeiten gehören noch Gvadányi's Bodolaer Geschichten, welche 1765 geschrieben wurden, aber erst dreissig Jahre darnach in seinen „Unterhaltungen" ans Licht traten. Auch hier werden seine, unter sich nicht zusammenhängenden Abenteuer, seine Jagden und Fischereien an der Theiss, Volksscenen u. s. w. erzählt.

Das Lehrgedicht gehörte noch mit zu jenen Gattungen, welche die volksthümliche Schule mit Vorliebe pflegte. Einige behandeln ethische Motive. Der beliebteste unter diesen Dichtern war Casper Gőböl (1785), dessen „Reisende Seele" (in zwölf Gesängen) mit der Sonne um die Erde kreisend an das daselbst Gesehene seine Betrachtungen über Gott und die menschliche Gesellschaft knüpft; Peter Hari von Betlen, ein eifriger Mitarbeiter der „Ungrischen Muse" (1787—9) und der Verfasser der „Moralischen Gesänge" (Wien 1789), worin er das Landleben, die Freundschaft und das letzte Ziel des Menschen abhandelt; Joseph Mátyási, der mit seinen leeren didaktischen und Gelegenheitsgedichten (2 Bände 1794—8) selbst Csokonai als grosser Mann erschien. Der schon bei seinen Lebzeiten vergessene Mann beschloss seine Laufbahn mit einem grossen (einbändigen) Lehrgedicht von der

Freundschaft (1821). Barbara Molnár, unsere erste, mit grossem Beifall aufgenommene Dichterin (1792—1804), deren Tendenz und Richtung in ihrem „Lebensspiegel" (in 13 Gesängen) und ihren „Fabelhaften Geschichten", welche nichts anders als ein versificirter Sittenroman, sowie in ihren späteren Erzählungen durchgehends als didaktisch hervortritt. Viel mehr Mannigfaltigkeit in der Form, Nettigkeit und poetische Behandlung finden wir in Johann Erdődy's „Vermischten Gedichten" (1797—1801), in den Fabeln von Stephan Hatvani (1799) und besonders bei Joseph Takács von Péteri (1796), dessen philosophischer Geist im Lehrgedicht, in der Erzählung und im Liede, dem ungrischen Genius einen würdigern Ausdruck verlieh. Andere nahmen wissenschaftliche Stoffe auf, wie – um von Benjamin Szőnyi (1774) und dessen blos für den Unterricht berechneter Physik für Kinder zu schweigen — Adam Horváth von Pálócz, der in seiner „Sommernacht" (1791) die Astronomie abhandelt, zwar mit Mythen und Betrachtungen durchwoben, aber im Ganzen mit sehr prosaischer Nüchternheit; Gregor Édes, der in seinem „Buch der Natur" (1793) eine förmliche Uebersicht der gesammten Körperwelt gibt u. s. w. Alle diese legen dadurch, dass sie einst bei den Mittelständen so viel Anwerth finden konnten, von dem fast gänzlichen Erstorbensein des poetischen Gefühls Zeugniss ab.

Nur die Lyrik, und auch diese nur bei Adam Horváth, zeigte Lebenskräftigkeit. Es ist übrigens mehr seinen Lebensverhältnissen als klarem Bewusstsein zuzuschreiben, dass er bei genauer Kenntniss der Volkspoesie, in einigen Liedern seines „Holmi" (1788) die natürliche Empfindung so gut wiedergab, und die Form des Volksliedes so glücklich traf, dass man ihn den ersten Begründer

unserer volksthümlichen Lyrik nennen kann. Mehrere
seiner Lieder, wie die Erheiterung (Doch was brech den
Kopf ich mir), sein Bauernlied (Sara, Liebchen, sprich
wohin?), seine Kampfeslieder u. s. w. singt das Volk jenseits der Donau noch bis auf den heutigen Tag. Csokonai
und Vitkovics haben sich an seinem Volksliede begeistert.
Hieraus besteht so ziemlich — und ach wie wenig ist dies!
was die volksthümliche Schule Bleibendes geschaffen. Ich
schweige von den Epistolographen : zu ihnen gehörte die
zweite unserer Dichterinen, Julianna Fábián, in deren
Schriften nicht einmal der warme und anziehende Geistes-
austausch einer gebildeten Persönlichkeit, noch viel weniger Poesie sich findet. Ich schweige endlich von der, den
Männern dieser Schule eigenthümlichen, besonderen Vorliebe zur Gelegenheitsdichtung, welcher wir das Verdienst
bei Hochzeiten, Taufen, Namenstagen und Beerdigungen
den Betreffenden Freude gemacht zu haben nicht rauben,
wollen, aber dass damit Zeitschriften und Ausgaben
,,sämmtlicher Werke" angefüllt wurden, zeugt in be-
dauerlicher Weise von der grossen Geistesarmuth dieser
Schule.

Die grösste Verirrung der Volksthümlichen müssen
wir an Johann Gyöngyösi rügen. Heutzutage ist es
geradezu unbegreiflich, wie dieser geistlose Leoninist
so viel Bewunderer und Nachahmer finden konnte, und
unter diesen im Anfange sogar Csokonai! Vergebens
apostrophirte ihn selbst der sanfte, aber geschmackvolle
Ráday; er ergoss ohne Unterlass die Fülle seines Sanges
und Klanges in Distichen und Oden, und seine Werke
wurden während kurzer Zeit in zwei Auflagen verschlun-
gen. Doch freuen wir uns, dass diese Richtung spurlos
verschwunden ist. Der Literarhistoriker kann sie jedoch

ihrer grossen Verbreitung wegen nicht mit Stillschweigen übergehen.

Eine besondere Gruppe ging noch aus den Volksthümlichen hervor : 'der einst so beliebte Debreziner Kreis, welcher, durch seine umgestaltenden Bestrebungen rücksichtlich der Form, mit der neuen Schule zusammenhängt, und mit Földi beginnend, in Fazekas und Csokonai seinen Glanzpunkt erreichte, bald wieder mit Joseph Kovács dem jüngeren von der Bühne verschwand. Auch dieser Kreis nahm das volksthümliche Element auf, aber er verband es mit Reinheit der Form, sowohl hinsichtlich des Versmasses, wie des Reimes. Földi ist dessen Begründer. Nach 1781 machte er seinen ersten Versuch. Einige Lieder, einige Nachbildungen nach Catull, Horaz und Anakreon, Relands Galathea in dreizehn Elegieen, seine Lucinde und einige Dutzend Räthsel in Versen erschöpfen seine poetische Thätigkeit. Wichtiger war sein Auftreten in der „Ungrischen Muse" 1787, wo er, von der ungrischen Verslehre handelnd, die Singbarkeit der lyrischen Gedichte als ein Haupterforderniss derselben aufstellte. Er war der erste, der zwischen den damals herrschenden Schulen vermittelnd auftrat. Von der classischen nahm er das Metrum an, dagegen vertheidigte er den von ihr angegriffenen Reim, aber er griff fehl, indem er nicht nur die Scansion der gereimten Verse empfahl, sondern nach Art der Leoninisten, auch die wilde Ehe der Schemen und Reime heiligte. Er hob die Schönheit jener freiern Formen hervor, in welchen sowohl die Zahl der Sylben abwechselt, als die Reihe der Reime frei spielt, wie er dies in seiner Lucinde, dem ersten ungrischen Singspiel, mit beständiger Berücksichtigung der Natur der musikalischen Composition versuchte. Zum Schutz dieser neuen Lehre trat Adam

Horváth, gleichfalls in der Ungrischen Muse auf, ohne
dieselbe gleichwohl selbst zur Anwendung zu bringen.
Aber er vervollständigte die Lehre Földi's durch eine
Theorie des Reimes, und so veredelte sich dieser auch
in der Wirklichkeit bei Michael Fazekas, Csokonai und
Joseph Kovács jun. Fazekas' Lieder, Oden, Lehrgedichte circulirten längst unter dem Debreziner, ja dem
gesammten Publicum jenseits der Theiss in Handschriften, ehe Emerich Lovász dieselben (1836) sammelte und
herausgab. Berühmt ist von ihm besonders ein komisches
Heldengedicht : Ludas Matyi (illustrirte Ausgabe von
Márton, Wien 1816), dem es zu nicht geringem Lobe gereicht, sich auch in der Literatur der untern Volksschichten
eingebürgert zu haben. Hier nimmt ein Sohn des unter-
drückten Volkes süsse Rache an seinem tyrannischen
Grundherrn. Stoff, Empfindung und Sprachweise sind die
des Volkes, die Form, der Hexameter, ist gut gewählt,
denn derselbe bildet mit seinem majestätischen Portamento
einen eben so scharfen, als ergötzlichen Gegensatz zu dem
niedrig-komischen Inhalt; aber bei Fazekas verliert diese
Art der Wirkung, da sein Hexameter ohne Pomp und
Numerus ist. Im Allgemeinen liegt hier, wie bei Gvadányi,
das Komische mehr in dem Stoff, als in der Darstellung,
und darum gerieth dies, einst auch bei dem gebildeten
Publicum in Gunst gestandene Gedicht mit dem Fortschreiten des Geschmacks immer mehr in Vergessenheit. Dagegen sind unter seinen Liedern mehrere, welche noch
jetzt Beachtung verdienen, denn obgleich dieser nüchterne
Naturforscher die Gluth der Begeisterung nicht eben besass, so war er doch keineswegs gehaltlos, wie viele seiner
Genossen, und wusste die Form des Liedes gut zu handhaben. Von Csokonai, dessen Talent sich über mehrere

Zweige der Poesie erstreckte, werde ich besonders handeln.
Joseph Kovács, der zum Selbstmörder gewordene Schullehrer von Felső-Pátka, welcher von dem gleichnamigen
Prediger zu Kőrös, dem Uebersetzer des Virgil und jüngern Racine, wohl zu unterscheiden ist, und dessen
Gedichte durch David Ferdős (1817) gesammelt, zwei Mal
uns Licht traten, war ein Meister der Form, besonders in
Bezug auf den Reim, aber desto geistloser, wässriger und
geschmackloser in Beziehung auf den Inhalt. Mit ihm ging
das Ansehen dieses Kreises unter. Der Sieg war Andern
vorbehalten, denen wir das nächste Mal zu begegnen die
Freude haben werden.

Vierunddreissigste Vorlesung.

Die Anfänge der neuen Schule. — Die ästhetische Richtung.
Neuerungen in Sprache und Technik. — Graf Gedeon Ráday
und die Ráday'sche Versart. — Verseghy. Bacsányi. Die lyrische
Trias : Kazinczy, Szentjóbi, Dayka.

Meine Herren!

Bisher haben wir drei Richtungen der literarischen
Bestrebnisse wahrgenommen, welche kaum von einander
Kenntniss nahmen, ja, einander ausschliessend, lange
Zeit gleichsam neben einander parallel gingen : bis eine
neuere Gruppe, die Erfolge jeder derselben sich aneignend,
die einzelnen Fusspfade zu einer Landstrasse vereinigte,
welche in gerader Linie und mit grösserer Sicherheit
dem gemeinsamen Zielpunkte — der selbst'ständigen
höchstmöglichen Entwicklung der Nationalpoesie — zuführte. Diesen vierten Kreis, der sich die Aufgabe stellte : jene vereinzelten zerstreuten Richtungen zu
versöhnen, zu verschmelzen und zu veredeln, lernen wir
in der sogenannten neuen Schule kennen. Wir haben es
aber hier noch nicht zunächst mit deren Blüthenalter zu
thun, welches kein anderes ist, als das classische Zeitalter
unserer Poesie, und somit den folgenden (zweiten) Abschnitt
der von uns abzuhandelnden neuen Zeit bildet, sondern nur

mit deren Anfängen und Vorgängern, welche den Nachfolgenden den Weg bahnten.

Das Wehen des neuen Geistes war zuerst in dem durch
die Kaschauer ungrische Gesellschaft 1788 begründeten
Ungrischen Museum und dem neben diesem 1790 erschienenen Orpheus zu verspüren. Beide Zeitschriften
nahmen mit Entschiedenheit Partei für das Schöne, in der
Literatur welchen Volkes auch immer dasselbe zur Erscheinung kam. Sie begünstigten dasselbe hinsichtlich der gere-
gelten reinen Handhabung der Formen und der Sprache,
so wie in ihrer Kunstanschauung, obgleich mehr auf prak-
tischem Wege, als durch theoretische Untersuchungen,
wenn auch diese keineswegs ganz fehlten. Die sprachlichen
Neuerungen wurden durch das Ungrische Museum nur noch
sehr vorsichtig und mit Zurückhaltung gestattet, und offen-
barten sich bei Correctheit, Gewähltheit, mehr in neuen
Wendungen und Verbindungen, als in neugebildeten
Wörtern. Selbst Franz Kazinczy äusserte sich ziemlich
streng wider den „Sigwart" des David Szabó von Barca-
falva, und als er dessen neue Wörter, welche wegen der
damals noch unentwickelten Gesetze der Wortbildung, mit
wenigen Ausnahmen, wirklich ungesetzlich, ungeschickt
gebildet und dabei weder bezeichnend, noch hinreichend
verständlich waren, beinahe mit dem Princip selbst verwarf, gab er nur der allgemeinen Besorgniss Ausdruck,
welche von solchen Neuerungen mit Recht Gefahr für die
Sprache fürchtete, und vor solchen einzelnen Flecken
den Reiz nicht wahrnahm, welchen der arme verfolgte
„Neuerer" über sein Buch zu verbreiten wusste. Glücklicher als Barcafalvi waren mehrere seiner Vorgänger und
Zeitgenossen, namentlich Illei, Bessenyei, Baróti, Dugonics und Andere, welche gleichfalls neue Wörter bildeten,

aber nicht so häufig, nicht mit solcher Kühnheit, und in
deren Schriften der echtungrische Hauch fühlbarer war.
Auf dem Gebiete der poetischen Technik sehen wir eine
weitgreifende Neuerung zuerst von Johann Földi in Vorschlag gebracht, nämlich die gereimten Verse nach trochäischen und jambischen Massen zu bilden. Viel früher
(1735) hatte in dieser Beziehung schon Gedeon Ráday
einen Versuch gemacht, welcher jedoch erst spät im
Orpheus ans Licht trat; doch ist er mit einem Fragment
seines „Arpad‟ Földi zuvorgekommen (1787), daher der
Name der Ráday'schen Versart. Ráday hielt aber den reinen
Trochäus für so eintönig, dass er ihn, ausser dem Spondäus,
noch mit dem Pyrrhichius, ja, wenn auch seltener, sogar
mit Jamben zu mischen für statthaft fand. Franz Verseghy
gebührt der Ruhm, dem Rhythmus zuerst kräftig das Wort
geredet und ihn mit wissenschaftlichen Gründen gestützt
zu haben. Seine Abhandlungen über die Musik (1791)
und die Poesie (1793) sind die ersten Regungen einer
ungrischen, auf die nationale Dichtung angewandten,
Aesthetik, und obwohl bei ihm hinsichtlich des Reimes, den
er bald als Ueberbleibsel mittelalterlicher Barbarei ver-
wirft, bald als Gegenstand der Mode und allgemeiner
Gunst nachsichtig gestattet, Uebertreibungen und Schwankungen nicht fehlen, so gab er doch den gedankenlosen
Freunden der überlieferten Formen Stoff zum Nachdenken.
In seinen Liedern aber, die er als Anhang zu jenen Abhandlungen lieferte, machte er den Reiz des musikalischen Rhythmus fühlbarer, als alle seine Vorgänger. Um
seine Rhythmik um so annehmbarer zu machen, stellte er
für Liederformen den Accent als Grundsatz auf, wonach
er sich damit begnügte, dass auf die Arsis schwere, in die
Thesis schwache Sylben fielen, und er so die Worte mit

der Melodie in Einklang brachte. Solche von ihm „halb-
metrisch" genannte Zeilen hielt er besonders in den gereimten Gedichten für angezeigt, ja später in seiner „Aglaja"
fordert er sie geradezu von den gereimten Formen, obgleich er selbst in der Praxis sie blos beim Liede anwandte,
der Sangbarkeit wegen. In der kleinern poetischen Erzählung, welche er zuerst unter uns ausbildete, bediente er
sich des Alexandriners; in seinem komischen Epos „Matthias Rikóti" (1804) einfach der vierzeiligen Zrínyischen
Strophe. Welch heilsamen Ruck nach Vorwärts hätte
Verseghy der poetischen Technik und durch sie der Poesie
selbst gegeben, wenn er seine Aufmerksamkeit, nach dem
Vorgange des Debrcziner Kreises, auch auf die Theorie
des Reimes gewandt, und sich zur Empfindung jener
Schönheit erhoben hätte, welche sich in den, verschiedenen
Redetheilen entnommenen, Reimwörtern entfaltet.

Diese beiden Dichter sind übrigens hinsichtlich ihres
wirklichen poetischen Verdienstes zwar verschieden, aber
auf besonders hoher Stufe steht keiner von ihnen. Schöpferische Kraft besass weder Ráday noch Verseghy. Beide
bearbeiteten meistens fremde Stoffe, Ráday als Uebersetzer, Verseghy, der damit in Gedanken und Form freier
verfuhr, wusste sie sich ganz anzueignen. Die lange Laufbahn des Ersteren bezeichnen schwer erworbene Errungenschaften eines Dilettanten, welche aber durch seinen
ausgebreiteten Briefwechsel, worin er mit fast allen vaterländischen Schriftstellern stand, unter diesen verbreitet,
vielfach anregend wirkten, so dass der Reiz eines geläuterten Geschmackes überall fühlbar wurde. Bei den Arbeiten
des fruchtbaren Verseghy ist häufig eine gewisse Derbheit
des Ausdrucks anzutreffen, immer aber Leichtigkeit und
Sicherheit; Ráday begann ausser seinen wenigen erschie-

nenen Liedern, Fabeln und Epigrammen noch zwei grössere Dichtungen, ein Epos, welches die Besitznahme des
Vaterlandes durch Árpád zum Gegenstande hatte, und,
dem veröffentlichten Eingange nach, in schön und voll-
tönenden achtzeiligen Stanzen von eigenem Bau geschrieben werden sollte. Doch Ráday erlahmte unter dem sich
selbst aufgeladenen Joch eben so bald, wie unter der von
ihm in Hexameter zu übertragen begonnenen Zrinyiade.
Verseghy lieferte Lieder, Erzählungen in Versen, eine vor
ihm wenig cultivirte Gattung, Romane, und in seinem
„Rikóti Mátyás" ein satyrisches Epos in zwölf Gesängen
auf jene unberufenen Gelegenheitsdichter, an denen die
Zeit, besonders die volksthümliche Schule, so reich war,
und die an der Crediteinbusse der Poesie, oder besser an
dem Missverständniss ihres innern Wesens, so wie an der
Abstumpfung des poetischen Gefühls bei einem grossen
Theile des, Publicums mit jenem traurigen Erfolge arbeitete, den wir bereits kennen gelernt haben.

Auch der Name Johann Bacsányi verdient mit
Achtung genannt zu werden. Als Dichter besass allerdings
auch er nicht jene hinreissende Kraft der Gedanken und
Empfindungen, welche nur hervorragenden Talenten eigen-
thümlich, aber Vaterlandsliebe und Nationalität fanden in
ihm einen kühnen und warmen Fürsprecher; in seiner
Sprache und seinen Formen zeigt sich grosse Sorgfalt und
Reinheit, und seine Lieder wusste er selbst den strengen
Anforderungen der neun Schule anzupassen. Aber der
Einfluss Bacsányi's machte sich vorzugsweise als der des
Aesthetikers geltend. Was er in Beziehung auf Uebersetzung, anfangs in der Ungrischen Muse, gelehrt, dann
im Ungrischen Museum weiter ausgeführt und im Federkriege gegen Rájnis glücklich zu vertheidigen gewusst,

ward bereits früher erwähnt. Ich habe darauf hingewiesen, wie er, statt der bequemen, breiten, freien Uebersetzung, Treue in Bezug auf Inhalt und Form empfahl, welche, wie sie ein tieferes und eingehenderes Studium des Originals voraussetzt, andererseits zugleich ein Mittel zur Entwicklung und Ausbildung der noch schlummernden Kräfte der Sprache ist. Was er im Ungrischen Museum in Beziehung auf Literatur hier und da zerstreut lieferte, so z. B. in seinen Artikeln über Ossian, den er zuerst in unsere Literatur einführte, brachte viele richtige Ansichten und neue Kenntnisse in Umlauf.

Die Lyrik war es, in welcher die neue Schule, ausser ihrem im Allgemeinen veredelnden Einfluss, in selbstständigem Glanz auftrat, und sie kann als deren eigentliche Begründerin betrachtet werden. Wir besitzen von Ladislaus Szabó von Szentjób einen kleinen Band Liebeslieder (1791), welche zwar das strenge Metrum nicht annahmen, doch folgte auch er hinsichtlich der inneren Anordnung und der Schema's seiner Lieder, den leidigen Naturalismus der volksthümlichen Schule verlassend, den deutschen Vorbildern, eben so wie Ráday und Verseghy. Seine Lieder sind demnach gut gedacht; Empfindung ist darin mit naivem Humor gemischt, und wenn dieselben auch nicht immer melodisch genug sind, so fehlt ihnen doch keineswegs ein eigenthümlicher Reiz. Zur Classicität sich erhebend übertrafen jedoch den zuletzt Genannten weit Franz Kazinczy und Gabriel Dayka. Jener lieferte seit 1787 in der Ungrischen Muse, im Ungrischen Museum und im Orpheus Oden und Lieder, theils in antiker Form, theils in metrischen gereimten Strophen, zwar nicht viele, aber in Conception, Wohllaut und Sprache so weit über die aller seiner Zeitgenossen stehende, dass

dieselben wie aus einer andern Welt in die seinige herüber-
zutönen schienen. Das Gewicht der dichterischen Thätigkeit Kazinczy's fällt jedoch schon in den nächstfolgenden
Zeitabschnitt. D a y k a gehört ganz dieser Zeit an. Seine
kurze Laufbahn fällt zwischen 1787 und 1796, in welch
letzterem Jahre er, gleich Ányos, Szentjóbi und Kármán im
achtundzwanzigsten Lebensjahre sein, unter Verfolgungen
und Siechthum sich aufreibendes Jugendleben endigte.
Seine elegischen Arbeiten erregten gleich bei ihrem ersten
Erscheinen die Aufmerksamkeit Kazinczy's, unter seinem
Einfluss übte er neben den antiken Formen auch die Rá-
daysche Versgattung und lieferte darin jene glühenden und
reizenden Lieder, welche unter die niemals veraltenden
Perlen unserer Nationalpoesie gehören. Dayka stand zu
Ányos in auffallender Geistesverwandtschaft. Beide sind
empfindsame, und tiefe, subjective Naturen. Die schmach-
tende Seele Beider ist elegisch gestimmt. Doch wird
Ányos' Feuer durch Reflexion gemässigt, seine Rede ist
ruhiger und bilderreicher. Dayka erglüht noch tiefer, er ist
lauter Leidenschaft, die weder ruhig genug zur Betrachtung, noch bei Schilderung der Seelenzustände sich sinnlicher Bilder bedient. Das Geistesauge des Ersteren sucht
nämlich in der Aussenwelt, in der Geschichte und in der
ihn umgebenden Natur den Ausdruck dessen, was sein
Gemüth bewegt; das von Dayka ist nach Innen, jenem
Abgrunde zugekehrt, der in seinem eigenen Busen gähnt,
er schöpft immer aus sich selbst und ist darum unmittelbarer, gedrängter, ergreifender, als sein Vorgänger. Einige
in anakreontischer Form gedichtete Lieder bewegen sich
in leichterem Styl und gehören der anmuthigen Gattung
an. Seine Sprache ist gewählt, sein Vers fliesst auch da,
wo er die prosodischen Ketten abschüttelt, in den schönsten

Wellenschlägen dahin. Solche Geister sind nicht fruchtbar. ihre Dichtung kreist ewig nur um einen Brennpunkt des tiefinnersten Gefühls, aber in immer neuen und abermals neuen Veränderungen und Abwechslungen immer ergreifend, immer bewältigend. Darum hat unsere lyrische Poesie in Dayka eine werdende Grösse verloren!

An diese lyrische Trias reihte sich eine andere, welche als das höchste, weil selbstständigste, Ergebniss der beginnenden neuen Schule zu betrachten ist, und diese Dichter vermitteln den Uebergang unserer Poesie zum classischen Zeitalter : Kármán, Csokonai und Himfy. Diese werden denn auch die Gegenstände meiner nächsten Vorträge bilden.

Fünfunddreissigste Vorlesung.

Die Selbstständigen. – Die Idee der literarischen Centralisation
und Kármán. Die „Urania". — Fanny's Nachlass. Kármán's
literarischer Charakter. — Michael Vitéz von Csokona. Sein
dichterischer Charakter und der ungünstige Einfluss seiner Erziehung
auf seine Bildung. Seine Rettung gegen Kölcsey.

Es war eine Idee von grosser Tragweite, meine Herren,
welche Joseph Kármán in einer denkwürdigen literarischen
Soirée bei Ludwig Schedius im Jahre 1793 beantragte:
Pest zum Mittelpunkte ungrischer Literatur zu
machen. Er gedachte mit Dank der eifrigen Thätigkeit
der Patrioten zu Wien, der Komorner, Kaschauer, Debreziner, Siebenbürger; aber, sprach er, so lange Pest nicht
die Herrschaft ergreift, so lange werden die Dialekte sich
nicht zu einer allgemeinen, einheitlichen Büchersprache
verschmelzen, so lange werden die vereinzelten provin-
ziellen Richtungen nicht jene Reichsliteratur zur Reife
bringen, welche allein die Differenzen der Sprache, des
Geschmackes und der Individuen auszugleichen vermag,
so lange werden die örtlichen Bestrebungen auf die Oert-
lichkeiten selbst beschränkt bleiben. Nur in Pest gibt es
eine grössere gute Gesellschaft mit feinem Tone; hier
halten die Teleki's, die Ráday's, die Podmaniczky's, die
Orczy's ihre ungrischen Häuser, hier nur ist der Sammel-

platz der Gelehrten von Ansehen und Einfluss, welche die
Universität vereinigt, hier eine grosse öffentliche Bibliothek,
ein mit dem Ausland unmittelbar in Verkehr stehender und
die Welt mit uns vermittelnder Buchhandel, hier hält sich
jeder adelige Jüngling wenigstens einmal in seinem Leben
auf, wenn er herkömmt, um als Jurat der königlichen
Tafel seine praktische Rechtsschule durchzumachen, hier
nur gibt es jene grosse Anzahl von Beamten, Advocaten,
Aerzten, aus denen zum grossen Theil die ungrischen
Leser, Sprachförderer und Schriftsteller hervorgehen: hier
ist ein grosses Feld, von welchem auf dem Wege des gesellschaftlichen Verkehrs und der Vereinigung geläuterte
Ansichten über das ganze Land sich verbreiten, und die
zersplitterten Kräfte zu einer literarischen Republik verschmolzen werden können. Die Idee wurde an und für sich
selbst für gut befunden, aber wer sollte den Mittelpunkt zu
deren Verwirklichung bilden? Der Antragsteller war als
ein geistvoller, vielseitig gebildeter, wackerer junger Mann
bekannt, er war in den vornehmen Häusern als Weltmann
beliebt, aber als Schriftsteller unbekannt. Es gesellte sich
Niemand zu ihm, ausser Schedius und Pajor, die in der
Literatur noch selbst keinen Namen hatten. Aber die General Gräfin Beleznai blickte tiefer in die Seele des gereiften Jünglings, als die Männer von Ansehen und Einfluss,
und sagte ihren Beistand zu. Kármán hatte festes Vertrauen auf seine Kenntnisse, seine Ausdauer, sein Talent,
er hatte Vertrauen auf die Zukunft, und kündigte seine
Vierteljahrsschrift, die erste in Pest, an. Es circulirten
Subscriptionsbögen, die Zahl der Subscribenten ward auf
anderthalbhundert gebracht! und noch warteten die Schriftsteller frostig ab, was daraus werden würde, und nahmen
das Unternehmen, als es hervortrat, frostig auf. Nur

Csokonai fing Feuer, und brachte seine Opfer. Kármán, unbekümmert um die gerunzelten Stirnen, wandte sich an die Leserinen. Ihrer, glaubte er, sei die Zukunft. „Zarte Jungfrau! — so redete er seine „Urania" an — beginne muthig vorwärts zu schreiten auf der dir angewiesenen Bahn, erinnere dich deiner himmlischen Abkunft: lehre, und bemühe dich zu gefallen! Sei rein und anmuthig! Sei eine nützliche Gesellschafterin der liebenswürdigen Töchter unseres Landes, in deren Mitte wir dich senden." Demgemäss brachte er belletristische Sachen, aber auch Belehrendes aus dem Gebiete der schönen Künste, der Volks- und Naturbeschreibung, und der Geschichte, ja selbst nützliche Notizen für die Häuslichkeit. Nicht hierher, sondern in eine Biographie Kármán's gehört die Erinnerung an jenes traurige Lebensende, welches schon nach dem Erscheinen des dritten Quartalbandes ein Unternehmen unterbrach, das an klarem Bewusstsein des Zweckes und entschiedenem festen Fürgehen von keinem andern übertroffen wurde, das aber eben wegen der Kürze seines Lebens in seinem noch beschränkten Wirkungskreise kaum einen Einfluss zu üben begann. Das Gerücht von Kármán's Centralisationsidee verbreitete sich allmälig, aber die Provincialliteratur ignorirte sie während seines Lebens, sie ignorirte sie nach seinem Tode: nur die gerechtere Nachwelt zollte seinem Andenken verdiente Anerkennung, und nachdem seine Schriften vor zwei Jahrzehenden neu erschienen, hat sein richtiger Blick, seine seltene Befähigung und sein schriftstellerisches Verdienst die rechte Würdigung gefunden. Niemand sah die Hindernisse unserer vollkommeneren Ausbildung klarer ein, Niemand fasste die Bedürfnisse der Nation richtiger auf, Niemand sprach mit grösserer Kühnheit dem Zeitalter seine Verkehrtheiten

offen ins Angesicht. Was und wieviel hätte Kármán wirken
können, wenn es ihm vergönnt gewesen wäre, seinem
Beginnen den Erfolg zu erkämpfen. Als Dichter trat er
im Gewande des Moralisten auf, so wie seine Betrachtungen wieder ein dichterischer Schwung charakterisirt. Trotz
seiner Jugend überraschen bei ihm Welt- und Menschenkenntniss zu einer Zeit, als unsere Poesie Alles, nur keine
Objectivität besass. Sein Roman (A fejveszteség) blieb
Fragment, aber auch so ist dies Werk .ein glänzendes
Zeugniss jener Kraft, welche er als Zeit- und Charakter-
schilderer zu entwickeln fähig gewesen wäre, und in Folge
deren er ohne Zweifel berufen war, schon vierzig Jahre
vor Jósika, den Ton einer Original-, und durchaus natio-
nellen Romanliteratur vernehmen zu lassen.

Noch ein bewunderungswürdiges Werk von geheim-
nissvollem Ursprunge erhielten wir aus seiner Hand, ein
Werk, von dem wir nicht wissen, wieviel davon ihm selber
angehört, und wieviel jenem edelgesinnten unglücklichen
Mädchen, welches ein Opfer ihrer Liebe zu Kármán wurde.
Ich meine Fanny's Nachlass. Es ist dies ein psychologischer Roman, worin der Geschichtsfaden hauptsächlich
dazu dient, um an demselben die Kämpfe und Leiden einer
tiefglühenden Seele und eine Reihe von Bekenntnissen
aufzureihen, welche den Verlauf jenes dadurch herbeige-
führten langsamen Seelentodes malen, unter dessen Wucht
der zartgebaute Körper zuletzt zusammen brach. Wir
blicken in jene Brust, wo diese Gefühle erwachen, wachsen,
kämpfen, wir verfolgen das Werk jedes anregenden, näh-
renden, und entmuthigenden Momentes, so wie deren
Folgen bis zur geringsten Faser, die entstehende und
schnell überhand nehmende Krankheit des Herzens, und
das Wechselverhältniss dieser tief empfindenden Seele zu

der sie umgebenden Welt. Diese Tiefe, diese hinreissende Kraft der innern Wahrheit machen dieses Werk zu einem in seiner Art einzigen in unserer Literatur. Oder wäre es Werther gewesen, der in Kármán diese Fanny entstehen liess, wie in Foscolo Ortis letzte Briefe? Möglich. So viel aber ist gewiss, dass Fanny wirklich gelebt, dass sie Kármán geliebt, um ihn gelitten hat, um seinetwillen gestorben ist, dass sie ein Tagebuch führte und Briefe schrieb, so wie sich nicht bezweifeln lässt, dass die Meisterschaft, welche sich bei der Anordnung beurkundet, die Zusammenfügung der einzelnen abgerissenen Theile und deren Abrundung zu einem in sich harmonisch zusammenhängenden Ganzen, nebst der Sprache, Kármán angehört*).

So wie Kármán isolirt von den Schriftstellern seiner Zeit arbeitete — denn er ward zurückgewiesen, oder, besser, nicht unterstützt — eben so eine besondere und eigenthümliche ist seine Stellung und Richtung, wenn wir diese mit den damals bestandenen literarischen Gruppen vergleichen. Schon von Haus aus der Philosophie und Kunst ergeben, und in dieser Richtung ausgebildet, machte er das Wahre und Schöne zum Ziel seines Strebens, aber jenes Erstere immer im Gewande des Schönen, denn er wollte durch die Frauen, die Mütter künftiger Geschlechter, auf die Nation einwirken. Ein Feind der blossen Gefühlsspielerei und der leeren Phantasterei, forderte er überall einen Gehalt, wobei er aber das Recht des Herzens eben so, wie das des Kopfes anerkannte, und darum auf die ebenmässige Ausbildung beider drang. Nicht von der

---

) Man hat, doch irrthümlich, in den jüngst erschienenen „Briefen der Gräfin M an Kármán" die Grundlage zu „Fanny's Nachlass" erkennen wollen.

Vorliebe einer oder der andern Schule ausgehend, wünschte
er eine ungrische Literatur, welche für die geistigen Bedürfnisse der Nation durch selbstständige, fortwährend
den geistigen Standpunkt der Nation berücksichtigende.
Thätigkeit sorge. Auf dem Gebiete der Sprachfragen
griff er die Neologen an, nämlich die unberufenen — und
es ist nicht zu läugnen, dass die Sprachneuerung damals
ohne Regel und geschmacklos nach den Eingebungen
eines dunkeln Instinctes betrieben ward, — übrigens war
er selbst Neolog, aber nicht in den Wendungen der
Sprache, hinsichtlich welcher er den rein nationalen Ausdruck anstrebte, wobei ihn zugleich sein feiner Geschmack
stets sicher leitete. Verse hat er kaum einige Zeilen
geschrieben : seine Stärke bestand in der Prosa, und diese
war nicht nur originell und wahrhaft ungrisch, sondern
kräftig, voll und wohlklingend. Seine Sprachmuse war
ein gesundes, sinniges Landmädchen von ebenmässigen
Zügen : an der Kazinczy's war, bei allem Reiz, einige
städtische Blässe wahrzunehmen. Wenn Kármán länger
gelebt hätte, würden diese beiden Naturen früher oder
später ohne Zweifel aneinander geprallt sein, und zwei
entgegengesetzte Parteien begründet haben, aber unsere
Literatur hätte durch die mächtige Wirkung dieses Gegensatzes sicher gewonnen : Inhalt und Form hätten sich
gleichmässiger entwickelt und einander durchdrungen, und
die beiden Schönheiten, die der Natur und die der Kunst,
die nationale und die fremde, hätten in Folge des Wett-
kampfes früher den ausgleichenden Mittelpunkt gefunden.
So standen die Aussichten, als Kármán plötzlich starb,
und Kazinczy Jahre lang, in den Kerkern von Brünn.
Kufstein und Munkács schmachtend, in Unthätigkeit versetzt ward. Es entstand eine Leere — ein literarisches

Interregnum — aber auch diesem gab die Vorsehung ihre
Helden. Der erste unter ihnen war — Michael Vitéz
von Csokona.

Csokonai war eine mit reichen, intellectuellen und
poetischen Kräften, so wie mit edler Gesinnung, ausge-
rüstete Natur. Alles, was die Wissenschaft Würdiges und
Lehrreiches, die Kunst Schönes und Bildendes, die sittliche
Welt Grosses und Edles darbot, ergriff er mit begeisterter
Liebe, suchte es durch umfangreiche Studien sich anzueignen; und fand dies seinen Ausdruck in jener überwiegend didaktischen Richtung, welche besonders die frühern
Früchte seiner dichterischen Thätigkeit bezeichnet. Neben
derselben, aber etwas später, begann er erst subjective
Empfindungen im Gesang zu verherrlichen, so dass bei
ihm die Lyrik der Didactik nicht voran ging, sondern ihr
folgte; in umgekehrter Ordnung, wenn wir den gewöhnlichen und ohne Zweifel auch natürlichen Entwicklungsgang, — aber doch sehr erklärlich, wenn wir seine Erziehung, die ihn anregenden Verhältnisse, und seine frühe
Neigung zum Nachdenken und zu den Wissenschaften —
in Betracht ziehen. Seine Bildung war nämlich eine streng
schulmässige. Von Joseph Kovács, dem Uebersetzer des
jüngern Racine und der Aeneide, frühe in die Verskunst
eingeführt, ward er von diesem, wie das die Gewohnheit
der Schule mit sich brachte, zur Anfertigung poetischer
Beschreibungen ermuntert, welche falsche Richtung später, als er sorgsame ästhetische Studien machte, von ihm
erkannt wurde, worauf er dieselben als Ausgangspunkt
zur Entwickelung sittlicher und praktischer Wahrheiten
benützte, um so die todten Bilder der Natur mit geistigem
Leben und mit Bedeutung zu beseelen, was bereits eine
Einsicht in das Wesen der Poesie beurkundete, die seine

Leser nicht besassen. Noch zu jung, um das Leben zu kennen, vertauschte er, indem er sich dem Studium der Theologie widmete, den engen häuslichen Kreis mit dem klösterlichen unserer helvetisch-protestantischen Collegien. Dieses eng beschränkte Leben vergrub ihn unter Bücher, und schloss ihn zugleich von jenen Einflüssen ab, unter welchen das Herz erwacht, und die Phantasie durch die nähere Kenntniss des Lebens erweckt wird. So entwickelte sich bei ihm die Reflexion vor der Empfindung, und sein Kopf lernte aus fremder Erfahrung die menschlichen Zustände kennen, ehe sein Herz von jenen Flammen erfasst wurde, die selbst in weniger poetischen Seelen etwas erzeugt, was, wenn auch nicht immer Poesie, doch ihr wenigstens verwandt ist. Allein die Natur verlangt, wenn auch später, ihr Recht. Der Dichter bildet sich anfangs ein Idol, das er anbetet und besingt, bis er in der Wirklichkeit dessen Abbild erkennt, oder, wenn er ein solches nicht findet, so ergänzt seine Phantasie, was der Wirklichkeit abgeht, und bekleidet es mit allem Zauber seines Ideals, um seiner Dichtung einen lebenden Gegenstand zu gewinnen. Csokonai's erste Liebe besass, wie es. scheint, jenes Mädchen, das er in seinen Gedichten Rosalie nennt, und das nur allzuschnell starb, ehe zwischen ihm und dem schüchternen Jüngling ein Verhältniss sich entspann. Lilla liebte er mit heisser Glut; als ihre Eltern sie verheiratheten, nahm er den Schlag mit Resignation auf, wie seine Gedichte und Briefe gleichmässig bezeugen: was ich deshalb erwähne, weil Kölcsey von Convulsionen spricht, welche Csokonai nicht erlitt, und weil die Liebe in seinen Gedichten nicht den Ausdruck einer so ungezügelten Leidenschaft, wie bei Bürger, gefunden, mit welchem Kölcsey den ungrischen Dichter zum Nachtheil des Letzteren zusammenstellt, seine Empfindung eine gemachte, erkünstelte und unwirksame nennt. Csokonai liebte, wie gesagt, — aber theils verhinderte seine Schüchternheit — da er an weiblichen Umgang nicht gewöhnt war — die Entfaltung eines Verhältnisses von ernstern Folgen, theils liess die Beschäftigung seiner Seele mit höhern Gegenständen seine Empfindungen durch die Liebe nicht völlig absorbirt werden. Es ist nicht ein gemachtes Gefühl, sondern ein tiefes, mächtiges, ihn bis ans Ende seines Lebens begleitendes, das sein Herz für die heiligsten Interessen der Menschheit : für sittliche Vervollkommnung, Aufklärung und Freiheit derselben, wie für den Ruhm des Vaterlandes, der Nationalität und der Literatur schlagen liess. Seine Jugend fiel in jene Zeit, als die französische Republik dem „König von Ungern" den Krieg erklärte, als Zügellosigkeit und Mord den Namen der Freiheit usurpirten. Sein sittliches und patriotisches Gefühl empörte sich gegen jene Nation, und bei keinem unserer damaligen Dichter findet diese allgemein herrschende Empfindung einen so treuen Ausdruck, als bei ihm. Demnach sind sowohl seine zum Kampf aufrufenden, wie seine Siegeslieder voll Feuer, Kraft und ergreifenden Gedanken und Bildern. Diese Interessen sind es, die Csokonai's Gemüth beherrschen, und ein Uebergewicht über die Liebe ausüben. Hierin ruht auch der Schwerpunkt seiner Dichtungen, und nicht in der Liebe, und darum ist es nicht passend, ihn mit Bürger und Himfy zusammenzustellen, wie Kölcsey that. Csokonai war Odendichter, obgleich sein Odenschwung und seine odische Gedankenfülle nicht in der äussern Form der Ode ihren glücklicheren Ausdruck fand. Eine andere Seite von Csokonai's Befähigung war das Komische; und es ist nicht in Abrede zu stellen, dass er diese Gabe in hohem Grade besass. Sein komisches Epos : Dorottya ragt nicht nur hinsichtlich der Composition, sondern noch mehr durch die unerschöpfliche Ader des Komischen, so wie des Spottes, riesenmässig über seine Mitgenossen Gvadányi, Verseghy, Fazekas u. A. hinaus. Gleichwohl kann die „Dorottya" wegen jener Auswüchse des Niedrigkomischen, um derentwillen das Werk in guter Gesellschaft nicht wohl vorgelesen werden kann, keinen Anspruch auf Universalität machen. Die Ursachen hiervon sind keineswegs die etwa überwiegend unedlen Neigungen des Dichters, sondern jene Kreise, worin Csokonai aufwuchs und sich grösstentheils bewegte. Debrezin und Patak, besonders die dortigen Collegien, zeigten noch um Vieles später in ihren Sitten ein grosses Mass von Derbheit, um nicht zu sagen Wildheit; sodann trieb er sich auf seinen Kreuz- und Querzügen, so wie während der Zeit seiner Csurgóer Professur beständig auf dem Lande in Männergesellschaft umher, welche bei uns, selbst jetzt noch, so gern auf scurriles Gebiet überschlägt, und damals selbst die Gegenwart von Frauen weniger beachtete : kein Wunder, wenn seine Sitten sich zu jenem Schliff, sein Witz zu jener Feinheit, seine Spässe zu jener unbefleckten Reinheit nicht erheben konnten, welche nur die gute Gesellschaft zu geben vermag. Diese Rücksichten rechtfertigen allerdings nicht Csokonai's komische Werke, welche wegen ihrer Genialität eher der Freund der Literatur, als der des Schönen lesen wird: aber sie entschuldigen den Autor und zeigen, wie schwer es selbst edleren Naturen, sich dem unausgesetzten Einfluss ihrer Umgebung zu entziehen. Es kann daher keine ungerechtere Parallele geben, als die bei Kölcsey, der Csokonai's „Dorottya" Pope, Boileau und Wieland gegenüber stellt. Kann Csokonai dafür, dass Debrezin nicht Paris, Patak

nicht Weimar, Csurgó nicht Windsor ist? Wenn wir gerechter gegen unsere eigenen Männer zu sein verstünden,
so würden wir anerkennen müssen, dass Boileau und Pope
sich gewiss in Debrezin nicht so weit aufgeschwungen
hätten, als es bei Csokonai der Fall war, und dass dieser
am Hofe eines Ludwig XIV. mit nicht weniger Geschmack
und Feinheit, wohl aber, aller Wahrscheinlichkeit nach,
mit mehr Genie den „Lutrin" gedichtet haben würde, als
Boileau.

Doch ist es ja weniger meine Aufgabe Csokonai zu
vertheidigen, als den Charakter seiner Dichtung nachzuweisen. Indessen werden Sie in Kölcsey's Werken auch
die Kritik über Csokonai lesen, und in Betracht einer solchen ästhetischen Autorität war es nothwendig, Sie, wenn
auch nur andeutungsweise, darauf aufmerksam zu machen,
wie vorsichtig man bei der Vergleichung der Producte
verschiedener Nationen und Zeitalter zu Werke gehen
muss. Im Uebrigen, wenn der Gegenstand dieses Streites
einst Ihre Aufmerksamkeit noch mehr auf sich ziehen
sollte, so wäre auch das in Betracht zu ziehen, was ich in
der, meiner Quart-Ausgabe Csokonai's voranstehenden,
Lebensgeschichte desselben ausgeführt.

Und gerade jener ununterbrochene Kampf, den Csokonai sein ganzes Leben hindurch nicht nur mit Armuth
und Dürftigkeit, sondern mit den vielfältigen Schwierigkeiten und Hindernissen seiner ästhetischen Entwickelung
redlich gekämpft, zeugt von seiner edleren Natur. Zu
Debrezin geboren, von Joseph Kovács unterrichtet, in der
Athmosphäre der Schule der Volksthümlichen sich bewe-
gend, in der Achtung Gyöngyössi's, des Leoninisten, Adam
Horváth's und Dugonics's erzogen, kämpfte er beständig
gerade gegen diese ihn bestimmende Verhältnisse, dem

Schönen, Edlen, als seinem Ideal nachringend, wie dies das Studium seines Lebens und seiner Papiere bezeugt. Aber gerade der nie völlig zu versöhnende Gegensatz dieser ihn umgebenden Elemente und dessen, dem er nachstrebte, verursachte jene Ungleichheit, welche heutzutage, im Zeitalter geläuterten Geschmackes, den sicheren Sinn so unangenehm berührt. Dies ist der Grund, dass das Erhabene und Edle, wozu er so entschiedene Befähigung besass, so oft durch ein dazwischen kommendes alltägliches Bild, oder durch einen fremden, oder gemeinen Ausdruck vernichtet wird, und dass, obgleich er, den Leitriemen seiner Meister zerreissend, die Sprache, deren sämmtliche Quellen er frei benützte, trefflich zu behandeln verstand, doch seinen Werken jene neue Farbe, jenen edlern Ton nicht zu geben im Stande war, welche Báróczy und Kazinczy unter ganz andern Verhältnissen den ihrigen einzuhauchen wussten.

Von diesen Folgen eines noch unausgebildeten Geschmackes abgesehen, war Csokonai, bis zur Erscheinung Himfy's, der erste Dichter seiner Zeit, wir mögen nun seine schöpferische Kraft, seine anordnende Geschicklichkeit in Betracht ziehen, seine glänzende Phantasie, seine Gedankenfülle und jene Mannigfaltigkeit, welche sich bei ihm vom Erhabenen bis zum Sentimentalen, vom Humor bis zum Niedrigkomischen offenbart, und nur das Eigenthum reichbegabter Seelen ist; oder das, was er in Beziehung auf die Form leistete, indem er lyrische, erzählende und dramatische Arbeiten lieferte, und in jeder dieser Gattungen den rechten Ton meisterhaft zu treffen wusste; der Technik gar nicht zu gedenken, die er in allen Arten vollständig beherrschte; oder wir mögen endlich jene plastische, wahrhaft poetische Darstellung, jene glänzende Diction

und die seltene Macht betrachten, mittelst welcher er die
Sprache so frei, leicht und ergreifend zu handhaben weiss.
Csokonai starb in seinem einunddreissigsten Jahre,
und hinterliess eine so grosse Anzahl von — meist erst
nach seinem Tode herausgekommenen — Arbeiten, dass er
zugleich den fruchtbarsten unserer Dichter beizuzählen
ist. Kazinczy sagt, dass er es liebte viel zu schreiben;
Kölcsey, dass aus diesem Vielen noch nicht abzusehen sei,
bis zu welchem Punkt er es nach den ihm verliehenen
Anlagen noch hätte bringen können. In Betreff des Ersten
ist zu bemerken, dass Csokonai nicht darum viel arbeitete,
als ob er in der Vielschreiberei Ruhm gesucht hätte, sondern
weil er ein reicher, von Natur zur Productivität hinnei-
gender Geist, und weil die Literatur sein Idol war, dem
er alle seine Zeit opferte. Doch war er keineswegs leicht-
fertig in seinen Ausarbeitungen. Er unterzog dieselben
vielmehr oft, behufs der Feile, einer Ueberarbeitung, ehe
er sie aus seinen Händen liess, wie ich mich hiervon bei der
sorgfältigen Durchsicht einer grossen Menge seiner Papiere
zu überzeugen Gelegenheit hatte. Wie weit er es noch hätte
bringen können, dies dünkt mich eine müssige Frage;
aber, obgleich ich Csokonai liebe und bewundere: so glaube
ich zwar, dass wir in den verschiedenen Gattungen der
Poesie noch viel Gutes von ihm erwarten durften — selbst
im ernsten Epos, wenn sein im Plan gehabter „Árpád" zur
Ausführung gekommen wäre, — aber dass er eine höhere
Stufe erreicht hätte, glaube ich nicht. Die ihn bestim-
menden Verhältnisse und Prämissen, welche ich, als zu
seiner rechten Würdigung durchaus zu berücksichtigende
Gestaltungselemente, wiederholt erwähnt, sind unverändert geblieben, und er konnte sich ferner nicht zu einem
Andern machen, um so weniger, als er bei aller seiner

Jugend, nach so vielen Wechselfällen, eingebildeten und wirklichen Leiden und Erfahrungen, wenn nicht Misanthrop, doch in sich zurückgezogener wurde, denn jemals. Die Wissenschaft, welche im Verlauf seines geistigen Lebens immer mehr in den Vordergrund trat, hätte weiterhin zwar auch auf den Dichter befruchtend einzuwirken vermocht, aber wenn er die richtige Mitte zwischen dem Wahren und Schönen nicht zu finden weiss, konnte die Wissenschaft, als fremdes Element sich eindrängend, den Dichter in ihm auch ersticken. Wir sehen daher diesen reichen Geist vom Schicksal dazu bestimmt, durch den Fluch seiner Geburt bis an das Grab verfolgt, und verhindert zu werden, jene Höhe, zu der er ursprünglich befähigt war, jemals erreichen zu können. Und wenn darum Csokonai theilweise bereits veraltet ist, und es immer mehr werden wird, so verdient er doch für alle Zeiten als reichbegabter Vertreter seiner Zeit und Confession in gewissen Richtungen des öffentlichen und nationalen Lebens, studirt zu werden, und dieses Studium wird den unbefangenen Forscher nicht unbelohnt lassen.

Sechsunddreissigste Vorlesung.

Alexander Kisfaludy. Einheit seines Lebens und seiner Dich-
tung. „Himfy's Liebeslieder". Kisfaludy und Petrarca. Die poetische
Sprache erhebt sich bei ihm zuerst zur höhern nationalen Schönheit.
Seine „Sagen aus Ungerns Vorzeit".

Wir kommen nun zu Alexander Kisfaludy. Bedeutungsvoll in demselben Jahre geboren (1772), in welchem
Georg Bessenyei das Banner der neuen Zeit erhob, trat er
neunundzwanzig Jahre später auf, um diese neue Zeit mit
dem vorzüglichsten seiner Werke, mit „Himfy's Liebesliedern", zu krönen. Mit ihnen, als dem treuesten Ausdruck des innersten Wesens ihres Dichters, müssen wir
uns zuerst bekannt machen, denn sie bieten uns den
Schlüssel zur richtigen Würdigung auch seiner anderweitigen, namentlich erzählenden Gedichte. „Himfy" ist eine
lange Reihe lyrischer Bilder von jenen Situationen, in
welche der Dichter durch seine Liebe gerieth. Diese
zusammenhängende Reihe der Situationen, deren parallele
Entwicklung, das Auf- und Niederwogen der geschilderten
Seelenzustände gestalten Himfy's Liebeslieder in der That
zu einer Einheit und einem Ganzen, wodurch ich übrigens
nicht behaupten will, dass unter den achtundzwanzig Gesängen und vierhundert Liedern nicht sehr viele in Bezug
zum Ganzen auch eine andere Stelle hätten einnehmen

können, da viele aus einer und derselben Stimmung entstanden, unter einander keine bestimmte Reihenfolge
beanspruchen, was besonders von den Liedern der „Glücklichen Liebe" gilt. Die Fabel des Ganzen wäre etwa so
wiederzugeben : Himfy erblickt Líza und liebt sie. Da er
ihre Gegenliebe nicht gewinnen kann, flieht er sie, ja
sogar sein Vaterland, und sucht in der Ferne, im Sturm
der Schlachten, inneren Frieden oder das Ende seines
Lebens und seiner Qual. Beides vergebens. Die Angebe-
tete kennt seine Leiden, aber sie bleibt für diese fortwährend unempfindlich. Es verändern sich die Jahreszeiten,
aber seine Qualen beharren. Der Gedanke des Selbstmor-
des tritt ihm nahe, aber gerade um seiner Liebe willen
hängt er noch am Leben, ja dann und wann spiegelt ihm
eine dunkle Ahnung Hoffnungsbilder vor, und dann nährt
er seine Gefühle an ermuthigenden Erinnerungen. Das
Ende des Krieges ist nicht zugleich das Ende jenes
Kampfes, der in seiner Brust tobt. Er beschliesst seine
Geliebte wiederzusehen, er kehrt heim, sieht sie, findet
sie schöner denn je, seine Schmerzen erneuern sich.
Der quälende Gedanke : dass er durch einen begünstigten
Nebenbuhler verdrängt worden, erweist sich zwar als
grundlos, ja er liest sogar Liebesregungen in dem Wesen
seiner Geliebten, er beginnt zu hoffen : als plötzlich Dasjenige, was er stets am meisten gefürchtet, sich dennoch
als wirklich erweist : Líza — liebt einen Anderen. Seine
Seele welkt langsam dem Tode zu. So endigt der erste
Theil: „die klagende Liebe". Im zweiten tönt seine Laute
die Siegesfreude der beglückten Liebe wieder. Die Erwählte hat ihn immer geliebt, Verläumdungen hatten sie
zurückhaltend gemacht. Hymen weihet den Bund, und
Himfy lebt nun das seligste Leben, welches ein freigebor-

ner, häuslich beglückter Mann auf seinem stillen Land-
gute leben kann. Das ist beiläufig der Faden, auf welchem
die einzelnen Gesänge und Lieder wie Perlen aufgereiht
sind, und so bildet die Liedersammlung in der That ein
Ganzes, was der Dichter auch beabsichtigt, wie aus mehreren einzelnen Liedern erhellt, welche als Einleitungs-
und Schlusslieder hinzugedichtet wurden, um dem Ganzen
die nöthige Abrundung zu geben. Wenn wir den Werth
der beiden Theile gegen einander abwägen, so gebührt der
Vorrang ohne Zweifel der „Klagenden Liebe". Mehr Abwechslung der Situationen, mehr innerer Zusammenhang,
und bei grösserer innerer Nothwendigkeit der einzelnen
Theile in Bezug auf das Ganze, bilden glänzende Phantasie und hinreissende Leidenschaft die hervorragenden
Elemente des ersten Theils. Die Hauptquelle des zweiten
ist die Reflexion, und die Sprache desselben ist nicht so
blühend. Es ist zwar nicht zu läugnen, dass mehr schöpferische Kraft dazu gehört, das Glück des Besitzes, dessen
die menschliche Brust so leicht gewohnt wird, in solcher
Mannigfaltigkeit und so begeistert und oft ergreifend zu
besingen, als nach dem ersehnten und nicht zu erreichen-
den seufzend zu schmachten; aber sehr viele Lieder der
„Glücklichen Liebe" besingen nicht einmal die Seligkeit
des Besitzes, sondern bewegen sich in solchen Lebens-
betrachtungen, welche ein philosophischer Geist fast in
allen Lagen anstellen kann; ausserdem sind hier die Wiederholungen häufiger, und zwar ohne jene reizende
Abwechslung, welche im ersten Theil das Interesse fortwährend rege zu erhalten weiss.

Was Kisfaludy's Canzonen und Sonette — wie wir
seine Gesänge und Lieder ihrer innern Form nach mit
Beziehung auf Petrarca nennen können — auch einzeln

betrachtet, anbelangt, so gehören viele Stücke derselben
zu dem Schönsten, was unsere Lyrik aufzuweisen hat.
Theile eines grössern Ganzen, bilden die meisten doch für
sich ein kleines, abgerundetes Ganze; gleichwohl gibt es
auch solche, welche erst mit den folgenden ein Ganzes
darstellen. Es zeichnet diese Lieder ein gewisses Bestreben
aus, die Aufmerksamkeit des Lesers beständig auf einen
Punkt zu richten, bis dieselbe im letzten Quatrain, oder
auch nur in der allerletzten Zeile, meist durch eine rasche,
nicht selten antithetische Wendung befriedigt wird. Jede
Prämisse scheint nur der Pointe wegen da zu sein; und
wo die Wendung nicht so scharf oder auch gar keine vorhanden, concentrirt sich der gesammte Eindruck demohn-
erachtet im Schluss des Liedes, so, dass wir jene Lieder,
welche auch ausserdem stets irgend ein einheitliches Ge-
fühlsbild oder einen einfachen Gedanken zum Gegenstand
haben, mit Franz Kazinczy bezeichnend Liebesepigramme
nennen können. Und diesem Gedankenbau schmiegt sich
die von Kisfaludy erfundene Versform trefflich an. Die
ersten zwei Quatrainen nämlich, in welchen je eine acht-
und siebensylbige Zeile abwechselt, und die gleichartigen
sich reimen, enthalten die Exposition, die letzte aber, aus
einem acht- und einem siebenzeiligen, gleichfalls gereimten
Verspaare bestehend, bringt die Pointe, welche zuweilen
mit viel Geschick auf die letzte Zeile zurückgedrängt
erscheint. Uebrigens haben die Zeilen einen trochäischen
Fall. Eine gewisse Symmetrie, und, wenn der Gedanke
mit der Form sich parallel entwickelt, eine innere Harmonie
und eine eigenthümliche Abrundung lässt sich diesem
Schema nicht absprechen, aber nur an seiner Stelle. Als
Kisfaludy dasselbe später auch bei seinen langen erzählenden Gedichten benützte, sank er zur Manier herab, und

verlor seine Eigenthümlichkeit, wonach er stets irgend
einen einheitlichen, einfachen und melodischen Gefühls-
oder Gedankenblitz zum Ausdruck bringt, der aus einem
vorangehenden und nachfolgenden Theile besteht. Der
ruhigere Fluss der Erzählung erfordert eine längere,
ruhigere Versform.

Das Wesen von Kisfaludy's Lyrik ist jenes flammende
Feuer, welches sein ganzes Innere, zündend und verzeh-
rend, durchglüht. Seine lebhafte Phantasie, die mit der
Natur in Wahlverwandtschaft steht, durchwandert dieselbe,
um jede ihrer Erscheinungen in den Kreis seines Gefühls-
lebens zu ziehen und sie mit Bedeutsamkeit zu bekleiden.
Hieraus folgt dieser Reichthum an Bildern und Verglei-
chungen, diese schimmernde, prangende Farbenmischung
in seinen Gemälden, diese bildliche, uneigentliche, sinn-
liche, durch und durch poetische Sprache. Eine Eigenthümlichkeit bildet die Vorliebe für Gegensätze, wodurch
er die Seele in beständiger Bewegung erhält, und schmel-
zende Empfindung und Leidenschaft mit einander abwech-
seln. Im zweiten Theile ist die Phantasie weniger geschäftig.
Dies selige Leben, die einförmige Süssigkeit der Zufrie-
denheit regt mehr zur Betrachtung an, aber oft reisst auch
diese, bis zum Muthwillen und dem Trotz der Lust sich
erhebende, Lebensphilosophie mit sich fort. Von dieser
vorherrschenden Macht der Leidenschaft und der Phantasie rührt jene Fülle der Epitheta, stammen jene grellen
Verbindungen und der kühne, metaphorische Ausdruck
her. Die Sprache wirkte durch ungewohnte Wörter, Zusammensetzungen, Inversionen mit dem Reize der Neuheit.
Dieser reiche, leichte Strom von Gedanken und Bildern
fand in seiner stets mit derselben Leichtigkeit dahinflies-
senden Sprache seinen treuen Ausdruck. Den Mangel

sprachlicher Correctheit, so wie der Eleganz an einzelnen
Stellen, und die Vermischung mit prosaischen Elementen
entschuldigt das erst beginnende Zeitalter des Geschmacks.
Gleichwohl war Himfy, selbst Kazinczy's Werke nicht
ausgenommen, in Beziehung auf Geschmack die edelste
Offenbarung seiner Zeit.

Man kann sagen: Natur und Schicksal vereinten sich
in freundschaftlichem Bunde, um Alexander Kisfaludy,
hinsichtlich des Charakters wie der Form seiner Dichtungen, über alle hervorragenden Dichter seiner Zeit zu
erheben. Jene stattete ihn mit den edelsten Gaben aus,
und mit der Fähigkeit, Allem, was sein Herz und seine
Seele empfand, einen Klang zu geben; dieses führte ihn
in gute Gesellschaft, ja in die gewähltesten, selbst in hohe
Kreise, so wie mitten auf die Schaubühne der Weltereig-
nisse, und liess ihn zugleich ein Wesen finden, das in der
reizendsten Hülle eine schöne Seele barg. Dieses seltene
Zusammentreffen vermittelte eine in Gefühl und Ausdruck
so edle Dichtung, welche über jenem verderbten, in Ma-
terialismus und Unglauben versunkenen, Jahrhundert
gleich einer Taube mit dem Oelzweig schwebte. Die
Unverdorbenheit seines Innern bezeugt jenes romantisch-
schöne, von jeder Schlacke reine Verhältniss, das ihn an
Liza knüpfte. Der sybaritischen Hauptstadt Zögling sieht
die edle Jungfrau, und das Gefühl, das ihn ergreift, war
jene heilige, schamhafte, schüchterne Liebe, welche den
Zauberkreis ihres geliebten Gegenstandes auch nicht einmal im Gedanken zu überschreiten wagt. Jenes Ideal, das
er sich in seinen Träumen schuf, findet er in ihr, oder
identificirt es mit ihr, aber seine Lippe wagt vor der, in
seinem Herzen für unerringbar Gehaltenen kein Geständniss; ein freundlicher Blick von ihr lässt ihn hinter dem

Schleier der Zukunft einen Zaubergarten sehen, dessen
Beherrscherin Líza ist, während ein kalt scheinender,
möglicherweise nur gleichgiltiger, oder vor Zeugen durch
den Anstand gebotener, ja vielleicht gerade ihre Theilnahme zu verbergen suchender, oder ein wirklich zürnen-
der, vielleicht eifersüchtiger Blick ihn gleich einem Todes-
urtheile trifft: er zieht fort, und setzt vielleicht sein Herz in
der grossen Welt, ja sein Leben auf dem Schlachtfelde aufs
Spiel. Er zieht also fort, und inmitten eines Lebens voll
wechselnder Genüsse und Gefahren, schwebt stets nur
Líza's grausames und dabei so mächtig anziehendes Bild
vor ihm. Sie erblickt er in der Natur, sie in der Menschen-
welt, alles was schön, und gut, und edel, mahnt ihn an
sie, Liza schwebt hoch vor ihm, die Welt mit ihren Zau-
berstrahlen umgoldend, er aber schlürft mit Wollust die
Qualen der Zurücksetzung aus ihnen in sich. Diese Alles
durchgeistigende Leidenschaft mit ihrer brausenden Fluth,
diese Alles in den Kreis seiner Dichtung ziehende Phantasie mit ihrem Reichthume, reisst hin und bezaubert,
während sie mit ihrer idealen Reinheit, welche den Reiz
der Seele über alle andere erhebt, bildet und veredelt.
Die nothwendige Ergänzung der „Klagenden Liebe“ ist
die „Glückliche Liebe“; die Missverständnisse hellen sich
auf, die Täuschung schwindet, das früher so verdüsterte
Gemüth wird erheitert, und, wie es früher aus der es umgebenden Welt nur Gram und Kummer sog, so löst denselben, nachdem die ideale Welt sich zur Wirklichkeit
verklärte, die reinste und natürlichste Lebensphilosophie
ab; der Treue wird ihr Lohn für ihre Leiden. Daher übt
die Poesie dieser verzehrenden, aber durch ihre Motivirung zugleich erhaltenden und nach ihrer Belohnung
Siegesfreude besingenden Liebe, welche nicht nur die

verwelklichen Reize eines schönen Körpers, sondern die
in schöner Hülle sich offenbarende schöne Seele verherrlicht, eine veredelnde Kraft auf junge Herzen, und wir
können dem Jüngling Glück wünschen, der sich durch sie
hingerissen fühlt: er ist noch bewahrt vor der Versunkenheit, dem berauschenden und erschöpfenden Gift der
Sinnlichkeit. Das ist die dichterische und zugleich moralische Bedeutsamkeit dieses Buches.

Hiernach können wir mit wenigen Worten jene, einst
mit Interesse ventilirte Frage : über das Verhältniss
Himfy's zu Petrarca, erledigen. Einige haben den ungrischen Dichter zu einem Nachahmer des italienischen
gemacht, Andere zu einem ungrischen Petrarca. Weder
jene noch diese haben Recht. Auch Himfy hat aus seinem
eigenen Busen geschöpft, wie Petrarca, und wenn seine
Lieder wirklich an die Disposition der Petrarca'schen
Sonette erinnern, so wird er dadurch nicht mehr Nachahmer, als jeder Sonettendichter. Aber ganz unabhängig
von ihm konnte er allerdings auch nicht bleiben, denn auf
welches Herz konnte der Genius des Ersteren tiefer wirken, als auf das Herz Dessen, der ihm so nahe verwandt
war? und wie sollte ihm nicht unwillkürlich ein oder die
andere Wendung, ein Bild oder Gedanke von Jenem mit
unterlaufen, ohne dass er es selbst wahrnimmt? So nahm
unbewusst, ja, sogar mit Bewusstsein, selbst Petrarca's
ohne Zweifel reiche und schöpferische Seele die Poesieen
der Provençalischen Dichter in sich auf, so setzte er dieselben fort, so Horaz die der Griechen u. s. w. Doch gibt
es einen Unterschied zwischen dem Unger und dem
Italiener: dieser ist nicht blos Dichter, sondern der tiefste
Gelehrte, der geistvollste Philosoph seiner Zeit, und wenn
seine Dichtung tiefer, inhaltreicher, abwechselnder : so

verdankt er dies — ich wage es offen auszusprechen —
nicht seinem grössern poetischen Genie, sondern seiner
Philosophie und Wissenschaft. Dagegen hat Petrarca eine
bereits auf dem Höhepunkt ihrer Schönheit angelangte
Poesie vorgefunden : Himfy blos Versuche, nur gleichsam
zerstreute fragmentarische Elemente, und die ungrische
Lyrik hatte zu seiner Zeit sich noch nicht einmal eine äussere Form gebildet. Dies ist aber viel, unendlich viel,
darum sagt Kisfaludy selbst in dem Vorwort zur zweiten
Ausgabe des Himfy : „Wenn Petrarca und Andere vor mir
auch nicht gedichtet hätten, ich würde dennoch den Himfy
haben schreiben können, und so vielleicht noch mit grösserer Originalität, denn was in dem Menschen ist, das
kömmt auch aus ihm heraus : aber wenn Gyöngyösi,
Zrínyi, Orczy, Faludi... vor mir nicht ungrisch geschrieben hätten, so würde, und wenn auch drei Petrarca's in
meiner Brust wohnten, Himfy nie geboren worden sein."
Diese Stelle ist in mehr als einer Beziehung beach-
tenswerth. Mit richtiger Selbsterkenntniss und darauf
ruhendem Selbstgefühl weist Kisfaludy das Urtheil derjenigen ab, welche, eine so herrliche Erscheinung von
einem ungrischen Dichter nicht erwartend, oder die die
Originalität in den Formen, einzelnen Gedanken und
Ausdrücken, nicht in der Totalität seines Geistes suchend,
ihn, ohne Petrarca genau zu kennen, für Petrarca's Nachahmer erklärten; aber sehr wohl fühlend, wieviel jeder
Schriftsteller seinen Bahnbrechern verdankt, vollbringt er
eine schöne That der Aufrichtigkeit und Pietät, indem er
seinen Vorgängern gibt, was ihnen gebührt. Er hatte also
Vorgänger: aber fassen Sie einmal die gesammte damalige
Literatur, mit Himfy und dessen Sprache vergleichend,
zusammen : und Sie werden den Schritt eines Riesen

gewahren, welchen dieser, selbst von den Schultern seiner Vorgänger aus, zu ungeahnter Höhe that. Dieser
Reichthum, diese Fülle des Ausdrucks, dieser natürliche
Fluss, diese Leichtigkeit, welche fern von jeder Künstelei,
Gesuchtheit und Gezwungenheit; diese neue Farbe, welche
gleichwohl durch ihre Neuheit nicht hemmt, sondern reizt
und ergötzt : dies Alles ist nicht weniger der Stempel
eines schaffenden, gestaltenden Originalgeistes, als der
Inhalt selbst. Was vor und neben ihm Schönes und Ge-
schmackvolles dargestellt worden, war die Arbeit des auf
gewisse Grenzen beschränkten Talentes, die mit Sorgfalt
hervorgebrachte Frucht des durch Studium geläuterten
Geschmacks: Kisfaludy schafft sich aus dem Reichthum seines Geistes selber Form und Sprache, und schaltet damit
mit der Autokratie des Genies. Er war kein gelehrter
Sprachforscher, nicht einmal Grammatiker, gleichwohl gab
er der poetischen Sprache einen grössern Ruck vorwärts,
als alle seine Genossen zu dieser Zeit. Aber damit wird
das Verdienst Letzterer, das ich an der gehörigen Stelle
dankbar hervorgehoben, keineswegs verkürzt. Kisfaludy
hat viel von ihnen entnommen, und Eines oder das Andere,
in einer oder der andern Richtung, Form und Eigenthümlichkeit behält auch neben ihm seinen besondern Werth.
Er ist einfürbig, weil er nicht sowohl Kunstpoet, als, wie
Petrarca in seinen italienischen Dichtungen, mehr ein
Sohn der Natur. Aber gerade diese Naturdichtung ist bei
ihm neu, nimmt eine veredelte Form an, und erhebt, fern
von jedem fremden Duft, — den wir nicht verdammen,
wenn er mit Glück angeeignet ward, da er zu mehrseitiger
Entwicklung der Poesie und Sprache dient — das Volksthümliche zum Nationalen. Was dort noch Ringen war, tritt
bei ihm als fertige Thatsache, als Erfolg auf, und in diesem

Sinne hat er in das poetische Gebäude seines Zeitalters den Schlussstein eingefügt, so hat er jene mannigfach verzweigten Einzelbestrebungen auf den Höhepunkt erhoben, und indem er der dichterischen Sprache einen gewissen festbestimmten Nationaltypus gab, jenes goldene Zeitalter ermöglicht, dessen glänzendes Morgenroth er war.

„Himfy" zeigt, dass Kisfaludy per eminentiam, ja ausschliesslich, eine lyrische Natur war, und da er nur dem unfreiwilligen Drange der eigenen Brust folgte, und sich nicht zur selbsbewussten künstlerischen Production erhob, so herrscht auch in seinen Sagen das lyrische Element so sehr vor, dass die Fabel nur dazu zu dienen scheint, um die schmerzlichen und beseligenden Erinnerungen seiner eigenen Liebe durch seine in verschiedenen Situationen auftretenden Personen stets von neuem geniessend, zu reproduciren. Darum beruht ihr Werth nicht in der Erfindung, welche überdies sehr häufig eine entlehnte ist, sondern in der Gefühlsmalerei, welche alle seine eigenen Gefühle, seine eigenen Empfindungen sind. Nur ein neues Element gesellt sich noch dazu: der Patriotismus, und zwar der, ganz den Ansichten seiner Erziehung, seines Standes und Zeitalters gemäss sich offenbarende Patriotismus, dessen Klänge schon im Verlaufe der „Glücklichen Liebe" unser Herz nicht selten berührten. In seinen „Sagen" spricht ein Glied des ungrischen Adels, welcher zu seiner Zeit die Nation selbst und der Vertreter der Nationalität war: das Volk erscheint nur hier und da als Staffage; aus dem Kreise jenes Adels sind alle Hauptpersonen, alle Begebenheiten, und die ganze Färbung gewählt, und damals war auch nur das natürlich. Erinnern wir uns nur an den Charakter der Opposition von 1790. Die Ideen der neuen Zeit beginnen erst seit 1805 wahr-

nehmbar zu werden. Kisfaludy hatte damals bereits den
grössten Theil jenerWerke beendigt, welche ihn unsterb-
lich machen.

Auch später noch setzte er seine dichterische Thätigkeit fort : dies war das Abendroth jenes Tages, der
während des von uns jetzt erörterten Zeitraums in hellem
Mittagsglanz prangte. Ich will davon hier nicht vorgrei-
fend sprechen, indem ich später noch einmal darauf zu-
rückkomme, wo wir ihn dann auch in andern Formen,
immer sich selber ähnlich, gleichwohl in einer um ihn
aufgegangenen neuenWelt als einen Andern, wiederfinden
werden, weil sein Verhältniss zu dieser Welt ein anderes
geworden war. Sein Werth begann zu sinken, aber nur
vom Standpunkt dieser neuen Zeit aus : was ihn in Wahrheit verherrlichte, das ist die Geschichte verpflichtet auch
dann von ihrem höhern Standpunkt verherrlichend anzu-
erkennen, wenn die ihn überflügelnden Ideen und Formen
denselben aus der Mode brachten.

Siebenunddreissigste Vorlesung.

Rückblick auf die verschiedenen literarischen Gruppen. — Der Roman
in Prosa. Ignaz Mészáros und seine „Kartigám". — Das Drama.
Das Wiedererwachen des Theaters. Dessen unmittelbare Vorläufer : Georg Fejér und das Pressburger Seminar. Die erste Schauspielergesellschaft zu Pest. Theilnahme des Landes. Die
Siebenbürger. — Theaterdichtung. — Aesthetische Bewegungen.
— Schluss.

Meine Herren!

Nachdem wir die specielle Erörterung jener verschiedenen Richtungen beendigt haben, durch welche einzelne
begabte und begeisterte Männer die ungrische Poesie
wieder zu beleben beabsichtigten; so wie auch jener ener-
gischeren Geister, welche, alle diese Richtungen in sich
vereinigend, oder als deren, zu einer gewissen Selbstständigkeit entwickeltes Resultat betrachtet, gleichsam
als die Zeichen einer neuen Zeit auftauchten : haben wir
noch einen allgemeinen Blick auf diese Schulen zu werfen,
und das somit zusammengefasste Bild dieses Zeitraumes
durch einige Nebenzüge zu vervollständigen.

Die französische Schule führte in die Poesie nicht
die Poesie, sondern gerade deren tödtenden Buchstaben:
die philosophische Reflexion ein. Dieser eröffnete das
Lehrgedicht, ein für mittelmässige Talente so glatter

und gefährlicher Boden, ein weites Feld, und da dasselbe
gleichwohl ohne eine bis zu einer gewissen Stufe entwickelte Erfindung nicht zu bebauen war, so empfahl sich
hauptsächlich die Epistel mit ihrer bequemeren, und
darum auch leichteren Form für die Gefühle und Betrachtungen einer sich nicht bis zur lyrischen Höhe aufschwin-
genden Subjectivität. Darum wurde diese Form nicht nur
häufiger, sondern auch mit mehr Glück gepflegt, und
während das Lehrgedicht im besten Falle der rein philosophischen Betrachtung, aber weit häufiger blossen Kenntnissen zum Gefäss diente, auf welchem Gebiete die Poesie
völlig vernichtet ward, verband sich die Epistel mit der
Empfindung, welche mehrere wirklich poetisch gestimmte
Gemüther, Bearbeiter dieser Dichtungsform, allerdings
besassen. Auch im Drama versuchte sich diese Schule,
doch nur bei Georg Bessenyei, der, wie er der Gründer
dieser war, so auch die meiste Erfindungs- und Gestal-
tungskraft bewies. Doch, in seinen Productionen mehr
Denker, als Dichter, erstickte auch er das Gefühl und das
warme Leben des Drama's in Declamationen und den
conventionellen Formen der modernen Gesellschaft. Das
Epos aber hatte sich, ausser durch ihn, an vaterländischen
Stoffen gar nicht versucht, und selbst dieser eine Versuch
(König Mathias) gelangte nicht an das Licht der Oeffentlichkeit. Es bezeichnet daher diese Schule nur einen Uebergang, doch hat sie durch Gehalt und Adel der Diction,
durch glückliche Reform der Versarten und durch Schaf-
fung der schönen Prosa einen mächtigen Einfluss auf
unsere Poesie geübt, ja selbst auf die Sprache, zu geschweigen jener Bereicherung mit Ideen, womit sie den ungrischen Geist durch Uebertragung vieler ausgezeichneter
französischer und englischer Werke befruchtete.

Nicht von geringerem, ja, im Besitze aller Errungenschaften der frühern Richtung, von noch entschiedenerem und nachhaltigerem Einfluss war die Schule der Classicisten. Sie erneuerte unter uns das Studium der Classiker, sie pflegte vorzüglich die patriotische Richtung des ernsten ungrischen Geistes, sie leitete unsere Schriftsteller zur Regelmässigkeit, zum Bau ebenmässiger, gedrängter, volltönender Perioden in der Prosa an, und verlieh der Rede jene plastische, classische Haltung, welche wir zuletzt in Kazinczy, Berzsenyi und Vörösmarty bewundern. Durch sie ward das ungrische Ohr auf die Reize des Rhythmus aufmerksam, und erst durch ihre Prosodie kam der Begriff des Melodischen in unsere Poesie, und ermöglichte die Lyrik und jene Schönheiten, womit die neue Schule auf den Schultern dieser Vorgängerin später unsere Sprache bereicherte. Uebrigens hat diese Schule sehr begreiflicherweise kein Drama hervorgebracht, aber sie hat dem Epos durch die Uebersetzung des Virgil und — obwohl nur noch bruchstückweise — des Homer den Weg gebahnt, und durch die Ausbildung des Hexameters die Erfolge Andreas Horvát, Czuczor und Vörösmarty möglich gemacht; wie durch die Schemen der griechischen Lyrik Berzsenyi, ja sie war es, welche die Lyrik, die durch die Volksthümlichen nur in einer, und zwar niedern Gattung einen Anstoss erhielt, zu höheren und schöneren Formen verhalf, indem sie unsere Poesie mit der Ode, dem anakreontischen Liede und dem Epigramme bereicherte.

In ganz anderer Weise, in Beziehung auf die Form gar nicht, aber hinsichtlich des Stoffes und des Tones um so bedeutsamer, wirkten die Volksthümlichen auf unsere Dichtung ein. Sie widersprachen mittelbar den fremden Richtungen in der Form, wodurch sie ohne Zweifel die, für unsere Poesie so wesentliche, ästhetische Entwicklung hemmten, aber durch die Bearbeitung rein vaterländischer Stoffe, durch deren nationale Auffassung, und durch das Anschlagen des volksthümlichen Tones brachten sie ein so lebenskräftiges und nothwendiges Element in unsere Poesie, dass diese ohne dasselbe viel später ihren rein nationalen Charakter entwickelt hätte; und obgleich die vorherrschend der ästhetischen Richtung huldigende neue Schule, welche mit der volksthümlichen parallel wirkte, und die Classicisten sie wegen ihrer Derbheit ignorirten, so ging deren Blut doch unbemerkt in das ihrige über, diese begannen sich aus ihrem Geiste zu nähren, und dieser heilsame Ruck gab jener edlen Trias das Dasein, welche wir am Ende dieses Zeitraumes als die Selbstständigen näher erörtert haben. So bewährte sich auch in der Geschichte dieser Uebergangsperiode unserer Poesie jenes ewige Gesetz der Natur, wonach dieselbe alle Gegensätze zuletzt vermittelt, und zu ihrem Nutzen verwendet, ja, da sie keinen Sprung kennt, sich gerade auf solchen Stufen erhebt, und jenes höhere, selbstbewusste Wesen hervorbringt, welches auf der Spitze der Schöpfung steht. Auch unsere Poesie fand sich am Ende jener verschiedenen Versuche, und nach der Vereinigung der besondern Wege, auf jenem Punkt, von wo sie im Verlaufe des neunzehnten Jahrhunderts zu selbstständiger Blüthe sich erhob.

Aber damit unser Bild nicht lückenhaft sei, müssen wir, von der Hauptstrasse ablenkend, auch jene Nebenpartien betrachten, welche, wenn auch nicht auf den Charakter des Bildes einwirken, doch zu dessen Ergänzung unentbehrlich sind. Ein grosser Theil der Nation konnte von dem geistigen Leben des Auslandes nicht unberührt bleiben. Auch bei uns machten sich neue Bedürfnisse fühlbar, auch der ungrische Jüngling und das ungrische Mädchen sehnten sich nach jener Nahrung, welche ihre gebildeten deutschen und französischen Genossen aus den Geisteswerken ihrer Völker schöpften. Dieses, obwohl anfangs nur noch schwach sich äussernde Bedürfniss gab einer, wenn auch noch so mittelmässigen, Romanliteratur Leben. Diese konnte damals noch nicht original sein, und zwar schon darum nicht, weil die ungrische Societät der durch das städtische Leben vermittelten engern Berührung entbehrte. Der Herrenstand, der wahrhafte Vertreter der Nation, lebte zerstreut auf seinen Gütern, oder im Auslande, und in unsern, ihren bürgerlichen Elementen nach, mit wenigen Ausnahmen, grösstentheils fremden, Städten. Der Salon existirte noch nicht. Die Schriftsteller wandten sich daher an das Fremde, und, da ihnen das alltägliche Bedürfniss vorschwebte, nicht an das, was die poetische Idee verwirklichte, sondern natürlich an das, was eben Mode war. Das erste Buch, welches die Unterhaltungsliteratur eröffnete, und, sehr bezeichnend, ebenfalls in dem epochalischen Jahre 1772 auftauchte: Kártigám von Ignaz Mészáros, war eine Uebersetzung aus dem Deutschen *). Ein türkisches Mädchen, welches bei der Rückeroberung Ofens in die Gefangenschaft eines dort kämpfenden französischen Offiziers fällt, wird von diesem als lebendiges Andenken an jenen Kampf nach Paris gebracht, daselbst getauft, und nachdem es kurze Zeit ein Liebling der vornehmen Damenwelt gewesen, von Ludwig XIV., der es, einmal sehend, lieb-

---

*) Der pseudonyme Verfasser nennt sich Menander. Erschienen Frankfurt und Leipzig 1723.

gewann, zur Gräfin erhoben; von einem Prinzen von Ge-
blüt aber geliebt, wird sie dessen Braut, und zuletzt, nach
vielen Intriguen und Leiden, seine Gattin. Die Fabel, und
noch mehr die Ausführung, hat weder innere, noch äussere
Wahrheit, aber es ist darin eine moralische Tendenz, ohne
welche das Werk bei dem schlechten Ruf der Romane
seinen Weg in die ungrischen Familien nicht gefunden
hätte. Es findet sich darin jene Gattung von „schönen
Seelen", welche nirgends seltener waren, als eben zur Zeit
Ludwigs XIV. in Paris, und in dem verderbten achtzehnten Jahrhundert, das vielleicht eben darum diese ihm so
fern stehenden Tugenden affectirte — wenigstens im
Romane. Diese sittliche Richtung, der neue Ton, der im
Buche herrschte, und die Poesie an das Leben knüpfte,
diente ihm als Reisepass nicht nur in die Familien, sondern auch zum Herzen der Jugend, und es gab kein
ungrisches Mädchen, das sich nicht geschämt hätte „Kártigám" nicht zu kennen, und das deren traurige Lieder
nicht gesungen hätte, welche ihr Verfasser so klug war
schon im Voraus in Musik setzen zu lassen. So war „Kártigám" ein Menschenalter hindurch in vier Ausgaben die
beliebteste Lectüre! Andere übersetzten Anderes, ohne
Auswahl, wenn wir den Werth berücksichtigen; hinsichtlich der Richtung herrschten die moralischen vor. So
kamen zu uns herüber: Gellert mit seiner „Schwedischen
Gräfin"; Johann Martin Miller mit seinem „Siegwart";
Sintenis mit „Hallo's glücklichem Abende"; Dusch mit
seiner „Kraft der reinen und edlen Liebe"; Adolf's gesam-
melte Briefe, durch Kazinczy in „Bácsmegyei" umgebil-
det; „Graf Pontis", „Della Valle" und mehrere andere
süssliche und traurige Producte der deutschen moralischen
Muse, ja selbst der moralisch zweideutige Lafontaine und

Kotzebue; neben ihnen der gesündere, aber gleichfalls Ten-
denzdichter: der alte Barclay, mit seiner „Argenis" in zwei
Uebersetzungen, ja sogar illustrirt; Holberg mit seinem
„Klimius"; Haller mit seinem „Usong"; Lesage mit seinem „hinkenden Teufel" im Auszuge; Wieland mit einigen
seiner philosophischen Romane; der edle Chateaubriand
mit seiner „Atala", und ausserdem viele längst vergessene Tagesnotabilitäten. Man begann auch Sammlungen,
wie die „Kaschauer Rosenfarbne Sammlung", die „Pressburger Winter- und Sommerbibliothek", Johann Kis'
„Flora", worin auch die berühmten Ritter- und Geister-
romane vertreten waren, alles dies als tägliches Brod
dienend. Auf den Entwicklungsgang der Literatur übte
dieser Uebersetzungswust keinen Einfluss, nicht einmal
auf die Sprache, welche unter den meist unberufenen
Händen von der, der Conversationssprache ziemenden,
Natürlichkeit, Leichtigkeit und Glätte weit entfernt blieb.
In dieser Beziehung leistete blos Báróczy Bedeutendes,
und mit denen, die ihm folgten, Alles: die übrigen brachten eben nur Marktwaaren, eben so wie die heutigen
Uebersetzer.

Auch das Theater und die Theaterdichtung
trat in diesem Zeitraume aus den Schulsälen wieder vor
die nationale Oeffentlichkeit. Bessenyei und seine Genossen
hatten ihre Stücke nur für das Lesepublicum bestimmt.
Barcsay schreibt zwar in einer Epistel an das Haupt der
Schule:

Kaum hast du des Etzel Trauerspiel vollendet,
Der Komödie Haus dein Fleiss schon zu sich wendet.

Doch wird hier nicht die Bühne verstanden; die Rede ist
rein bildlich. Auch die Uebrigen, die einzelne Theaterstücke aus dem Deutschen übersetzten, wie Kónyi, der

Freiherr Johann Bornemisza (Cronegks Kodrus), Alexander Kún Szabó (Shakespeare's Romeo) u. A. hatten nur
die Leser vor Augen. Révai und Péczeli gebührt der
Ruhm, dass hierbei dem unter Joseph II. sich verbreiten-
den deutschen Theaterwesen das erste zum Bewusstsein
weckende und aufmunternde Wort gesprochen; dem alten
Johann Illey aber, dem Exjesuiten, der zwanzig Jahre
früher schon mit seinem „Ptolemaeus" unsere anerken-
nende Aufmerksamkeit auf sich gezogen, direct im Interesse einer ungrischen Schaubühne zuerst seine längst
ruhende Feder ergriffen zu haben. Das Lustspiel hiess:
Tornyos Péter. Darin betrügt ein Schwarzkünstler einen
unwissenden alten Narren, der sich durch Veranstaltung eines Maskenballes Ruf verschaffen will. Es war
dies ein Intriguenstück, wie alle aus der vorigen Periode,
schwach an Charakteren und Motiven, aber in so fern
höchst bemerkenswerth, dass es, was Bessenyei in seinem
„Philosophen" nur stellenweise gelungen, den Ton eines
lebendigen, echt ungrischen, volksthümlichen Dialogs an-
schlug. Das aufmunternde Wort jener Männer, und das
Beispiel des achtungswerthen Alten fand besonders in der
Brust Georg Fejér's ein Echo. Auf seine Agitation entstand unter den ungrischen Jünglingen des auf dem
Pressburger Schloss befindlichen theologischen General-
Seminars eine Bewegung, deren eine, die allgemeine Aufmerksamkeit erregende Frucht darin bestand, dass unter
die gewohnten (nur mehr lateinischen) Fastnachtsspiele
wieder ungrische sich mischten, und dass in demselben
Saale, wo ein halbes Jahrhundert früher unsere Väter in
edler Begeisterung ihr „Moriamur!" ausgerufen, die nicht
minder edle nationale Begeisterung von den Lippen junger theologischer Seminaristen von Neuem die seit zwei

Jahrzehnten völlig verstummte ungrische Thalia zu neuem
Leben rief, trotz des nicht geringen Widerstrebens ihrer
Vorgesetzten, wovon mir der achtzigjährige Greis mit der
Wärme angenehmer Erinnerung nicht wenig zu erzählen
wusste. Von ihm sind „die Amtssüchtigen", die 1789,
„die Erzieher", die 1790 unter unaussprechlicher Freude
aller, mit Liebe für die neue Zukunft erfüllten, edleren
Herzen zur Aufführung kamen. Ausserdem wusste er
Landerer zu bewegen, die Herausgabe einer Reihe ungrischer Schauspiele zu beginnen, welche jedoch mit der nach
Joseph's II. Tod erfolgten Auflösung des Generalseminars
unterblieb, nachdem sie ausser den erwähnten zwei Stücken
nur noch „den alten Geizhals" brachte. Das erste dieser Stücke ward nach Gottsched bearbeitet. Der Zweck
war, die Verunstaltung der ungrischen Sprache durch
Fremdwörter verhasst, die Sprachreinheit aber beliebt zu
machen. In der Sprache — sagt das im Namen des Pressburger jungen Clerus geschriebene Vorwort — haben wir
uns die gewöhnliche Sprechweise als Ziel unserer Bestrebungen gesetzt, die wir mit gewählten Sprichwörtern, als
eben so vielen Schätzen unserer Sprache ausschmückten,
.... denn jedes derartige Schauspiel muss der Nationalität
und dem Charakter der Personen angemessen sein, damit
es die Natürlichkeit, die schönste Zierde des Schauspiels,
nicht verliere u. s. w. „Der Geizhals" ward nach einer
lateinischen Handschrift ins Ungrische übertragen, mit
dem offen eingestandenen Wunsche: „Könnten wir doch nur
die geringste Anregung geben, und die Liebe für das
ungrische Schauspiel und die ungrische Schaubühne mitfördern helfen!" „Die Erzieher", welche
ein moralisches Lustspiel genannt sind, endigen sehr
traurig; übrigens ist auch dies, wie die übrigen, ein

lebendiges Intriguenstück; abgesehen von der Katastrophe gut gedacht, voll echten dramatischen Lebens und, gleich den übrigen, hat es einen lebhaften lebenstreuen Dialog, der den Einfluss von Illei's Vorgang unwidersprechlich nachweist. Demnach waren die ersten Schritte des Drama's, insbesondere des Lustspiels, vielversprechend. Die Folge rechtfertigte diese Hoffnung nicht, wie wir sogleich sehen werden.

Bald darauf erfolgte der lang erwartete Reichstag, auf welchem Leopold II. gekrönt wurde; und — die Wichtigkeit des Nationaltheaters ward auch am grünen Tische laut anerkannt. Das Wort durchflog beide Vaterlande*). Der Aufmerksamkeit folgte der Wunsch, dem Wunsche folgten Pläne. Nach einigen vergeblichen Versuchen brachte es eine, vorzüglich durch den Eifer Ladislaus Kelemen's zusammengetretene Schauspielergesellschaft, nachdem das Pester Comitat bei der königl. Statthalterei hinsichtlich der zu ertheilenden Genehmigung sich verwendet, und die Gesellschaft selbst von Seiten des Pächters der Ofner und Pester (deutschen) Bühnen die unwürdigste Behandlung ertragen und die entgegengestellten Hindernisse und Schwierigkeiten glücklich besiegt hatte, dahin, am 25. Oct. 1790 in Ofen und am 27. Oct. zu Pest öffentlich auftreten zu können. Als aber der Reichstag alsbald nach Pressburg verlegt ward, wurden bei der dortigen Stadt Schritte gethan, um daselbst ein Auftreten der Gesellschaft zu ermöglichen, doch vergebens. Jene Bühne, welche Seiltänzer und Gaukler stets freundlich aufnahm, verschloss ihre Pforten der ungrischen Muse, trotz der Anwesenheit

---

*) So nennt der Unger Ungern und Siebenbürgen zusammengenommen. D. Uebers.

des gesetzgebenden Körpers. Endlich wurde zu Ofen, in Folge der von Ladislaus Kelemen mit unerschöpflicher Geduld fortgesetzten Bemühungen, obwohl unter sehr drückenden Bedingungen, nach Jahresfrist mit dem Theaterpächter Graf Unwerth ein Contract abgeschlossen, wonach die ungrische Gesellschaft blos für die Erlaubniss zum Spielen sich zur Erlegung einer beinahe doppelt so hohen Summe verpflichten musste, als der Pächter selber für die beiden Theater den zwei Städten zu zahlen hatte. Ausserdem hatte Kelemen noch für eine Localität zu sorgen. Er nahm daher ein am Donauufer zu Ofen leer stehendes hölzernes Sommertheater in Pacht, richtete dasselbe durch persönlich eingesammelte Geldbeiträge her, und obwohl er wegen der Undankbarkeit und den Intriguen der Gesellschaft, seine persönlichen Kränkungen um der Sache willen vergessend, in seltener Selbstverläugnung drei Mal von der Direction zurücktrat, so blieb er dennoch stets die Seele und der wohlthätige Genius der Anstalt. So geschah es zuletzt, dass die ungrischen Vorstellungen endlich — am 5. Mai 1792 — in Gang kamen, und in vier Abschnitten, nämlich unter den rasch auf einander folgenden Directionen von Benedict Protászevicz, Ladislaus Kelemen, Graf Paul Ráday und Kármán, so wie später wieder der von Protászevicz, bis zu Ende September fortgesetzt werden konnten. Das erste Originalstück, welches auf die Bühne kam, war der „Igazházi“ von dem Piaristen Christoph Simai, mit welchem Bessenyei's Philosoph und Endrödy's, nach Dugonics' Roman bearbeitete, Goldene Armbänder wetteiferten. Die übrigen Stücke waren meist Uebersetzungen oder Bearbeitungen, meist Lust-, theilweise Trauer- und einige Singspiele. Da das Publicum wegen ihrer innern Uneinigkeit,

dieser Gesellschaft, und damit zugleich der durch sie
vertretenen Sache überdrüssig ward, trat abermals ein
Stillstand ein; bis, auf die schriftlichen Eingaben von
achtundzwanzig Comitaten, der Palatin Erzherzog Alexander Leopold an der Spitze der Statthalterei dieser Angelegenheit seine fördernde Unterstützung zuwandte, indem
er den Baron Joseph Podmaniczky als „Oberintendanten
der Nationalbühne" damit betraute, neben welchem Ladislaus Szentkirályi von Seiten des Pester Comitats als
„Rendant des Einkommens", Ludwig Schedius, Professor
der Aesthetik, als „artistischer Director", endlich Protászevicz, und nach ihm Eugen Busch, als „Schauspiel-
director" thätig waren. Die Schauspielergesellschaft bildeten elf Männer und fünf Damen, unter denen Franz Sehy
und Anna Moor den ersten Rang einnahmen. An der
Spitze des Opernpersonals stand der berühmte Violinvir-
tuose und Compositeur Lavota. Dies war die erste, unter
öffentlicher Autorität organisirte, und mit dem Nationaltitel
bekleidete Schauspielertruppe, welche ihre Vorstellungen
übrigens auf den Schaubühnen der beiden Hauptstädte
abwechselnd mit Unwerth's deutscher Theatergesellschaft
gab, gleichsam als Gast im eigenen Vaterlande. Ja, als
der vom Oberintendanten im Interesse einer dauernden
Feststellung der ungrischen Theatersache ausgearbeitete,
und von der Statthalterei genehmigte Plan von Seiten
der Comitate keine materielle Unterstützung fand, und
die Anstalt demnach ganz von der Gnade des Publicums
der Hauptstadt abhängig blieb, löste sich dieselbe, trotz
ihres edlen Strebens, nach nicht ganz drei Jahren, 1795
wieder auf.

Mehr Glück hatte die Sache in Siebenbürgen. Die
diesfälligen Bemühungen in Ofen und Pest fanden bald

begeisterte Nachfolger in den vier Geschwistern Fejér.
welche mit Genehmigung des Klausenburger Guberniums
und unter thätiger Beihilfe der dortigen Grossen, zu
Klausenburg eine Schaubühne errichteten, auf welcher,
nachdem sich noch zwölf Herren und Damen, lauter Söhne
und Töchter adeliger Familien, zu ihnen gesellt, die erste
Vorstellung am 11. Nov. 1792 zu Stande kam. Dem Begründer Johann Fejér folgte in der Direction der wackere
Führer Johann Kocsi, und die Gesellschaft errang sich
unter seiner Leitung, sowohl durch ihr erfolgreiches Spiel,
als ihr eifriges Zusammenhalten so allgemeine Achtung,
dass die versammelten Stände im Jahre 1795 deren Unterstützung und die Erbauung eines ständigen Schau-
spielhauses in Klausenburg beschlossen. Bald darauf
ward der Grundstein dazu gelegt, und bis dasselbe, obgleich langsam, auf dem Wege freiwilliger Beiträge vollendet wurde, wusste der mit der Oberleitung betraute
Baron Niklas Wesselényi der Aeltere diese „National-
schauspielergesellschaft" durch seine rastlosen Bemühungen und Opfer nicht nur zusammenzuhalten, sondern sogar
auf alle Art zu erweitern, so, dass er, nachdem dieselbe
1806 bereits auf dreissig Mitglieder angewachsen war,
eine aus zwölf Mitgliedern bestehende Abtheilung derselben, gleichsam als Apostel der Sache, nach Ungern
aussenden konnte, welche in Debrezin, in Szegedin und
Pest zahlreiche Vorstellungen gaben, und dadurch die
hier bereits erstorbene Theilnahme neu belebten. Und als
Ladislaus von Vida dieselbe unter seine eigene Protection
nahm, und ihr in einem eigenen Saale zu Pest eine Bühne
aufschlug, rief Wesselényi deren Director Michael Ernyi
zurück, und sandte unter ihm eine neue Abtheilung nach
Újhely und Debrezin, um die Theilnahme an der Theater-

angelegenheit aufrecht zu erhalten und zu pflegen. Nach
Wesselényi's Tode (1809), und Ladislaus Vida's Zurücktreten, nachdem dieser der Sache bedeutende Opfer gebracht
(1812), endigt sich der erste Abschnitt in dem Leben
jener bahnbrechenden Gesellschaft, welche den Gedanken
stehender Theater in mehreren Städten wachrief; womit
ich denn auch diese Skizze, als am Ende des von uns
behandelten Zeitraumes angelangt, abschliesse.

Das in solcher Weise wiederbelebte Theater musste
natürlich auch den Beginn einer neuen dramatischen
Literatur herbeiführen. Ausser den verschiedenen selbstständig erschienenen Stücken, begann der eifrige Johann
Endrődy, dessen Gedichte wir anderweit Erwähnung
gethan, 1792 zu Pest eine „Ungrische Schaubühne",
Ladislaus Barcsai und Alexander Boér 1793 zu
Klausenburg eine „Siebenbürgische Schauspielsamm-
lung"; jede gedieh nur bis auf vier Bände, aber jede ist
werthvoll, denn, indem sie mehrere Original- und zahlreiche übersetzte, grösstentheils auch wirklich aufgeführte
Stücke brachten, halfen sie dramatische Lectüre beim
Publicum beliebt zu machen, und geben zugleich ein Bild
der damaligen Bühnensprache und der Befähigung unserer
Theaterdichter. Simai und Dugonics, von denen der
Erstere fünf, der Letztere drei Stücke auf die Bühne
brachte, gaben durch die Magyarisirung der Fabel und
der Charaktere fremder Werke und deren Verpflanzung
auf ungrischen Boden schon frühe ein verderbliches Beispiel zur Vernachlässigung der Charakteristik. Bei ihnen
ist die Intrigue Alles, dagegen verwenden sie auf das
nationale Gepräge der Situationen und Charaktere wenig
Sorgfalt. Daher bewegen sich unter ungrischen Namen
die fremdesten Gestalten, mit fremden Sitten, unter

fremdartigen Verhältnissen. Bei Simai ist wenigstens der
Dialog lebenstreu, obgleich häufig ins Niedrige und Gemeine verfallend. Er brachte noch von den Brettern des
Schuldrama's her einige technische Geschicklichkeit, womit er in seiner Jugend Beifall errungen. Martin Soos,
der Verfasser der „Ungrischen Penelope", hat in seinen
„Leiden der unschuldigen Etelka", so wie Endrödy in den
erwähnten „Goldenen Armbändern" Dugonics' Romane
neu dialogisirt. Die Stücke machten Glück, der alte Roman-
schreiber, der sich in seinen Romanen an ein bequemes
Schwatzen gewöhnt hatte, schrieb nun selbst direct für die
Bühne seine „Etelka in Karjel" und seinen „Toldi"; leb-
hafteren Beifall, als diese, fand seine zur „Maria Báthori"
umgebildete „Inez de Castro". Szentjóbi's „König Mathias" konnte nur als Gelegenheitsstück des Augenblicks
gefallen. In Siebenbürgen versuchte der einzige Alexander Boér die eigene Kraft in seinem „Ladislaus IV."
und seinem, nach einem Marmontel'schen Motiv bearbeiteten „Obrist", und obwohl Anlage und Charakteristik
schwach, so fehlte es bei ihm doch nicht an Momenten
von schlagender Wirkung, und das nachsichtige Publicum
erfreute sich der ehrenwerthen Probe. Auf der Pest-
Ofner Bühne tauchte auch manches Originalstück auf; da
aber dieselben nicht gedruckt wurden, so verschwanden
sie nach einigen Aufführungen spurlos. Den grössten
Theil, und die stehenden Elemente des Repertoirs bildeten die Uebersetzungen beliebter Stücke der deutschen
Bühne, was sehr natürlich; zu bedauern ist aber, dass die
dramatische Sprache, welche unter den Händen der Illei,
Simai und der Pressburger sich nach dem Leben zu bilden
begann, durch die vielen nachlässigen Uebersetzungen
fremdartig und gekünstelt wurde, wodurch das Drama

auch dieses Gewinnes für längere Zeit verlustig ging.
Andererseits wirkte aber das neu erweckte, an stets mehr
Punkten des Vaterlandes auftauchende Theater weit und
breit als Apostel der Sprache und Poesie, und arbeitete
mit seinem, obwohl unbemerkten, aber gleichwohl tiefen
und bedeutenden Einfluss der mit ihm solidarisch verknüpften Angelegenheit der Literatur allerwärts in die
Hände, welche ihm damals noch weniger gab, als von
ihm empfing. Mehr als dies vermochte eine neu aufer-
standene, hier mit Hindernissen, dort mit Theilnahm-
losigkeit und Gleichgiltigkeit kämpfende Kunst nicht zu
leisten.

Eine dritte Gattung von Leitungskanälen der Poesie
bildeten die Zeitschriften und Almanache. Unter den
ersteren waren das Ungrische Museum und die Urania, als eigens dazu berufene Verbreiter des Geschmackes,
allein von einigem Einfluss auf unsere Dichtung. Die übrigen Blätter brachten zwar gleichfalls Poetisches, aber
meist nur die Schlacken dessen, was die Zeit hervorgebracht. Etwas Derartiges, wie die Almanache des Auslandes, aber ohne ihre Form und Ausstattung, versuchte
Franz Kazinczy 1790 in seinen „Blumen des Helikons“,
aber schon der zweite Jahrgang fand keinen Verleger.
Ihm folgte Johann Kis mit seinem „Taschenbuch“, welches
1797—99, Stephan Bozóki mit seinen „Frühlingsblüthen“,
welche auf das Jahr 1805 erschienen, doch feste Wurzeln
zu fassen gelang noch keinem von ihnen. Auch die hier
und da entstehenden „ungrischen Vereine“ waren um
nichts glücklicher. Der erste derselben, der Oedenburger, gab erst 1804 Proben seiner zwölfjährigen Wirksamkeit; der Pester trat 1792 auf, aber jener brachte es
nicht weiter als zu einem, dieser gar nur bis zu einem

halben Band. Die Literatur, selbst die Poesie, war noch
nicht zum allgemeinen Bedürfniss geworden. Jene der
geistigen Richtung entgegenstehende Ursachen und Wirkungen, welche Kármán mit so tiefer Einsicht 1794 erkannt
und erörtert hatte, übten auch jetzt, und noch lange darnach, ihren Einfluss aus. Es fehlte die nöthige Wechselwirkung zwischen Schriftsteller und Leser, bis Alexander
Kisfaludy den Grund zu einem neuen und grösseren Lesepublicum legte, wovon wir bereits gesprochen haben.

Zum Schlusse lassen Sie uns noch einen Blick auf
den Stand der Aesthetik in diesem Zeitraume werfen.
Unser erster Aesthetiker war Georg Szerdahelyi, der
den, 1774 an der Universität Tyrnau errichteten, Lehrstuhl der Aesthetik einnahm, und diese noch neue Wissenschaft durch sein, für jene Zeit ausgezeichnetes, auch
vom Ausland gewürdigtes, lateinisches Werk*) unter uns
einbürgerte. Den Begriff des Schönen in seinem Wesen
zu bestimmen gelang ihm so wenig, als Andern fast bis
zu den neuesten Zeiten; ihm ist derselbe die Mannigfaltigkeit, Einheit und Empfindung (aesthesis) in ihrer Vereinigung : somit vereinigt er zwar den subjectiven und
objectiven Standpunkt, aber als objective Elemente nimmt
er nur einige formale Eigenschaften des Schönen an, die
subjectiven dagegen bestimmt er nicht mit der gehörigen
Präcision; denn es kann etwas mannigfaltig, das Mannig-
faltige kann zur Einheit verbunden, und endlich fühlbar
oder, wie der ungrische Bearbeiter des Werkes, Johann
Szép, sich ausdrückt : den Empfindungen angemessen
sein, ohne dass es gleichwohl schön ist. Abgesehen vom

---

*) Aesthetica, sive doctrina boni gustus ex philosophia pulcri
deducta. Budae 1778. 2 Bände.

Hauptbegriff, erörterte Szerdahelyi dessen Elemente, sowie die ästhetischen Nebenbegriffe, auf psychologischer
Basis, mit tiefer Einsicht; in den verschiedenen drei Theilen seiner angewandten Aesthetik behandelte er die Poesie
überhaupt, und die dramatische und epische insbesondere,
mit beständiger Berücksichtigung von Kunstwerken und
in einer in das Wesen der Sache eindringenden fruchtbaren und von Einseitigkeiten möglichst freien Weise.
Sein Werk wurde durch Johann Szép (1794) auch in die
ungrische Literatur eingeführt, aber ohne jene Präcision
und gründliche Klarheit, welche nur im Zeitalter einer
ausgebildeten philosophischen Kunstsprache erreichbar
ist. Manche ästhetische Ideen und Kenntnisse verbreiteten
jene Schriftsteller, welche gelegentlich in Beziehung auf
einen oder den andern Kunstzweig, oder auf die Theorie
der Technik Abhandlungen veröffentlichten. So schrieb
Révai über die Idylle zu Faludi's poetischem Nachlass
(1786) nach Batteux, Verseghy von der Musik und dem
Rhythmus (1791), ferner nach Sulzer über die schönen
Künste und deren Geschichte überhaupt, und bald darauf
über die Musik insbesondere, im Ungrischen Museum
(1792), und abermals über die Poesie (1793); Péczeli
über das Epos im Anhang zu seiner Voltaire'schen Henriade (1792), und über verschiedenes Andere in seiner
Zeitschrift (Mindenes Gyűjtemény) zerstreut; Bacsányi
über die Uebertragung von Kunstwerken, in der Ungri-
schen Muse und im Museum (1787—8), so wie Johann
Földi und Adam Horváth in der Ungrischen Muse,
Sándor aber neben seiner Uebersetzung von Rabener's
Satyren über den Versbau; Pope's Lehrgedicht über die
Kritik ward durch die Pester ungrische Gesellschaft,
Horazens Lehrepistel de arte poetica von Verseghy (1793)

und von Virág erklärt; Csokonai endlich schrieb eine
Abhandlung über das komische Epos vor seiner „Dorottya"
(1804). Hierher gehören nicht minder die am betreffenden
Orte erwähnten prosodischen Federkriege. Aber das war
auch Alles, was der ungrische Leser zur Theorie der
Kunst und deren Geschichte erhielt. Es liess sich aber
auch an der Poesie und Sprache, eben so wie am Publicum
wahrnehmen, dass dessen Orientirung hinsichtlich der
Kunst beschränkt und mangelhaft war. Das Talent war
Alles : desto weniger, oder doch nur unvollkommen, die
Theorie. Wir würden sonst nicht so viele in der Conception, im Plan und der Ausführung verfehlte Werke
erhalten haben.

Und damit hätten wir den gesammten Kreis unserer
schönen Literatur bis zum Ende des achtzehnten Jahrhunderts durchschritten; durchschritten alle Abtheilungen
jener tausendjährigen Grundmauern, auf welchen das
neunzehnte Jahrhundert das gegenwärtige prachtvolle
Gebäude der ungrischen Poesie aufgebaut hat; zwar flüchtig, wie dies die, dem Gegenstande gewidmete, kurze Zeit
bedingte, aber doch — dafern ich mir nicht mit einer eit-
len Hoffnung schmeichle — eingehend genug, um die
unserm goldenen Zeitalter vorangehenden Epochen als
Bild eines organischen, und, seit es entstanden, nie gänzlich abgestorbenen, vielmehr in fortwährender Entwicklung
begriffenen Geisteslebens vor Ihnen zu enthüllen. Lieben
Sie, meine Herren, diese Literatur, welche, trotz aller
Mängel, so viel Veredelndes und Bildendes in sich schliesst;
Vieles, was auch in seiner Schwachheit belehrend, und
zur vollkommenen Kenntniss und Beurtheilung unseres
Stammes ein beredterer Wegweiser ist, als die glän-
zendsten Kriegsthaten; im Ganzen aber ein kräftiger

Erwecker jenes Selbstgefühls, ohne welches die Völker geistlose Aggregate und niemals eine Nation bilden, niemals ein unter den Familien der gebildeten Menschheit auf Achtung Anspruch machendes, gleichberechtigtes Familienglied werden können.